《中国图书馆分类法》第五版使用手册

国家图书馆《中国图书馆分类法》编辑委员会　编

国家圖書館出版社

National Library of China Publishing House

图书在版编目（CIP）数据

《中国图书馆分类法》第五版使用手册/国家图书馆《中国图书馆分类法》
编辑委员会编. --北京：国家图书馆出版社,2012.12(2016.7 重印)
　　ISBN 978 - 7 - 5013 - 4723 - 0

　　Ⅰ. ①中… Ⅱ. ①国… Ⅲ. ①中国图书馆分类法—手册
Ⅳ. ①G254.122 - 62

　　中国版本图书馆 CIP 数据核字(2012)第 016800 号

书　　名　《中国图书馆分类法》第五版使用手册
著　　者　国家图书馆《中国图书馆分类法》编辑委员会　编
责任编辑　金丽萍

出　　版　国家图书馆出版社(100034　北京市西城区文津街 7 号)
　　　　　　(原书目文献出版社　北京图书馆出版社)
发　　行　010 - 66114536　66126153　66151313　66175620
　　　　　　66121706(传真),66126156(门市部)
E-mail　　nlcpress@ nlc. cn(邮购)
Website　www. nlcpress. com ──→投稿中心
经　　销　新华书店
印　　装　北京玥实印刷有限公司
版　　次　2012 年 3 月第 1 版　2016 年 7 月第 4 次印刷

开　　本　787×1092(毫米)　1/16
印　　张　22.5
字　　数　500 千字

书号　ISBN 978 - 7 - 5013 - 4723 - 0
定价　59.00 元

前　言

　　《中国图书馆分类法》第五版(以下简称《中图法》)已由国家图书馆出版社于 2010 年 9 月出版。为使《中图法》的用户深入学习、正确掌握这部分类法,以便很好地利用《中图法》进行文献分类标引工作,《中图法》编委会在《〈中国图书馆分类法〉(第四版)使用手册》的基础上,根据《中图法》第五版,编写了《中图法》第五版使用手册。

　　一、本手册包括 7 个方面的内容:

　　1.《中图法》的简史、修订概要、编制理论和技术。

　　2. 使用《中图法》进行文献分类的一般方法。

　　3.《中图法》各大类的分类方法。

　　4. 同类书的区分与书次号的编制。

　　5. 更换分类法及文献改编问题。

　　6.《中图法》系列版本及辅助工具书。

　　7. 中文善本书目分类表、DDC22 版千分表分别与《中图法》第五版类目的对照表。

　　二、本手册在一般分类方法和各类文献分类方法的阐述上,保持与《〈中国图书馆分类法〉(第四版)使用手册》的连续性和基本一致性。重点增加了《中图法》第五版类目及其类目体系变化较大部分的说明,同时对《〈中国图书馆分类法〉(第四版)使用手册》中阐述过于简略或冗余的地方以及错误的内容进行了补充和订正。

　　三、第六章"各大类文献的分类方法"的编写结构,基本分为"本类体系结构说明"、"本类修订要点"、"本类分类要点"三大块。

　　四、《中图法》自第四版起合并了用于类分资料的细目,为说明图书或资料如何使用类分资料的类目(带有"＋"号区别类目),在本手册各章的说明举例中,根据需要或在行文过程中区分图书和资料两类号,或使用一个分类号,一般论文资料的题名举例使用双引号,图书题名使用书名号,在给出的分类号中删除"＋"的分类表标记。

　　五、本手册各章内容是分别编写的,鉴于各章阐述的角度不同,有的地方需要重复说明的,则分别加以阐述。

　　本手册为集体编写,第一、五、十章由卜书庆执笔,第二、三、七章由陈树年执笔,第四、八、九章由马张华执笔,第六章第一节至第三十八节由侯汉清、黄建年、薛春香、周冰、贺定安、姚征、徐蓓蓓、胡广翔、王砚峰、戴维民、包冬梅、黄燕云、朱小林、纪陆恩、王利民、王玉梅、马兰芳、王玲环、赵巧云、吕俊平、朱芊、高红、靖翠峥、潘妙辉、冯倍青、沈正华、董绍杰、许静华、王敏、孙芳、焦芳梅、曹玉强、续玉红、阮学平、孔方恩、曹树金、杨涛、杨鸣放、李璞、张云萍、张娟、许瑾、张勇、罗庭芝、谷建新、陈炎、王晓红、杨慧、郑兰、黄如花、冯晴分别参与执笔,附录由刘华梅、喻菲、卜书庆执笔。全书由卜书庆统稿,卜书庆、陈树年、马张华、张涵审定,汪东波终审。

《中国图书馆分类法》编辑委员会

2011 年 8 月

目　　录

第一章　导　　言 ………………………………………………………（ 1 ）

　　第一节　《中图法》简史 …………………………………………（ 1 ）

　　第二节　《中图法》第四版修订概要 ……………………………（ 2 ）

第二章　《中图法》的编制理论与编制技术 …………………………（ 13 ）

　　第一节　编制原则 …………………………………………………（ 13 ）

　　第二节　基本序列 …………………………………………………（ 13 ）

　　第三节　基本大类 …………………………………………………（ 14 ）

　　第四节　体系与结构 ………………………………………………（ 17 ）

　　第五节　类目的划分与排列 ………………………………………（ 19 ）

　　第六节　类目关系及其显示 ………………………………………（ 24 ）

　　第七节　类目注释 …………………………………………………（ 26 ）

　　第八节　各学科门类的编制结构 …………………………………（ 31 ）

　　第九节　分类法编制中的若干问题的处理 ………………………（ 38 ）

　　第十节　类目涵义的划分与辨识 …………………………………（ 59 ）

　　第十一节　《中图法》的修订理论与技术 ………………………（ 72 ）

第三章　《中图法》标记符号的编制与使用 …………………………（ 77 ）

　　第一节　标记符号 …………………………………………………（ 77 ）

　　第二节　编号制度 …………………………………………………（ 83 ）

　　第三节　配号方法 …………………………………………………（ 89 ）

第四章　组配技术的应用与号码配置 …………………………………（ 93 ）

　　第一节　通用复分表 ………………………………………………（ 93 ）

　　第二节　专类复分表 ………………………………………………（101）

　　第三节　类目仿分 …………………………………………………（102）

　　第四节　《中图法》中复分加"0"的问题 ………………………（103）

　　第五节　冒号组配技术的应用 ……………………………………（104）

第五章　文献分类的一般方法 …………………………………………（107）

　　第一节　《中图法》版本的选用和使用本的制定 ………………（107）

　　第二节　文献分类基本原则 ………………………………………（110）

　第三节　各种主题文献的分类规则 ·· (112)

　第四节　各种出版形式、编制体例文献的分类规则 ·························· (114)

　第五节　综合性学科与综合性知识文献的分类方法 ······················ (118)

　第六节　新学科、新主题文献的分类方法 ·· (122)

　第七节　文献分类工作程序 ··· (124)

　第八节　文献分类的质量管理 ·· (126)

第六章　《中图法》各大类的分类方法 ··· (129)

　第一节　A 马克思主义、列宁主义、毛泽东思想、邓小平理论 ········· (129)

　第二节　B 哲学、宗教 ··· (132)

　第三节　C 社会科学总论 ·· (138)

　第四节　D 政治、法律 ··· (141)

　第五节　E 军事 ··· (150)

　第六节　F 经济 ··· (153)

　第七节　G 文化、科学、教育、体育 ·· (161)

　第八节　H 语言、文字 ··· (169)

　第九节　I 文学 ·· (173)

　第十节　J 艺术 ·· (176)

　第十一节　K 历史、地理 ··· (181)

　第十二节　N 自然科学总论 ··· (189)

　第十三节　O 数理科学和化学 ··· (191)

　第十四节　P 天文学、地球科学 ··· (195)

　第十五节　Q 生物科学 ·· (202)

　第十六节　R 医药、卫生 ··· (206)

　第十七节　S 农业科学 ·· (212)

　第十八节　T 工业技术 ·· (216)

　第十九节　TB 一般工业技术 ·· (218)

　第二十节　TD 矿业工程 ··· (220)

　第二十一节　TE 石油、天然气工业 ·· (223)

　第二十二节　TF 冶金工业 ·· (227)

　第二十三节　TG 金属学与金属工艺 ··· (229)

　第二十四节　TH 机械、仪表工业 ··· (231)

　第二十五节　TJ 武器工业 ·· (233)

　第二十六节　TK 能源与动力工程 ·· (234)

　第二十七节　TL 原子能技术 ·· (237)

　第二十八节　TM 电工技术 ··· (238)

　第二十九节　TN 电子技术、通信技术 ··· (241)

　第三十节　TP 自动化技术、计算机技术 ·· (243)

　第三十一节　TQ 化学工业 ··· (247)

第三十二节　TS 轻工业、手工业、生活服务业 …………………… （252）

第三十三节　TU 建筑科学 …………………………………………… （266）

第三十四节　TV 水利工程 …………………………………………… （272）

第三十五节　U 交通运输 ……………………………………………… （275）

第三十六节　V 航空、航天 …………………………………………… （278）

第三十七节　X 环境科学、安全科学 ………………………………… （280）

第三十八节　Z 综合性图书 …………………………………………… （283）

第七章　《中图法》用于计算机检索系统的分类标引 ………………… （286）

第一节　机检数据标引与用于排架及编制手工检索工具标引的差异 ………… （286）

第二节　机检数据分类标引规则 ……………………………………… （286）

第三节　机读目录的检索 ……………………………………………… （297）

第八章　同类书区分与书次号的编制 …………………………………… （299）

第九章　改用新版及文献改编 …………………………………………… （302）

第十章　《中图法》的系列版本及辅助工具书 ………………………… （305）

附　录 ……………………………………………………………………… （316）

第一章 导　　言

第一节 《中图法》简史

《中图法》的前身可追溯到《中小型图书馆分类表草案》(以下简称《中小型表》)。建国后,党和政府非常重视图书分类法的编制工作,早在 1950 年,我国政府部门就主持召开过有关图书分类法问题的座谈会。1956 年 4 月底,中央文化部社会文化事业管理局主持召开了"全国中小型图书馆图书分类法座谈会",讨论编制统一的中小型图书馆图书分类法问题,随即成立了编辑工作小组。1957 年 8 月,经广泛征求意见后,以《中小型图书馆分类表草案》的名称,由文化部社会文化事业管理局予以公布。《中小型表》的问世,标志着我国图书分类法初步走上了由政府领导下的集体编制的道路,并为编制统一的大型分类法打下了基础。它所确立的"五分法"基本体系和混合制标记符号为《中图法》所继承。

《中小型表》公布后,各大型图书馆和专业图书馆迫切要求编制一部适合它们需要的图书分类法。这一议题在 1959 年举办的"全国省市图书馆馆长进修班"上进行了讨论,随后在中央文化部和教育部的主持下,由北京图书馆牵头组成了图书分类法编辑组,着手编制《中国图书馆图书分类法》(后俗称《大型法》)。1964 年图书分类法编辑组内部出版了《中国图书馆图书分类法草案》(下册),下册中包括自然科学和附表部分。1966 年 3 月初又油印公布了其上册的未定稿,内容包括哲学和社会科学部分。虽然由于"文化大革命",《大型法》最终成为一部未完成的图书分类法,但其体系结构、标记制度以及编表技术为《中图法》所借鉴。

1971 年 2 月,在国家文物事业管理局(国务院原图博口领导小组)的关怀和支持下,北京图书馆倡议以大协作的方式编辑一部新的图书分类法,这一倡议随即得到全国各系统图书馆的积极响应,先后参加编表工作的有省、市、自治区图书馆,高校图书馆以及中国科技情报所的 36 个单位等,经过两军多的努力,于 1973 年 3 月完成草表并由北京图书馆以试用本的形式印出。1974 年 7 月至 11 月,由编辑组在京 6 个单位共同参加,在广泛征求各地图书馆意见的基础上,对该试用本进行了修订、补充,于 1975 年 10 月由科学技术文献出版社正式出版了《中图法》的第一版。

《中图法》1975 年出版后,陆续为全国许多图书馆和文献情报单位所采用,它较好地解决了大型图书馆的图书分类问题。但是由于当时的客观条件所限,特别是当时很大程度上受政治形势的影响,分类表中出现了相当多的政治口号乃至在后来可视为观点性错误的问题。鉴于分类表中这种情况,1979 年在长沙召开了有关《中图法》修订的工作会议。会上确定了修订方针、原则和修订重点,并成立了经国家文物事业管理局批准的《中国图书馆图书分类法》编辑委员会(简称《中图法》编委会),以接替原来的《中图法》编辑组,负责对《中图法》第一版进行修订。修订工作始于 1979 年 4 月,具体由《中图法》编委会下设的

《中图法》修订组承担,修订组用4个月时间完成修订稿,后经《中图法》编委会全体会议审定通过,由书目文献出版社于1980年6月出版,此为《中图法》的第二版。

1980年12月在南宁召开了"全国分类法、主题法检索体系标准化会议",会上,全国文献标准化技术委员会第五分会建议"以《中图法》第二版为基础,通过修订完善、充实提高,以作为国家标准分类法",国家标准总局采纳这一建议,以国标发字304号文通知有关单位。从1983年开始,《中图法》编委会着手分阶段地对《中图法》第二版进行修订。第一阶段为1983年至1984年,主要是对《中图法》的实用性进行调查。为此,先后在全国分区召开座谈会,并将座谈会中提出的意见和建议以及发表于期刊上的有关《中图法》的评论文章选编成《关于〈中图法〉修订意见摘要汇编》,另外还征收到22个《中图法》各学科、专业类表的修订稿,这些材料成为修订《中图法》第二版的重要依据。第二阶段为1984年底至1986年。1984年11月在南京召开了《中图法》编委会扩大会议,会上研究并决定了《中图法》第二版修订方针、原则、重点、方法、步骤,随后成立55个专业修订小组,其后于1986年上半年陆续完成了各类的修订初稿。第三阶段为1986年7月至1987年7月,成立综合编审组对各类初稿进行综合会审,形成全表送审稿,于1987年7月经编委会全体会议审定通过。第四阶段为1987年8月至1988年6月,主编、副主编终审定稿交出版社付印。至1990年2月由书目文献出版社正式出版,该版即为《中图法》第三版。

第三版出版后,《中图法》编委会办公室定期发行"《中图法》简报",反映用户意见并通报《中图法》的局部修订,在1994年,还主持编辑了"《中图法》(第三版)修订意见资料汇编"。根据国内外分类法修订更新的一般周期要求以及用户意见,《中图法》编委会从1996年下半年起,着手对第三版进行修订。1996年7月,《中图法》编委会第五届委员会成立暨工作会议在北京图书馆召开,会上重点讨论了《中图法》第三版修订方案,方案中确定了《中图法》第三版修订的指导思想、修订原则、修订范围与重点,以及组织实施、分工和时间安排。

会后部分委员承担了修订任务,并于宝鸡、成都、南京、武汉、哈尔滨、沈阳、大连、广州、北京、上海等十城市陆续组织召开分地区的《中图法》修订研讨会。1997年3月,编委会向承担修订任务的委员下发了"《中图法》(第三版)修订规范"、"有关类目用语与类目注释用语的规范"等。1997年9月,编委会20多位委员组成技术审定组,针对全部类表修订初稿在北京召开综合审定会。其后,编委会4位主编、副主编各自分工对综合审定后的类表进行了整理。1998年3月,由北京图书馆出版社印出《中图法》(第四版)的征求意见稿100本,寄发给全体委员和重点用户单位(全国省、市图书馆和重点高校图书馆)征求意见。1998年5—6月,编委会4位主编、副主编及3位委员组成工作班子,集中时间对各委员以及各单位提出的意见进行了逐一研究处理,并决定将某些重大问题提交编委会全体委员会议讨论。1998年6月,在江西召开编委会全体委员审定会,经过充分讨论,原则通过新版《中图法》。根据会议决议,编委会又组成终审组,对原则通过后的分类法用半年多时间作了全面仔细的审定。该版为《中图法》的第四版,于1999年3月由北京图书馆出版社出版。

第二节 《中图法》第四版修订概要

《中图法》是以科学分类和知识分类为基础,并结合文献内容特点及其某些外表特征进行逻辑划分和系统排列的类目表。它是类分文献、组织文献分类排架、编制分类检索系统的工具。《中图法》第四版出版后,《中图法》编委会曾先后通过"《中图法》简报",《国家图书馆学刊》的专栏,《中图法》网站(http://clc.nlc.gov.cn)的修订试用及修订快讯专栏,《中图法》电子版,《中分表》第二版、Web版(http://cct.nlc.gov.cn)予以日常维护和继承性更新,反映部分用户的使用意见和建议,通过《中图法》网站的在线咨询专栏解决来源于分类实践中的问题。

第四版自出版至2005年,信息环境、技术环境、社会环境都发生了很大的变化,随着网络技术的发展,分类法的应用方式、应用环境、应用范围发生了巨大的变化。《中图法》第四版所包罗的知识内容和知识体系已经与文献信息资源的实际内容及体系有较大差距,一些大类必须彻底修订,才能解决知识结构、类目体系及应用方法的问题。因此按照与知识发展保持同步原则以及各国分类法修订周期的惯例,修订第四版,出版第五版已成为历史发展的必然,《中图法》编委会决定从2005年下半年起,着手对第四版进行修订。

一、指导思想

1. 以知识、科学技术发展水平和文献出版的实际为基础,将分类法科学性、实用性有机统一,强调《中图法》的实用性和工具性。

2. 既要满足分类检索工具和分类检索系统的需求,也要兼顾文献分类排架的需要来进行修订;既要贯彻《中图法》的连续性和相对稳定性,又要充分反映学科专业的发展带来的类目以及类目体系的变化。

3. 坚持《中图法》以类分综合性文献单位的图书资料为主,适当兼顾专业单位、网络信息组织的需要。处理好类目的集中与分散的关系。

4. 标记系统的修订必须满足分类法类目体系编制和发展的需要,保持较好结构性,力求简明、易懂、易记、易用、易于扩充。

二、修订原则

《中图法》的修订除遵循各版修订的基本原则外,即列举式分类体系及大类序列不变、字母—数字混合制的标记符号及层累小数制的标记制度不变,还针对第四版存在的问题以及《中图法》的应用前景,确立如下修订原则:

1. 在保持《中图法》整体稳定的基础上,有选择地对部分大类进行重点修订。确有需要,可选一两个基本大类,对体系作较大幅度的调整完善。其他大类重点补充新学科、新事物、新主题等。

2. 在基本保持《中图法》类目细分程度的同时,视文献保障程度,适当调整类目划分详略程度。如适当调整农业科学、化学工业、交通运输、轻工业、冶金、矿业等无文献保障的类目。

3. 《中图法》各版本同步修订、分别出版的原则。修订时,应充分考虑印刷型、电子型、网络交互型等载体形态和专业版本、简本、期刊本等系列版本的不同需求。

4. 修订时,应充分利用分类法修订的各种技术与方法。如利用设置类组类目、参见类目、交替类目、多重列类法、沿革注释法、局部结构调整等方法修订,尽量减少修订对文献改编的影响,保障用户从旧版平稳过渡到新版。充分利用和参考已有的成果,如《中国分类主题词表》、《杜威十进分类法》二十二版（DDC22）、《学科分类与代码》、《国民经济行业分类与代码》等。

三、修订工作进程

《中图法》第四版的修订工作进程可分为以下几个阶段：

1. 日常维护准备阶段（1999 年 3 月—2005 年 9 月）

《中图法》第四版1999 年 3 月出版，其后一段时间，曾先后通过"《中图法》简报"、《国家图书馆学刊》的"《中图法》与文献标引"专栏、《中图法》网站的"修订增订勘误"专栏予以维护更新，反映广大用户使用意见和建议，解决来源于分类实践中的问题，截至 2005 年，增、删、改、勘误类目100 多个。

1999 年下半年，在建立《中图法》机读数据库过程中，编委会办公室又对《中图法》类目的规范形式、类目描述的逻辑性和规律性进行了全面修订。对类目类型、注释类型、类号的层累性、缩简形式进行分析，修订规范了部分类名、类号、类级、类目关系、注释、参照系统，实现了类目描述结构化和计算机可读化。以此为基础，2001 年出版了《中图法》电子版（视窗版、局域网版）。与此同时，《中图法》编委会启动了《中国分类主题词表》的修订项目，该项目以《中图法》第四版机读数据库为基础，在进行主题对应时，又对《中图法》第四版类目、注释等重复概念或错误进行了订正，对通用复分表的注释以及"总论复分表"中的通用性类目作了修订。因此，2005 年 9 月出版的《中国分类主题词表》中的《中图法》部分是《中图法》第四版日常维护的最新版本。

2. 修订调研阶段（2005 年 9 月—2007 年 9 月）

《中国分类主题词表》第 2 版出版后，《中图法》编委会工作的重点转移到《中图法》第四版的修订工作。2005 年 6 月在上海召开"全国第四次情报检索语言发展方向研讨会"的同时，国家图书馆在上海召开了《中国图书馆分类法》第七届编委会成立暨工作会议，制定了对《中图法》第四版的修订计划。为保证《中图法》第四版的顺利修订，2006 年 4 月 28 日，《中图法》编委会第七届委员会在国家图书馆召开在京委员参加的修订工作调研讨论会，会议重点讨论了调研方案、调研分工等内容。确定其调研范围包括国外分类法修订和发展，网络版编制进展以及分类法在当前环境下的编制规范、技术及网络应用等专题内容，重点对《中图法》第四版各类使用情况、存在问题、学科领域发展动态及修订建议等进行调研分析。

近 20 位委员和编委会办公室人员参与了调研工作，承担调研任务的委员积极组织不同范围的用户参与，成立了各种调研小组，利用了一年多的时间，通过会议座谈、走访、问卷、网站调研、文献资料调研等形式完成调研工作，撰写调研报告，即《分类法研究与修订调研报告》，2007 年 9 月北京图书馆出版社出版。该报告对各类型用户包括专业研究人员进行了调查，对 1999 年以来报刊、网络发表的评论文章进行汇集、整理和分析，对国家图书馆书目数据库、CNKI 期刊论文数据库、专业文献数据库的图书、资料论文的类目标引频率统计调查。分析了无文献保障和文献过于集中的类目编列存在的问题，分析了各类体系与学科领域发展的滞后性问题，分析了国外主要分类法修订的特点、技术、主要类目的变化以及网络应用的方法和实践。该调研成果为确立《中图法》指导思想、修订原则提供了必要材料。

3. 分工修订阶段（2007 年 9 月—2008 年 6 月）

2007 年 9 月，《中图法》编委会第七届委员会在湖北武汉召开全体委员工作会，会议重点讨论了《中图法》第四版修订报告。报告中确立了《中图法》第四版修订的指导思想、修订原则、修订重点、修订日程、修订方式方法和修订分工，这次会议标志着修订工作正式启动。2007 年 9 月 28 日，国家图书馆向承担修订任务的所有委员的单位发出"关于请继续支持开展《中国图书馆分类法》修订工作的函"，希望给予参与修订的人员时间上的保证以及其他必要的支持。

同期，为了帮助首次参加《中图法》修订的人员掌握修订技术程序和软件系统，以及各类型类目、注释用语规范问题，编委会向承担修订任务的委员下发了"《中图法》修订技术程序"、"《中图法》修订系统使用说明"、"类目著录规范及常用机读格式说明"等规范文件和"全国书刊论文使用《中图法》类号频率统计数据库"材料、"修订系统"软件等。期间，各委员以课题组等形式成立了相关学科人员和编目人员构成的修订小组，编委会通过座谈会、电话、电子邮件等方式就委员在修订过程中遇到的问题进行协调并解决。

4. 草稿综合审定及反馈意见处理阶段（2008 年 6 月—2009 年 6 月）

2008 年 6 月 17 日—2009 年 6 月 5 日，编委会由主编副主编、顾问和个别大类负责修订委员以及办公室人员组成综合审定小组，根据各类修订说明对各类修订草稿综合审定。主要包括对重复设类或归类以及各类交叉等问题的审定，对第四版类目因使用矛盾或逻辑关系混乱而重修新体系的审定，对采用新的划分标准调整类目排列顺序、改变多重属性类目的使用方向的审定，新增主题内容的审定，通过《中图法》类号频率统计数据"和"国家图书馆书目数据库"类号检索结果对类目过细或无文献保障类的调整等。

2009 年 2—3 月，编委会就陆续完成的审定稿分别向各类负责修订委员征求意见，对 A 大类和附表等重大修订方案向全体委员征求意见，下发了"关于《中图法》第五版审定稿征求意见通知"及"《中图法》第五版 A 大类和附表修订方案征求意见通知"。2009 年 4—6 月，综合审定小组就各类反馈意见分析再审定，补充修改，就重点修订类的一些原则性问题召开了两次编委会常务委员会议，至 2009 年 6 月基本完成综合审定。

5. 完善修订系统、修改机读数据和排版阶段（2009 年 3—8 月）

根据一些委员的意见，原定由委员在系统中修改各类数据的工作改由办公室负责，同时完善《中图法》维护修订系统，完善类目等级逻辑关系、类目参见系统、注释系统。对反向参见、指向无类注释、沿革注释、等级错误等通过系统逻辑校验并人工修改。最后由软件系统批生成《中图法》第五版机读排版数据，2009 年 8 月由国家图书馆出版社根据排版文件出版了征求意见稿。

6. 试用和征求意见阶段（2009 年 9—10 月）

2009 年 9 月《中图法》编委会向全体委员和全国重点用户单位，包括部分省市图书馆和重点高校图书馆寄发《中图法》第五版征求意见稿试用并征求意见。至 12 月中旬，收到所有委员和试用单位的全部反馈意见。

7. 终稿审定阶段（2009 年 11 月—2010 年 6 月）

2009 年 11 月中旬到 2010 年 6 月底，编委会综合审定小组对各委员以及各单位提出的意见再逐一研究处理，并将某些重大问题汇总提交 2010 年 5 月在厦门召开的编委会全体委员会议讨论，编委会全体委员会议原则通过《中图法》第五版，并于会后通过邮件方式进一步解决了一些遗留问题，达到了正式出版要求。

四、修订重点及特色

《中图法》的修订是一项持续性、系统性的工作，每版修订都有其重点和特色。此次修订幅度较大，新增1631个类目，停用或直接删除约2500个类目，修改类约5200多个。其修订特点有：

1. 确定了特别考虑的大类、重点修订大类和局部调整大类

根据用户使用意见、《分类法研究与修订调研报告》以及"修订报告"对《中图法》第四版存在问题的分析，此次修订确定"A 马克思主义、列宁主义、毛泽东思想、邓小平理论"为特别处理的大类，"F 经济"、"TP 自动化技术、计算机技术"、"U 交通运输"为重点修订大类，"D 政治、法律"、"G 文化、科学、教育、体育"、"TS 轻工业、手工业、生活服务业"等与政治、经济、文化、生活、计算机技术相关类为局部调整大类。最后的修订结果也基本体现了这些修订重点。

A 类：推荐选择使用法。

规定若不集中 A 大类文献，可按文献性质及学科内容分散处理。对 A 类子目均给出选择使用类号并在 D 大类增设了相关类。如：马克思、恩格斯、列宁、斯大林的综合性著作及其研究可入 D33/37 的"-0"；毛泽东、邓小平的综合性著作及其研究可入 D2-0；马列主义、毛泽东思想研究，专论、专题汇编及其研究入有关各类。例：马列主义研究入 D0-0，毛泽东思想研究入 D610.0，邓小平理论研究入 D610.1，邓小平论文艺入 I0，毛泽东传入 K827＝73 等。

F 类：增删改类目数最多。

（1）新增类目230多个。直接增加主题概念类目，如：F0-08 西方经济学（总论）、F209 涉外经济管理、F26 产业经济、F719.52 博彩业、彩票业、F740.46 国际贸易代理等；对部分类目扩充加细、增加下位类，如：F271 企业体制、F49 信息产业经济、F590.7 各类型旅游、F840.6 各种类型保险等；修改某些类名，调整其下位类，并扩充类目体系，如：F25 物流经济、F241 劳动力与人力资源、F272 企业管理（总论）、F293 城市土地经济、房地产经济、F713.36 电子商务等。

（2）修改类名、增补注释、明确使用方法等修改约有500个类。如：F810.42 税收、F302 农业计划、规划与管理、F301.3 土地经营与土地市场、F272.1 企业战略管理、F6 邮电通信经济、F713.6 商品交易中介与经纪人、F743.1 国际贸易组织、F129 中国经济史等。

（3）对无文献保障或过时或重复或主题不明确的类目删除停用约140个类。如：｛F047.5｝生活方式、｛F047.2｝社会总产品和国民收入、｛F114.42｝社会主义国家间的经济关系、｛F252.23｝城乡交流、｛F252.21｝物资供应与需求、｛F321.21｝互助组、｛F401.3｝社会主义工业所有制等。

TP 类：增删改类目幅度最大。

《中图法》第四版直接列类623个类目，5 版新增89个类，新增比率为14%，在各类新增类目中比率最高，如：TP333.91 移动存贮器、TP317.6 游戏软件、TP317.5 多媒体软件、TP311.55 软件测试、TP316.85 Linux 操作系统等。修改类目100多个，修改比率16%，仅次于 F、G 类。主要是类名、注释和类目体系的调整，如：TP317.4 图形图像处理软件、TP316.8 网络操作系统（服务器操作系统）、TP311 程序设计、数据库、软件工程、TP316 操作系统等。

删除53个类目,删除率8%,仅次于TS、TF、TG、TD,而且TP类的删除是因为技术发展变化,原设类目已无文献,需要以新出现的技术和设备替代。如:｛TP311.135.1/.135.5｝数据库类型、｛TP316.82｝XENIX操作系统、｛TP322$^+$.1/$^+$.4｝穿孔机/制表机、｛TP333.6｝超导体存贮器、｛TP321$^+$.1｝求积仪、曲线仪等。

U类:该技术门类因为与民众生活息息相关,与近十年我国交通运输体制转轨,交通运输工具、设备、道路快速发展密切联系,因此,该类修订和删除幅度也较大,分别在4%和5%以上。如:调整U1综合运输体系;调整发展速度快、文献量较大的U231地下铁路体系;调整特种铁路运输与普通铁路运输分类体系,使其与实践需要一致;明确U231/239.9特种铁路的使用方法,如地铁旅客运输入U293.6,地铁运输管理自动化入U29-39,地铁运营管理入F530.7,铁路客运专线、高速列车的旅客运输入U293.5,专论城市轻轨电车旅客运输入U492.4$^+$33,总论城市轨道交通运输、轻轨运输、城市新交通系统入U12城市交通运输;对新主题增补新类或注释,如U463.67$^+$1汽车音响设备、U463.67$^+$5汽车导航、雷达系统等;删除停用无使用频率类160多个,如U213.2$^+$15.1/.2$^+$15.3、U213.5$^+$31/.5$^+$33、U215.4$^+$1/.4$^+$4、U228.2$^+$1/.2$^+$6等。

D类:局部调整较大,增改类目数量仅次于F类。

(1)增加部分新主题类目、增加注释或修改类名,如新增D610.2"三个代表"重要思想、D610.3科学发展观、D523.2人事管理、公共部门人力资源管理等;增补D035-0行政学、公共管理学,D035-3公共管理与政府管理方法、D035.29公共安全管理等;同时对世界各国政治的社会生活、社会工作类与相关的C91社会学类体系对应修订完善。

(2)调整法律类体系,增补新类。理顺D90法学理论和D91应用法学的体系,如增补D904.6英美法系、大陆法系、D910.1/.9理论及法律汇编等。为满足新型法归类问题,修改D911/919各部门法的类名并增补下位类,同时修改调整D92/97相对应的类目体系。DF类与D9类同步调整。

G类:局部调整较大,增删改类目比率仅次于D类。

(1)理顺G2信息与知识传播类的体系。增设G209传播事业,以便容纳总论信息传媒业的文献,统一G21/27各种传播业的类名,明确其类目内涵。

(2)合并G25、G35图书馆学情报学体系。修改G25类名为"图书馆事业、信息事业",把G350/359的全部体系合并到G250/259类目体系中并调整、扩充类名,增补注释,同时增设同位类G254.9信息检索,包括《中图法》第四版G252.7文献检索、G354情报检索、G254.32目录体系、G254.33各种目录组织法、G353.21索引编制、G356.6机械化、自动化编索引以及智能检索系统、搜索引擎等的组织、构建及检索方法;相应修改G27档案事业相关类;G35类全部停用。

(3)对G4教育、G8体育等类局部调整,增补新主题,如增补教学课件、多媒体课件、心理健康教育、生理健康教育、情绪与行为障碍儿童教育等新主题。调整G43电化教育、G479健康教育、G76特殊教育等类体系,修改扩充类名,如G762听觉障碍者、语言障碍者教育、G761视觉障碍者教育、G764智力落后儿童教育、G512.3国民教育等。G80/87体育类主要通过修改类名、增类或注释来增补新概念,如G888.6极限运动、G873军事体育(总论)、[G889]体育舞蹈(国际标准交谊舞)、G849.5壁球、G831.3健美操(健身操、塑身操、瑜伽健身操等)、G812.16行业及群众性体育运动组织(体育俱乐部、健身娱乐服务组织等)、

G812.15 中国残疾人体育组织等。除此之外,对 G89 文娱性体育活动类作了较大的调整,如增加了扑克、麻将、健身房活动等类;停用私人收藏类,改入 G268.8 私人博物馆和 G262 博物馆藏品的采集、征集、鉴定有关各类,并相应对 G262 增补下位类,如 G262.1 书画,G262.2 钱币、邮票、票证,G262.3 玉石、珠宝等 8 个下位类。

TS 类:是局部调整较大的类,删除停用类的数量多达 740 个。

主要是合并使用频率过低或过时或过细的类目,其中有些类目转为资料用类。如 {TS183.1 + 1/.1 + 9} 给纱(喂纱)机构、送经机构、编织机构、提花机构等类,{TS183.7 + 1/.7 + 9} 针织用针(舌针、钩针、复合针、双头针等)、沉降片、导纱针、梳栉、三角、针床、针筒、针盘、压脚等针织用配件及辅助材料,TS253.4 + 1/.4 + 6 各蛋品类:冰蛋、蛋粉、蛋片、湿蛋黄、再制蛋(皮蛋、咸蛋、糟蛋)等,TS941.717.8 + 1/.8 + 7 套裙、西服裙、连衣裙、短裙、长裙、裙裤等类。

另外,修改了大类类名,为 TS 轻工业、手工业、生活服务业,对生活服务业类突出列类,并调整完善和补充其体系,修改类名、注释、等级关系共 425 个类,新增类 62 个。如扩充 TS973.5 室内小陈设品、装饰品,增下位类 TS973.51/.59;扩展 TS971 类名为饮食科学,新增下位类 TS971.2 饮食文化;调整扩充类目,如 TS972.11 烹饪技术、TS972.12 各类菜烹饪法及菜谱、TS972.13 主食类制作与食谱等;增补注释,如软饮料,果汁、蔬菜汁及其饮料,功能饮料等。

2. 增加复分标记、"一般性问题"的禁用标记

对一组类目或多组类目需要复分时,以前各版次的《中图法》只有一个说明性注释来规定,而具体需要复分的类目不再一一注释说明。第五版为增强类目复分助记性、降低复分难度,对这些类下无直接复分注释而又需复分的类目的类名后增加了相应标记,并区别 8 个通用附表、专类复分表复分或其他仿分的标记,标记符分别对应为①②③④⑤⑥⑦⑧⑨,与《中国分类主题词表》主题词对应类号的复分标记一致。

对专类下一组具有总论性和通用复分性问题,《中图法》通常设置"一般性问题"类加以概括,因此,规定"一般性问题"类只起仿分概括说明作用,不用于类分文献,其主题归入"一般性问题"类的直接上位类。第五版对"一般性问题"类进行了规范,对不具有此特点的类作了类名修改,对具有此特点的"一般性问题"类,在其类名后增加了禁用类分文献的标记,标记符为⊗,以便提示分类人员,避免误标引并造成与其上位类分类不一致问题。

3. 完善类目的参见注释,补充类目反向参照

《中图法》前几版相关类目参照是人工按类分别注释,因此,很多相关联的类目只有单向参照。第四版修订时,借助《中国分类主题词表》的维护管理系统"对类目的参见注释进行了完善。首先规范参见注释,区分"参见"与"见注",其次补充需要建立反向参照的注释,修改盲参照的参见注释。

4. 合并使用频率过低的类目

参考我国大型的、有代表性的文献数据库("国家图书馆书目数据库"、"同方中国学术期刊网数据库"、"万方期刊硕士论文数据库"等)的《中图法》类目使用频率统计数据,采取了对使用频率为 0 或频率过低的类目合并到上位类或取消仿分、复分注释的做法。第五版共停用 2300 多个类,停用或删除类主要集中在 TS、TD、TF、TG、U、TN、F、G35 等类。停用类增加沿革注释,一般停用或删除类在其相应上位类同时补充含义注释,如:停用

TN351/359.2各种半导体整流器;取消"TS941.71各种服装:按式样分"仿 TS941.77 分的注释。部分类停用后,其下位类直接删除,如:停用 TD842.2,删除 TD842.2$^+$1/.2$^+$5;停用 TS152.25,删除 TS152.25$^+$1/.25$^+$2;此外,部分使用频率过低的图书用类改为资料用类,如:TE32$^+$1/TE32$^+$9。

5. 完善附表类型,补充共性复分的新主题;通过主表类目注释解决附表连续复分的使用问题

为解决主表类目进一步按各类型环境和各类人员进行复分的需要,《中图法》第五版在"八、通用时间、地点表"中新增了环境、人员类列,同时在主表部分类下增加该复分注释,如"C912.15各类型人的人际关系"类下增加了依"通用时间、地点和环境、人员表"复分的注释。

对 8 个附表补充新主题,增设新类目或增加注释或修改类名扩大外延。如在"总论复分表"中对"-79 非书资料、视听资料"的划分进行调整,增补注释,明确下位类的外延;修改"-39 信息化建设、新技术的应用"类名,以便容纳各类有关电子技术、计算机技术、网络通信技术的应用,网站建设、信息化建设等主题复分。对"中国民族表"中的高山族、古代民族补充修改。同时兼顾 8 个附表与主表相同部分的类目体系的同步修订,如与 C、N、K 等类的同步修订。

对地区、时代、民族等复分区分标识明确使用方法,在主表需连续使用附表复分的类目,一般都明确注释出要求使用复分区分符,避免连续复分的类由于跨越复分引起加多个零的问题。例:"B825.1个人修养格言"类的注释"依世界地区表分。如有必要,中国可依中国时代表分,并用时代区分符号 = 加以标识"。F729 贸易史的注释"依中国时代表分。如有必要,可再依中国地区表分,并用地区区分符号( )加以标识";F129 中国经济史的注释"依中国时代表分。如有必要,可再依中国地区表分,并用地区区分符号( )加以标识"。例:湖南民国经济史为 F129.6(264),湖南经济史为 F129(264)。

6. 其他常规性修订

《中图法》第五版除对第四版重点类和存在的主要问题针对性地修订外,还全面系统地分析各大类的设置不足及使用问题并加以修改。此类修订主要有:

(1)修改类名,增强类目的容纳性

一些类目概念过时、类名陈旧、类名限定过窄造成类目缺乏容纳性,一些类名学术性太强,对生活化的、通俗性内容容纳性差,造成类目体系滞后。通过修改类名,将含义相关的类目改为类组,容纳新的主题,增强类目的容纳性。如:

B 类:B824.2 社会交往公德〈4 版类名:友谊与同志关系〉;B821.2 其他人生观、人生哲学〈4 版类名:非共产主义人生观〉。

C 类:C912.2 社会组织、社会群体〈4 版类名:社会团体〉;C912.61 阶层、阶级心理〈4 版类名:阶级心理〉;C912.64 群体心理〈4 版类名:群众心理〉;C913 社会生活、社会问题、社会保障〈4 版类名:社会生活与社会问题〉;C913.5 青少年生活及问题〈4 版类名:青少年问题〉。

E 类:E07 军事分支学科〈4 版类名:军事管理学〉;E158 民兵、预备役部队〈4 版类名:民兵〉;E233 军需勤务、军事物流仓储〈4 版类名:军需勤务与国防物资储备〉;E822 陆军战役〈4 版类名:登陆与抗登陆战役〉。

H 类:H313 语义、语用、词汇、词义〈4 版类名:语义、词汇、词义〉;H319.3 教学法、教材、教学参考书〈4 版类名:教学法;教材、教学参考书〉。

I 类:I207.41 古代、近代小说〈4 版类名:古代小说〉;I207.42 现代、当代小说(1919 年~)〈4 版类名:新体小说〉;I233 歌剧、歌舞剧、音乐剧〈4 版类名:歌剧、歌舞剧〉。

J 类:J8 戏剧、曲艺、杂技艺术〈4 版类名:戏剧艺术〉;J19 专题艺术与现代边缘艺术〈4 版类名:宗教艺术〉;J218.7 动画(卡通)、电脑动画(flash)〈4 版类名:动画(卡通)〉;J525.3 生活用具装饰美术〈4 版类名:家具〉;J62 西洋器乐理论与演奏法〈4 版类名:器乐理论与演奏法〉;J652.1 通俗歌曲〈4 版类名:群众歌曲〉。

K 类:K21 上古史(约 170 万年前—约公元前 2070 年)〈4 版类名:原始社会(约 60 万年前—4000 多年前)〉;K25 近代史:1840—1919 年〈4 版类名:半殖民地、半封建社会(1840—1949 年)〉;K26 近代史:1919—1949 年〈4 版类名:新民主主义革命时期(1919—1949 年)〉;K353.6 第三次印巴战争及东、西巴基斯坦的分裂(1971 年~)〈4 版类名:印巴战争及东、西巴基斯坦的分裂(1972 年~)〉;K892.11 节日、纪念日〈4 版类名:革命节日、纪念日总志〉;K919 旅游地理、游记〈4 版类名:旅行、游记〉。

O/Q 类:O245 数学软件〈4 版类名:数值软件〉;P315.9 地震工程与震害防御、应急〈4 版类名:工程地震〉;Q10⁺¹ 生命物质〈4 版类名:生活物质〉。

R 类:R13 职业卫生〈4 版类名:劳动卫生〉;R169 生殖健康与卫生〈4 版类名:计划生育与卫生〉;R197.63 企事业单位医疗卫生机构〈4 版类名:工矿企业医疗卫生机构〉;R779.13 化学性眼损伤〈4 版类名:农药及其他毒物性眼损伤〉;口腔矫形学、牙科美学〈4 版类名:口腔矫形学〉;R978 治疗感染性疾病及寄生虫病药物〈4 版类名:治疗传染病及寄生虫病药物〉。

S 类:S127 3S 技术在农业上的应用〈4 版类名:遥感技术在农业上的应用〉;S345 有机耕作〈4 版类名:有机农业;总论有机农业,5 版改入 S -0〉;S44 动物危害及其防治〈4 版类名:鸟兽害及其防治〉;S632.3 芋、魔芋〈4 版类名:芋〉;S852.65 兽医病毒学〈4 版类名:家畜病毒学〉;S851/852 畜禽卫生及防疫/畜禽解剖学、组织学、胚胎学〈4 版类名:家畜卫生及防疫/家畜解剖学、组织学、胚胎学〉。

T/X 类:TB476 产品设计表现技法与模型制作〈4 版类名:产品模型制作〉;TD352⁺.3 各种材料井壁及砌筑〈4 版类名:混凝土及钢筋混凝土井壁及砌筑〉;TG375⁺.43 挤压工具〈4 版类名:挤压筒〉;TJ5 爆破器材、烟火器材、火炸药、军用器材〈4 版类名:爆破器材、烟火器材、火炸药〉;TK513.1 聚光器、集热器〈4 版类名:聚光器〉;TN 电子技术、通信技术〈4 版类名:无线电电子学、电信技术〉;TN912.23 放音机、录放机〈4 版类名:放音机〉;TN916.5 长途电话、载波电话、网络电话〈4 版类名:长途电话、载波电话〉;TP316.86 Windows 网络操作系统〈4 版类名:WindowsNT 操作系统〉;TP387 智能型计算机〈4 版类名:第五代计算机〉;TP393.093 文件传送程序(FTP)、远程登录(Telnet)〈4 版类名:文件传送程序(FTP)〉;TQ637.3 生物功能涂料〈4 版类名:防毒杀虫漆〉;TU 建筑科学、建筑工程〈4 版类名:建筑科学〉;TU241.91 绿色住宅〈4 版类名:新能源住宅〉;TU712 项目管理、技术管理〈4 版类名:技术管理〉;TU986.43 水景〈4 版类名:喷泉、瀑布、湖水、池沼、溪流〉;TV213.9 水资源综合利用〈4 版类名:水利资源综合利用〉;V252.1 黑色金属及其合金〈4 版类名:黑色金属〉;X7 行业污染、废物处理与综合利用〈4 版类名:废物处理与综合利用〉;X703 废水、废液的处理与利用〈4 版类名:废水的处理与利用〉;X830.7 各类型监测〈4 版类名:应急监测〉。

　　(2)增改注释,控制类目划分深度,必要时增加新类

　　通过增加类目注释,更新术语,改进注释来容纳新主题、疑难或常见主题,说明类目含义或类目之间的关系,增强类目理解和使用说明。对发展变化快、含义模糊、文献量不够多的主题控制类目细分和增类,增改注释。对较成熟、稳定的新主题,有一定文献保障则增设新类。如:

　　B 类:在"B844 发展心理学(人类心理学)"类下增注释"不同人群的心理咨询与辅导入此"。新增"B849.1 心理咨询与心理辅导"类,并增注释"总论入此。专论入有关各类"。例:不同人群的心理咨询与辅导入 B844 有关各类;不同环境的心理咨询与辅导入 B845.6 有关各类;心理治疗与心理卫生入 R395 有关各类;学生心理咨询与辅导入 G444。

　　H 类:对汉语、外语教材、课本、教学参考书等通过注释进行了明确规定、划分。例:H31 英语,修改注释为:"中等学校以上(包括中等专业学校英语专业)的英语教学法、教材、课本、教学参考书等入 H319 有关各类。如:《英语》(许国璋编)分类号为 H319.39。专业英语入有关各类。如:《国际商务英语》(高等院校国际贸易类教材)为 F7-43。"H319 英语教学,修改注释为:"中小学英语教学改革、教学大纲、教学法、教材、教学参考书等入 G6 有关各类。"H319.3 教学法、教材、教学参考书,修改注释为:"中等学校以上(包括中等专业学校英语专业)的英语教学法、教材、课本、教学参考书、英语学习方法等入此。"还增补 H319.31/.39、H193.7/.9、H195.6 等类。

　　I 类:I206.2/.4 古代文学(~1840 年)类利用空号扩展加细,增复分注释:"总论古代文学入 I206.2。依中国时代表分。"网络文学、乡土文学、土著文学、随笔体裁的博客及手机短信集、文艺产业、文艺市场等主题在 I106、I207、I1-29 等有关类增补注释。

　　J 类:在"J625.9 其他打击乐"、"J642.1 通俗歌曲"类下增镲、架子鼓(爵士鼓)、摇滚歌曲等主题的注释。增"J198 现代边缘艺术"类,容纳行为艺术、人体艺术、装置艺术、配置艺术、地景艺术(大地艺术)等主题。扩充"J51 图案设计"类,增设 J511/519 下位类以便容纳工艺图案的平面设计、立体设计、色彩设计等主题。

　　K 类:增补注释说明类目含义或类目之间的关系,如:K771 圭亚那、K638 萨摩亚、K543.6 南斯拉夫等类注释说明了与 K772、K773、K555.3/.6 类间关系。增补注释说明类目外延部分交叉问题,如:K878.2 纪念地、故居(注释:纪念地、故居的考古入此。一般介绍和图集入 K928.72)。增新类,如"K851 考古学"、"K555.2 黑山共和国"、"K892.28 生产贸易民俗"等。

　　R 类:在相关类注释中增补常见主题或新概念,如:居民区、住宅、宿舍卫生标准,室内装修卫生标准,厨房卫生,灾害医学救援,高原病,瑜伽疗法等。增"R-058 医学信息学"类,容纳数字医疗、医学专家系统、远程医学、医学情报学、医学信息资源检索和利用等主题内容。增"R1-9 卫生经济学"、"R122.3 室内空气与卫生"、"R393 医学分子生物学"、"R41 临床诊疗问题"、"R417 医疗事故与预防"、"R512.93 严重急性呼吸系统综合症(SARS)"、"R9-39 计算机在药学中的应用"、"R994.39 药物毒理学"等类。扩展"R289.5 验方与单方"类,按科扩展增设下位类;对"R29 中国少数民族医学"增设专类复分表等。

　　S 类:在相关类增补注释常见主题或新概念,如:有机农业、绿色农业、白色农业、节水灌溉、无公害栽培、细胞培养育种法、转基因育种法、生物技术繁育法、纳米肥料、外来入侵植物

的防治、航天育种法等。扩展"农业生态学"类,新增下位类 S181.1/.6;扩展"农业生物工程"类,新增下位类 S188$^+$.1/$^+$.4;新增"S435.124 小黑麦病虫害"、"S436.37 芥菜类病虫害"等类。

T/X 类:常见主题或新概念在相关类增补注释,如:无线市话系统(小灵通)、车载电视、手机电视、武器卫星、太空雷(天雷)、标牌及吊牌的印刷、修脚及浴室服务、岩土工程、建筑文化、古建筑的保护与修缮,生态建筑、绿色建筑、航天站、航天人员的心理及特殊生理的选拔、大气环境、污染气象学、温室效应、城市热岛效应、恢复生态学、生态工程、生态库、公害经济学、污染源监测、污染物总量监测等。

对一些类目使用模糊等问题通过注释明确使用方法,如明确航空航天心理学归类问题:总论入 B845.66,专论分别入 V321.3、V527。如明确 X5 与 X7 大类间关系和使用方法,总论各行业污染或某地区行业污染调查资料入 X708,地区环境污染综合调查资料入 X508。新增类,如:"TB484.6 环保包装材料"、"TB485.6 抗菌包装"、"V211.8 飞行器计算机仿真"、"V216.6 可靠性与寿命试验"、"V419$^+$.6 空间生命科学"、"TQ39 精细与专用化学品工业"及 9 个下位类、"TQ635 各种用途涂料"及 7 个下位类;"X822 行业环境质量评价"并仿 X7 进行细分;扩充"TU238.2 室内装饰设计",增设下位类 TU238.21/25,扩充"TB472 产品设计"类,增设下位类 TB472.1/.3 等。

7. 多种版本发布

以文献生产、文献分类、文献用户、检索环境的实际状况和需求为基础进行修订,发布多版本,如印刷版、电子光盘版、网络版、期刊版、简本、网络信息组织扩展版等版本,照顾到各用户不同功能的需求,解决文献分类导航检索、分类排架及各文献类型的实际组织需要。

总之,通过局部调整和重点修订,使《中图法》第五版文献分类体系与学科发展、知识发展体系保持同步,增强类目体系的分类规律性,类表的实用性有了很大提高,降低类表使用难度,控制类目划分深度。修订后的《中图法》更具有实用性和时代特征,更能充分反映和体现信息组织、知识组织、文献组织的工具性,更好地满足文献标引,信息、知识、文献的检索需求。增加复分等使用标记及类目通用复分形式,完善类目的相互参见注释,增强了体系分类法对主题多属性功能的揭示以及辅助复分和相关检索功能。《中图法》第五版更具时代特色,多版本发布能更好地满足网络环境下各种信息资源标引和检索的需要。

第二章 《中图法》的编制理论与编制技术

第一节 编制原则

文献分类法是按一定的思想观点,以科学分类和知识分类为基础,并结合文献的内容和特点,对概括文献情报内容及某些外表特征的概念或术语,进行逻辑划分和系统排列而成的类目一览表。文献分类法包括类目表和分类规则,它是类分文献、编制分类检索工具的工具。《中图法》是按如下原则编制的:

第一,以马克思主义、列宁主义、毛泽东思想为指导思想,以辩证唯物主义和历史唯物主义为理论依据,以科学技术发展和文献出版的实际为基础,将科学性、实用性、思想性有机地统一起来。

第二,以编制分类检索工具和进行文献分类检索为基本功能,兼顾文献分类排架的需要。

第三,分类体系是以科学分类和知识分类为基础,依照从总到分、从一般到具体、从理论到应用的原则构建的逻辑系统。分类体系要充分考虑文献分类的特点和需要,文献聚类的方向和集中的程度要以提高分类检索效率为依据,类目设置既要保持相对稳定性,又要有一定的动态性,及时反映新学科、新主题、新事物的发展,不断加以修订,以满足文献分类的需要。

第四,标记系统的设计和标记符号的配置,要满足分类体系的展开和不断扩充的需要,力求简明、易懂、易记、易用、易于扩充。

第五,兼顾不同类型、不同规模图书馆和情报机构类分文献的需要,编制不同功能、不同载体的系列版本,为全国文献统一分类编目,实现书目数据共享创造条件。

第二节 基本序列

基本序列,也称基本部类或部类,是文献分类法编制中为建立知识分类体系,对知识门类所进行的最概括、最本质的划分与排列,是确立基本大类的基础。

关于知识的分类,毛泽东在《整顿党的作风》一文中指出:"什么是知识?自从有阶级的社会存在以来,世界上的知识只有两门,一门叫做生产斗争知识,一门叫做阶级斗争知识。自然科学、社会科学,就是这两门知识的结晶,哲学则是关于自然知识和社会知识的概括和总结。"这是我们确定分类法基本结构的理论根据。宗教作为一种历史现象和意识形态,与哲学有着共同的发源基础,在人类历史发展过程中,宗教与哲学也始终保持着密切联系,因此将宗教与哲学作为一个类组列出。据此,本分类法将知识门类分为"哲学、宗教"、"社会科学"、"自然科学"三大部类。

马克思主义、列宁主义、毛泽东思想、邓小平理论是指导我们思想的理论基础,作为社会主义国家的文献分类法,为强调马列主义、毛泽东思想的指导作用,故作为一个基本部类列于首位。这种划分是把马列主义、毛泽东思想作为科学的思想体系看待,具有特藏的性质。此外,考虑到文献本身的特点,对于一些内容庞杂,类无专属,无法按某一学科内容性质分类的图书,概括为"综合性图书",作为一个基本部类,置于最后。

关于"哲学、宗教"、"社会科学"和"自然科学"的序列。人类认识客观世界的次序是由特殊到一般、由实践到理论,也就是由分到总的次序。但作为知识体系,只有按从一般到特殊、由总到分的次序排列,才具有科学上的认识意义,才能借助这个体系把握人类知识领域的整体概貌。哲学是关于自然科学和社会科学的概括和总结,因此把它列作第二部类,排在"社会科学"和"自然科学"的前面,这是符合文献分类法从一般到具体的序列原则的。社会科学是人类社会活动的总结知识,其中包括马克思主义的科学社会主义理论和马克思主义政治经济学两个组成部分,它们都是指导社会活动和科学活动的科学,与马克思列宁主义的关系比自然科学更为密切。就马克思主义3个组成部分:马克思主义哲学、政治经济学和科学社会主义来说,在"哲学"部类后,紧接序列"社会科学"还可以保持它们三者的联系。因此,在本分类系统中,首先反映社会科学,然后是自然科学,将五大部类序列为:

马克思主义、列宁主义、毛泽东思想、邓小平理论

哲学、宗教

社会科学

自然科学

综合性图书

第三节　基本大类

基本大类,也称分类大纲,是文献分类法中划分的第一级类目,是在基本序列基础上展开的知识分类体系框架。基本大类都是传统的、稳定的、较为概括的学科或知识领域。

基本大类数量的确定,决定于某部类所包含的独立的知识领域,既要考虑科学学科的划分,也要考虑习惯的知识领域划分。作为综合性的文献分类法,基本大类的设置还要考虑到各学科领域的平衡。社会科学和自然科学这两个部类的内容很多、发展很快,因此在社会科学部类下展开为9个大类,自然科学部类下展开为1个大类,以满足文献分类和文献检索的需要。

逻辑学、伦理学、心理学虽然都已发展成为一个独立的学科,本分类法根据它们与哲学的渊源关系,仍保留在哲学大类之内。

在社会科学(包括人文科学)领域中,政治、经济、文化是3个重要组成部分,独立编列为基本大类。法律是国家制定或认可的,由国家强制力保证实施的,以规定当事人权利和义务为内容的具有普遍约束力的社会规范,与政治的关系最为密切,因此将法律与政治并列设为一个类组。

军事是研究战争和战争指导规律的科学,不但研究战争的性质,还研究战略、战术、军事

建设、军事技术等各方面的问题,它和"政治"既相联系,又相区别,故也列为基本大类。

文化、科学、教育、文学、艺术、语言文字等,虽都属于广义的文化范畴,但文学、艺术、语言文字在文化发展史上早已形成独立的知识领域,因此将"文化、科学、教育、体育"概括为一个类组(只包括新闻、广播、出版、图书、博物、档案等文化事业以及科学研究和教育、体育,即一般所说的文化教育事业),而将文学、艺术、语言文字作为基本大类列出。历史和地理分别是从时间、空间角度综合研究人类社会发展及社会环境的密切相关的科学,也将它们概括为一个类组列出。

这里的"地理"主要是人文地理,也包括综合性的地理知识,而经济地理、自然地理等专科地理则按其学科属性分别列于有关各类。对于社会科学领域的综合知识范畴,概括为"社会科学总论"。

社会科学部类的内部排列次序,主要根据基本大类间关系密切的程度和与其他部类的关系来确定,基本次序按"上层建筑—经济基础—意识形态",即"政治—经济—文化"的次序排列。政治与哲学的关系比其他学科更密切,这样排列使两个部类之间的衔接性更好。军事从某种意义上说是政治的继续,与政治的关系最密切,故列于政治之后。属于意识形态范畴的一组大类,首先序列概括文化事业的"文化、科学、教育、体育"。"语言、文字"对发展文化有重要的作用,同时又是文学和艺术的基础,编列在文学和艺术之前,然后依次排列"文学"、"艺术"。"历史、地理"编列在社会科学最后,带有总结和归纳的性质。

自然科学部类基本大类的确立,是根据人们在长期认识和改造自然中形成并被科学界所公认的知识范畴进行的。根据自然科学学科的属性,遵循从一般到特殊、从简单到复杂、从低级到高级、从理论到应用的次序,大体划分为"基础理论(即狭义的自然科学)—技术科学—应用科学"3个层次。

自然科学基础理论是研究自然界物质结构和运动形态、自然现象一般规律的科学,包括数学、物理学、化学、天文学、地球科学、生物学。首先将研究自然界物质结构和运动形态最基本、最普遍规律的几门科学概括为"数理科学和化学",它们对各门自然科学都有普遍的意义,故列于首位。其次列出研究天体物质和人类物质环境的"天文学、地球科学"。在研究无机界的科学之后,列出以有机物质的生命现象作为研究对象的"生物科学"。

技术科学是以基础科学理论为基础,针对工程技术中带有普遍性的问题进行应用研究所形成的技术理论科学。由于技术科学与应用科学常存在于同一文献之中不易区分,为类分文献方便将它们在基本大类中不加区分,而在以后的各级划分中视情况加以必要的区分。"医药、卫生"和"农业科学",都是以生物科学为基础的包括技术科学和应用科学的学科,同属于生命科学的范畴,因此列于生物科学之后。农业不只是提供人类生存的资料,而且提供工业生产的原料,它是国民经济的基础,因而把它列在医药卫生之后工业技术之前。

应用科学是以技术科学为基础形成的直接应用于生产、生活的技术和工艺。随着当代科学技术的发展和人类改造自然界能力的极大提高,应用科学已形成庞大的科学技术体系。除列出"工业技术"之外,"交通运输"和"航空、航天"综合利用冶金、金属、机械、动力、电子、自动化以及建筑技术等各门科学的成果,又广泛应用于其他各门学科和国民经济各个领域,具有很高的独立性,因此把它们作为基本大类,依次排在"工业技术"的后面。"环境科学"是研究人与自然界中各种因素相互作用的规律,并能动地控制这一规律,为人类创造有利的环境的一门科学,"安全科学"是研究安全生产,防止损害人体健康的科学,这两门科学属性相近,都是保护生态环境、维护人类安全,具有高度综合性的科学,为此把二者编列为一个类组,排在自然科学的最后。"工业技术"是一个庞大的学科群,为适应文献分类的需要,再展开为16个二级类,其重要程度不亚于一级类目。工业技术的二级类,大体按能源、原材料、动力、电子与自动化技术的顺序排列,化学工业、轻工业、建筑工程、水利工程涉及多种工业技术的应用,依次排列在自动化技术之后。

此外,在社会科学和自然科学各大类之前,均分别列出"社会科学总论"和"自然科学总论"类,这是根据文献的特点,按照从总到分、从一般到具体的编制原则编列的总论性类目,以组成社会科学和自然科学的完整体系。

这样,在5个基本部类的基础上,形成二十二大类的知识分类框架。序列为:

基本部类		基本大类
马克思主义、列宁主义 ………	A	马克思主义、列宁主义、毛泽东思想、邓小平理论
哲学、宗教 ………	B	哲学、宗教
社会科学………	C	社会科学总论
	D	政治、法律
	E	军事
	F	经济
	G	文化、科学、教育、体育
	H	语言、文字
	I	文学
	J	艺术
	K	历史、地理
自然科学………	N	自然科学总论
	O	数理科学和化学
	P	天文学、地球科学
	Q	生物科学
	R	医药、卫生
	S	农业科学
	T	工业技术
	U	交通运输
	V	航空、航天
	X	环境科学、安全科学
综合性图书………	Z	综合性图书

第四节 体系与结构

一、《中图法》的体系

分类法的体系包括理论体系和技术体系。理论体系是指编制分类法时对人类全部知识所作的最基本的划分。五大部类的基本序列就是《中图法》的理论体系。技术体系是指为达到特定的功能,将众多类目构造成相互联系、相互制约的整体的形式。

《中图法》的基本功能是编制分类检索工具和组织文献分类排架。分类检索功能要求分类法有一个详尽和有巨大容纳力的类目系统,标记系统可无限扩展并具有灵活的组配功能,从而能描述细小专深的主题,揭示文献的多种属性,提供多种检索途径。分类排架功能要求分类法结构简明,层次划分不宜过多,类目体系有较高的稳定性,类目进行单线排列,标记符号简短,一个主题在分类法中只能有一个正式位置和分类号。《中图法》为把这两种功能很好地兼顾起来,采用等级列举式的分类体系进行编制。这种体系模式使用概念层层划分的方法,分别将基本大类划分成若干二级类目,再将各二级类划分成众多的三级类目……这样层层展开形成一个树形结构,显示知识分类的等级结构。所有的类目进行线性排列构成类目表。在这个等级列举体系中,每个类目都表达一个完整的主题,类号是先组式的,各个类目不论是纵向还是横向都是相互关联和制约的,从而构成一个有机整体。这种等级列举体系,结构清晰,便于理解和掌握,具有很好的系统性和族性检索功能,对文献工作具有多方面的适应性。

在满足分类排架功能的同时,为增强分类法的检索功能,必须提高分类法描述细小专深主题、新主题和多角度揭示同一主题的能力。为此,《中图法》在等级列举的基础上,广泛采用类目仿分复分、有限地采用主类号直接组配等技术提高分类法的组配标引能力。同时,逐步增加"多重列类"的成分,以适应在计算机条件下多主题要素标引、多途径检索的需要。

二、《中图法》的结构

分类法是一个具有内在联系的逻辑系统,其系统功能是通过其结构来实现的。分类法的结构分为宏观结构(即它的各个组成部分及其之间的组织方法、相互联系和作用的方式)、微观结构(即类目的构成要素及其组织)。

1. 宏观结构

《中图法》的宏观结构包括:

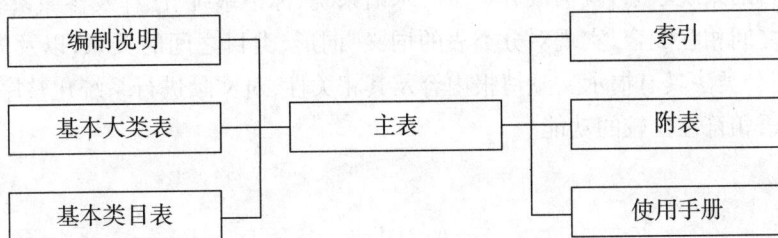

（1）编制说明。对分类法编制的理论、编制原则、结构体系、主题范畴和适用范围、标记制度，以及编制经过等有关事项的总体说明。

（2）基本大类表。分类法一级类目组成的一览表，揭示分类法的基本学科范畴和排列次序。

（3）基本类目表（简表）。由基本大类及进一步区分出来的二、三级类目所组成，是分类法的类目体系框架。其作用是帮助用户了解分类法的概貌；专业文献情报单位可用于非专业文献的粗分类；实行粗排架的单位也可以使用基本类目表编制排架分类号。

（4）主表（详表）。是各级类目组成的一览表，是文献分类标引的依据。主表按功能分为术语（类名）系统、标记系统、注释系统。

（5）附表（辅助表）。由分类法的 8 个通用复分表组成，是主表类目进行总论复分、地区复分、时代复分、民族和种族复分、通用时间地点和环境人员复分的依据。

（6）索引。是分类法从字顺途径按类目名称、事物主题查找类目的工具。

（7）使用手册。是详细阐述分类法的编制理论与技术、各类文献分类规则与方法，指导用户正确使用分类法的权威性指南。

2. 微观结构

类目（包括通用复分表和专用复分表的子目）是构造分类法的最基本要素，每个类目代表具有某种共同属性的文献集合。一个类目是由类号、类名、类级、注释和参照组成的。《中图法》的类目结构如下：

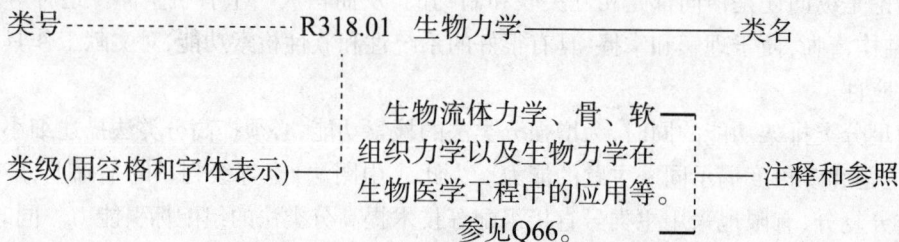

类号 ┄┄┄┄┄┄┄┄┄┄┄ R318.01　生物力学 ──────── 类名

类级（用空格和字体表示）── 生物流体力学、骨、软组织力学以及生物力学在生物医学工程中的应用等。参见Q66。 ── 注释和参照

类号：是类目的标记符号，决定类目在分类体系中的位置。文献经过分类标引之后，作为组织分类文献排架的排架标识、组织分类检索工具的检索标识。

类名：是类目的名称，用描述文献情报内容的术语直接或间接表达类目的含义和内容范围。

类级：是类目的级别，在印刷版中用排版的缩格和字体表示，代表该类目在分类体系中的等级（划分的层次），显示类目间的等级关系。

注释和参照：对类目的含义及内容范围、分类方法、与其他类目的关系等进行说明。

全部类目的系统联系，就构成分类法的术语系统、标记系统、注释及参照系统、类目等级结构。它们之间相互配合，实现对分类表的词义、词形、类目之间的关系，以及先组度、专指度的控制，使分类法具有揭示文献情报内容及其相关性，对文献进行系统化整序和将标引用语与检索用语相符性比较的功能。

第五节 类目的划分与排列

立类、列类是分类法编制的基本技术。立类是指如何进行类目的设置,列类是对类目进行划分和排列,这两者是密不可分的。

一、立类的基本原则

分类法的每一个类目都是一个特定的主题概念,都表达了一定学科知识的内涵和外延。分类法通过科学分类体系所序列的类目,来容纳大量的文献,而成为文献整序的工具。因此,类目的设置必须立足于文献分类的实际需要。《中图法》在编制中,对于某种学科知识、某种事物是否立类(设置类目),一般遵循下列原则:

1. 文献保障原则

文献保障原则是立类的客观原则。类目所代表的事物必须是客观存在的,同时还必须有一定数量的关于该事物的文献。分类法编制上的文献保障原则是通过立类的文献保障原则来实现的。分类法使用过程中,如某类逐渐失去文献的保障,则对该类作删除或归并的处理。

2. 稳定性原则

类目的设置要考虑它在相当长一个时期是稳定的。类目的稳定性是分类法稳定的基础,特别是基本类目的稳定性尤为重要。一般来说,从知识分类、学科分类、专业分类以及惯用的划分等方面设置的类目是相对稳定的。保证类目的稳定性,就必须使用稳定的因素作为类目划分的标准。同时,提高类目的可延展性或兼容性也是提高类目稳定性的措施之一。

3. 发展的原则

为保证分类法的稳定性,立类时应以发展的眼光,有预见性地为某些有强大生命力的新事物编列必要的类目,或留有发展余地。这要求分类法编制或修订时,应充分参考学术界的研究成果,对一些新学科的发展趋势以及由此对文献生产产生的影响,作预测性研究。发展的原则还表现在随着时代的发展,对原立类不当、使用频率相当低的类目予以调整、合并或删除。

4. 均衡的原则

《中图法》是一部大型综合性的分类法,在类目设置上要考虑各学科领域类目分布的均匀度,防止某些局部过于概括或过细地展开。

5. 概念清楚的原则

主要体现在:所使用的语词或短语能确切表达类目的实际内容范围,内涵、外延清楚;类名采用科学规范、通用的术语或译名;在表达相同的概念时,做到语词的一致性;在不影响类目含义表达的情况下,保证用语的简洁;每个类目都要有专指的检索意义。此外,类目含义以及与他类目的关系,必要时还需通过类目体系和类目注释加以说明或限定。

二、类目的划分

《中图法》主要是从知识分类的角度来揭示文献内容的区别与联系,按学科和专业集中文献,提供从学科和专业出发检索文献的途径。为此,类目设置主要是按照科学知识的逻辑系统进行划分和排列。重视类目之间的内在联系,贯彻从总到分、从一般到具体、从简单到复杂、从理论到实践的划分原则,把成千上万个类目按学科系统排列,组成一个严密的概念等级分类体系。通过这个等级分类体系,显示各科学知识部门在分类体系中的位置,反映科学知识部门之间的亲疏远近和隶属关系。

1. 类目划分的基本原则

(1)类目划分是选用一定的分类标准,对一个较宽泛的上位概念进行分组,形成一组平行的类目,这组平行的类目互称同位类,它们都具有其上位类的内涵,同时又增加了分类标准所限定的内涵。类目的划分决定着局部文献聚类的方向和集中的程度,对文献检索效率有重大影响。类目划分一般是选择事物的本质属性中最有检索意义的属性作为划分标准。如:在"P61 矿床学"类中主要依燃料矿、金属矿、非金属矿等矿种划分类目;在矿山工程中,则依矿山设计、支护、开采等工程项目分,而不依矿种分;矿种的划分,只在采矿、选矿类下使用。在"TS932 雕塑工艺品"类中,按雕塑材料划分类目;而在"J31 雕塑技法"类中,则同时使用"样式"、"题材和体裁"、"材料"三种标准划分。在"Q949 植物分类学"中,按植物形态划分为孢子植物、种子植物;而在"S5 农作物"中,则按植物对人类的用途划分为禾谷作物、豆类作物、饲料作物、绿肥作物等。同一事物在不同的学科领域中选取的划分标准不一定是相同的,主要是根据文献检索的实际需要来决定事物按何种属性聚合成类。

(2)在类目划分时,基本遵循逻辑划分的规则,即这种划分是逐级次第进行的,在同一划分阶段中,一般只使用一个划分标准,以保证划分后的子目相互排斥,外延不相交叉。

(3)类目划分时力求全面,使由一个上位类划分出来的一组下位类的外延之和等于上位类的外延,以保证类列的完整。当不可能全面列举或无须全面列举所有类目时,一般在类列的最后编制"其他"类,用以容纳尚未列举的内容。但有时也根据类目划分的实际情况,不编列"其他"类,如果出现未列举的新主题内容,首先应考虑归入与之属性相近的同位类,若无合适的同位类可入,则归入能概括该主题内容的上位类。

2. 类目划分的若干技术方法

文献分类与知识分类、科学分类、事物分类都有重要的差异,编制分类法实际上不可能严格地按逻辑划分的原则去进行,而应根据文献的特征和检索的需要有所变通,确定类目划分的方法。

(1)在类目划分中,凡涉及共性区分的问题时,一般都采用编制通用复分表、专类复分表、"一般性问题"以及采用类目之间的仿照复分来处理。

(2)在类组性的类目下,很难使用同一种分类标准对不同的事物进行划分,而根据类组所包含事物的特征分别选用不同分类标准进行划分。如"G 文化、科学、教育、体育"的4个组成部分就分别使用了不同的分类标准进行划分。

(3)当某些事物具有的若干属性都可作为检索入口,但又不宜在逐次划分过程中分别使用这些属性作为分类标准,这时就同时使用若干分类标准进行划分,即采用多重列类法。

(4)在同一划分阶段中,多数类目使用同一分类标准划分,而个别类目采用其他分类标准划分,并排列在类列之后,也是常用的一种划分方法。例如:

J23　　　各国绘画作品
232　　民族技法画 ┐
232.9　中国画 │
233　　油画 │
233.9　漆画、涂料画 │
234　　素描、速写 ├── 按画法分
235　　水彩、水粉画 │
236　　粉画、蜡笔画 │
237　　版画 ┘
238　　各种画：按用途分 ── 按用途分
　.1　　宣传画
K2　　　中国史
21　　上古史（约170万年前~约公元前2070年） ┐
22　　古代史早期（约公元前2070~公元前475年） │
23　　古代史中期（公元前475~公元581年） │
24　　古代史后期（581~1840年） ├── 按时代分
25　　近代史：1840~1919年 │
26　　近代史：1919~1949年 │
27　　中华人民共和国时期（1949年~） ┘
28　　民族史志 ──────────── 按民族分
29　　地方史志 ──────────── 按地域分

上例中"各种画：按用途分"、"民族史志"、"地方史志"均是使用其他划分标准形成的同位类子目。这些类列子目，通常为照顾分类集中排架，一般类下会注释出按某属性集中某方面的文献。但为便于多途径集中检索，可在相关属性类作互见分类。如根据 J231/239 类的注释将"水粉宣传画"入"J235 水粉画"，不入"J238.1 宣传画"。根据 K281/288 类的注释将"明末回族农民起义"入 K248.301"明末农民起义"，不入"K281.3 回族史志"。不入的类都可以为集中检索提供互见分类。

（5）《中图法》在构建基本类目框架时，重视科学分类的运用，以形成大体与科学分类相吻合的类目体系。但在各级类目编列时更注重从知识分类和事物分类的角度建立局部类目体系。因此，常常采用学科、事物的"问题"或"方面"作为分类标准，这样可以把某学科或事物包含的全部问题或各个方面，在同一划分层次进行显示。例如：

F12　中国经济
120　方针政策及其阐述
121　社会经济结构与体制
123　国民经济发展计划、规划及管理
　　　………………………………
127　地方经济
127.8　少数民族经济
127.9　特区经济、经济技术开发区经济
129　中国经济史

129.9　中国经济地理

P46　气候学

461　气候的形成和影响气候的因素

462　气候类型

463　中气候与小气候

…………………………………

468　气候资料

469　气候图

这两例都是使用上位类所包含的问题作为划分标准的。

（6）对类目进一步划分时，如涉及从总到分、从一般到具体的不同分类标准，通常是把类列的子目分为两大部分，第一部分是总论性或理论方法性类目，第二部分是专论性或具体问题（事物）类目。这种划分可以在类目连续划分中的不同阶段，设置相应的概括性类目，以便容纳总论性或概括性文献。例如：

总论性、理论性类目		专论性、具体性类目	
B0	哲学理论	B1/7	各国哲学
B20	中国哲学理论	B22/26	中国各代哲学
F0	经济理论	F2/8	各部门经济
F30	农业经济理论	F31/37	各国农业经济
Q1/8	生物学各方面	Q91/96	生物种类
Q941/948	植物学各方面	Q949	植物种类
S1/4	农学的各方面	S5/9	各种种植、养殖类

这两部分的类目序列，按从总到分、从一般到具体的分类原则编排，文献归类也必须遵循这个原则。如："土壤改良"入 S156（总论），"小麦土壤改良"则要分入 S512.106（专论）。即能入具体问题、事物类目的，不入总论性或理论方法性类目。又如"爬行动物生态学"入"爬行动物"类，不入"动物生态学"。如果某类中出现有不按上述原则划分的类目，通常都在类目注释中加以说明。例如：

G25　　图书馆事业、信息事业

251　　图书馆管理、信息工作管理 ────┐

252　　信息资源服务　　　　　　　　　│

253　　信息资源建设　　　　　　　　　├── 按业务范畴分

254　　信息组织　　　　　　　　　　　│

254.9　信息检索 ──────────┘

255　　各类信息资源工作 ──────────── 按文献类型分

　　　　各种文献的研究、补充、登记、编目、
　　　　保管和使用等入此。

258　　各类型图书馆、信息机构 ──────── 按图书馆类型分

　　　　总论某一类型图书馆，如儿童图书馆工作
　　　　的著作入此。专论某一方面工作的著作入
　　　　G251/255有关各类……

根据上述注释就可以明确 G25 所属各类的内容范围:"大学图书馆编目工作"应入"G254.3 文献编目",而不入"G258.6 高等学校图书馆、高等学校信息中心";"乐谱编目"应入"G255.6 乐谱",而不入"G254.3 文献编目"。

(7)有时为满足某些专业特殊的检索需要,按一定的属性对某些事物相对集中列类。例如医学类各类疾病一般按病变的生理系统或器官聚类,通常在某种器官下集中该器官疾病的各个方面的问题。而对"结核病"、"肿瘤"等则按病因或病理集中列类,这样,胃疾病中就不再包含胃结核和胃肿瘤,肺疾病中就不再包含肺结核和肺肿瘤。当某类中多处采用集中列类法时,要根据注释认真分析各类集中文献的程度,正确判断它们各自的内容范围。

(8)为满足不同性质的文献情报机构从不同角度集中文献的需要,广泛采用交替列类法,为具有双重隶属关系的学科或事物分别编列正式类目(使用类目)和交替类目,供用户选择使用,同时有选择地将某些交替类目细分展开,便于专业单位使用。

(9)采用合并列类法,把若干相近的并列概念合并建立一个类目或类组。合并列类法可解决类目配号的困难,也适于处理一些若干相关的主题内容常存在于同一文献的标引需要。合并列类还用于分类法修订时合并某些相关的类目和赋予类目新的相关内容。

(10)有限地使用字母标记法列类。字母标记法也是一种列类方法,这种列类法只指明类目细分的方法,而不实际加以列举。字母标记列类法适用于一个上位类划分出子目相当多且难以预见时。

(11)有限地采用双表列类法,对某个大类使用两种不同的分类标准建立两个不同的分类体系,满足不同专业性质的单位对局部分类体系的不同需求。

3. 分类标准的使用次序

分类标准使用次序也称引用次序,是等级体系分类法类目划分时运用分类标准的先后次序。一个类在连续划分过程中,需要分别使用该类事物的若干属性作为分类标准。这些分类标准的使用次序,决定着文献聚合成类的次序和按某种属性集中的程度,决定着分类法局部的类目体系结构,对分类法的性能有重大的影响。《中图法》在选择分类标准的使用次序,决定文献聚类方向时的基本原则是:

(1)优先使用的分类标准一般是该学科、事物的主要分类标准。如:经济类首先使用经济活动的领域或范围(如工业经济、农业经济等)作为主要分类标准,而不是按经济活动的地域或时代分;在历史类首先是以历史活动的国家、地域作为主要分类标准,而不是按历史的时代分;在教育类主要是依教育的等级和类型划分,而不是按教育活动的地域分;在植物分类中,主要是按植物的形态划分,而不是按植物的分布地域或植物的生长周期等标准分。

(2)优先使用能形成具有科学认识意义的类目体系的分类标准。如:在政治经济学类下,主要以"社会生产方式"这个分类标准;在数理科学和化学类中,首先按物质运动形式来划分。

(3)优先使用具有较高检索意义的属性作为分类标准。如在 A 类首先按经典作家分,而不按著作的内容或形式分;在 Z 类首先按出版形式分,而不是按文献的内容分;在文学作品中首先按作者的国籍分,而不是按作品的时代、体裁和题材分。

三、类目的排列

类目的排列包括纵向排列和横向排列,纵向排列决定于分类标准的使用次序,横向排列指一个类列中同位类的排列。科学地排列同位类,虽对检索效率影响不大,但能体现分类法编制的逻辑性、系统性和规范性,而且对于深入认识分类体系、方便标引和检索也有一定的意义。《中图法》类目排列的基本原则是:

1. 优先使用事物的客观发展次序、事物内部固有的次序、科学的系统次序以及人们认识事物的逻辑次序排列同位类。如"K21/26 中国各代史"按历史发展次序排;"G6 各级教育"按教育的等级由低向高排;"O4 物理学"按由宏观到微观的次序排;"Q91/96 各类生物"按生物演化的次序排;"TJ 武器工业"按由简单到复杂的次序排;"TS125 麻织工艺"按生产流程排。

2. 同位类的排列贯穿着从总到分、从理论到应用、从一般到具体的逻辑次序。如在农业类,先排农业的共性问题和通用技术类目,再排农作物、园艺等类目;在"TN95 雷达"类,先排理论性类目,再排应用性类目;在"P21 普通测绘学"类,按大地测绘学、摄影测绘学、专业测绘学,即一般到特殊的次序排列。

3. 当某类事物的客观次序不明显或某种人为的次序更有利于检索时,则按人为次序排列同位类。主要是按类目的重要程度、文献的多少、通常的习惯次序以及从现实到历史的次序排列。如"S5 农作物"按作物的重要程度排;"TF81/89 金属冶炼"按文献的多少排;"D4 工人、农民、青年、妇女运动与组织"按习惯次序排;"J421 摄影作品集"按时代由近到远的次序排。

4. 对于性质相同或相似的类列,采用统一或对应的排列方法,以提高助记性。例如:

Q941	植物演化与植物发展	Q951	动物演化与发展
942	植物细胞学	952	动物细胞学
943	植物细胞遗传学	953	动物遗传学
……		……	
949	植物分类学	959	动物分类学

TQ173	搪瓷工业	TQ174	陶瓷工业
.1	搪瓷理论	.1	基础理论
.4	原料和辅助物料	.4	原料和辅助物料
.5	搪瓷生产机械制造	.5	陶瓷生产机械制造
.6	生产过程与设备	.6	生产过程与设备

运用复分或仿分的办法将类目展开,也是达到类列的统一排列或对应排列的手段。

第六节　类目关系及其显示

分类法的每一个类目都不是孤立的,都是类目体系中相互关联、相互制约的有机组成要素。类目的含义不是简单地由类名来决定,而是将它置于分类体系之中,即一个由上位概念、同位概念、下位概念、相关概念和类目注释构成的语义空间中进行限定,这是等级体系分类法进行语义控制、显示类目间关系的基本方式。

一、类目纵向关系的显示

类目的纵向关系是它们的等级关系,反映类目之间的亲缘关系,包括从属关系和并列关系。纵向关系主要使用等级结构来显示。

1. 从属关系

类目的从属关系指上位类和下位类的关系。一个类与其细分出来的小类之间具有从属关系,连续划分的一系列具有从属关系的类目称为一个类系或类链。在划分中被区分的类称上位类,直接区分出来的小类称下位类,凡不具有直接从属关系的各级上位类和下位类则称为上级类或下级类。在一个类系中类目的内涵逐次递增、外延逐次递减,上位类包含其所属的下位类,下位类具有上位类的属性,这是它们之间的基本关系。从属关系又分为属种关系、整部关系和方面关系。

属种关系,即包含和被包含的关系。如生物的分类、事物及其类型等。

整部关系,即整体和部分的关系。如学科及其分支、生物及其器官、事物及其组成部分、各级行政区域等。

方面关系,全面和某一方面的关系。如学科及其问题、事物及其属性等。

2. 并列关系

类目的并列关系指处在同一划分层次上的不同类目的关系。由一个上位类区分出来的一组下位类互称同位类,一组同位类总称为一个类列。在一个类系中,类级相同,又不属同一个上位类的类目称同级类,同位类和同级类之间都是并列关系。同位类之间一般外延互不重合,如果同位类之间的外延有交叉,一是用注释加以说明,一是通过类目含义的划分规则加以限定。

类目的从属关系和并列关系在等级结构中使用不同的字体和排列的缩格来显示,多数情况下也可以根据分类标记的数位来显示。还有部分具有从属关系的类目由于分散在不同的大类,不能直接显示出来,需要根据它们之间的内容联系加以判断,如应用数学与工程数学、建筑数学、环境数学。

二、类目横向关系的显示

类目的横向关系指类目间虽不存在等级关系,但内容上相互关联。横向关系包括相关关系和交替关系。

1. 相关关系

如若干类目之间在内容上有密切的联系,但不具有从属关系和交替关系,则称为相关关系。类目间的相关关系主要通过在类目之间建立参照来显示,另外,设置"××入××"的注释,也能把具有相关关系的类目联系起来。例如:

TN948.55　　接收设备(电视设备)

　　　　　　　参见 TN85。

TN85　　　　接收设备、无线电收音机

　　　　　　　参见 TN948.55。

X37　　　　　自然资源合理开发与保护

25

> 水利资源入 TV213,动力资源入 TK01,矿产资源
> 入 TD8,土地资源入 F301……

TV213　　　　水资源开发

TK01　　　　 能源

TD8　　　　　矿山开采

F301　　　　 土地问题理论、土地经济学、土地资源学

2. 交替关系

由于等级体系分类法的类目是线性排列的,一个类目只能在这个线性系列中占据一个位置,当某事物具有多重隶属关系时,只能根据综合性分类法聚类的要求,人为地将其划归某一类。为满足专业文献情报单位在一定范围和程度上按专业集中文献的需要,《中图法》有选择地对部分具有多重隶属关系的事物采用分别在不同的上位类下列出,规定其中一个为正式类目,其余供选择使用的为交替类目,在类号上加"[ ]"标识,并用"宜入××"的注释指向正式类目。使用类目和交替类目之间就是交替关系。例如:

[P642.3]　　土力学及岩石力学

　　　　　　　宜入 TU43、TU45。

TU43　　　　 土力学

TU45　　　　 岩石力学及岩石测试

第七节　类目注释

类目注释是对类名的补充说明,其作用是进一步明确类目的含义和内容范围,揭示类目之间的关系,指示分类方法或同类书区分方法,说明类目修订的沿革等。《中图法》类目注释有以下几种类型:

一、类目内容注释

1. 对类目的涵义加以说明。例如:

P403　　　　 高空气象学

　　　　　　　研究自由大气(下界为 500—1500 米)入此。

R2-03　　　　中医现代化研究

　　　　　　　采用现代科学理论与技术研究中医的总论性著作入此;中医系统论入此。

TB47　　　　 工业设计

　　　　　　　工业设计是工业技术与美学艺术相结合的新学科。

2. 对类目的内容范围加以划分,指示某类包含与不包含的内容。例如:

TQ413.29　　其他(溶剂)

　　　　　　　具有两个以上官能团的溶剂及混合有机溶剂等入此。

H14　　　　　语法

　　　　　　　兼论语法、修辞著作入此。

　　　　　　　汉语方言语法入 H17 有关各类。

F091.33　　　古典经济学

　　　　　　　代表人物:亚当·斯密(Smith Adam),李嘉图(Ricardo,David)。

TP311.132　　数据库系统:按类型分

　　　　　　　总论数据库系统入此。

　　　　　　　各种具体数据库系统入 TP311.138。

　　　　　　　专用数据库见 TP392 注。

TS976.38　　家庭宠物

　　　　　　　总论入此。

　　　　　　　专论宠物饲养的著作入 S815;专论动物心理学的著作入 B843.2;专论宠物的社

　　　　　　　会学问题的著作入 C913;电子宠物入 TS958.2⁺89。

X708　　　　行业污染、废物污染调查

　　　　　　　总论各行业污染调查入此。

　　　　　　　各地区的污染综合调查入 X508。

E926.4　　　防空武器

　　　　　　　总论入此,各种防空武器入有关各类。例:高射炮入 E924.5;探照灯入

　　　　　　　TM923.47;雷达入 TN95。

　　上述各例以多种注释方式对类目内容进行了划分或说明。由于多数是采取重点列举的方法加以注释,所以对类目内容的理解不能仅限于注释中所列举的范围。

　　3. 当相邻的一些类目具有相同的注释内容时,一般不一一列出,而采用"见××注"(注释内容完全相同)。例如:

A16　　　　专题汇编(马恩著作)

　　　　　　　汇集某一专题的著作、摘录和语录等入此,并在有关各类作互见。

A811.6　　　专题汇编(马恩著作学习)

　　　　　　　见 A16 注。

H316　　　　词典

　　　　　　　见 H061 和 H164 注。

二、类目关系注释

　　1. 为内容密切相关或性质相近的类目编制参照注释,帮助分类法用户了解相关类目编列的情况,从而根据文献论述的侧重点选择恰当的类目和相关类的推荐。参照自第五版开始均以不同形式使用双向类目参照。例如:

TS205　　　　食品加工与保藏

　　　　　　　参见 TS972.24。

TS972.24　　食物保存技术与设备

　　　　　　　参见 TS205。

B022　　　　意识论

　　　　　　　参见 B016.98。

B016.98　　意识论

　　　　　　　专论唯物主义意识论入 B022;人的信息加工、人工智能心理学等入 B84。

C19　　　　创造发明、先进经验

参见 G311。

G311　　　　组织和管理

　　　　　　参见 F204、C19、N19。

2. 在交替类目下编制"宜入××"的注释,指示正式使用的类目或文献集中分类的方法。例如:

[TS936]　　陶瓷、玻璃工艺美术制品

　　　　　　宜入 TQ17 有关各类。

[TQ114.4]　石灰工业

　　　　　　宜入 TQ177.2。

当交替类目用于处理文献集中分类时,或该交替类目对应的正式类目较多并展开有细目时,则采用"宜入有关各类"并加以说明的注释。例如:

[Z58]　　　专科年鉴、年刊

　　　　　　专科年鉴宜入有关各类。例:《冶金年鉴》为 TF-54。

　　　　　　如愿集中于此者,可用组配号法,例:《冶金年鉴》为 Z58:TF。

[TU279.7]　建筑物

　　　　　　宜入 TU761.3。

　　　　　　建筑专业图书馆和情报机构,如需集中者,可用此类目及以下子目分。

[TU279.7⁺1] 道路与飞机场构筑物

　　　　　　宜入 U41、V351.1。

三、类目编列方法注释

为了帮助分类法用户理解类目编列的方法,有选择地加以注释。例如:

O614　　　　金属元素及其化合物

　　　　　　金属元素的顺序是按周期表各族金属元素从左向右排列,每族内先 A 副族,后 B 副族,并由上至下排列。

四、分类方法注释

1. 指示细分方法。说明复分的依据、复分的次序、组配编号方法等。

①说明用以复分的依据和适用的范围。例如:

TS132.3　　毛织机械设备

　　　　　　仿 TS103.3 分。

F724.7　　　各种商品贸易

　　　　　　仿 F761/769 分。

I209.9　　　地方文学史

　　　　　　依中国地区表分。

T-2　　　　机构、团体、会议

　　　　　　依总论复分表-20/-289 分。

②说明复分的次序。例如:

D413/417　　各国工人运动与组织

　　　　　　依世界地区表分,如有必要,再仿 D412 分。

E271/277　　各军兵种

先仿 E270 分,再依下表分。例:中国步兵连的进攻与防御为 E271.164.1;中国步兵的战斗保障为 E271.106;中国陆军集团军战例为 E271.019;中国陆军战例为 E271.009。

③说明组配细分的方法。例如:

H319.4　　读物

如愿细分,可用组配编号法。例:《解剖学(英汉对照)》为 H319.4: R322。

TM53/59　　各种电器

如有必要按高压电器、低压电器区分时,可用组配方法。例:高压熔断器的设计为 TM563.02: TM51。

Z89　　文摘、索引

按本分类法体系分,即将各学科的分类号码加于本分类号之后,用组配符号":"组合。例:化工文摘为 Z89: TQ。

如愿入有关各类,可在各学科的类号后再加总论复分号-7。

④说明多重列类类目的组号次序。例如:

TS958.1/.7　　各种玩具

以下涉及多重分类标准的文献按论述的重点分,不易区分时,使用最前编列的类。例:塑料组合玩具入 TS958.2^{+2}。

2. 说明文献集中与分散分类的方法。例如:

T-65　　工业规程与标准

工业技术标准综合汇编入此。

各工业技术部门的专业规程、标准入有关各类。

如愿将各工业技术部门的专业规程、标准集中于此者,可分入以下有关各类。

TU206　　设计资料、设计图

汇编入此。

专类设计资料、设计图入有关各类。例:房屋楼梯设计资料入 TU229。

如愿将专类设计资料、设计图集中于此,可用组配编号法。例:会堂建筑设计图为 TU206: TU242.1。

[C919]　　分科社会学

宜入有关各类。

如愿集中于此者,可用组配编号法。例:教育社会学为 C919: G40-052。

3. 说明某项分类规则。例如:

TU241.1/.93　　各种住宅

按著作论述重点分,不易区分的可使用最后编号法。例:低造价农村住宅入 TU241.92。

O62　　有机化学

……

论述有机化合物的著作,按系统和最后标号规则处理。即涉及几类的有机化合物,均入本类表中后出现的那种化合物下。例:脂肪芳香酮入 O625.42;酮酯入 O623.67;含氧茂及氮苯环属的有机化合物入 O626.32。

A121/125　　各时期单行著作

各馆根据需要,亦可不按下列各时期分,而依 A56 专题汇编复分表分。例:《共产党宣言》(1848 年 1 月)编号为 A122,《雇佣劳动与资本》(1847 年 12 月)编号为 A126。

4. 说明特殊的组号规则。例如:

K21/27　　中国各代史

均可仿 K20 分,仿分时一律冠"0"。例:总论南北朝人民革命的著作为 K239.01;论述南齐时期历史事件的著作为 K239.120.5;陈胜、吴广起义为 K233.01。

TP312　　程序语言、算法语言

高级语言等入此。

依语言名称的前两个字符(以英文字母开始)区分,并按字母序列排,若程序语言名称的前两位字符相同时,则取第三位字母,以此类推。例:ALGOL 语言为 TP312AL,JA-VA 语言为 TP312JA,C ++ 语言为 TP312C ++。排列顺序为 TP312AL、TP312C ++、TP312JA。若语言名称具有通用简称时,依简称字符为取号依据。如 Visual C ++ 语言为 TP312VC。

5. 说明互见分类的方法。例如:

A1/49　　(特殊分类规定)

马克思、恩格斯、列宁、斯大林、毛泽东、邓小平的科学专著,均按学科内容,在有关类下作互见。例:《列宁论图书馆》在本大类编号为 A267,互见编号为 G25。

I25　　报告文学

专题性报告文学入 I253 有关各类。

有关人物生平事迹的报告文学著作宜在 K 类作互见。

五、同类书的区分方法注释

建议某类适用的同类书区分方法,供分类法用户参考使用。例如:

TQ426.8　　金属催化剂

按金属元素序列排。

D220　　中央组织、会议及其文献

依会议届次或年代排。

六、类目沿革注释

类目沿革注释是分类法修订后,记录类号、类名及类目内容范围变化的注释,《中图法》的沿革注释只记录最近两版修订的信息,但新增类目不加沿革注释,五版采用不同字体区分。沿革注释置于各类注释之后,用"〈〉"括起。

1. 说明类名变化情况。如果类名变化不大,类目含义及内容范围没有变化,则不予注释。例如:

B821.2　　其他人生观、人生哲学

〈4 版类名:非共产主义人生观〉

－36　　组织方法、管理方法

〈4 版类名:组织管理、生产管理〉

2. 前版类号改为后版新类目时,说明类号变化情况。例如:

E24   军事装备工作

          〈4 版类名:生产建设工作;5 版改入 E249〉

          〈4 版入 E27〉

E27   各种武装力量(各军、兵种)

          〈总论军事编制、装备与实力的著作,5 版改入 E26、E24 有关各类〉

－792   录音制品

          〈唱盘(CD),5 版改入总论复分表-794〉

3. 说明类目内容变化情况,例如:

D922.182.3   社会福利法

          〈4 版类名:社会保障法令;社会保险法,5 版改入 D922.55;残疾人保护法,5 版

          改入 D922.7〉

D922.294   市场管理法

          ……

          〈4 版类名:商业经济管理法令;海商法,5 版改入 D923.993〉

          〈产品责任法、消费者权益保护法,4 版入 D923.8〉

4. 说明交替类目变化情况。例如:

F743.1   国际贸易组织

          ……

          〈4 版类名:联合国国际贸易组织,为交替类,宜入 D813.7〉

5. 说明类目停用情况,指示停用类目改入何类。例如:

｛C08｝   资产阶级理论及其评论研究

          〈停用;5 版改入 C06〉

｛F041.2｝   国民经济社会主义改造

          〈停用;5 版改入 F041〉

［C912.5］   社会分层、社会流动

          宜入 D013。

          〈4 版为停用类,5 版启用为交替类〉

第八节　各学科门类的编制结构

一、马克思主义、列宁主义、毛泽东思想、邓小平理论大类的编列

该类具有特藏的性质,根据文献编著特点和检索的需要,首先按著作类型区分为原著、传记、学习和研究三大部分,继而采用"依人列类"的方法按经典作家列类,在各经典作家之下,分别再按著作体例或传记体例细分。这三大部分的编制结构如下图所示:

原　著		传　记		学习和研究	
著作人	选集文集 单行著作 书信集 诗词 手迹 专题汇编	著作人	传记 生平事迹 年谱年表 纪念文集 研究阐述 肖像照片	著作人	著作学习研究 选集文集 单行著作 书信集 …… 书目索引

第五版增加了推荐选择使用法，即规定若不拟集中 A 大类文献，可按文献性质及学科内容分散处理。对 A 类各部分均给出选择使用类号并在 D 大类增设了相关类。如：马克思、恩格斯、列宁、斯大林的综合性著作及其研究可入 D33/37 的"-0"；毛泽东传入 K827＝73 等。

二、哲学社会科学类目的编列

哲学社会科学类目的内容与空间、时间有着密切的联系，所以国家和时代就成为这部分学科的重要分类标准，这与自然科学门类有着显著的不同。在各学科的理论方法之后，突出序列世界各国的社会活动，这是哲学社会科学类目的基本编制结构。另外，哲学社会科学文献是有一定阶级性的，在学科理论上常出现某种思想观点或学术流派，本分类法编制时充分考虑这方面的检索需要，编列了有关的类目。

社会科学文献的多样性和复杂性，在类目划分时，对国家和时代的划分，因学科性质的不同，使用的阶段和层次也有所不同。如首先按国家区分的有 B1/7 各国哲学、D5/7 各国政治、E1/7 各国军事、I1/7 各国文学、K1/7 各国历史等。在第二层次按国家区分的有 D8 外交、国际关系、D9 法律、F3/8 部门经济、J2/8 各种艺术等。

不按国家区分，而只在学科概况或事业下按国家区分，如 G2/3 文化、科学研究、G8 体育等。另外，也有的学科只按学科内容分，不按国家或时代分，如 B81 逻辑学、B82 伦理学、B83 美学、B84 心理学、B9 宗教无神论、H 语言文字、F76 商品学等。

由于时代的区分一般是限定在一定的区域，所以哲学社会科学类目的时代区分，都规定在国家区分之后进行。如各国哲学按"国家—时代—哲学家"的次序划分；各国文学作品按"国家—体裁—时代"的次序划分；各国历史按"国家—时代—史实"的次序划分。

下例是社会科学类目编制的典型结构：

F 4	工业经济
40	工业经济理论
41	世界工业经济
42	中国工业经济
420	方针政策及其阐述（理论）

421/425	中国工业经济的各方面(总论)
426	工业部门经济(专论)
427	地方工业经济
429	中国工业经济史
43/47	各国工业经济

社会科学类的基本编制结构可用下面的示意图来说明(以经济类为例):

第一层次	第二层次	第三层次

总论	F0 理论 F1 各国概况
专论	F2 经济管理 F3 农业经济 F4 工业经济 F8 财政金融

总论	F40 理论
专论	F40 理论 F42 中国 F43/47 各国

总论	F420/425 方针、计划
专论	F426 部门经济 F427 地方经济 F429 经济史

三、自然科学基础科学类目的编列

自然科学基础科学(即狭义的自然科学)是研究自然界的物质形态、结构、性质和运动规律的科学,它们本身没有阶级性。因此,自然科学类目的划分主要是根据研究对象的物质结构或运动形式,类目的排列主要依据事物内部自身的规律和系统。自然科学类目的划分与排列大体按:机械运动—物理运动—化学运动—无机物质的宏观运动—生命运动的次序,由低级运动形式向高级运动形式序列:数学—力学—物理学—化学—天文学—地球科学—生物学。

1. 数学是研究现实世界的空间形式与数量关系的科学,是一门高度抽象并广泛应用的学科,普遍认为它是一门综合性科学或方法科学。本分类法按传统的划分把数学列于自然科学理论之首。考虑到文献的特点和检索的需要,数学的划分没有严格按照研究对象划分为代数(研究数)、几何(研究形)、分析(研究数形关系),而是首先划分为初等数学、高等数学、应用数学 3 个部分,然后再按研究对象进一步划分。物理学按从宏观物理现象到微观物质结构的次序序列。化学根据物质的分子结构,从无机化学、有机化学到高分子化学,最后是物理化学(边缘学科)的次序序列。天文学、地球科学是依研究对象和研究范围,按着从远到近、从宇观到宏观、从高空到地面的次序序列。生物学的编制结构与上述几门学科不同,Q1/8 首先编列各种生物的共性方面的问题,如细胞学、遗传学、生理学等,作为总论性类目,然后编列 Q91/98 各类生物的专论性类目,并按照发展演化的次序进行排列。

2. 自然科学基础理论对技术科学和应用科学有普遍的指导意义。为解决论述某种理

论在各方面应用的文献集中的需要,容纳有关边缘学科,在自然科学各类普遍编列了总论某学科应用的类目。例如:

O29　　应用数学

O389　　应用爆炸力学

P49　　应用气象学

Q949.9 应用植物学

3. 自然科学各类部分类目使用了国家、时代这个分类标准进行划分,主要有两种情况:一是关于学科的现状或历史,例如:

N09　　自然科学史

　　　　　依世界地区表分。

O6-1　　化学现状

　　　　　依世界地区表分。

二是某学科的研究内容具有地域或时代的属性,例如:

P197.2　各国天文历

　　　　　依世界地区表分。

P548　　区域大地构造学

　　　　　依世界地区表分,中国再依中国地区表分。

Q915.6　各地层古动物分布

　　　　　仿 P534 分(地质时代)。

4. 在自然科学基础理论有关类,也编列了部分非基础理论性质的类目(如技术、设备),局部按主题集中文献。例如:

P756　　水下工程技术

P286　　制图仪器

P634.4 钻头、钻具及工具

O1-8　　计算工具

O6-37　实验安全技术

四、技术科学和应用科学类目的编列

1. 技术科学是以自然科学的理论为基础的,针对工程技术中带有普遍性的问题进行应用研究形成的技术理论性科学,是自然科学基础理论通向应用科学、工程技术的桥梁。如工程物理、工程热力学、电子技术、激光技术、空间技术等。应用科学(包括工程技术)是直接应用于生产、生活的技术和工艺,是改造自然、生产物质产品的理论与技术,如冶金工程、机械工程、建筑工程等。医学和农林科学则是技术科学和应用科学的综合体。从文献内容的角度来看,技术科学和应用科学常常是交融在同一文献中,很难区分。因此,本分类法是将这两种科学合并编列,不加以区分。总论技术科学的文献归入 T-0。

2. 技术科学和应用科学类目的编列,主要依加工的对象或方法作为划分依据。例如:

工程技术部门	生产对象	生产方法
TD 矿业工程	矿山	开采
TF 冶金工业	矿石	冶炼
TG 金属学、金属工艺	金属材料	机械加工
TK 动力工程	各种能源及设备	能源的利用、转化
U 交通运输	各种物料	物料运输
	运输设施工具	运输设施工具制造

各类工程技术,一般按产品或技术方法进一步划分。例如:

TG3　金属压力加工
　31　锻造、锻压 ┐
　33　轧制、轧造 │
　35　拉制、拉拨 ├── 按加工方法分
　37　挤压 │
　38　冷冲压 ┘

TQ17　硅酸盐工业
　171　玻璃工业 ┐
　172　水泥工业 │
　173　搪瓷工业 ├── 按产品类型分
　174　陶瓷工业 ┘

各项具体工程技术类目的细分,都按工程的"方面",使用统一的体例进行,即理论—设计—结构—材料—设备—工艺—运行—工厂—综合利用。

工程技术典型的编制结构,如下例所示:

TQ63	涂料工业		TH	机械、仪表工业	
630	一般性问题				
.1	基础理论		11	机械学	┐ 总论性类目:
.4	原料及辅助材料		14	机械制造用材料	│ 关于各种产品
······			······		的某一方面
.6	涂料生产工艺		16	机械制造工艺	│
.7	涂料产品		17	机械运行与维修	│
.8	涂料加工厂、油漆厂		18	机械工厂(车间)	┘
631	油基漆		2	起重机械与运输机械	┐ 专论性类目:
633	天然树脂漆合成树脂漆		3	泵	│ 关于一种产
634	硝基漆		4	气体压缩与输送机械	品的各方面
635	各种用途涂料		6	专用机械与设备	┘ 或某一方面
······			······		

上述工程技术类的基本编制结构可用以下示意图表达:

总论	一般性问题 通用的方面	关于某类事物的某一方面
专论	具体技术 具体材料 具体设施 具体产品	关于某种事物的各个方面

3. 在工程技术各类中,处理总论与专论的编制结构主要有三种类型。

(1)在具体事物之前编列"一般性问题",作为该类事物的总论性类目,同时又是该类事物进一步细分的依据,起专类复分表的作用,不用于类分文献。

(2)在具体事物之前编列该类事物通用方面的类目(总论性类目),然后编制专类复分表,作为该各种具体事物进一步细分的依据。例如:

U 66　船舶工程

　661　船舶原理

　662　船舶设计

　……………

　673　造船厂、修船厂

　674　各种船舶

以下 U674.1/.98 可仿下表分。

01　原理	
02　设计、规范	专类复分表与 U661/673
…………………	的体例一致。
09　类型	

.1 运输船

.2 专业工作船

……………

(3)既不编列"一般性问题",也不编制专类复分表,专论性类目的细分直接仿总论性类目分,这时整个总论性类目就相当于一个大的专类复分表。例如:

U 44　桥涵工程

　441　结构原理、结构力学

　442　勘测、设计与计算

　……………………

　447　桥梁安全与事故

　448　各种桥梁

36

U448．1/．5各种桥梁

　　　　均可仿 U441/447 分。

．1　　桥梁:按用途分

　　　　························

4. 医学和农业科学类目的编列,大体都划分为两个部分,前一部分是该学科的基础理论或具有共性的类目;后一部分是具体治疗或生产对象的类目。

R　医药、卫生　　　S　农业科学

1　预防医学……　　1　农业基础科学 ┐

3　基础医学　　　　2　农业工程　　　├—相当通用性

4　临床医学　　　　3　农学（农艺学）┘　的技术科学

5　内科学　　　　　5　农作物 ────┐

6　外科学　　　　　6　园艺　　　　 ├—相当具体的

8　特种医学　　　　9　水产、渔业 ──┘　工程技术

5. 由于各种专业技术、设备越来越广泛地应用于其他专业部门,本分类法也有选择地编列了部分总论专业理论、技术、设备应用的类目,以容纳有关总论性文献。例如:

TB79　　　真空技术应用

TH137．9　液压传动装置的应用

TK79　　　水能的利用

TP69　　　射流技术的应用

五、综合性图书类目的编列

本类是根据文献著述、出版的形式特点编列的。由于该类文献是多学科知识的集合体,内容庞杂、类无专属,所以首先按出版物类型划分。该类文献大体分为参考工具书和检索工具书两类。参考工具书按"出版物类型—国家"的次序列类,专科性工具书也可按出版形式集中,按学科细分。其编制结构如下图所示:

出版物类型:参考工具书			
综合性	百科全书 词典 文集	2　中国 3/7各国	Z32　中国辞典
			Z33/37　各国辞典
专科性	百科全书 词典 文集	按内容细分 用组配编号	[Z38]　专科辞典
出版物类型:检索工具书			
图书目录	按类型分		
报刊目录	综合性		
专科目录	按内容细分,用组配编号		
文摘索引	按内容细分,用组配编号		

检索工具书中的综合性图书目录的编列,与上述参考工具书基本相同。专科性目录、文摘、索引,一律不分国,直接采用组配编号法按学科内容细分。

第九节　分类法编制中的若干问题的处理

一、关于思想观点的区分问题

文献是社会时代的产物,特别是哲学社会科学文献,一般都体现着作者的思想观点,受到阶级和时代的制约。作为类分文献的分类法,同样也是社会时代的产物,它本身也具有鲜明的时代特征。为适应文献分类的需要和满足一些特定的检索要求,揭示某些文献的思想观点是必要的。思想观点可分为学术思想观点和政治思想观点两类。学术思想观点主要是学术流派问题,这是各学科理论均可能出现的共性问题,为此本分类法在"总论复分表"中编列了"-06 学派、学说及其评论研究",供有关类目细分使用。主表部分类目也直接复分列举出来。例如:

B84-06	心理学派别及其研究
H-06	语言学派、学说及其研究
G40-06	教育学派

除此之外,在主表中有的类下也作为专类列出。例如:

| B08 | 哲学流派及其研究 |
| Q3-01 | 米丘林遗传学说和研究 |

政治思想观点是指反映某个阶级利益的政治理论观念,通常是指无产阶级政治思想观点与资产阶级政治思想观点。《中图法》是以科学分类、知识分类为基础进行编制的,要把不同政治思想观点的文献在分类体系中截然区分开来,实践证明是十分困难的。从第二版开始在各学科理论部分,一般都按学科问题列类,以容纳各种不同思想观点文献,扩大类目的兼容性。

关于按政治思想观点区别列类,本分类法采用以下几种方法处理:

1. 突出编列马克思主义的 3 个组成部分。为体现马列主义对各学科的指导作用,在哲学、政治、经济大类中分别编列了"B0-0 马克思主义哲学"、"D0-0 科学社会主义理论(总论)"、"F0-0 马克思主义政治经济学(总论)"。

2. 在类目名称上体现政治思想观点。例如:

D04	无产阶级革命与无产阶级专政理论
D1	国际共产主义运动
D512	反对种族歧视的斗争
D642	革命传统教育

3. 通过国家或时代的区分体现"观点"的区分。例如:

D6	中国政治(区别于他国的政治)
D693	民国时代政治(区别于建国后的政治)
B517	德意志民主共和国哲学

B518   德意志联邦共和国哲学

4. 在哲学社会科学类下,有选择地编列少量按"观点"区分的类目。例如:

B821.1   共产主义人生观

   .2   其他人生观、人生哲学

5. 在总论复分表中编列"-06 学派、学说及其评论研究",供有关类目进行"观点"复分使用。

在文献分类时,如涉及"观点"区分时,应注意以下问题:

1. 如仅涉及某种学术思想观点,应依其学科内容归入有关学科或流派。

2. 进行"观点"区分,只限于各种理论著作。凡明显地攻击马克思主义理论、社会主义、无产阶级专政以及政府颁令取缔的反动政治思想论著,可用-06 加以区分。如不是理论著作,虽属立场反动、荒诞淫秽,也不能使用-06 区分,而应通过目录组织进行区分。

3. 有些类名中虽含有"资产阶级"等字样,但属于表达学科内容的文字,不属于政治思想观点的区分。例如:

D904   法的历史类型、法系

   .1   奴隶制国家的法 ┐

   .2   封建制国家的法 ├── 按法的历史类型划分

   .3   资本主义国家的法 │

   …… ┘

F03   资本主义社会生产方式 ┐

 04   社会主义社会生产方式 ├── 按生产方式划分

 05   共产主义社会生产方式 ┘

D052   资产阶级政党 ┐

 053   无产阶级政党 ┘── 按政党性质分

上述类目中均包括各种观点的文献。

二、关于依人列类问题

依人列类,是指以人作为分类标准编列类目。一般来说,依人列类不尽符合分类法编制的基本原则。但考虑到某些文献的特殊性和某些检索要求,本分类法有限地编列了依人列类的类目,使类表具有适应文献分类实际需要的灵活性。本分类法依人列类的有三种情况。

1. 在"A 马克思主义、列宁主义、毛泽东思想、邓小平理论"大类,按六位革命导师列类,分别按人集中其全部著作、传记及对其著作研究的文献。

2. 在"I2 中国文学"类,编列了"I210 鲁迅著作"专类,集中鲁迅的全部著作及有关研究鲁迅的文献。这些都是带有特藏性质的类目。

3. 在各国哲学类下,按哲学家列类。这是因为历史上著名的哲学家,往往代表某种哲学思想及其流派,因此在分类法中依人汇集其哲学著作、哲学家的综合性著作集和有关对该哲学家研究的文献。哲学家的非哲学著作应分入各类,其中属于古代、近代哲学家的非哲学著作,还应在哲学家专类下作互见分类,以集中揭示某哲学家的全部著作。

三、关于文献按地区、时代、民族种族、环境、人员区分问题

文献分类一般以文献内容的学科属性作为主要分类标准,但也同时存在其他的辅助标准。除了文献著述、出版形式外,国家地区、时代、民族也都是重要的辅助区分标准。本分类法根据学科及文献的特点,分别使用了这些辅助标准对有关类目进行区分。历史、地理都是以一定空间范围的全部或部分现象为研究对象的,而一定的空间及现象都具有时间的特征,因此空间、时间在这些学科中都属于学科内容的范畴,是主要的分类标准之一。

1. 各学科门类中按国家地区进行区分的方法

(1)在哲学社会科学类中,许多学科内容都具有国家、地区的特征,如国家、地区的历史、现状、事业、政策、制度、统计资料、组织活动以及文学艺术作品等。在分类法编制时,都编列了按国家、地区划分的类目或注明可以用"世界地区表"或"中国地区表"进行复分。

(2)在自然科学门类中,也有一些学位内容具有地域的特征,如学科史、现状、事物地理分布、区域划分等。凡此都编列了按国家、地区区分的类目。例如:

P197.2	各国天文历	
	依世界地区表分。	
P344	区域水文地理	
	依世界地区表分,中国再依中国地区表分。	
TV88	世界各国河流治理	
882	中国	
.8	各地方河流	
	依中国地区表分。	

(3)在"综合性图书"大类中,各类型出版物多数是按国家、地区区分编列的。例如:

Z5	年鉴、年刊	
52	中国年鉴、年刊	
53/57	各国年鉴、年刊	
	依世界地区表分。	

(4)编制"世界地区表"、"中国地区表"、"通用时间、地点和环境、人员复分表",供有关类目按国家、地区、地点复分使用。

(5)各学科门类中的具体学科问题,如有必要按国家、地区、地点区分,而本分类法没有编列地区性的类目,或没有注释依某种地区表细分时,也可使用有关的地区、地点复分表复分,但要在地区或地点子目号上加上国家地区区分号"( )",或通用地点时间区分号"〈 〉",也有部分类目有注释依某种地区表细分,并要求加上国家地区区分号等复分区分符。例:

《苏联城市雕塑》　　　为 J33(512)〈333〉。

《陕西文化名人录》　　　为 K825.41(41)。

《香港室内插花精选》　　为 J525.12(265.8),互见类号 S688.2(265.8)。

(6)某些专门性的地区,本分类法没有编列专门的子目或注释,类分有关文献时,可选用相近的地区概念进行复分。例:

西太平洋地区　　　　用"181 太平洋"

亚太地区　　　　　　用"3 亚洲"

2. 各学科门类中按时代、时间区分的方法

根据文献的内容、形式特征，编列按时代区分的类目；对具体学科问题，根据需要使用时代、时间复分表复分，是本分类法对类目进行时代、时间区分的基本方法。

（1）历史与现状的区分。历史与现状的时间界限，在文献分类中有时是很难划分的。"今天的政治就是明天的历史"，说明这种界限会随时间的推移而发生变化。本分类法原则规定，在政治领域内，世界及各国以第二次世界大战结束为界限，中国以中华人民共和国成立为界限，以前的为历史，以后的为现状。但在类分文献时还要注重从文献著述的角度和方法进行分析。一般来说，如果是对某问题（学科、事物、事件）进行具体的研究、评论，则归入现状；如果是对某问题的发展、过程进行系统、全面的记叙，则归入历史（包括专门史）。本分类法编列的具有时代属性的类目体现了这一原则。例如：

D232　　　社会主义革命和建设时期（1949 年～　　）（党史）

E297.5　　社会主义革命和社会主义建设时期（1949 年以后）（军事史）

F119　　　世界经济史

　　　　　　　依国际时代表分（含现代）。

K 27　　　中华人民共和国：社会主义革命和社会主义建设时期（1949 年～　　）

53　　　第二次世界大战以后时期至 20 世纪末（1945～1999 年）（国际时代表子目）

上述这些历史性类目包含的内容范围，都没有受 1945 年或 1949 年的限制。当"历史"与"现状"难以确定时，一般可归入"历史"，这样处理从长远的角度来看是适宜的。例：

《中华人民共和国大事记(1987)》，归入 K275，不入 D6。

《十年来的中国物理学(1949—1959)》，归入 O4-092，不入 O4-12。

（2）编列按时代区分的类目时，一般都采取与时代复分表相同的划分标准和排列次序，并且使用统一、对应的配号法，以增强类表的逻辑性和助记性。例如：

国际时代表		主表类目	
1	上古		
2	古代	B 12	古代哲学
3	中世纪	13	中世纪哲学
4	近代	14	近代哲学
5	现代	15	现代哲学

中国时代表		主表类目	
1	上古	K21	上古史（中国史）
2	先秦	K22	古代史早期
			……先秦史入此。
3	秦、汉至南北朝	K23	古代史中期
4	隋唐至清前期	K24	古代史后期
			……隋唐史入此。
5	近代（1840～1949 年）	K25	近代史：1840～1919 年

6	民国时期(1912～1949年)	K26	近代史:1919～1949年
7	中华人民共和国	K27	中华人民共和国时期

(3)根据学科或国家的不同特点,采用不同的时代划分标准。如"K3/7 各国历史"的分期,是根据各国史实的分期划分的;"B3/7 各国哲学"的分期是根据各国哲学不同的发展阶段确定的;"D1 国际共产主义运动"的分期,是根据国际共运的历史阶段确定的;中国文学评论划分为古代、近代、现代、当代 4 个时期;在"P534 各时代地史及其地层"类下,编列了从"前寒武纪"到"第四纪(系)"的地质时代类目等。在文献分类时应注意这些不同的规定。

(4)编制"国际时代表"、"中国时代表"、"通用时间、地点和环境、人员复分表",供有关类目按时代、时间复分使用。

(5)各学科门类中的具体学科问题,如有必要按时代或时间区分,而本分类法没有编列时代性的类目或没有注释注明依某种时代表细分时,也可使用有关的时代、地点复分表复分,但要在时代或时间子目号上加上时代区分号" = ",或通用地点时间区分号"〈〉"。也有部分类目有注释依某种时代或时间细分,并要求加上时代区分号等复分区分符。例:

《春秋婚俗与儒家学派》	为 K892.22 = 25,互见类号:B222.05。
《冬季长跑须知》	为 G822.3〈114〉。
《食道癌晚期病人护理》	为 R473.73〈147〉。
《中国古代的几种计时器》	为 TH714.8(2) = 2。

需要注意的是,当对某一文献主题在进行地区、时代区分时,可能出现多种分类标识组合,应优先使用主类号与有关复分表直接复分组合的分类标识,以保证图书分类和资料分类时使相同的主题获得相同的分类标识。一般来说,侧重于历史角度叙述的,用"-09"复分,再按地区复分;侧重于对具体问题、事物进行研究的,用地区区分号、时代区分号加有关的地区、时代号码组合(参见:《中图法》用于计算机检索系统的分类标引)。例:

《中国现代数学发展概述》入 O13-092,不入 O13(2) = 7 或 O13-12。

《中国近代船舶技术史》入 U66-092,不入 U66(2) = 5。

3. 各学科门类中按民族、种族区分的方法

(1)编列有关中国民族的类目。例如:

H2	中国少数民族语言
I29	少数民族文学(中国)
R29	中国少数民族医学

(2)编制"中国民族表"、"世界民族与种族表",并规定某些类目可依"中国民族表"、"世界民族与种族表"复分。例如:

K892.3　　　民族风俗习惯总志
　　　　　　　　依中国民族表分。

J642.21　　　各族民歌
　　　　　　　　依中国民族表分。

C955　　　　　民族性、民族心理
　　　　　　　　依世界种族与民族表分。

（3）各学科门类中的具体学科问题，如有必要按民族、种族区分，而本分类法没有编列民族性类目或没有注释注明依"中国民族表"或"世界民族与种族表"分时，也可统一使用"世界民族与种族表"复分，但要在民族、种族子目号上加上民族、种族区分号""；依中国民族区分时，需先依"世界民族与种族表"复分，再依"中国民族表"分。例：

《纳西族大葬习俗试析》，刘龙初著，入 K892.22"257"。

《藏传佛教名寺》，长泽等编，入 B947.2"214"。

《马来人的头骨》，入 Q983.3"338.1"。

4. 各学科门类中按环境区分的方法

（1）编制有关各类环境的类目，例如：

X21 环境与环境系统

　　　　　全球环境、区域环境、城市环境、聚落环境等入此。

X143 环境水文学

X171.1 生态系统与生态环境

Q346$^+$.4 遗传环境与进化

（2）编制通用环境复分类目，如在"通用时间、地点和环境、人员表"中有：

51　物理环境

52　化学环境

53　自然环境

各学科门类中的具体学科问题，如有必要按环境因素区分时，可使用有关的环境子目复分，在环境子目号加上通用地点时间区分号"〈〉"。例：

《战场电磁环境》，入 E951.1〈51〉

5. 各学科门类中按人员区分的方法

（1）编制有关各类人员的类目，例如：

R192　　卫生医务人员

R192.3　医生

R192.5　保健员、卫生员

R192.6　护士

R192.7　助产士

R192.8　药剂员

G45　教师与学生

G451　　教师

G455　　学生

V527　　航天飞行员

C913.69　残疾人生活及问题

J91　电影、电视艺术与技术

J911　　导演

J912　　表演、演员

（2）编制通用人员复分类目，如在"通用时间、地点和环境、人员表"中有：

7	人员
72	按年龄分
723	少年、儿童
724	青年、成年
725	中老年
73	按文化程度分
731	高等教育水平

各学科门类中的具体学科问题,如有必要按人员因素区分时,可使用有关的人员子目复分,在人员子目号加上通用地点时间区分号"〈 〉"。例:

《中国弱势群体的权益保护》,入 D922.7〈773〉

上述关于使用( )、=、、""、〈 〉(均使用半角、单字节)等区分号进行地区、时代、民族、种族、时间、地点、环境、人员区分的方法,除类目注释要求依此复分表复分并加区分标识外,可根据需要选择使用。

四、关于学科之间交叉关系的处理

《中图法》的编制以科学分类、知识分类为基础,对学科、知识、专业进行系统的逻辑划分和组织,并对各级类目进行线性排列。这种编制方法使具有多重隶属关系的事物,只能依其某种属性在分类体系中确定一个位置,而事物之间的横向联系、相关关系难以得到充分的揭示。客观事物之间的联系是多方面的,学科之间的交叉渗透是广泛而复杂的,为使分类法既能保证按学科门类编列的系统性,又能充分揭示学科、专业之间的横向联系,本分类法对于学科之间的交叉关系,分别采用了不同方法予以处理。

1. 关于理论及其应用的交叉

本分类法采取理论与具体应用分别编列类目的原则处理两者之间的关系。这是因为一种理论、方法通常可以应用于许多方面,而某一学科、专业又往往应用多种理论、方法。如果采取理论与应用合一的编制方法,不但会造成理论部分的庞杂局面,也会导致大量专业文献无法按专业集中,因此,一种理论、方法在某一方面的具体应用,随应用到的学科、专业归类是一个总原则。为容纳总论某种理论应用的文献,分类法编列了"应用×××"的专类,如"Q939.9 应用微生物学"、"H08 应用语言学"等。如果某理论类目下未编列总论应用的专类,那么该方面的著作就归入该理论类目本身。关于某种技术、设备、产品及其应用,也采取了上述编列原则。例:

《计算机在材料工艺中的应用》入 TB3-39。

《运筹学及其应用》入 O22。

《气体放电、等离子物理的应用》入 O461(在 O539 类下作互见)。

《电子计算机应用数学》入 TP301。

某种理论、方法、技术、设备在某方面应用的文献,应归入被应用到的学科、专业类下,分类法采用了以下几种方法处理:

(1)在部分学科、专业类下编列总论某种理论、技术在本学科应用的专类。例如:

S123	光在农业上的应用
TU12	数学在建筑中的应用

R319　　　其他科学技术在医学上的应用

凡总论某种理论在该学科应用的文献,应归入该学科有关的总论应用的类目中。如"遥感技术在建筑中的应用"入 TU18。

（2）如某些理论应用到其他学科后,形成该学科的分支学科,通常都编列了专门类目,如"P59 地球化学"、"Q946 植物生物化学"、"TB15 工程天文学"等。

（3）在一些学科下编列"×××基础科学"的专类,如"TB1 工程基础科学"、"X1 环境科学基础理论"、"R31 医用一般科学"等。其他学科理论在该学科的应用,多数可以归入其中的有关类目,如"系统论在农业中的应用"入"S11 农业数学"。

（4）在一些类下编列了用"-05"复分的类目,容纳有关某种理论在该学科应用的文献和相关的边缘学科文献。本分类法编的学科应用的类目和使用"-05"复分的类目,由于随科学技术发展不断在原类目体系基础上陆续修订补充,所以不易做到相对的规范,必须通过相关类目的分析,才能准确把握它们所包含的内容范围。

①用"-05"复分的类目,有的收专论性内容,有的只收总论性内容。例如:

B82-05　　伦理学与其他学科的关系

　　-051　　道德与政治、道德与法制 ┓
　　-052　　道德与社会　　　　　　　┃
　　-053　　道德与经济　　　　　　　┣━ 收专论内容
　　………………………　　　　　　┃
　　-057　　道德与科学技术 ━━━━━┛

B83-05　　美学与其他学科的关系

　　　　　总论入此。　　　　　　　　　　　　　┓
　　　　专论美学与某学科的关系的著作入有关各类。例: ┣━ 收总论内容
　　　　体育运动美学入G802…… 　　　　　　　┛

②在不同的学科中,用"-05"复分列举的类目的内容范围,分别受已列出的有关类目的限定。例如:

G80-05　　　体育与其他学科的关系
G80-051　　　体育社会学
G80-052　　　体育经济学
G80-32　　　体育统计学
G802　　　体育运动美学
G803　　　体育伦理学
G804　　　体育基础科学
　.2　　　　运动生理学
　.8　　　　运动心理学

由于 G802/804 已列出部分分支学科,在 G8-05 类下就不包括体育心理学、体育伦理学等内容了。又如:

G40-05　　　教育与其他学科的关系、教育学分支
　-051　　　教育统计学

−052	教育社会学

··

G44	教育心理学
G441	教学心理学
G442	学习心理学

由于 G44 列出教育心理学，G40-05 类下就不再包含这方面的内容。与前例比较，"体育统计学"与"教育统计学"所用的类号也不相同。再如：

H 0	语言学

　　……社会语言学、心理语言学、符号学等入此。

−05	语言与其他学科的关系

　　论述语言与哲学、语言与思维、语文与逻辑、语言与文化、语言与民族等关系的著作……入此。

J0-05	艺术与其他学科的关系

　　艺术心理学入此。

TU −02	建筑科学基础理论

　　……建筑空间理论、建筑心理学等入此。

以上三例中有关心理学应用的内容分别归入不同的类下。因此，某理论在某学科的应用，不能一概归入"−05"复分的类目中。

（5）凡属某种理论、方法、技术在具体学科问题中的应用，均应归入各具体学科问题，而不归入有关的总论性应用类目。例如：

《激光技术在育种中的应用》应入"S335.2 物理引变（诱变）"，不入总论性类目"S123 光在农业上的应用"。

《数学在城市规划中的应用》应入"TU981 规划理论与方法"，不入总论性类目"TU12 数学在建筑中的应用"。

2. 关于自然科学基础理论与应用科学技术的交叉

本分类法是把自然科学基础理论与应用科学技术分别编列的。N、O、P、Q 属于基础理论学科，是系统的理论知识，它们广泛地应用于其他各学科。R、S、T、U、V、X 属于应用科学，是直接应用于生产和生活的技术和工艺性质的科学。技术科学是对工程技术有普遍意义的技术理论，它虽与应用科学合并编列，但在各类中通常是单独地编列于该类之前。此外，在 TB 类还集中编列了一部分技术科学的类目。例如：

TE311	油气层物理
TF051	燃烧理论和计算
TG11	金属学（物理冶金）
TH11	机械学（机械设计基础理论）
TJ012	枪炮弹道学
TK121	工程热物理学
TV12	工程水文学
TB11	工程数学
TB9	计量学

除技术科学之外,各项工程、技术都有不同层次的专科理论,这些专科理论均分别编入有关学科。例如:

TG 1	金属学与热处理
15	热处理
151	基础理论(热处理)
151.3	奥氏体转变曲线
156.91	冷处理(含冷处理理论)

把不同层次的专科理论依其属性分别编入有关的学科、专业、技术、产品,是一个总的编制原则。在自然科学基础理论、技术科学、应用科学、工程技术等几个层次中,都存在不同程度的交叉,尤其是相邻的两个层次之间更为明显。例如:

O45	无线电物理学 ………………	基础理论层
TN014	无线电技术 ………………	技术科学层
TN801	理论(无线电设备) ………………	应用科学层
TN832.04	调制发射机功率放大理论 ………	工程技术层

在类分文献时,首先要分析某种理论是研究物质结构或运动形式一般规律的基础理论,还是工程技术的理论;其次再分析是工程技术的一般理论,还是某专业的专门理论。当不同层次的理论有交叉且重点不明显时,本着能入专门工程技术不入专门理论,能入专门理论不入一般理论(技术科学),能入一般理论不入基础理论的原则进行归类。

3. 关于产品的理论、制造及其应用的交叉

产品的理论、制造和产品的应用等方面的内容是密切相关的。本分类法在编制时通常都把这几方面的内容编列在一个类列或一个类系之中。当某类产品划分到具体类型时,则以产品为中心,集中该产品各方面的内容。专论某种产品在某一方面的应用的著作,均分入应用的有关类中。

产品的理论、制造、应用的类目,在具体编列时,各类有所不同。

(1)产品的制造与使用是分开编列的。例如:

化学肥料制造	TQ44	化学肥料工业
化学肥料使用	S143	化学肥料(农业)
坦克的制造	TJ81	战车(武器工业)
坦克的使用	E923.1	坦克、装甲车(军事)
胸科器械制造	TH778	胸科器械(机械工业)
胸科器械使用	R655.08	胸部外科—器械(医学)

(2)产品的理论、制造、应用(含专论)是集中编列的。例如:

S219	拖拉机
S49	植物保护机械
TD4	矿山机械

(3)某种产品的通用型与专用型是分别编列的。例如:

TK4　　　内燃机

　　41　　　汽油机 ┐

　　42　　　柴油机 ├── 通用型的理论、制造、

　　43　　　气体燃料内燃机 ┘ 应用（总论）集中编列

S218.5　　农用内燃机 ┐

U262.11　柴油机（内燃机车）├── 专用型的理论、制造、

U464.172 柴油机（汽车）│ 应用（专论）分散编列

U664.121 柴油机（船舶）┘

（4）某种产品的制造与产品本身分别编列在不同的学科专业。例如：

TF76　　　各种钢铁的冶炼

　　761　　碳素钢 ┐

　　762　　优质钢 ├── 产品制造—冶金工业

　　764　　特殊用途钢 ┘

TG142　　钢

　　.1　　 钢的组织与性能 ┐

　　.2　　 钢材：按组织区分 │

　　.3　　 钢材：按化学成分区分 ├── 产品本身—金属学

　　.4　　 钢材：按用途区分 │

　　.7　　 特种性能钢 ┘

　　在类分有关产品的理论、制造、应用的文献时，要注意区分总论某种产品的应用与专论某种产品在某一方面的应用，是集中编列的还是分散编列的；某种产品的理论及其制造，是集中在一个类下，还是将其中的专用型分别编列在有关类下。当文献同时涉及理论与制造时，一般归入"制造"；当文献同时涉及原理与应用时，一般归入"应用"；当文献同时涉及总论与专论在某一方面的应用时，一般归入专论应用的方面；当文献同时涉及产品的通用型与专用型时，一般归入专用型。

　　4. 关于交叉学科的编列与分类

　　科学的交叉化是当代科学发展的一个重要趋势和特点。由于物质结构层次上存在着过渡以及物质运动形式之间可以相互转化，使各门科学存在着广泛的联系，并通过它们之间的交叉渗透形成新的学科。边缘科学是指那些在两门或两门以上的传统学科的边缘地带产生出来的新学科的统称，一般也称为交叉科学。边缘学科一般有两种类型：一是研究对象的交叉，即在有关学科领域之间的结合部形成的新学科，如化学物理学、生物物理学等；二是理论方法的渗透和转移，即运用某一学科的理论方法，去研究另一门学科领域的问题而形成的新学科，如射电天文学、数理语言学、社会生物学等。

　　本分类法关于边缘学科类目的编列，一般是按研究对象所属的学科或边缘学科重点隶属的学科列类。例如：射电天文学入天文学，不入无线电物理学；地球生物化学入地质学，不入生物化学；计量历史学入历史学，不入数学。另外，对部分边缘学科编制了交替类目，供专业文献情报部门选择使用。如"环境生物学"在环境科学中列类，同时在生物学类下编制了交替类目。在分类法中除列举已形成专门学科的概念外，也编列了有关一个学科应用到另

一个学科而尚未形成新学科的类目,如"S122 声在农业上的应用"等。

交叉学科的发展十分迅速,本分类法不可能一一列举或通过修订分类法及时增补。对于大量新出现的交叉学科文献,主要靠分类人员根据以研究对象确定类属的原则,结合它们的重点学科属性,确定在分类体系中的具体位置。归类时要根据各类类目编列的具体情况进行分析,归入某学科或某学科的理论部分,或某学科的基础科学部分,或某学科用"-05"复分列举的类目中去。例如:

《政治人类学》	入 D0-05。
《哲学人类学》	入 B089.3。
《心理人类学》	入 C912.4。
《文化人口学》	入 C92-05。
《社会生态学》	入 C91-06。
《行政生态学》	入 D035。
《城市社会心理学》	入 C912.81。
《医学地质学》	入 R188。
《定量社会学》	入 C91-03。
《宗教社会学》	入 B920。
《模糊工程学》	入 TB11。
《美学心理学》	入 B83-05。
《农业流变学导论》	入 S121。
《计算机化学》	入 TP301。
《生物医学电子学》	入 R318.51。

5. 编列交替类目

对具有双重从属关系的学科或事物,一般按学科的重点隶属关系列类,另外在非重点隶属的学科下编列交替类目,并注明"宜入×××"。如"国家理论"重点编入"D03 国家理论",同时在"B03 历史唯物主义"类下编列[B035]交替类目。

6. 编制类目参照

当一个学科或事物与另外的学科或事物关系密切或性质相近时,通常在相关的类目下编制参照注释,用以显示类目之间的相关关系。如"TG39 高能成型"属于"金属压力加工工艺",参见粉末冶金工艺中的"TF124.36 高速成型"。分类时应认真分析参见类目涵义的异同,结合文献内容的侧重点决定归属。

7. 规定互见分类方法

在一些类目下,对涉及两个或两个以上学科的专题内容,规定可作互见分类,以保证在检索工具中各局部学科体系的完整。如"传记"集中分入 K81 所属各类,同时也可互见到各有关学科史等类。

8. 说明内容划分范围或分类方法

有些学科主题因按不同的标准列类,形成类目之间的外延交叉。对此,分类法在注释中说明了内容划分范围或分类方法。例如:

R57　　消化系及腹部疾病

胃肠学入此。消化系肿瘤入 R735,消化系结核入 R524/527。

R68　　　骨科学(运动系疾病、矫形外科学)

　　　　骨结核入 R529.2;骨软化入 R591.44;佝偻病入 R591.44;四肢损伤入 R658;骨肿瘤入 R738.1,骨梅毒入 R759.1;面骨的骨折入 R782.4。

五、关于总论与专论的安排

　　《中图法》为适应文献分类的实际需要,在编制中编列了不同层次的总论性类目及专论性类目。一般来说,总论是指某类事物的整体、各个方面或某一方面,专论是指某整体的组成部分、某种事物的各个方面或某一方面。例如:

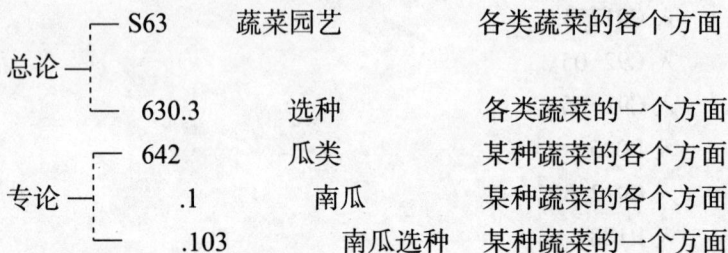

```
      ─ S63      蔬菜园艺        各类蔬菜的各个方面
总论 ─┤
      ─ 630.3    选种           各类蔬菜的一个方面

      ─ 642      瓜类           某种蔬菜的各个方面
专论 ─┤ .1       南瓜           某种蔬菜的各个方面
      ─ .103     南瓜选种        某种蔬菜的一个方面
```

　　在多数情况下,总论与专论是一个相对的概念(就如同上下位类一样是个相对的称谓),一个类目往往既是总论性的,又是专论性的。即:

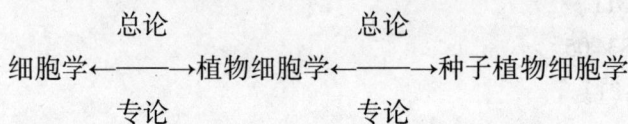

```
           总论               总论
细胞学 ───→ 植物细胞学 ───→ 种子植物细胞学
           专论               专论
```

　　1. 类目体系编列区分为总论部分与专论部分

　　类目体系的展开,遵循从总到分、从一般到具体、从理论到应用的原则。各学科或专业从整体到局部通常都划分成两大部分,前一部分是总论性的,后一部分是专论性的。

　　(1)在社会科学部类,通常的编列形式是:

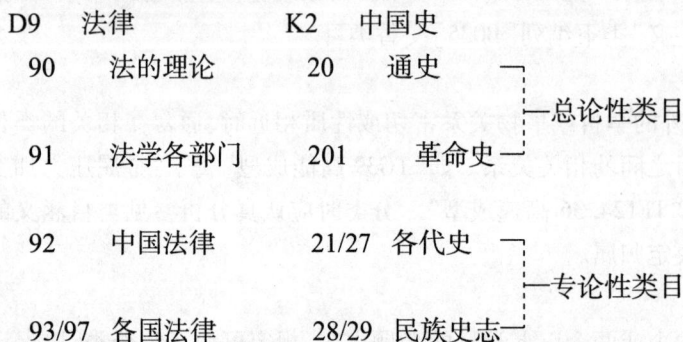

```
D9   法律          K2   中国史
 90  法的理论       20   通史 ─┐
                              ├─总论性类目
 91  法学各部门     201  革命史 ┘

 92  中国法律       21/27 各代史 ─┐
                               ├─专论性类目
 93/97 各国法律     28/29 民族史志 ┘
```

行政法理论　　　　D912.101(总论)
中国行政法理论　　D922.101(专论)
中国史研究　　　　K207　　　(总论)
汉代史研究　　　　K234.07(专论)

　　社会科学各类的总论常以"××理论"的形式编列,当某学科的理论类目不包括某些总论性内容时,这部分内容就包含在有关的"世界××"类目之中。例如:

E0	军事理论	E1	世界军事
−02	军事哲学	10	军事政策
07	军事分支学科	11	军事建设与战备
08	各军种兵种建设理论	112	军事演习
09	军事学史、军事思想史	12	军事制度
		13	军事教育与训练

这里的 E11/13 都是总论性的,如"E112 军事演习",既包括世界性军事演习,也包括军事演习的理论、技术等。

(2)在自然科学部类,N、O、P 三类,总论与专论基本是以上下位类的形式表现的。应用科学技术大类及所属各分支,总论与专论编列的基本形式是:

U45　隧道工程
　451　隧道结构理论
　452　勘测、设计与计算　——总论
　……
　457　隧道养护、维修……
　459　各种隧道
　　.1　铁路隧道
　　.2　公路隧道　——专论
　　.3　地下隧道
　……

S43　病虫害及其防治
　431　植物病虫害的预测预报
　　.1　短期预测预报
　　.11　禾谷类作物
　　.12　豆类作物　——专论　——总论
　……
　432　植物病害及其防治
　433　植物虫害及其防治
　435　农作物病虫害及其防治
　436　园艺作物病虫害及其防治　——专论

TH7　仪器、仪表
　70　一般性问题
　701　理论
　702　设计、计算与制图　——总论
　……
　71　计量仪器
　72　坐标器及计算机具……　——专论
　……

2. 总论与专论的不同表达形式

(1)以某类事物的各方面为总论,以某类事物的一方面为专论。例如:

Q 95　　　动物学　　　　　（某类事物的各方面）

　952　　　动物细胞学（某类事物的一方面）

(2)以某类事物的一方面为总论,以某种事物的各方面或一方面为专论。例如:

TH12　　　机械设计、计算与制图　（多种机械的一方面）

TH21　　　起重机械　　　　　　（一种机械的各方面）

TH210.2　　起重机械设计　　　　（一种机械的一方面）

(3)以整体为总论,以部分为专论。例如:

Q944.53　　营养器官（整体）

　.56　　　叶与变态叶（部分）

(4)以大概念（或属概念）、上位类为总论,以小概念（或种概念）、下位类为专论。例如:

G833　　　技巧运动　（大概念）

　.1　　　垫上运动（小概念）

(5)以某种理论、方法、技术、设备、产品在各方面的应用为总论,以其在某一方面的应用为专论。例如:

TN219　　红外技术的应用　（总论在各方面的应用）

P631.7　　红外线勘探　　　（专论在一方面的应用）

(6)编列专门的总论性类目。例如:

B80　　思维科学（总论）

D0-0　　科学社会主义理论（总论）

J08　　艺术技法（总论）

Q1-0　　生命科学总论

TM51　　高压电器（总论）

(7)通过类目注释指示某些总论性内容的归属或指示某类目总论的范围。例如:

C　　社会科学总论

　　　总论人文科学、行为科学的著作入此。

O74　晶体化学

　　　总论入此;专论某一元素或化合物的晶体化学分别入有关各类。如:硅单晶入O613.72。

(8)在分类法编制中,有时为了指明一组同位类的内容属性或分类标准,而设置一个概括性的上位类,以统率其下位类。这是一种起类目结构支撑作用的"过渡性类目"。例如:

K892.2　　各种习俗专志

K928　　专类地理

TM532　　电容器:按结构分的

TS80　　一般性问题（印刷工业）

3. 有关总论性与专论性文献的分类问题

(1)总的分类原则是:凡能入专论的就不入总论。如:

"铅矿超声波勘探法"入P618.420.8（专论铅矿勘探）,不入P631.52（总论超声波地质

勘探);

"我国青少年犯罪问题"入 D669.5(专论中国青少年问题),不入 C913.5(总论青少年问题);

"计算机在编目中的应用"入 G254.362(专论计算机编目),不入 G250.7(总论图书馆工作自动化)或 TP399(总论计算机应用)。

(2)有时为了集中某一方面的文献,总论与专论是统一的,应注意分析。如:"深井采煤的井筒支护"应入 TD352(总论井筒支护),不入 TD823.84(专论煤矿深井开采)。

(3)由于总论与专论通常是相互依存的相对概念,所以应注意分析不同的划分阶段所编列的不同层次的总论性类目的内容范围。一般来说,类目的概括性越高,总论的范围大,它所包括的专论性内容就越少;类目越专指,所包括的专论性内容就越多。如:

主 题	正 确		错 误	
电机设计	TM302	电机设计	TM3	电机
电机导磁部件设计	TM303.3	导磁部件	TM302	电机设计
电动机设计	TM320.2	电动机设计	TM302	电机设计
交流电动机设计	TM340.2	交流电机设计	TM320.2	电动机设计
牵引电动机设计	TM922.71	牵引电动机	TM320.2	电动机设计
内燃机车电动机设计	U262.42	机车牵引电机	TM922.71	牵引电动机

六、关于文献的集中分类与分散分类

《中图法》在编制中,类目的划分主要是依据知识内容的学科属性,即按研究某事物的学科角度分别类聚有关文献。在类目划分过程中,一般只能在某事物的诸多属性中选择一种属性与有关事物组成一类,这样就导致事物在依某种属性集中的同时,又在其他属性标准下分散了,如"肝癌"、"胃癌"在按病变机理与"肿瘤病"聚成一类,使这类文献集中的同时,却与从病变器官这个角度聚类的"消化系疾病"的文献分散了。当分类法编制时强调以应用为主、以专论为主的列类原则,那么一种理论、方法、技术、产品在各方面的应用就不能集中,各种事物、问题的专论性内容就不能与有关的总论性内容集中。具有双重隶属关系或学科交叉关系的事物,由于按重点隶属关系列类,从非重点隶属关系的角度说,文献就分散了;有时文献按某种形式集中,那么从学科内容方面来说,文献就分散了。总之,这种"集中与分散"的矛盾,是等级体系分类法固有的一个基本矛盾,是等级体系分类法编制理论和技术所决定的,是不可避免的,在手工编目和手工检索条件下也是不能从根本上解决的。

检索者总是希望能从他所从事的、熟悉的,或首先入手查找的学科、专业、问题、事物查全有关文献(即集中有关文献),而不同的检索者希望文献集中的角度又是不同的。为了满足科学研究多方面的需要,提供多途径检索,本分类法有重点地对一些类目规定了文献集中的方法,供分类法用户选择使用。

1. 关于某学科应用的内容,规定了集中或分散的办法

设置总论应用的类目,规定可用组配标引法集中有关文献。例如:

C939   应用管理学 ┐   总论入此，专论入有关各类。如

O39   应用力学   ├─ 愿集中于此者，可用组配方法，

P49   应用气象学 ┘   按本分类法序列排。

文献	分散归类	集中归类
军事管理学	E07	C939: E07
生物力学	Q66	O39: Q66
农业气象学	S16	P49: S16

本分类法并不是所有的总论应用性类目下都规定了文献集中的办法，如"O799 应用晶体学"、"TB799 真空技术的应用"、"Q959.9 应用动物学"等类下就没有说明文献集中的方法。专业单位如有需要，也可参照上述办法，使用组配编号法集中有关文献，但需将类表中已列的专类改为交替类或订正某些相应的注释。

2. 在某些总论性类目、学科分支的统帅性类目或交替类目下，规定了集中分类的办法，例如：

[C919]   分科社会学

　　　　　宜入有关各类。

　　　　　如愿集中于此者，可用组配编号法。

F08   各科经济学

　　　　　总论入此。

　　　　　专论入有关各类。

　　　　　如愿集中于此者，可用组配编号法。

I29   少数民族文学

　　　　　……如愿将少数民族作家所写的文学作品集中于此者，可依中国民族表分，再依下表分。

T-65   工业规程、标准

　　　　　综合性汇编入此。

　　　　　……

　　　　　如愿将各科学技术部门的专业规程、标准集中于此者，可分入以下有关各类。

文献	分散归类	集中归类
宗教社会学	B920	C919: B920
旅游经济学	F590	F08: F590
格萨尔王（民间故事, 97 编）	I277.3	I291.47

3. 通过交替类目的选择，在相关类下集中有关文献

[X33]   环境卫生与卫生工程

　　　　　环境卫生宜入 R12，卫生工程宜入 TU993。

R12   环境卫生

TU993   公共卫生工程

[TE12]   石油、天然气地质

　　　　　宜入 P618.13。

　　　　　石油天然气专业单位如愿将此类文献集中于此者，可按下列子目细分。

[TE121]   油气区域地质

［TE121.1］　含油气盆地

［TE121.1＋1］　含油气盆地形成、演化

文献	一般归类	按选择方向集中
农村卫生	R127	X33
陵园卫生	TU993.5	X33
含油盆地	P618.130.2	TE121.1

4. 传记的集中与分散

对于各科人物传记,本分类法是集中编列的,这样对于各学科史来说,文献就分散了。除采用分别在各学科史作互见分类外,也规定可以把各科人物直接分入各学科史。这里说的"各科人物传",仅指 K815、K825/826(包括各国的仿分类目)范围的人物传记。例如:

文献	集中归类	分散归类
华佗传	K826.2	R-092
李四光传	K826.14	P5-092
哥白尼传	K835.136.14	P1-095.13
李嘉图传	K835.615.31	F091.33

为了提供人物传记的多途径检索,若采用集中归类时,可以使用分散归类的类号作互见号,反之亦然。

5. 通过分类体系的选择,决定文献集中的方向

本分类法在"法律"类采用双表列类。第一分类体系首先按国家集中文献(学科内容分散),第二分类体系首先按学科内容集中文献(国家分散)。各馆可根据各自的性质、特点,选择使用。

6. 工具书的集中与分散

本分类法关于工具书类目编列的总原则是:专科性工具书入各有关学科,综合性工具书及检索工具书集中编入"Z综合性图书"。有些图书馆从管理或使用工具书的角度考虑,希望能将工具书集中起来。从揭示藏书的角度来说,可以通过著录书型冠号的办法,通过目录组织使各类工具书款目集中排列、集中揭示。从组织藏书的角度来说,可以通过交替类目的选用和采用组配编号法,集中某些专科工具书。例如:

文献	分散归类	集中归类
医学百科全书	R-61	Z28:R
计算机辞典	TP3-61	Z38:TP3
飞机年鉴	V2-54	Z58:V2

由于"Z综合性图书"类所列工具书类型不全,集中全部工具书是困难的。因此,也可以把哲学社会科学工具书、自然科学工具书(含工程技术)分别集中于 C、N 两类,通过组配编号法进行系统排列。例如:

文献	分散归类	集中归类
经济学年鉴	F-54	C54:F
印刷年鉴	TS8-54	N54:TS8
硕士论文(考古)	K85-533	C533:K85

硕士论文（水文）	P33-533	N533: P33
产品样本（洗衣机）	TM925.3-63	N63: TM925.3
军事百科辞典	E-61	C61: E
地质勘探手册	P62-62	N62: P62

有时根据专业需要，可把部分工具书加以集中。如"T-63 产品目录、样本"，除收综合性汇编外，也可以把各专业产品样本集中于此。如"制冷机产品样本"类号为 T-63: TB65。

上述关于集中工具书的办法，只供有特殊需要的文献情报部门参考使用。

7. 科普读物的集中与分散

关于科普读物，本分类法是按其内容分散到有关学科的。某些使用单位如果需要把科普读物（特别是成套的科普读物）集中排列，以便宣传、推荐，可参照工具书集中分类的办法，把科普读物分别集中于C49、N49 两个类下，使用组配编号法，按学科系统排列。例如：

文献	分散归类	集中归类
坦克的家族	E923.1-49	C49: E923.1
祖国的山河	K928-49	C49: K928
天上有多少星星	P1-49	N49: P1
人为什么会有病	R-49	N49: R
奇妙的计算机	TP3-49	N49: TP3

8. 教学参考书的集中与分散

属中等及以下教育范围的教学参考书，本分类法集中编列在各级教育类。某些不以该类文献作系统收藏的单位（如中等专业以上的学校图书馆、科研图书馆、企业图书馆等）如愿按内容分散入各学科，可用总论复分号"-43"复分。如《三角教学参考书》类号为O124-42。

在处理文献的集中分类和分散分类时，一般情况下都应按本分类法现有的类目体系类分和组织文献。如需作变通处理时，应经过全面慎重考虑后，决定集中的范围和方法，并记录在使用本上，一贯遵守。同时还要对相关的类目作必要的调整和注释说明，避免混乱。

七、关于多重列类法

《中图法》在编制中原则上遵循逻辑划分的规则。对类目的划分，在同一划分阶段只使用一个分类标准进行，从而产生出一组性质单纯、外延不相交叉的平行概念（同位类）。由于客观事物都具有多种属性和多方面的联系，因此可以多向成族（类）。为满足对某事物分别从不同的属性方面论述或对同时从若干属性方面论述的文献进行分类标引的需要，为用户提供多途径检索的可能，本分类法在编制时有选择地采用了多重列类法，即在同一划分阶段，同时采用几个分类标准对上位概念进行划分，从而在一个类列中形成几组按不同属性聚类的同位概念。

1.《中图法》多重列类的几种形式

（1）明确多重列类的划分标准，同性质的类目集中排列。这是基本的形式。例如：

J95	各种电影、电视：按内容与样式分	
96	电影、电视：按表现形式和技术分	—— 第一层次
97	电影、电视：按题材分	
971	……：依不同行业分	
972	……：依内容时代分	
973	……：依年龄性别分	—— 第二层次
974	……：依思想类型分	
975	……：依情节结构分	

（2）虽然没注明多重列类的划分标准，但其划分标准是很明显的，且同性质的类目集中排列。这也属基本型。例如：

U459	各种隧道	
.1	铁路隧道	—— 按用途分
.2	公路隧道	
.3	地下隧道	
.4	穿山隧道	—— 按位置分
.5	水底隧道	

G72	成人教育、业余教育	
722	初等成人业余教育	
723	中等成人业余教育	—— 按等级分
724	高等成人业余教育	
725	农民业余教育	—— 按对象分
726	职工教育	
727	函授、刊授教育	—— 按方式分
728	广播电视教育	

（3）使用的分类标准多或不清晰，同位类排列无明显规律。例如：

TN85	接收设备、无线电收音机
851	接收机：各种形式分
852	调制收音机
853	信标收音机
854	晶体管、固态收音机
855	激光、红外收音机
856	小型、微型收音机，集成收音机

………………………………………………

（4）在一个类列中，多数类目采用一划分标准，少数类目采用了另外的划分标准。例如：

I2　　中国文学
22　　诗歌、韵文　┐
23　　戏剧　　　　├──按体裁分（主要分类标准）
24　　小说　　　　┘
　………………
27　　民间文学　　┐
28　　儿童文学　　├──按对象分（次要分类标准）
29　　少数民族文学──按民族分（次要分类标准）

（5）在一个类列中，同位类是使用"事物的方面"和"事物的类型"两个分类标准划分出来的，从而形成一组总论性类目和一组专论性类目。这也是《中图法》多重列类的基本方式。例如：

TN95　　雷达
951　　雷达原理　　　　　┐
952　　雷达电子电路装置　├──按事物的方面分
953　　雷达跟踪系统　　　┘
958　　雷达：按体制分　　┐──按事物的类型分
959　　雷达：按用途分　　┘

从以上分析可以看出，分类法的编制并不是严格地采用逻辑分类的原则，而是根据文献分类的实际需要，采取多种方法对类目进行划分，从而保证分类法的实用性。相当多的类列中都不同程度地体现了多重列类法的应用。

2.　多重列类与文献归类

如果一个上位概念同时采用多重标准划分，那么所分出来的平行下位概念都存在外延交叉问题，分类法编制时对这种外延交叉都通过不同方式进行了限定。涉及多重列类的文献归类，主要是分析、解决一个文献主题同时可归入一个类列中的若干类目的分类方法问题。在前述第4、第5种类型中，类目外延虽有交叉，但它们的内容范围划分是明确的，即使用次要分类标准划分出来的类目（如I28/29）和按事物类型划分出来的类目（如TN958/59）都是按属性集中有关文献的。如"儿童文学—小说"入儿童文学，不入小说；"机载雷达—可靠性"入各种用途的雷达，不入雷达的可靠性。

在前述第1—3种类型中，如果文献主题只是从事物某一属性方面进行论述，或重点从某一属性方面进行论述，只要归入多重列类的有关类目即可。如"夜间户外摄影（重点是夜间）"，归入"J414 夜间摄影"。

如果文献主题同时从事物的几个属性方面进行论述，应按下列方法归类。

（1）如类目下注明了分类规则，应遵循这些分类规则。例如：

U448.1/.5　　各种桥梁
　　　　　　如遇多主题因素的桥梁文献，入编列在前的类。

TP338　　　各种电子数字计算机
　　　　　　涉及多种标准的计算机，入最后编列的类。

J312/315　　各种雕塑法

涉及样式、题材、材料等多种分类标准的著作,分入后面编列的类目。

O062　　有机化学

论述有机化合物的著作,按系统和最后标号规则处理。即涉及几类的有机化合物,均入本类表中后出现的那种化合物下。

上述几例分别规定了使用"最后编号法"和"最前编号法"。"最后编号法",是指文献主题如涉及多重列类的几个类目时,就归入类表中后编列的类中去。而"最前标号法",则归入类表中前面编列的类目中去。这里说的"前面"或"后面"是指类目编列的前、后位置,而不是指文献主题表达式中的主题因素在前或在后。例如:"立体科教电影"入 J953(科教片),"石雕肖像技法"入 J314.3(石刻、石雕),"小型分布式计算机"入 TP338.8(分布式计算机),"公路石拱桥"入 U448.14(公路桥)。

(2)遵守本手册的有关分类的规定。如本手册在"P 天文学、地球科学"的分类要点中规定"如遇有兼论地区、时代地层的著作,归入 P534 各时代地层有关类目"。这里规定使用"最前编号法",如:"松辽盆地第四纪地质"入"P534.63 第四纪",不入"P535.23 东北地区地层"。这条规则也同样适用于 Q151/157、Q178.3/.4、Q911.6/.7、Q913.6/.7、Q915.6/.7、Q948.3/.5、Q958.3/.5 等类。

(3)如果分类法没有规定具体分类方法,各用户单位可根据下述原则自行决定。

①根据本馆的专业特点和需要,在确定"使用本"时,对各多重列类的类目分别确定哪些使用"最前编号法",哪些使用"最后编号法",一经确定,就一贯遵守。在确定编号方法时,一般应沿着"特殊性→一般性"的顺序选择类目。因为按主题的特殊性聚类,便于用户检索。例如:

TN949.1　　各种体制的电视

.11　　黑白电视　　　　｜

.12　　彩色电视　　　　｜

.13　　立体电视　　　　｜由一般到特殊

.14　　微光电视　　　　｜的次序排列

.15　　激光电视　　　　｜

.197　　数字电视　　　　｜

在这个类列中,大体是按由"一般到特殊"的顺序排列同位类,宜使用"最后编号法",即按照由"特殊到一般"的倒置次序归类,可达到按事物的特殊属性聚类的目的。例如:黑白激光电视入 TN949.15,彩色立体电视入 TN949.13。

②为简便起见,除本分类法已有明确规定者外,可统一使用"最前编号法",以保证归类方法的统一。

使用"最前编号法"、"最后编号法"主要是为了确定文献有一致的排架分类号。作为检索用的分类号,文献主题如果涉及多重列类的多个类目,均应予以标引,这时"最前编号法"、"最后编号法"就失去了意义。

第十节　类目涵义的划分与辨识

正确分析、归纳文献的主题和主题结构,正确分析、判断类目的涵义,是正确归类的关键。"辨类"就是辨识类目的涵义,它是建立在对分类体系的编制、结构、类目涵义划分规则的掌握基础之上的。

一、准确把握分类法及其各个局部的体系结构是辨类的前提,也是建立正确的归类思路的保障

《中图法》的数万个类目是依据它们的内在联系,按一定的学科体系和规则进行划分、排列而构成的等级层次分明、相互联系和制约的、有严密逻辑性的知识分类体系。辨识每一个类目的涵义,必须分析和把握其内部的规律性,从整体的联系中去认识一个个具体的类目。

剖析各个局部,应以基本大类为单位,因为它们都是一个独立、完整的知识体系。首先分析一个大类的基本组成,弄清各"大块"的内容范围和它们之间的区别与联系。然后再一块一块地研究它们的内部结构和内容划分办法。相似的类可以进行比较分析,找出共同的规律。以经济大类为例,其局部的结构如下所示:

第一层次	第二层次	第三层次	第四层次
(经济)	(工业经济)	(中国工业经济)	(中国工业经济史)
F0 经济学	F40 理论	F420/425 理论	F429.0 时代史
F1 经济概况……	F41 世界	F426 部门经济	F429.1/.7 地区史
F2 经济管理	F42 中国	F427 地方经济	
F3/8 部门经济	F43/47 各国	F429 经济史	
		F429.9 经济地理	

认真分析各个层次的编制结构,就比较容易把握各个类目的内容范围。例如:

"工业经济管理"入 F406(工业企业管理),不入 F27(企业经济)。

"中国工业经济管理"入 F425(中国工业经济),不入 F406(工业经济理论),也不入F123(中国国民经济管理)。

"中国汽车工业管理"入 F426.471(中国汽车工业),不入 F425(中国工业经济管理)。

"江苏汽车工业"入 F426.471(中国汽车工业),不入 F427.53(江苏工业)。

"珠海特区工业"入 F427.65(广东工业),不入 F427.9(特区工业)。

"云南少数民族手工业"入 F426.899(中国手工业),不入 F427.74(云南工业),也不入F427.8(中国少数民族工业)。

"陕西工业地理"入 F429.9(中国工业经济地理),不入 F129.941(陕西经济地理),也不入 F427.41(陕西工业经济)。

"陕西能源地理"入 F426.2(中国能源工业),不入 F429.9(中国工业经济地理)。

"湖北工业经济史"入 F429.63(中国工业经济史),不入 F427.63-09(地方工业经济)。

"山西近代钢铁史"入 F426.31-09(中国工业部门——钢铁工业),不入 F429.25(中国山西工业经济史)。

二、类目名称常常不能独立表达一个完整的主题概念,其涵义受多方面的限定,与其在分类体系中的位置密切相关

体系分类法编制的一个重要特点是类名通常都承接上位概念的内涵,是很简洁的,离开

它所处的语义环境,就无从判断它的真实涵义。例如:

U212.23	水文勘测(铁路线路)
U412.23	水文勘测(道路工程)
U612.23	水文勘测(航道工程)
U652.3	水文勘测(港口工程)

1. 类目涵义受上位类的限定

这是最常见的形式,因为下位类是由上位类直接区分出来的,所以,下位类的类名只表达它区别于其他同位类的最本质的特征。例如:

I052	诗歌(文学理论)
I106.2	诗歌(文学评论)
I207.22	诗歌(文学评论——中国)
I22	诗歌(文学作品——中国)

这些"诗歌",由于上位类不同,其涵义也各不相同。有时还需要通过上级类才能判断类目的涵义。例如:

	类　名	上位类名	上级类名
TG141	黑色金属材料——	金属材料——	金属学
TU511	黑色金属材料——	金属材料——	建筑材料
V252.1	黑色金属——	金属材料——	航空用材料

2. 类目的涵义受下位类限定

由于类目的划分要求下位类外延之和与上位类外延相等,因此可以通过下位类的设置情况,判断上位类的内容范围。例如:

TS972.3	饮食管理
.32	餐厅
.35	厨房业务管理
.36	厨师
.37	餐饮服务人员
.38	饮食卫生管理

"饮食管理"的涵义被这5个下位类所说明。

3. 类目的涵义受同位类的限定

由于同位类之间一般外延不相交叉,所以可以根据一个类列中的同位类设置,分析各同位类的内容范围。在分类法中,概念之间的包含与被包含关系不是一成不变的,有时因其所处的类系、类列不同而有所变化。例如:

I28	儿童文学
287	建国后作品
.4	小说(小说不包括故事)
.5	故事
I24	小说(小说包括故事)
247	建国后作品
.4	章回小说
.5	新体长篇、中篇小说(中长篇不含章回)

.7　　　新体短篇小说（短篇不含故事）

.8　　　故事、微型小说

这两例中的"小说"外延不同，前者不包括故事，而后者包括故事。

4. 类目的涵义受相关类的限定

相关类之间的关系密切，有的还存在一定程度的外延交叉，因此相关类目之间存在涵义相互限定的关系。例如：

V244.1　　　防护设备（飞机）

　　　　　　　　防火设备……入此。

V351.392　　　辅助设备（航空地面站）

　　　　　　　　消防、清雪、上空除雾设备等入此。

TM621.9　　　其他设备（电厂）

　　　　　　　　安全设备、防火设备入此。

TQ086.1　　　工厂安全设施

　　　　　　　　消防、防水、防风……入此。

U653.99　　　其他附属设备（港口）

　　　　　　　　消防设备入此。

U664.88　　　消防系统（船舶）

S776.29$^+$3　　消防车（森林防火设备）

U273.93　　　消防车、救援车、修复车（车辆工程—特种车辆）

U469.6　　　专用汽车

U469.6$^+$8　　　消防车

TU892　　　防火设备（房屋建筑设备）

　　　　　　　　消防设备入此。

TU998.1　　　消防

TU998.13　　　消防设备

　　　　　　　　配备和使用入此。制造入有关各类。

　　　　　　　　房屋消防设备的配置和安装入 TU892；高层建筑物的消防设备入 TU976$^+$.5；

　　　　　　　　地下建筑物的消防设备入 TU96$^+$7。

TU998.13$^+$1　　消防车

TU998.13$^+$2　　灭火装置

TU998.14　　　消防组织

　　　　　　　　消防站入此。

TU998.19　　　消防史

TQ569　　　灭火器与灭火用剂的生产

TD75　　　矿山防火

S762.3　　　森林防火和灭火

D631.6　　　消防工作

D035.36　　　消防管理

　　　　　　　　消防技术、设备入 TU998.1。

上述类目均与"消防"有关，通过它们之间的分析、比较，就可以清楚：

（1）关于消防管理的理论入 D035.36。

（2）各国消防管理工作、行政组织工作入各国政治的"公安"类下。

（3）总论消防技术组织、消防站、防火灭火方法的入 TU998.14；专论各种类型的消防技术组织、防火灭火方法的入有关各类。

（4）有关消防在各方面的意义、技术要求、规章制度、消防设备在各方面的安装、使用、维护入有关各类。

（5）总论消防设备的制造、安装、使用、维护的入 TU998.13；专论房屋消防设备的设计、安装、使用的入 TU892；专论一般灭火器、灭火剂制造的入 TQ569；专论各种专用灭火设备制造的入有关各类。

（6）消防车设计、制造入 U469.6；总论消防车的使用入 TU998.13$^+$1；消防车在森林防火中的应用入 S776.29$^+$3；消防车在车辆工程中的应用入 U273.93。

从上述分析可以看出，当一个概念在分类法几处出现时，它们之间一定存在着差异，应认真分析它们的联系与区别，结合文献论述的侧重点，归入最恰当的类目中去。

5. 类目的涵义受注释的限定

本分类法对容易混淆或不易把握涵义的类目，一般都通过编制类目注释进行补充说明。认真审阅类目注释对正确把握类目涵义是极为重要的。例如：

I287.3　　戏剧、歌舞剧

　　　　　　电影、电视、广播剧入此。

Q811　　仿生学

　　　　　　总论入此。

　　　　　　仿生学的应用入有关各类。如：医用仿生学入 R314。

O612　　周期系统各元素

　　　　　　凡按元素各族写的著作入此。

　　　　　　论述个别元素的著作入 O613/616。

类目涵义除受直接的注释限定外，一些无注释的类目也受某些同性质类目注释的隐含限定。例如：

Q948.2　　植物地理学、植物分布

```
总论入此。
……专论·种植物的地理分布入
Q949有关各类。
```

可引伸为

Q945　　植物生理学

```
总论入此。
专论一种植物生理学的著作入
Q949有关各类。
```

正确掌握通过注释范围的引申方法判断类目涵义，对使用《中图法》是很有意义的。但类目注释的引申适用范围,需要通过类目体系的编制和类目性质的分析才能正确判断。

三、没有展开细分的类目,其涵义可以通过相关的类目来辨识

分类法的一些类目由于没有展开细分,它们包含的内容范围有时不是很清晰的,但可以通过与之相关的类目加以明确。

1. 用总论性类目、"一般性问题"类判断专论性类目涵义。例如:

F40	工业经济理论	F426	工业部门经济(中国)
F406	组织与管理	.1	矿业
.1	行政管理	.2	能源
.2	生产管理	.3	冶金
.3	技术管理	.4	机械
………		………	
.7	财务管理	.9	建筑

限定专类性内容

各工业部门经济类下(如"建筑"),均包含"工业经济理论"展开细目所包含的内容。

TN80	一般性问题(无线电)	TN81	馈线设备
801	理论	82	天线
802	设计	83	发送设备
803	结构	84	接收设备
………		………	
807	维修	87	终端设备

限定专类性内容

专论性类目 TN81/87,均包含总论性类目 TN801/807 所揭示的内容。

2. 用专类复分表判断专论性类目的内容范围。例如:

以下TH2/6均可依下表细分。　　TH2　起重运输机械

01	理论	22	起重机械
02	设计、计算…	………	
03	结构、零件…	3	泵
04	制造用材料	31	叶片式泵
………		………	
08	机械工厂	4	气体压缩与输送机械
		49	压力容器

限定专类性内容

TH2/6 各个类目,均包含专类复分表所揭示的专论内容。

3. 通过已展开的类目判断未展开类目的内容范围。例如:

F326	农业部门经济	S56	经济作物（已展开）
.1	种植业	561	纤维作物
.11	粮食作物	565	油料作物
.12	经济作物（未展开）	566	糖料作物

经济作物的范围

"F326.12 经济作物"的内容范围,可根据已展开的"F56 经济作物"来判断。

D91	法学各部门	D922.5	中国劳动法、社会保障法（已展开）
912.5	劳动法、社会保障法（未展开）	.51	劳动报酬法
		.52	劳动合同法
		.57	职工培训法

劳动法的范围

"D912.5 劳动法、社会保障法"的内容范围,可根据已展开的"D922.5 中国劳动法、社会保障法"来判断。

有时还可以通过外延比较宽的类目判断外延比较窄的类目的涵义。例如:

P941.7	自然区域	K928	专类地理
.75	盆地、……	.2	政治区划
.76	山脉、丘陵 →	.3	山（包括丘陵）
.77	河流	.4	水
.78	湖泊、沼泽 →	.43	湖泊（包括沼泽）

四、体系分类法除按学科、专业集中文献外,也常在一个专业范围内以事物为中心集中有关文献

《中图法》在编制时,通常是在较大的范围里按学科、专业集中文献,而在较小的范围里是按事物集中文献。这样既可以保持传统学科门类、专业的完整性和系统性,又可以提高分类法的特性检索能力。例如:

主题——研究角度——按学科专业集中文献

在学	番茄:植物分类	入Q949.77	后生花被亚纲
大科	番茄:营养价值	入R151.3	食物营养与化学
范集	番茄:农业种植	入S641.2	园艺——番茄
围中	番茄:商品贮运	入F762.3	商品学
内文	番茄:食品加工	入TS255	食品工业
按献			

主题——研究角度——按事物（番茄）集中文献

在主	番茄：	生理	入S641.201	番茄生理	在园艺
小题	番茄：	育种	入S641.203	番茄生理	范围内
范集	番茄：	移植	入S641.204	番茄移植	
围中	番茄：	施肥	入S641.206	番茄施肥	
内文	番茄：	收获	入S641.209	番茄收获	
按献					

主题——研究角度——按学科专业集中文献

在学	铜：	元素	入O614.121	化学——铜Cu+
大科	铜：	矿床	入P618.41	地质——矿床学
范集	铜：	开采	入TD862.1	矿业开采
围中	铜：	金属学	入TG146.1	金属学——材料
内文	铜：	冶炼	入TF811	冶金——重金属
按献				

主题——研究角度——按主题（铜）集中文献

在主	铜：	冶金原理	入TF811.01	
小题				在冶金专业内
范集	铜：	冶金精炼	入TF811.04	
围中				
内文	铜：	冶金工厂	入TF811.08	
按献				

在主	铜：	矿床成因	入P618.410.1	
小题				在地质学内
范集	铜：	矿物鉴定	入P618.410.5	
围中				
内文	铜：	矿床勘探	入P618.410.8	
按献				

在一定的范围内按主题(事物)集中文献,清晰地体现出文献分类中能入专论类的不入总论类、能入具体问题类目的不入一般原理类目的分类规则。在类目层层划分过程中,是逐次集中本类有关内容的,并且类目越专指,集中的内容越多。只有到了最专指的类目(最细子目),才能集中该事物的全部内容。其他各级类目均是集中不同层次的总论性内容(亦即各自的专论性内容)。例如:

Q15　生物分布(总论生物分布,不含专论各地带分布、各种生物分布)

Q151　　生物地带分布(总论生物地带分布,不含专论热带分布,不含各种生物地带分布)

Q151. 1 生物热带分布(不含专论各种生物的地带分布)

Q178. 31 水生物热带分布(不含专论各种水生物的热带分布)

Q948. 31 植物热带分布(不含专论各种植物的热带分布)

Q958. 31 动物热带分布(不含专论各种动物的热带分布)

Q958. 883. 1 水生动物热带分布(不含专论各种水生动物的热带分布)

Q959. 808 哺乳纲动物分布(不含专论各亚纲及专论各种动物的分布)

Q959. 838 食肉目(最细子目,食肉目及其所属各种具体动物的一切方面均入此。如演化、细胞、遗传、形态、生理、生化、地区分布、地文分布、地带分布等)

这种类目内容的赋予方法,一般称为"隐含划分规则",这种划分规则无需通过注释文字来说明。本分类法的编制贯穿着这一原则。

五、在一个学科或专业范围内,类目的设置具有唯一性

在分类法编制中,一种事物由于研究的角度不同,可分别在有关学科列类,与该学科的有关事物成类。同一事物在不同的学科中列类时,使用的分类标准可以不同,因此可以有不同的隶属关系。以"铜"为例:

学科	分类标准	隶属关系
在化学中	依元素周期	与金银成类(属 IB 族)
在地质中	依金属色泽	与锌铝成类(属有色金属)
在冶金中	依金属质量	与锌铅成类(属重金属)
在电工中	依导电性能	与铝镍成类(属导电材料)

但在一个学科、专业范围内,只能依据事物的某种属性设置一个类目,从而保证类目具有唯一性、满足文献分类的需要。例如:

在语言学范围内,汉语、英语等按使用范围、程度划入常用语种,就不能再按发音方法、使用的地区与有关语系、语支成类。

在文学范围内,中国小说按作者国籍与中国文学成类,就不能再按体裁与其他各国小说成类。

在金属学范围内,"金"按使用价值与贵金属成类,就不能再按色泽、埋藏量、质量与有色金属、稀有金属、重金属等成类。

根据这个原理,可以判断有关类目的内容范围。

(1)在一个学科内,如果为一个事物同时编列了两个类目,那么一定有分类方法上的区分。例如:

H 2 中国少数民族语言

219 朝鲜语

H 5 阿尔泰语系

55 朝鲜语

这里"朝鲜语"设置了两个类目,分类法规定:"外国出版的与我国少数民族文字相同的语文著作入各语系的具体语言、文字。"

(2)某主题(事物)本来可以按某种属性与事物(A)成类,但如果它在分类表中与事物

（B）已成类，那么在事物（A）下就不再包含该事物的专论性内容了。例如：

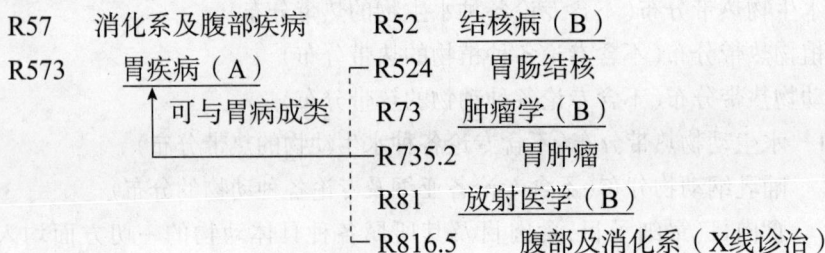

R57	消化系及腹部疾病	R52	<u>结核病（B）</u>
R573	胃疾病（A）	R524	胃肠结核
	可与胃病成类	R73	<u>肿瘤学（B）</u>
		R735.2	胃肿瘤
		R81	<u>放射医学（B）</u>
		R816.5	腹部及消化系（X线诊治）

本来胃结核、胃肿瘤、胃 X 线诊治按病变器官从属于胃疾病，但它们分别作为结核病、肿瘤病、放射医学的下位类出现后，在胃疾病中就不再包含这些方面的专论性内容了（但包含兼论这些方面的内容）。

（3）如果在不同的学科范围，有相同或相似的类目，那么它们之间一定存在着差异。例如：

TB 8   摄影技术
  84   感光材料
TQ577 感光材料产品、产品分析及鉴定
   .1   彩色感光材料

这两个类中虽然都有感光材料，但是有区别的。前者包括感光材料的一般性质和在摄影中的应用，后者包括感光材料生产的各方面内容。

TS951.4 誊印机具
  .47   复印机
TB852   照相设备与复制设备
  .2   图书资料复制设备

比较 TS951.47 和 TB852.2，可以明确前者是指静电复印机、重氮复印机等誊印设备，后者是指照相翻机、缩微复印机等光学复制设备。

（4）一个专论性类目展开后，如果没有涉及该事物某方面的内容，那么这方面专论性内容一定集中在本类有关的总论性类目之下，或是按某种属性（如用途）分散在有关学科之中。例如：

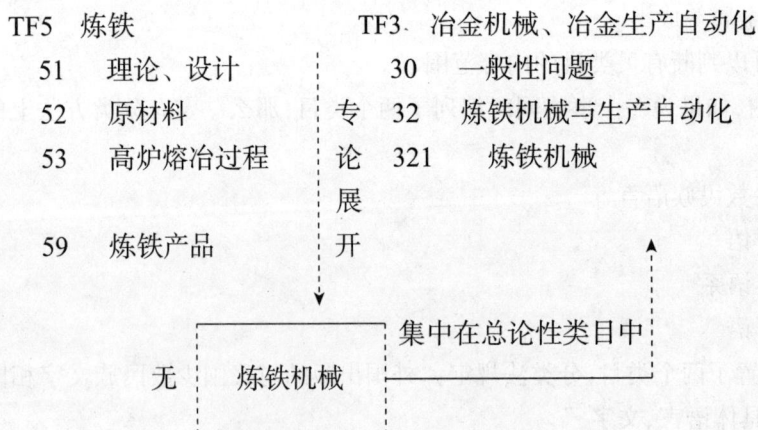

TF5 炼铁		TF3	冶金机械、冶金生产自动化
51	理论、设计	30	一般性问题
52	原材料	32	炼铁机械与生产自动化
53	高炉熔冶过程	321	炼铁机械
59	炼铁产品		

专论展开

无 炼铁机械   集中在总论性类目中

TM3　电机　　　　　　　TD614　　　矿山电机及其控制

　31　发电机　　专　TM922.71　牵引电机

　32　电动机　　论　U264.1　牵引电动机（机车）

　33　直流电机　　展　U665.11　船用电机

　34　交流电机　　开　V242.44　电机（航空）

```
           ┌─────────┐   专类分散在各类
      无   │ 专用电机 │←········
           └─────────┘
```

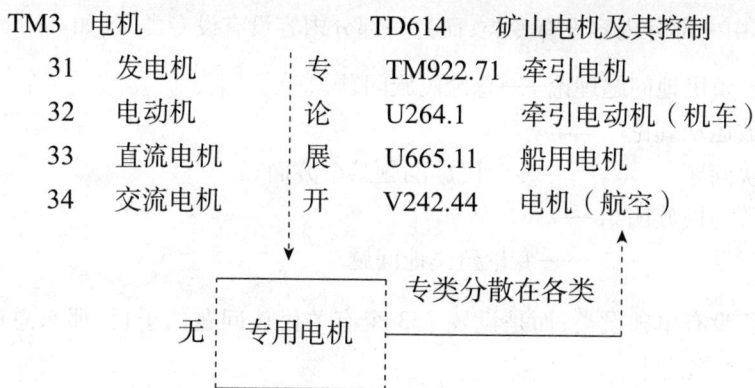

（5）一个总论性类目展开之后，如果包括了某方面的专论内容，那么在有关类下就不再包含这部分专论内容。例如：

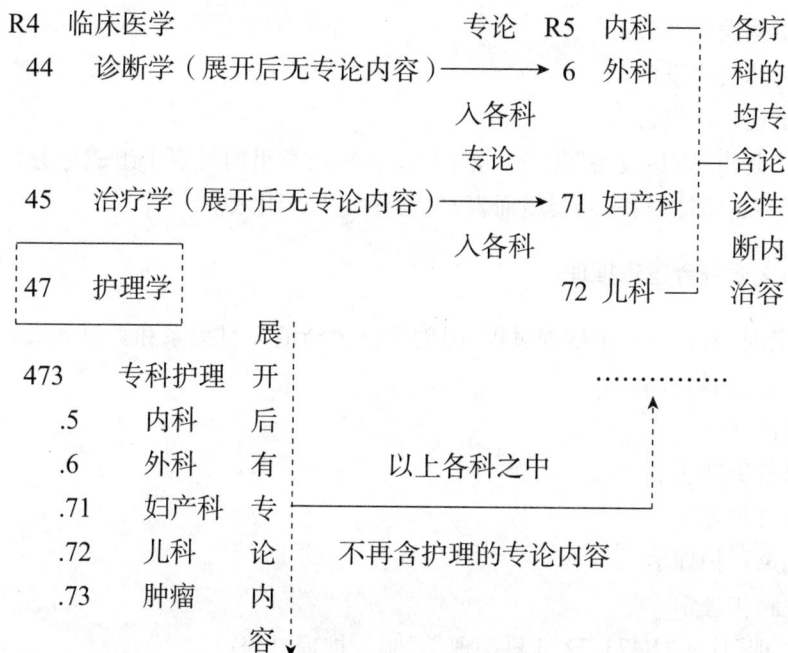

R4　临床医学　　　　　　　专论　R5　内科——各疗

　44　诊断学（展开后无专论内容）————→　6　外科　科的

　　　　　　　　　　　　　入各科　　　　　　　均专

　　　　　　　　　　　　　专论　　　　　　　含论

　45　治疗学（展开后无专论内容）————→　71　妇产科　诊性

　　　　　　　　　　　　　入各科　　　　　　　断内

　┌─────────────┐　　　　　　　72　儿科——治容

　│ 47　护理学 │

　└─────────────┘　展

　473　专科护理　开　　　　········

　.5　内科　后　　　　　　　　　↑

　.6　外科　有　以上各科之中

　.71　妇产科　专

　.72　儿科　论　不再含护理的专论内容

　.73　肿瘤　内

　　　　　　　容

六、由几个并列概念组成的类组，因为它们展开的方法不同，上下位类的内容范围也存在着差异

1. 类组不再细分，那么总论性与专论性内容都包含在类组之中。例如：

C916　　社会工作、社会管理、社会规划

J991.7　电影评奖、电影节

S727.5　旅游林、风景林

2. 类组展开后，各组成部分均编有专门类目，那么各专论性内容就不包含在类组类目之中了。例如：

R 74　　神经病学与精神病学

　741　　　神经病学

　749　　　精神病学

3. 类组展开后,其中一部分内容设有专类,而另一部分内容没有设专类,例如:

D06　　民族独立、殖民地问题理论——总论民族问题
　062　　民族解放运动理论 ┐
　063　　民族自决问题　　　├──专论民族问题某个方面
　064　　民族平等与民族团结 ┘
　066　　殖民地问题　　　　　──专论殖民地问题

该例中"民族问题"没有单独设类,而是设置了 3 个有关民族问题的子目,那么总论民族问题的著作仍要归入类组之中。

4. 类组只按其组成部分之一展开。例如:

TN957　　雷达设备、雷达站
　.2　　雷达天线
　.3　　雷达发射设备
　.5　　雷达接收设备
　.7　　雷达显示设备

该例中的子目均是由"雷达设备"划分出来的,没有涉及类组的另一个组成部分"雷达站"。专论雷达站和专论雷达设备(对类组而言)的著作均入类组之中。

七、判断类目涵义要符合逻辑推理

在判断类目涵义时,常常有一个推理过程,即借助已清晰的类目关系和类目涵义,判断尚不清晰的类目涵义。例如:

R473　　专科护理学
　.5　　内科护理学
　.6　　外科护理学
　.71　　妇产科护理学
　.72　　儿科护理学

"儿童肺结核护理"应入"R473.72 儿科护理学"吗? 推理过程:
①结核病是按病变机理集中的,不按病变器官或病员分散;
②结核病属内科疾病;
③儿科疾病中不含儿童结核病;
④儿科护理学中不含儿童结核病护理。
因此,该主题应归入"R473.5 内科护理"。因为内科护理含结核病护理,也含儿童结核病护理。

八、没有单独列类的主题概念如何确定在分类体系中的位置

体系分类法列类力求完整,然而又不可能详尽无遗地列举。但这并不能说如果某一主题概念没有直接吻合的类目,分类体系中就没有它的位置了。

1. 若某一概念没有单独列出类目,只要我们能判断出它是已列举的某些概念的同位概念,那么它通常都包含在该组概念之后的"其他"类中;如果没有设"其他"一类,则可归入能

概括它的上位概念或最相近的同位概念之中。例如：

S52　豆类作物
　521　小豆（赤豆）

　522　绿豆 ←── 同位概念 ── 黑豆

　529　其他 ←── 入此

TM572　接触器 ←── 入上位概念

　.1　直流接触器

　.2　交流接触器 ←── 同位概念 ── 交直流接触器

　.3　中频接触器

　.4　时间接触器

K928.4　水 ←── 不入上位概念

　.42　江河

　.43　湖 ←── 入同位概念 ── 沼泽

2. 如果文献所论述某主题（事物）的属性没有作为分类标准，也就是说没有编列该属性的相应类目时，那文献就归入能概括该主题（事物）的有关类目中。例如："寒带果树"入S66（资料分类可入S66（165）），"节能交流电机"入TM34，"瑶族金属工艺美术"入J526（资料分类可入J526"251"）。

3. 如果某主题在分类表中找不到相关的同位概念，就应从隶属关系方面来判断其类属。例如："健康学"入R1，"文身艺术"入TS974.16（在J516作互见），"姓名学"入K810.2。

九、分类法类目的外延有一定的延伸性

与科学分类不同，文献分类法的类目外延是有一定弹性的。根据文献分类的实际要求，可以对类目的外延进行一定的限定或扩展。如果某主题（事物）在分类体系中确无合适的位置，可进行"靠类标引"，即归入最相关的类目中去。例：

《男子汉的风度》，入B825，在C912.1作互见。

《快乐减肥法》，入TS974.14，在R161作互见。

《西方政界要人谈和平演变》，入D068。

《博客和微博》，入TP393.094。

《低碳经济与低碳生活》，入F113.3，在X37作互见。

第十一节 《中图法》的修订理论与技术

文献分类法是时代的产物,它编制时所处的科学技术水平及所依据的科学分类和知识分类体系、它面向的标引对象——文献的类型和特点、它适应的标引方式、检索系统环境等都具有鲜明的时代特征。随着时代的发展、社会的进步,新观念、新理论、新事物、新技术层出不穷,人们对世界、对科学的认识处在不断发展和调整之中,反映这种认识成果的文献生产也必然随之发生变化。文献特点的变化,以及现代化技术设备的应用,又相应使人们的文献情报需求、文献标引方式、文献检索方式等有所变化或调整。分类法作为文献标引、组织、检索的工具,不论从体系结构、类目设置、使用方法等方面也必须不断作出相应的调整,以适应时代的发展。

分类法修订的目的一是使自己的知识体系与社会的发展、科学的进步、文献的出版保持大体的一致,满足新的知识信息整序的需要;二是使自己的体系结构不断适应新的标引手段、新的检索设备、新的检索需求和习惯的要求;三是使自己的载体形态,满足信息存贮方式、传输方式、检索环境和条件的变化。

正如阮冈纳赞认为"图书馆是一个生长着的有机体"一样,文献分类法也是一个发展着的有机体。分类法是一个开放系统,它必须不断与外界进行信息和能量交换,吸取养分、吐故纳新,才能适应不断发展的社会,保持旺盛的生命力。如果说编制分类法标志一部分类法的诞生,那么修订分类法则是维护分类法成长发展的过程和手段。因此,分类法的编制与修订具有同等重要的意义。

一、日常修订和版本修订

分类法修订包括日常修订和版本修订。日常修订就是把分类法在使用中发现的明显问题,以及在版本修订周期内出现的重要知识领域、新事物、新工艺、新设备等,及时作出必要的更正、增补,以简报、软件补丁、Web 版等形式通告或发送给用户。这种维护性修订为版本的修订提供重要的素材。良好的维护性修订又可以延长版本修订的周期,有助于分类法的稳定性。在网络时代这种修订方法更加重要和有效。

版本修订是分类法使用一个阶段后,根据科学发展、文献的变化、应用环境的变化等因素,对分类法进行的系统性修订。分类法的修订具有一定的周期性,这是因为一部分类法从出版(或从上一次修订)到用户熟悉和使用分类法有一个过程,分类法的管理机构从使用中发现问题、积累问题、形成新的修订思路有一个过程;其次是科学、知识的发展和更新都有一定的阶段性,经过一定的时期才能反映出较明显的变化。

版本修订是对分类法有计划的全面检查与修订,不但涉及具体类目,也会涉及其载体形式等。

版本修订主要是制定修订战略和确定修订周期。修订战略包括某版修订的重点和幅度、体系结构是否修订、标记制度是否修订、载体形式是否改变等重大问题的决策。分类法修订周期的选择是一个经验值,各个分类法有所不同,通常都在五至十年左右。修订周期过长,同科学技术发展相比滞后性增加,不能及时反映新的科学成就,不利于用户使用;修订周期过短,用户难以适应,同时也加重了用户改编文献和书目的负担,也不利于用户的使用。《中图法》自1973年出版试用版,到2010年出第五版,正式版本的修订周期为八、九年:

1973年 试用版
1975年 第一版
1980年 第二版
1990年 第三版
1999年 第四版
2010年 第五版

通过《中图法》版本修订周期的分析,编委会认为把修订周期大体确定在八年左右是基本符合科学技术发展的现状和用户需求的。在八年的一个周期里,头一、两年主要是新版本的宣传、推广、学习、试用阶段,第三至五年是全面应用阶段(包括完成文献和书目的改编),第六至八年是下一版修订调查、准备、实施和出版阶段。用户经过五、六年的正式使用,已经对分类法相当熟悉并可以提出较系统的修订意见;而科学技术经过六至七年的发展,也大体可以勾勒出一个基本的变化轮廓,这些都为分类法的修订提供了必不可少的条件。

随着《中图法》电子版、网络版的出版和用户的普及,修订周期可能会有所加长,这是因为完善的日常修订机制和发布机制会有效降低分类法的滞后性。

二、修订的准备

分类法的版本修订,是一项复杂的系统工程,它既是对前一版本的综合检验与评价,又是新版本的规划、设计和编制;既涉及大量复杂的技术性、事物性工作,又涉及广泛的学术性研究工作;既涉及编委会及其工作组、全国各文献情报机构,又涉及相关的专业学术机构。做好修订前的准备工作,是保证分类法顺利修订的重要方面。准备工作主要包括:

1. 用户调查

包括标引用户和检索用户对上一版分类法使用中提出的各类意见和建议,标引方式、检索方式、情报需求特点、技术设备条件的变化对新版分类法的要求等。用户调查主要通过召开专门的学术研讨会、意见征求会了解用户的意见,对历年来报刊发表的评论文章进行整理和汇集,对历年来用户的咨询问题进行整理和汇集等方式进行。将这些意见、建议按大类或类型整理、归并后,作为修订的主要参考依据。

2. 类目标引频率调查

通过国家图书馆等大型书目数据库、专业文献数据库的调查,统计每一个类目用于图书、资料论文的标引频率,从而确定上一版本使用以来的文献保证数据。重点分析无文献保证和文献过于集中类目的编列所存在的问题。

3. 各个学科领域发展动态与趋势调查

由于分类法修订的周期性,决定了它与科学技术的发展总有一定的滞后性,为了尽量减少这种滞后性,就要提高修订中的预见性,使两个版本修订之间对高速发展和新兴的学科、事物、主题有较好的容纳力。学科发展动态与趋势的调查,主要通过对相关学科的专家调查、有关专业和研究机构的设置、有关文献的分析进行。

4. 文献出版调查

调查一个时期内不同类别、不同类型文献出版的状况、变化、特点和趋势,为分类法的修订提供文献状况数据。

5. 国内外主要分类法调查

了解国内外主要分类法修订的特点、技术、主要类目的变化等,以便借鉴和吸收其他分类法修订的成果经验。

6. 综合分析

通过对上述调查数据的分析,制订新版本修订的指导思想、原则、修订的重点和主要技术。

7. 确定修订工作的程序、修订分工和工作组织

三、修订的原则

1. 发展与稳定相协调的原则

即处理好分类法修订中动态和稳态的关系。稳态是文献工作各个环节和用户检索的需要,没有稳定性,分类法就失去了作为文献整序工具的意义;动态是社会进步、科学发展,以及文献变化、新的文献需求特点、新的标引方式和新的检索方式对分类法的需求,没有动态性,分类法就失去了生命力。

发展性主要是坚持与科学、知识同步发展的原则,使反映在分类法中的知识结构跟上新知识发展的步伐,发挥组织知识的作用。稳定性主要是保持分类法基本体系结构、标记制度、标引方法的稳定,从而保证文献情报机构文献组织、检索工具组织的稳定性,保证检索用户所熟悉的知识体系的稳定性。为保持分类法的稳定性,每一版的修订只能确定个别大类为重点修订类目,多数类目只进行增补、完善性修订,从而使每一版的修订不会过大;把经常性的增补、小修与定期的版本修订结合起来,使两个版本之间有一个渐变的过程。

发展与稳定是一对矛盾,处理二者的原则是:发展是绝对的,稳定是相对的;在保持总体的稳定中求发展,以发展为分类法不断注入活力,提高其适应新形势的能力,从而促使它在新状态下形成新的稳定。

2. 文献保障原则

分类法类目的设置要与文献出版、积累的状况相匹配。做到有类必有相关的文献、有文献就有能容纳它的类;某类文献种类多,类目就设置的详尽,反之类目就设置的简略;当某类失去必要的文献保证后,就应对有关的类目加以压缩、合并。

3. 用户保障原则

分类法的修订要充分考虑用户的使用情况和使用的便利性。如果某类目已被多数用户所使用并已分编大量文献,那么对该类的修订应特别慎重,尽量减少用户改编文献和书目的负担。某些类号虽原来编配的不甚理想,但其使用频率高,修订时一般也不予改动。对于用户在使用中反映强烈的问题,如类目过粗、列类不当、类目涵义交叉或不清晰、分类规则不明确等,都应当在修订中加以解决。为了保证用户在换用新版本后有一个学习、试用、改编文献和书目的过程,对于上一版某类目并入他类或移动到他处的,该类号不立即启用而是停用一个版次,也是必要的措施。

四、修订的主要方面及方式

1. 补充新的主题、扩充类目体系

这是每一版修订的主要内容,通过定期全面补充新主题、扩充类目体系,使分类法跟上科学技术发展的步伐。补充新主题,主要采用以下方式:

(1)增加新的类目。利用原有的空号为新学科、新主题增设新的类目;当特定的位置类号不敷使用时,通常使用各种扩号法增加号码容量,以容纳新的主题;只有在极特殊的情况下,才考虑使用上一版的类号标记新类目。

(2)修订类名,扩大原类目的外延。

(3)将涵义相关的类目改为类组,容纳新的主题。

(4)通过类目注释,增加新的主题内容。

扩充类目体系有两个目的,一是全面系统地补充原来没有的新主题,适用于重点修订学科的增补或扩充;二是增加细分程度,使文献过于集中的类目依据分类法已列出的分类标准进一步细分。当一组类目需要扩充细分时,通常采用增加仿总论性类目或仿“一般性问题”分的注释,或增设新的专类复分表;当个别类目需要扩充细分时,通常采用增加类目间仿照复分、增加仿通用复分表复分的注释解决。

2. 删除陈旧或错误的类目,合并使用频率很低的类目

科学技术的发展,必定使一部分旧的理论、技术、工艺、设备逐步被淘汰,与这些旧理论、技术、工艺、设备相关的文献逐渐减少直到停止出版。反映这些过时文献的类目就需根据不同的情况加以删除、合并。在分类法使用过程中发现的没有文献保证的类目、编制错误的类目,也应予以删除。

3. 订正错误

包括类名的错误、类号的错误、隶属关系的错误、参照关系的错误、注释的错误,以及校对排版印刷中文字、字体、字号、类级、格式等方面的错误。

4. 分类款目的规范化

通过不断的修订,使类名的表述,类号的编配,注释的内容的段落、次序、表述用语、标点、举例等更加规范化。但某些类列排列的不规范、配号的不规范如果加以修订将涉及较多文献的改编时,则不再进行规范化处理。

5. 不断完善注释系统

每一版分类法经过一定时间的使用之后,就能发现用户对某些类目(特别是上一版新修订的类目)的涵义、类目与类目之间的关系、使用方法等方面存在认识上的分歧。新版修订时应通过增加定义性注释、类目划分标准注释、内容划分注释、参照注释、示例注释等完善类目注释系统,使类目本身及类目之间的关系更加明晰。

6. 不断完善类目参照系统

一是根据类目之间的相关性,增加必要的参照注释;二是将原来的部分单项参照改为双向参照;三是对一些参照关系不准确的予以修订。

7. 增加或删除交替类目,修改交替方向

根据对类目之间关系的认识和专业文献情报单位的需求,适当增加或删除部分交替类目,对原来交替方向选择不够科学或不够实用的则予以修订。

8. 局部调整类目体系

对于经过使用或科学技术发展证明确实存在严重问题的局部类目体系,在经过认真论证后,也应予以调整。类目体系的调整要特别慎重,对于问题不是很严重的,一般应通过完善性修订来解决。

9. 修订复分表

不管是通用复分表还是专类复分表,由于其使用范围不是涉及全表就是涉及某个局部,复分表的修订将涉及大量文献的改编问题。因此复分表的修订一般仅局限于扩大类目外延、增加新类目、增加细分层次、增加注释、增加复分表种类等方面,保持某个类号所表达的主题基本不变。

第三章 《中图法》标记符号的编制与使用

标记符号,也称分类号,是类目的代号。为了适应文献分类检索、报道和藏书排架等需要,标记符号已成为现代文献分类法重要的、必不可少的组成部分。体系分类法的标记符号必须具备固定类目位置,排列类目次序,表达类目体系结构的功能。因此,通常都采用具有固定数序特征的字母或数字符号编制标记符号。

《中图法》标记符号设计的基本原则是,充分满足类目体系编列及其发展对标记系统的要求,具有很好的容纳性、表达性、易记性、简短性和可扩充性。

第一节 标记符号

一、基本标记符号

《中图法》采用拉丁字母与阿拉伯数字相结合的混合制标记符号。混合制标记符号,使用同样位数的号码比纯数字号码容量大,同时具有易辨认、易读的优点。以拉丁字母标记基本大类,并可根据大类的实际配号需要再展开一位字母,用以标记二级类目。在字母段之后,使用阿拉伯数字标记各级类目。如"T工业技术"大类范围广泛,内容繁多,故又在该类基础上采用双位拉丁字母标记其所属的16个二级类目:

T	工业技术
TB	一般工业技术
TD	矿业工程
TE	石油、天然气工业
TF	冶金工业
TG	金属学、金属工艺
TH	机械、仪表工业
TJ	武器工业
TK	能源与动力工程
TL	原子能技术
TM	电工技术
TN	电子技术、通信技术
TP	自动化技术、计算机技术
TQ	化学工业
TS	轻工业、手工业、生活服务业
TU	建筑科学
TV	水利工程

　　为了满足某些类目按主题名称区分和排列其所属的大量同类事物的需要,也有选择地使用了"字母标记法",即在类目的最后区分阶段(不含仿分、复分的类目),再使用字母标记其下位类目。选择字母标记法的原则是,当某类划分出来的下位类相当多,且难以预见时使用。这种编号法在分类表中只做标记方法注释,而不予以列举。例如:

　　TP312　程序语言、算法语言

　　　　　　　　依语言名称的前两位英文字母区分,并按字母序列排。若程序语言名称的前两位字母相同时,则取第三位字母,以此类推。例:ALGOL 程序语言为 TP312AL,JAVA 语言为 TP312JA,C ++ 语言为 TP312C ++ 。排列顺序为 TP312AL、TP312C ++ 、TP312JA。若语言名称具有通用简称时,依简称字符为取号依据。如 VisualC ++ 语言为 TP312VC。

二、辅助标记符号

　　为了进一步增强标记符号的表达能力,适应类号灵活组合的需求,《中图法》在采用拉丁字母与阿拉伯数字相结合的混合制标记的基础上,还另外采用了一些其他特殊符号,以作为辅助标记符号。

　　1. 间隔符号,读作"点"

　　(1)间隔符号置于字母段之后,自左至右每三位数字之后加一圆点,当最后一段正好为三位时,其后不必再加圆点。例如:"S512. 1 小麦"、"TS102. 527 碳纤维素纤维"。分类标记采用此号分隔,目的在于使号码段落清晰、醒目、易读。

　　(2)凡通过类目仿分、复分组合而成的分类号码,应根据组合后的数字号码自左至右,每三位加一个间隔符号,最后一段数字如果是整三位,则不需再加分隔符号。这样标记的结果,有可能与类目表上分隔符号标记的位置不同。例:

　　《苏联木材进出口贸易商品目录》的分类号码为:F755. 126. 524. 01。

　　(3)当组合的类号中夹有其他辅助符号时,以辅助符号作为计算数码位数的界限,即辅助符号之前的数码为一段,辅助符号中间为一段,辅助符号之后为一段,各自分别计算数码的位数,每隔三位数字加一个间隔符号。例:

　　G40-054

　　R245-62

　　G40-095. 12

　　TU528. 063(516)

　　G254. 12(2)=4

　　TS935. 52"53"

　　2. "/"起止符号,读作"起止符号"

　　该号表示类目的起止范围。在主表类号中,用以表示概括一组相连类号的起止区间。在注释中,表示类目仿分的类号区段或参见的类目范围。起止符号只用在类目表中,不能出现在标引结果的分类号中,分类标引时,应根据文献的内容范围选择使用相应的类号。例:

　　D93/97　各国法律

　　　　　　　　依世界地区表分,再依下表分。

K290.1/.7 各代总志

> 依中国时代表分。

D915.2 民事诉讼法

> 可仿 D915.1/.18 分。

3."〔 〕"交替符号,读作"方括号"

该号用以标记交替类目,表示该类目是供选择使用的。如果决定将某一交替类目改为正式类目时,应去掉该类号的"〔 〕"号及类目下的"宜入××类"注释,并将与其相应的使用类目改为交替类目加上"〔 〕"号,同时增加"宜入××类"注释。例如拟启用"〔G09〕文化史"为正式类目,应将其交替符号及类目注释删去,然后将与之对应的 K103、K203及"世界各国和地区历史复分表"中的 03 均括以交替符号,并增加"宜入 G09"的类目注释。

有的正式类目相应有多个交替类目,多属于总论与专论的关系,其交替类目被启用时,相应的正式类目不能改为交替类目。例如:

〔R145〕 放射性物质对环境的污染及防护

> 宜入 X591。

〔R146〕 放射性物质对人体的影响及防护

> 宜入 X591。

〔R147〕 对各种放射性物质的防护及处理

> 宜入 X591。

X591 放射性物质污染及其防治

(1)如果只启用其中某一个交替类目,例如〔R147〕,则除删去该类目交替符号和注释外,同时应在正式类目"X591 放射性物质污染及其防治"之下注明"放射性物质对环境的污染及防护入 R147"。其他两个交替类目〔R145〕和〔R146〕维持不变。

(2)如果拟启用其中两个交替类目,如〔R145〕和〔R146〕,则除删去该二类目的交替符号和类目注释外,同时应在正式类目 X591 之下注明:"放射性物质对环境的污染及防护入R145;放射性物质对人体的影响及防护入 R146。"交替类目〔R147〕维持不变。

(3)如果拟将例中的 3 个交替类目全部改为使用类目,那么正式类目 X591 则将成为总论性类目。处理时,除删去该 3 个交替类目的交替符号和注释外,同时应在 X591 类目下加注释:"总论入此,专论入有关各类。"

(4)例中的 3 个交替类目,彼此概念相关。当其中某个或全部改为正式类目时,可采取增加参照说明的办法显示其关系。

4."-"总论复分符号,读作"短横"

该号置于总论复分号码之前,是总论复分号的前置标识符。凡依总论复分表复分,必须标记此符号。例如:

《现代天体力学会议论文集》,入 P139-532。

在主表中,也有选择地列举了一些使用总论复分表复分的类目,目的是增加注释或将类目进一步展开,这时总论复分号的含义不一定与总类复分表中完全一致。例如:

P1-49 普及读物

> 天文常识、天文浅说等入此。

```
Q-33      生物学实验、生物学技术
 -331       生物学实验与观测
 -332       生物数学方法
 -34       生物标本的采集和制备
T-652    标准（中国）
```

也有个别类目是借用总论复分标识符"-"，以标识某类具有共性的类目。例如：

```
O1-8       计算工具
TU-8       建筑艺术
 -80       建筑艺术理论
```

先组式分类号（通常用作排架号）不能重复使用总论复分表复分，也就是一个分类号中不能出现两个以上的总论复分标识符。

5. "（）"国家、地区区分号，读作"括号"

在分类法中凡可依"世界地区表"或"中国地区表"直接复分的类目，均已在有关类目的注释中注明，个别涉及多次复分类目同时要求用括号"（）"区分，以便跨越复分省略加"0"问题。除此之外，如果在一般学科类目下无复分注释但也需要进行国家地区复分时，则可以使用相关的地区复分表加以复分，但需用括号"（）"将地区号括起，以示区别。例如：

《美国小麦杂交育种经验》，入 S512.103.51（712）。

需按中国地区表复分时，必须首先用"世界地区表"的中国符号"2"，再用"中国地区表"分，然后一并用括号"（）"括起。例如：

《河南小麦育种经验》，入 S512.103（261）。

《海南省妇女生活状况》，入 D442.7（266）。

6. "="时代区分号，读作"等号"

在分类法中凡可依"国际时代表"或"中国时代表"直接复分的类目，均已在有关类目的注释中注明。除此之外，如果在一般学科类目下无复分注释但也需进行时代区分时，也可以使用相关的时代表加以复分，但需在时代号前加"="号，以示区别。对不具有国家区域属性的类目，需用"中国时代表"复分时，必须先依世界地区表分，再依本表分，并相应加国家地区区分标识"（）"和时代区分标识"="。例如：

《古代长度计量仪》，入 TH711 =2。

《我国建国后编制的几部图书分类法》，入 G254.12（2）=7。

应注意的是，凡具有中国属性的类目应使用"中国时代表"复分，而其他类目则一律使用"国际时代表"复分。

7. """"民族、种族区分号，读作"双引号"

在分类法中凡可依"世界种族与民族表"、"中国民族表"直接复分的类目，均已在有关类目的注释中注明。除此之外，如果在一般学科类目下无复分注释但也需进行中国民族、世界种族与民族区分时，也可以使用"中国民族表"、"世界种族与民族表"加以复分，但需将民族、种族号用双引号""括起，以示区别。需要注意的是，不论何种类目凡需依中国民族区分时，均需在中国民族号之前加上中国民族的代号"2"。例如：

《西藏民族建筑艺术图集》，入 TU -882"214"。

《犹太民族的婚俗》，入 K891.22"382"。

8. "〈 〉"通用时间、地点和环境、人员区分号,读作"尖括号"

凡主表中的类目需要依"通用时间、地点和环境、人员复分表"复分时,将通用时间、地点和环境、人员区分号用尖括号括起,加在主类号之后。例如:

《国外人工智能研究进展》,入 TP18-1〈332〉。

《美军冬季训练》,入 E712. 3〈114〉。

《城市物理环境》,入 X21〈51〉。

《广东中产阶层消费趋势》,入 F126. 1(265)〈772〉。

如果同时涉及多种通用因素复分时,依据文献主题重点选择"通用时间、地点和环境、人员复分表"的主要因素复分,其他因素若需要可附加分类,分别复分组号。例如:

《夏季中老年人传染病的预防》,入 R183. 1〈112〉,互见分类号:R183. 1〈725〉。

9. " : "组配符号,读作"冒号"

该号置于互相组配的类号之间,表示主类号之间的概念交叉组配。图书分类时,组配的范围和方法应依据主表有关类目注释要求进行;资料分类时,除参照有关类目注释的要求外,还可以根据需要灵活使用冒号组配。组配符号只用于编制手工检索工具时的分类标引。

10. " + "读作"加号",作用有二

(1)联合符号,当文献具有多个并列关系的主题时,需相应赋予多个分类号,表达并列主题的分类号分别用" + "号连接。例如:

《激光与红外》,入 TN24 + TN21。

《化学动力学与催化反应器原理》,入 O643. 1 + TQ052. 01。

联合符号只用于编制手工检索工具时的分类标引,在编制机读目录时已经无须使用。

(2)在分类号中用于区分类分资料的号码(区别于图书分类号)," + "号后是用于类分资料的号码。例如:

P578. 2　硫化物

P578. 2$^+$2　方铅矿族

11. "〉"居中符号,读作"大于号"

《中图法》第四版引进居中符号"〉",用来标识只起指示作用、不类分文献的"概括性类目",并在概括性类目之上加一横线以示醒目。其作用一是使所有注释都依附于一定的类目,常用于对某一区间的系列类目进行注释,说明类目适用范围和复分使用方法,也为机读版的编制提供必要的条件;二是《中图法》第四版包括原《资料法》的类目,而部分《资料法》细分子目的类号不全是以《中图法》类号为起点按层累制展开的,为避免从类分资料的细分子目号机械上推用于类分图书的分类号产生的错误,以概括性类目的形式注释类号的使用规则。例如:

〉TS664. 1/. 9　家具:按材料分
　　　　　　　　　可仿 TS665 分。

　TS 664. 1　木家具

　　　664. 2　竹家具

〉K512.93/.965(特殊分类规定)

　　　　　仅用于苏联时期的地方史志。

————————————

〉Q915.818.2/.5(特殊分类规定)

　　　　　图书分类时,入 Q915.817。

在第三例中,Q915.818.2/.5 是 Q915.817 的下位类,专用于类分资料,但由于这组类目不是以 Q915.817 为起点用层累制展开的(借同位类号),所有无法使用"＋"号加以区分(像 Q915.817$^+$.1 那样),因此用插入概括性类目的方法进行注释。

12. ①—⑨,复分标记,⊗,禁用标记,读作圈码

第五版为增强类目复分助记性、降低复分难度,对这些类下无直接复分仿分注释而通过指示性类目注释出需复分的类目的类名后增加了复分标记,与《中国分类主题词表》主题词对应类号的复分标记代码含义一致:

圈码①:通用复分表

圈码②:世界地区表

圈码③:国际时代表

圈码④:中国地区表

圈码⑤:中国时代表

圈码⑥:世界种族与民族表

圈码⑦:中国民族表

圈码⑧:通用时间、地点和环境、人员表

圈码⑨:专类复分表、一般性问题或仿分

例如:

D676.58　香港特别行政区⑨

DF48　人权法⑨②③

TS664.1　木家具＋⑨⑨

J332　木刻、木雕②

另外,"一般性问题"类,在其类名后增加了禁用类分文献的标记,标记符为⊗,以便提示分类人员,避免误标引并造成与其上位类分类不一致问题。例如:

X928　事故调查与分析

X928.0　一般性问题⊗

三、标记符号的排列

1. 类号的排列采用由左至右逐位对比的方法进行排列。先比较字母部分,再比较数字部分。字母部分按英文字母固有的次序排列。例如:

B2　　　　中国哲学

B3　　　　亚洲哲学

E27　　　各种武装力量

E512　　　苏联军事

TM92	电气化、电能应用
TU201	建筑设计原理

2. 类号中的阿拉伯数字依小数制排列。例如：

B021	辩证唯物主义的物质论
B022	辩证唯物主义的意识论
B022.2	客观规律性主观能动性
C532	社会科学会议录
C54	社会科学年鉴
D035.37	交通公安管理
D035.4	监察、监督

3. 数字之后若还有字母，则在前部类号相同的基础上，再按字母顺序排列。例如：

TP312AL	ALGOL 程序语言
TP312BA	BASIC 程序语言
TP312CO	COBOL 程序语言

4. 类号中有辅助符号时，在其前的各位符号（A—Z,0—9）相同的情况下，依下列次序进行比较排列。

–	总论复分号
（ ）	国家、地区区分号
" "	种族、民族区分号
=	时代区分号
〈 〉	通用时间、地点和环境人员区分号
：	组配符号
+	联合符号

例如：

R711	妇科学
R711-62	妇科学手册
R711（711）	加拿大妇科学
R711（711）=56	八十年代的加拿大妇科学
R711=6	二十一世纪妇科学展望
R711〈332〉	国外妇科学
R711：R83	航海妇科学
R711＋R173	妇科学和妇女卫生

第二节 编号制度

一、基本编号制度

《中图法》的编号制度采用基本的层累制。层累制是根据类目的不同等级，配以相应不同位数号码的编号方法,类目的等级与其号码位数是相对应的。层累制的号码可以无限纵深展开,可充分满足类目体系层层展开配号的需要,同时又有良好的表达性。例如:

S　　农业科学
　5　　　农作物
　51　　　禾谷类作物
　511　　　稻
　512　　　麦
　　.1　　　小麦
　　.3　　　大麦
　513　　　玉米(玉蜀黍)
　……………………………
　52　　　豆类作物

上例中类目的级别与其标记符号的位数是一一对应的,一级类目用一位符号标记,二级类目用两位符号标记……

二、编号制度上的变通措施

《中图法》采用阿拉伯数字作为标记符号,由于受其十进制的限制,很难满足类列展开对号码的实际需要。在某些类系中,划分层次多而每个划分层次中同位类少,也会使号码不必要的冗长。为了在允许的条件下给较重要的类目以宽裕的号码,或减少类目划分层次,或缩短号码位数,在基本上遵循层累编号制度的同时,又采取了诸如八分法、双位制和借号法等编号的变通措施,增加配号的灵活性,扩大号码系统的容纳性。

1. 八分法

八分法又称扩九法,即当某类列的同位类类号标记到8,且尚有若干同位类待标记时,则9本身不用,扩展为91、92、93……98、99,为第九个及以后的同位类配号。八分法一般在同位类超过9个、少于18个时使用。例如:

TM　　电工技术
　0　　　一般性问题
　1　　　电工基础理论
　2　　　电工材料
　………………
　8　　　高电压工程
　91　　　独立电源技术(直接发电)
　92　　　电气化、电能应用
　93　　　电气测量技术及仪器

这里,TM91/93与TM0/8各类均为同位类。另外,有时候为了适应类目配号的需要,也可以在任何数字后,仿上述办法标记同位类目。例如:

R　　医药、卫生
　1　　　预防医学、卫生学

84

2	中国医学
……………………	
6	外科学
71	妇产科学
72	儿科学
73	肿瘤科学
…………………	
79	外国民族医学
8	特种医学
9	药学

使用八分法编制的类号,还可以继续使用八分法展开,以便为更多的同位类配号。这种方法一般只用于为文献较少的类目配号。例如:

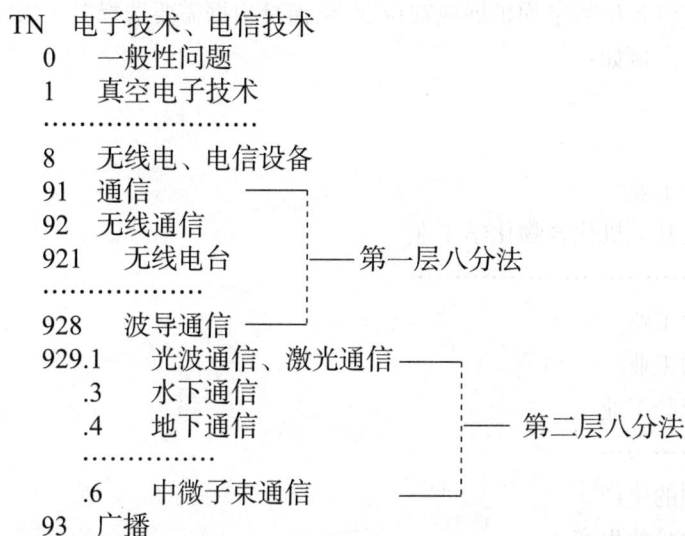

TN 电子技术、电信技术
0 一般性问题
1 真空电子技术
…………………
8 无线电、电信设备
91 通信
92 无线通信
921 无线电台 —— 第一层八分法
…………………
928 波导通信
929.1 光波通信、激光通信
.3 水下通信
.4 地下通信 —— 第二层八分法
…………
.6 中微子束通信
93 广播

八分法虽然在数字的位数上不能体现所有同位类之间的并列关系,但可以有规律地表示各同位类。

2. 双位制

双位制又称百分法,即在某类目下将用于配号的数字 1—9 不直接使用,而是分别扩展为双位数字标记其下属同位类目的编号法。一般当同位类相当多时,为避免号码冗长,采用双位制编号法。

例1:

S965 . 1 淡水鱼
. 111 青鱼
. 112 草鱼
……………
. 121 鲮鱼
. 122 虹鳟
……………

 .127　　　鳜鱼

 .128　　　鲶鱼

例2：

中国民族表

11　　汉族

12　　蒙古族

…………………

21　　满族

22　　达斡尔族

…………………

84　　高山族

85　　苦聪人

在实际配号时,并不一定将各位数字均扩展成双位数字,而是根据需要选择若干数字进行扩展,为有关的同位类配号。例如：

TQ　　化学工业

　0　　一般性问题

　11　　基本无机化学工业

　12　　非金属元素及其无机化合物化学工业

　　…………………………………………

　2　　基本有机化学工业

　31　　高分子化合物工业

　32　　合成树脂与橡胶工业

　　……………………………………

　41　　溶剂与增塑剂的生产

　42　　试剂与纯化学品的生产

　　……………………………………

　51　　燃料化学工业

　52　　炼焦化学工业

　　…………………………

　9　　其他化学工业

3. 借号法

借号法是采用层累标记制时为了增加类列的容纳性而采用的借用上位类、下位类、同位类类号的一种编号方法。

（1）借下位类号。当同位类数量超过9个,但超过不多时,采用借用前一个同位类的下位类号码,为后一个同位类配号的方法。借用下位类号的类目一般是相对不那么重要的,而且借用的通常都是用最后一个号码"9"。例如：

R 5　　内科学

　51　　传染病

　52　　结核病

....

53	内分泌腺疾病及代谢病
59	全身性疾病
599	地方病学

"地方病学"借用"全身疾病"的最后一个下位类号599。

有时根据实际配号需要,也借用了"9"以外的数字。例如:

G 8	体育
81	世界各国体育事业
818	运动场地与设备
819	体育运动技术
82	田径运动

上例中,"G818 运动场地与设备"、"G819 体育运动技术"都借用了"世界各国体育事业"的下位类号。

(2)借上位类号。有时为了缩短类号,或对重点类目给予较宽裕的号码,某些下位类借用相邻的与上位类同级号码的编号法。例如:

S 56	经济作物
561	纤维作物
562	棉
563	麻类作物
564	编织用纤维作物
566	糖料作物

该例中,S562/564 借用了与其上位类目同级的号码。

(3)借同位类号。当某类列的同位类数量不多,且这些同位类都有较多的下位类时,借用相邻空余的同位类号,并将其直接扩展为双位数字,为下位类配号。例如:

| TK 4 | 内燃机工程 |
| 41 | 汽油机 |

....

413	构造
.1	机休组
.2	气缸、燃烧室

....

.9	点火系统
414 .1	润滑系统
.2	冷却系统
.3	调节器、控制系统及安全装置
.4	传动装置(驱动装置)
.5	废气净化装置
415	材料

此例中有关汽油机构造的下位类有15个,这些下位类又有为数众多的下位类,采用阿

拉伯数字依层累十进制标记,号码不敷使用,而采用八分法会使标记符号增加一位。于是借用空余的 TK414,并将其展开为 TK414.1、TK414.2、TK414.3 为 TK413 的下位类配号。借同位类号法可使同位类的标记符号在位数上保持一致。在分类标引时需注意,如这些类目作为被仿分类目时,也必须采用相同的方法为仿分类目配号。例如:

《柴油机的燃油系统》,入 TK423.8。

《柴油机的废气净化装置》,入 TK424.5。

在配号时,也可根据需要将几种变通的配号法结合起来使用。例如:

世界地区表

75	西印度群岛
751	古巴
752	海地
……	
759	瓜德罗普岛
761	马提尼克岛
……	
768	巴哈马 ——借同位类号
769.1	格林纳达
769.2	多米尼克 ——八分法
769.5	圣基茨和尼维斯联邦

该例中 751/769.5 各类均属于"75 西印度群岛"类目的下位类,号码横跨了 75/76 两个相邻类目,即 761/769.5 为被借用的同级号码。此处的 7691/769.5 又采用八分法编号。

(4)顺序制编号。不管类目的等级,按类目排列顺序依次配以位数相同的号码。在《中图法》以层累制为基础的分类标记系统中,顺序制编号法只十分有限地用于同位类少,且展开层次深的特殊类目中。使用顺序制编号,也局限于使用某位数字,而不是层层类目均采用顺序制编号法。例如:

Q	生物学	
1	普通生物学	
7	分子生物学	
94	植物学	——2级类目——八分法
949	植物分类学	——3级类目
.1	孢子植物	——4级类目
.2	藻类	——5级类目
.3	菌类	——6级类目
.4	种子植物	——4级类目——顺序制编号
.5	有管有胚植物门	——5级类目
.6	裸子植物亚门	——6级类目
.7	被子植物亚门	——6级类目
.9	应用植物学	——3级类目——借下位类号

植物分类学类下只有"孢子植物"、"种子植物"两个下位类,它们各自又向纵深展开五级类目并有众多的下位类,如严格按层累制编号,一方面造成号码冗长,另一方面又有大量空号闲置浪费。如果不采用顺序制编号,"Q949.329.2 银耳纲"的类号还要增加两位。这里仅使用 Q949.1/.7 为重要的 7 个类目顺序编号,以下再展开仍使用层累制编号。

第三节 配号方法

为使标记符号具有良好的逻辑性和助记性,《中图法》在为类目(包括通用复分表和专类复分表)配号时,广泛采用统一配号法、对应性配号法和空号法等。

一、统一配号法

是在一定的范围内对类目中具有相同内涵的要素配以统一的号码。例如凡涉及国家和地区区分的类目体系,通常都以"1"表示世界,以"2"表示中国,以 3/7 表示各大洲及各国或地区;在哲学社会科学各类,"0"都表示理论性类目,而在自然科学各类则用"0"表示"一般性问题";在工业技术大类,"1"通常表示基础理论、"08"表示工厂等。在局部类目体系中,统一配号法也普遍使用,例如:

I 05	各体文学理论和创作方法
052	诗歌
053	戏剧
054	小说
I106	作品评论和研究(世界)
.2	诗歌
.3	戏剧
.4	小说
I286	建国前作品(中国儿童文学)
.2	诗歌、童谣
.3	戏剧、歌舞剧

上例中,"2"总是代表诗歌、"3"总是代表戏剧、"4"总是代表小说。

二、对应配号法

不同的类目具有相同区分标准或相同类目结构时,尽可能使相应部分的配号趋于一致。如在 T/V 各类中,凡涉及工业产品的各种方面性问题时,其列类顺序及配号都大致相同。这种配号一致的原则,无疑会增强标记符号的助记性能,有利于提高文献分类标引与检索、报道和藏书排架等的功效。例如:

Q94	植物学		Q95	动物学
941	植物演化与发展		951	动物演化与发展
942	植物细胞学		952	动物细胞学
948	植物生态学和地理学		958	动物生态学和动物地理学
948.1	植物生态学		958.1	动物生态学
948.11	植物与非生物环境		958.11	动物与非生物环境
948.112	气候因素		958.112	气候因素

TH7	仪器、仪表		U674	各种船舶

			U674.1/.98 各种船舶
70	一般性问题		除U674.7外，均可依下表分。
701	理论		01 原理
702	设计、计算		02 设计、规范
703	机械构造		03 结构
704	制造用材料		04 材料
705	制造用设备		
706	制造工艺		06 制造工艺与设备
707	运行与维修		07 养护与维护
708	工厂		08 工厂

三、空号法

是当类列的同位类不是很多，即号码相对充裕的时候，不采用连续配号，有间隔地为同位类配号的方法。采用间隔配号法主要是通过预留空号，提高分类法对类目修订的适应能力，保持类目体系稳定性。空号法有常规空号、预留性空号、逻辑性空号、对应性空号和保留性空号等不同分类型。

1. 常规性空号

类列的前面依次顺序配号，最后用"9"（多数情况下）为"其他"配号，其余号码为空号。例如：

R581　甲状腺疾病

　.1　甲状腺机能亢进症

　.2　甲状腺机能减退症

　.3　甲状腺肿

　.4　甲状腺炎

　.5　甲状腺中毒

　　［常规空号］

　.9　其他

2. 预留性空号

根据今后可能展开的情况，有预见地在一定位置预留空号。例如：

TN915．6　接入网

　　　　　［预留性空号］

　　．81 公用通信网

　　　　　［预留性空号］

　　．85 专用通信网

　　　　　［预留性空号］

　　．9　其他通信网

3. 对应性空号

为达到对应编号的目的,为性质相同的类列中没有列举的类目编配对应性空号。例如:

TE68	油气加工厂	TF08	冶金工厂
681	规划与布局	081	厂址选择及建筑要求
682	设备与安装	082	设备安装
683	力能供应	083	力能供应
684	空调与照明设备 ←	─── 084	［对应空号］
685	给水、排水	085	给水、排水
686	［对应空号］	──→ 086	储运
687	生产安全技术与卫生	087	技术管理

TQ110	一般性问题	TQ111.1	硫酸工业
.1	基础理论	.11	［对应空号］
.2	无机化工过程	.12	［对应空号］
.3	无机化学反应过程	.13	［对应空号］
.4	原料	.14	原料与辅助物料
.5	机械与设备	.15	［对应空号］
.6	生产工艺与过程	.16	生产过程与设备
.7	产品与副产品	.17	硫酸产品及应用
.8	无机化工厂	.18	硫酸厂

4. 逻辑性空号

当列类时按逻辑性的原则应为某事物设立某类目,但由于某种原因(如文献保证不足等)没有列类,则为该主题应占据的位置进行逻辑性空号。例如:

R161　一般保健法

　　．5　青年卫生

　　．6　［逻辑空号］　2版空号,3版增补"中年卫生"

　　．7　老年卫生

I247　当代作品

　　．4　章回小说

　　．5　新体长篇、中篇小说

　　．6　［逻辑空号］

　　．7　新体短篇小说

5. 保留性空号

当分类法修订中删除某类目后,为使用户有足够的时间进行改编文献,保留该类号一个版次,不用此号标记新的类目,以避免新旧类号的冲突。例如:

{B17}　马克思主义哲学的传播和发展

　　　　　〈停用;5 版改入 B15〉

{TJ761.5}　飞航式导弹

　　　　　〈停用;5 版改入 TJ761.6〉

第四章　组配技术的应用与号码配置

本分类法中的组配技术是指利用分类表中已有类目的号码,按照一定规则组合复合类号,用以表达类表中未设置的专指类目。采用这一方式可以提高对新主题的描述能力,加强类表的细分程度,压缩类表的篇幅,规范类表共性区分和号码配置的规律性,从而改进分类法标引和检索文献的效果。

《中图法》组配技术主要应用于以下4个方面:一是编制各种类型的通用复分表,作为全表有关类目组配复分的依据;二是在有关类目下编制专类复分表,作为该类有关类目组配复分的依据;三是规定部分类目可仿照已列出类目进行细分,即仿分;四是在主类号之间使用冒号直接组配,合成新的类号。

第一节　通用复分表

通用复分表附在主表之后,是主表各级类目组配复分的依据。《中图法》五版共设有8个通用复分表,依次为:一、总论复分表,二、世界地区表,三、中国地区表,四、国际时代表,五、中国时代表,六、中国民族表;七、世界种族与民族表;八、通用时间、地点和环境、人员表。上述通用复分表只用于主表类目的复分,不能单独使用。

由于其中的世界地区表与中国地区表,国际时代表与中国时代表,中国民族表与世界种族与民族表等,分别具有性质相同、使用方法具有一定共性的特点,因此在下面对通用复分表介绍中,对这些表采用合并的方式进行。

一、总论复分表

1. 总论复分表的结构

总论复分表编列出各知识门类下均可能出现的共性区分内容,主要涉及通用性主题和文献类型两个方面。复分号由短横"-"与数字组成。其基本类目为:

-0	理论与方法论
-1	现状及发展
-2	机构、团体、会议
-3	研究方法、工作方法
-4	教育与普及
-5	丛书、文集、连续出版物
-6	参考工具书
[-7]	文献检索工具
-79	非书资料、视听资料
-8	通用概念

2. 总论复分表修订要点

本次修订中变动主要包括：

（1）增补新类，如，增设了二级类"-8 通用概念"类，用以供组织《中国分类主题词表》对应的通用概念主题词；增设"-795 网络资源"等，供网络资源标引时使用。

（2）对部分类目进行了调整，包括：将"-08 资产阶级理论及其评论研究"停用，改入"-06 学派、学说及其评论研究"；将原属"-793 感光制品、录像制品"中的 VCD、DVD 等录像资料，改入"-794 机读资料"等；将原属"-794 机读资料"的网络资源改入增设的"-795 网络资源"等。

此外，并根据需要对部分类名、类目注释等进行了适当调整。

3. 总论复分表使用要点

（1）主表中任何一级类目，除个别类目外，无论是否注明"依总论复分表分"，只要适合其进一步区分的需要，均可使用本表复分。复分时将本表有关号码加在主类号后即可。例：

《物理学手册》，入 O4-62。

《政治经济学词典》，入 F0-61。

《中外建筑史》，入 TU -091。

（2）用户在确定本单位使用本时，可根据需要，规定总论复分表使用到主表的哪一级类目，或只在主表某些类目下使用，或有选择地只使用本复分表的某些区分内容。

（3）主表中的某些类目，如已将本表部分区分内容设为专类，或已编列本表复分列举的类目，无论配号是否一致，均不得再使用本复分表复分。

例如，"B3 亚洲哲学"、"B4 非洲哲学"、"B5 欧洲哲学"等类下均注明有关的"哲学史入此"，因此在类分东方哲学史、非洲哲学史和欧洲哲学史等的有关著作时，不应再加总论复分号"-09"。

例如，"H31 英语"类下，已列出"H316 词典"专类，在类分英语词典时，不得使用本表"-61"进行复分。

例如，"C 社会科学总论"、"N 自然科学总论"下的不少二级类与本复分表列举的类目一致，在使用这些类目时，无需使用本表复分。

（4）如本表中的区分内容已在主表的专类复分表或供仿分的类目中编列，则不再使用本复分表复分。例：

《英国社会经济史》，入 F156.19，不能标引为 F156.1-09。

《新法汉词典》，入 H326，不能标引为 H32-61。

（5）B、D、D9、DF、E、F、G4、G8、I、J、K、K9 等类目规定，依总论复分表分时，"-0 理论与方法论"所属类目的复分，不入该类，而应改入其下位的"0"类下。例：

《政治与文化》，入 D0-05。

（6）当一文献涉及本复分表两种以上区分标准时，只选择其中主要一种加以区分。例：

《外交名词手册》，入 D8-61，不能标引为 D8-61-62。

（7）本表"[-7]文献检索工具"为 Z88/89 的交替类，如愿在各学科作互见分类或愿直接分入各学科者，可用此号复分。各单位可以结合具体情况，决定是否启用。但专书索引可直接用此号复分，例：

《全唐诗语句索引》，入 I222.742-7。

（8）"-8 通用概念"为《中国分类主题词表》中通用概念主题词的对应类目,不用于类分文献。

二、世界地区表、中国地区表

1. 世界地区表、中国地区表的结构

"世界地区表"按照世界自然区划、行政区划以及人种、宗教、集团等标准划分。首先编列世界性区域;其次编列各洲、各国,按洲、地区、国家逐级展开,对某些跨洲、跨地区的国家或地区,分别按惯例,以注释指明其归属的地区,或编列总论性类目。其形式如下:

1　世界

11　　东半球

12　　西半球

………

16　　自然地带

17　　陆地

18　　海洋

19　　按语种、人种、宗教、集团区分的地区

198　古代地区

2　中国

3　亚洲

31　　东亚

　　　　论述"远东的著作入此"。

33　　东南亚

　　　　论述"中南半岛"(印度支那半岛)、"南洋群岛"的著作入此。

333　　越南

334　　老挝

…………

4　非洲

5　欧洲

6　大洋洲及太平洋岛屿

7　美洲

"中国地区表"根据中国现行行政区划编列,首先列出北京市,然后依次列出我国的六大行政区。每个地区下再划分出所属的省、自治区、直辖市以及特别行政区等。对于某些跨省的地域均依惯例将其归于某一个地区,并通过注释加以说明。其结构如下:

1　北京市

2　华北地区

3　东北地区

4　西北地区

5　华东地区

6　中南地区

    7   西南地区

    4   西北地区

          论述黄河中、上游,黄土高原所属地区的著作入此。

    为便以处理历史文献,中国地区表在相应地区下编列有旧的省份名称,注明其设置的时期。此外,根据对省、自治区、直辖市以下地区进一步区分的需要,"中国地区表"下并设有专类复分表。

    2. 世界地区表、中国地区表使用要点

    (1)主表、专类复分表、总论复分表等的类目中,凡注明"依世界地区表分"、"依中国地区表分"者,均可使用相应的地区复分表分,将本表复分号码加于主类号之后。例:

    《中国首次北极科学考察报告》,入 N816.62。

    《南非金矿分布》,入 P618.510.647。

    《上海金融事业》,入 F832.751。

    《长江葛洲坝水利枢纽工程》,入 TV632.63。

    "中国地区表"是一个独立的表,同时也可以作为"世界地区表"中"2 中国"的进一步展开的依据,结合使用。主表类目如规定先"依世界地区表分,再依中国地区表分"时,应先根据世界地区表,在主表号码后加中国号码"2",再加相应的中国地区号。例:

    《湖北省自然地理图》,入 P982.63。

    (2)主表某些类目如未注明"依世界地区表分"或"依中国地区表分",而需要进行地区复分时,可将地区复分表用地区区分号"( )"括起,加在主类号之后。此情况,通常只用于检索目录,不用以图书排架。使用"中国地区表"时,应在子目号前加上中国的代号"2",以便将其与世界各国地区号码统一在"世界地区表"的体系内,机检时可以作为独立的入口。例:

    《美国的航天飞机》,入 V475.2(712)。

    《建设中的上海地下铁路》,入 U231(251)。

    但如号码本身中已具有国家或地区的含义,除类目注释要求加地区区分符外,一般不能重复使用相应的地区表类目。例:

    《德国古典哲学》,入 B516.3,不能标引为 B516.3(516)。

    《中国人口问题研究》,入 C924.24,不能标引为 C924.24(2)。

    (3)主表常以 3/7 表示世界地区表子类涉及的范围,在其下指明"依世界地区表"分;以1/7 表示中国地区表子类涉及的范围,在其下指明"依中国地区表"分。在依相应复分表区分时,注意去掉相应地区子目的重号。例:

F299   各国市政经济

F299.3/7   各国

          依世界地区表分。

    《美国的市政经济》,入 F299.712,不能标引为 F299.371.2 或 F299.771.2。

I277.2   民间歌谣

  .21/27   各地方民歌

          依中国地区表分。

    《湖南民间歌谣》,入 I277.264,不能标引为 I277.216.4 或 I277.276.4。

    (4)凡"世界地区表"、"中国地区表"中仍具有下位类的类目复分后,还需再依其他标

准细分时,应在细分号前加:"0"。例:

《西欧近代文学史》,入 I560.094,不能标引为 I560.94。

《亚洲货币史》,F823.09,不能标引为 F823.9。

《华东地区自然资源保护法规》,入 D927.502.6,不能标引为 D927.52.6。

《西北地区县志汇编》,K294.04,不能标引为 K294.4。

(5)"世界地区表"中有关世界、各洲、各国的区分应注意:总论世界或同时涉及两个以上不同洲的国家的著作,应入世界;涉及一洲或一地区多个国家的著作,入该洲或地区;专论一国的著作归入该国家。"中国地区表"下涉及跨省著作的分类也遵循同样的原则。例:

《欧美文学作品集》,入 I11。

《拉美四作家作品精选》,入 I730.45(该书收入国籍分别为哥伦比亚、危地马拉、秘鲁、阿根廷的四位现代作家的小说)。

《长三角区域经济一体化》,入 F127.5。

《黄土高原》,入 K924。

(6)"198.1/.8 古代地区"下所列子目,既包括地区属性,也包括时代属性。为避免与某些具有时代属性类目使用发生混乱,规定只用于两种情况,一是用于使用-09 复分,再依世界地区表区分的类目,如"古罗马农艺史"分类号为 S3-091.985;二是用于具有历史属性的类,且需按世界地区表细分又未注明的类,以地区区分号"( )"括起,加在主类号之后,表示某古代地区的属性,如:"古希腊艺术史"分类号为 J110.92(198.4)。

(7)各省、直辖市、自治区如需进一步细分,可使用中国地区表的专类复分表分;如还需进一步对各专区、地辖市、县等进行区分,可直接将有关地区名称的前两个字的拼音首字母加于复分号之后。例:

《北京西城往事》,入 K291.3XC。

三、国际时代表、中国时代表

1. 国际时代表、中国时代表结构

"国际时代表"依世界历史上的时期编列,首先列出基本历史分期,再在其下按世纪设置类目,进入现代后则进一步按照事件和年代列类:

1　　　上古(约 170 万年前～公元前 4000 年)

2　　　古代(公元前约 4000～公元 475 年)

3　　　中世纪(476～1639 年)

31　　　中世纪早期(5～11 世纪)

311　　　6 世纪(476～599 年)

312　　　7 世纪(600～699)

……………

4　　　近代(1640～1917 年)

5　　　现代(1917～　)

51　　　20 世纪早期(1917～1939 年)

52　　　第二次世界大战时期(1939～1945)

……………

"中国时代表"依中国历史上的时期和朝代编列,首先列出上古,其下均按朝代设置类目,建国后的历史则按年代划分。

1　　　上古(约 170 万年前~公元前 2070 年)

2　　　先秦(约公元前 2070~公元前 221 年)

3　　　秦、汉至南北朝(公元前 221~公元 589 年)

4　　　隋、唐至清前期(581~1840 年)

5　　　近代(1840~1949 年)

7　　　中华人民共和国(社会主义革命和社会主义建设时期)(1949 年~)

2. 修订要点

本次修订中的主要变动包括:

(1)调整了类名和年代。根据国内外历史界的研究进展,两表均按通用的历史时期和朝代对相关的类名及年代范围等作了相应调整,例如,将原"原始社会"改为"上古",原"奴隶社会",改为"古代"或"先秦"等,并对年代范围进行了调整。

(2)调整类目结构。"中国时代表"将原"3 封建社会(公元前 475~公元 1840)"改为"3 秦、汉至南北朝(公元前 221~公元 589 年)",并将原"4 隋、唐至清前期(581~1840 年)"从二级类目,提升为与"3 秦、汉至南北朝(公元前 221~公元 589 年)"并列的类目,形成以时期与朝代并列的展开架构。

(3)调整类目归属。"中国时代表"将原"3 封建社会"下的"31 战国(公元前 475~公元前 221)"改入"2 先秦"下,调整为"26 战国(公元前 475~公元前 221)"。

3. 使用要点

(1)主表中的类目,凡注明"依国际时代表分"或"依中国时代表分"者,均可使用相应的时代复分表复分,将有关复分号码加于主类号之后。例:

《第一次世界大战时期的世界经济》,入 F119.43。

《唐律研究》,入 D929.42。

(2)如主表某些类目如未注明"依国际时代表分"或"依中国时代表分",而需要进行时代复分时,应在复分号前先加时代区分号" = "。使用时代区分号分类的情况,通常只用于检索目录,不用于图书排架。其中,对具有中国属性的类目,可直接使用中国时代表分,对不具有中国属性的类目需要以中国时代表分时,需要先加中国地区区分号"(2)",再用" = "连接中国时代号。

《现代各国法律汇编》,入 D910 =5。

《我国建国后的图书分类法》,入 G254.12(2) =7。

《改革开放以来我国用工制度的变化》,入 F249.213.2 =74。

但主表某些类目,如已具有某时代含义时,则不能再使用时代复分表重复反映该时代。例:

《明清书法》,入 J292.26,不能标引为 J292.26 =48。

(3)主表中的某些需进行时代复分的类目下,常以 1/7 表示类目涉及的范围,复分时应去掉时代表中含义相重的号码。例:

K290.1/.7　　　各代总志

　　　　　　依中国时代表分。

《明统一志》,入 K290.48。

(4)除人物传记和跨时代的作家作品集外,凡涉及时代表中两个时代的文献,均归入前一个时代;凡涉及 3 个以上时代时,应以其概括时代号码复分。例:

《中国明清财政史》,入 F812.948。

《历代诗钞》(唐代至清代),入 I222.74。

(5)跨时期的作家作品集在依据时代区分时,应依据后一时代取号;社会政治人物在按时代复分表细分时,应以其主要活动时期或卒年为取号依据。

《茅盾文集》,入 I217.02。

《周恩来传》,入 K827 = 7。

四、世界种族与民族表、中国民族表

1. 世界种族与民族表、中国民族表的结构

"世界种族与民族表"分为种族与民族两部分。民族号与该民族主要聚集地的国家号基本一致。

1	世界种族
11	蒙古人种
12	高加索人种

·········

2	中国各民族
	依中国民族表分
3	亚洲各民族
31	东亚各民族
311	喀尔喀蒙古人
312	朝鲜人

············

"中国民族表"按中国现有民族编列,以双位数字制编号。

11	汉族
12	蒙古族
13	回族

············

| 21 | 满族 |

············

| 84 | 高山族 |

2. 使用要点

(1)主表中的类目,凡注明"依世界种族与民族表分"或"依中国民族表分"者,均可使用相应的复分表区分,将有关复分号码加于主类号之后。例:

《阿拉伯人的民族传统》,入 C955.371。

《满族风俗习惯》,入 K892.231。

(2)如主表某些类目未注明"依中国民族表分"、"依世界种族与民族表分",而需依中

国民族表、世界种族与民族表复分时,可将相应复分子目用民族区分号""引起,加在主表类号之后,其中,中国民族子目类号前应加中国民族号"2"。使用民族区分号分类的情况,通常只用于检索目录,不用于图书排架。例:

《阿根廷民族舞蹈》,入 J73"783"。

《爪哇人遗传疾病》,入 R596"342.1"。

《维吾尔族民间工艺制品》,入 TS938"215"。

(3)主表中的某些需按照中国民族表复分的类目,分类号中常以 1/8 表示类目涉及的范围,复分时应去掉与中国民族表中含义相重的号码。例:

K281/288　各民族史志
　　　　　　　　　依中国民族表分。

《纳西族》,入 K2857。

(4)中国少数民族与世界民族有交叉时,凡专论中国少数民族或我国编制的兼论中国少数民族的著作,依"中国民族复分表"区分;凡综合论述某个民族(包括我国少数民族)或外国编制、出版的兼论中国少数民族的著作,用"世界种族与民族表"区分。例:

《蒙古族简史》,入 K281.2(本书为我国学者编制的关于蒙古族的系统全面的历史)。

(5)凡涉及中国古代民族的文献,均归入"K289 古代民族史志"。例:

《匈奴西迁考》,入 K289。

五、通用时间、地点和环境、人员表

1. 复分表结构

本表由通用时间、地点、环境和人员四个方面的类目组成(其中环境、人员为本版新增设的类目),在其下有层次地展开基本类目。

1　　　通用时间
11　　　季度
111　　　春天
12　　　昼夜
13　　　时间
14　　　分期
15　　　时期
3　　　通用地点
5　　　环境
7　　　人员

本表中的环境、人员两部分均为本次修订新增加的类目。

2. 使用要点

(1)本表主要用于资料的复分,本表号码使用时,均须加区分符号"〈〉"。例:

《冬季温度预报》,入 P457.3〈114〉。

《鼻咽癌的早期诊断》,入 R739.630.4〈143〉。

《青藏铁路高温冻土区"以桥代路"应用技术研究》,入 U448.135.4〈53〉。

（2）如主表类目已含有相应的内容,则不得再以本表对应类目复分。

《冬季道路养护》,入 U418.41,此类目已包括冬季的含义,不能标引为 U418.41〈114〉。

（3）一文献同时具有本复分表上两种以上特征时,只可选择其中主要的一种进行复分,如难以区分主次,可选择编列在后的类目复分,必要时,可对其他特征的复分互见分类。

第二节　专类复分表

专类复分表是编列于有关类目之中,供有关类的子类进一步复分的复分表。《中图法》第五版主表中共设置 66 个专类复分表,此外,"总论复分表"、"中国地区表"还分别编有供该类有关子目进一步细分的 2 个复分表。专类复分表的标记均采用单纯阿拉伯数字,N/X 各类的专类复分号前一律冠有"0"。

专类复分表使用要点如下:

1. 专类复分表通常依据专类复分表下注释所规定的范围或需复分类目下的要求使用。专类复分表不能脱离主表,单独使用。使用时,将专类复分号按有关类目注释加于主类号之后。例:

《王夫之著作选注》,入 B249.22。

《足球竞赛规则》,入 G843.4。

2. 专类复分表与有关通用复分表结合使用时,应依据规定的使用范围和次序进行处理。例:

P468.1/.7　　区域气候资料

　　　　　　依世界地区表分,中国再依中国地区复分表分,必要时再按下表(即专类复分表)分。

《济南市气候月报》,入 P468.252.102。

此外,法律第二法律体系中,"DF2/75 各部门法"下还规定先依专类复分表分,再依世界地区表分,用地区区分符号"( )"标识。例:

《日本经济法、财政理论》,入 DF410.0(313)。

《西欧经济法的历史》,入 DF410.09(56)。

《埃及企业经济管理法》,入 DF411.91(411)。

3. 主表各类,凡属于上位类,依专类复分表复分时,均应在复分子类号前加"0"。

《宋元哲学研究》,入 B244.05,不能标引为 B244.5。

《中国石窟文物图录集要》,入 K879.202,不能标引为 K879.22。

须加 0 的类目可以是主表的类目,也可以是复分表的类目。例:

《中东地区难民问题》,入 D737.039.1。

《东亚现代小说选》I310.45。

4. 自然科学各类的专类复分表,在号码配置时已统一在各个专类复分号前冠有"0",在依这些专类复分表复分时,不管需要进行复分的类是否有下位类,均不需再加"0"。例:

《豆类作物的田间管理》,入 S520.5。

《绿豆田间管理》,入 S522.05。

第三节 类目仿分

类目仿分即利用临近的相似或相关类目的子目,作为有关类目进一步区分的依据,亦可直接称为仿分。仿分具有与复分表相似的作用。《中图法》中仿分主要有两种类型,一种是对临近类目的仿分,一种为仿总论性类目分。

对临近类目的仿分,是指一组临近的相似类目需要按相同标准进一步区分时,将在前类目详细展开,后面类目则不再编列子目,在需要细分时仿照已展开类目进行复分。临近类目仿分的特点是,仿分类目与被仿分类目基本为性质相同的类目;所仿分的子目,与该类拟细分的子目分类标准一致。例:在"A7 马克思、恩格斯、列宁、斯大林、毛泽东、邓小平生平与传记"类下,与"A71 马克思"类下详细展开子目,供"A72 恩格斯"、"A73 列宁"、"A74 斯大林"、"A75 毛泽东"等各类仿分;在常用外国语中,于"H31 英语"下详细展开子目,供"H32 法语"、"H33 德语"、"H34 西班牙语"、"H35 俄语"、"H36 日语"、"H37 阿拉伯语"等相关类仿分等。

仿总论性类目分,是指在从总到分展开的过程中,将总论性类目的分法作为性质相类的专论性类目进一步区分的依据。例如,在中国史下,将通史中按体例列类的分法作为各朝代史进一步区分的依据;在"F4 工业经济"下,将"F40 工业经济理论"的分法作为各部门经济如地质、矿业、能源工业、动力工业等部门经济理论的进一步区分依据;将"TH7 仪器、仪表"的理论、工艺等一般性问题的类目,作为计量仪器、光学仪器等进一步复分的依据等。

类目仿分中号码组配的要点如下:

1. 类目仿分应依据主表以有关类目注释规定的范围进行,凡不在规定范围内的类目,不得随意仿分。如用户需要扩大或调整仿分的范围,应在使用本上加以明确规定。例:

《德语语法》,入 H334。

2. 在类目仿分涉及与相关复分表结合使用时,应遵循注释规定的次序进行。例:

G649　世界高等教育概况

G649.3/.7 各国高等教育概况

　　　　依世界地区表分,再仿 G649.2(中国高等教育概况)分。

《英国高等教育制度评介》,入 G649.561.2。

3. "各国"仿"中国"分的类目,如同时涉及时代复分时,应将"依中国时代表分"自行转换为"依世界时代表"分。例:

K825.1/828 　(特殊分类规定)

　　　　如有必要,可依中国时代表分,并用 = 加以标识。例中国现代医学家传为 K826.2 = 7。

………

K833/837　各国人物传记

　　　　依世界地区表分,再仿 K82 分。

《尼克松传》,入 K837.127 = 5。

4. 当被仿分的类目为用"/"号连接的一组类目时,应注意根据被仿号码的特点,正确配号。此时应注意相应注释中列举的配号实例。例:

K815　　人物总传：按学科分

　　　　　　　仿 K825.1/828 分。例：世界文学家传记为 K815.6；世界医学家传记为 K816.2。

《不朽的科学家·天文学》，入 K816.14。

《外国 100 位政治领袖》，入 K817。

TK473　　燃气轮机构造

　　　　　　　仿 TK413/414（汽轮机构造）分。

《燃气轮机的冷却系统》，入 TK474.2。

5. 类目仿分时加"0"的规则见本章第四节。

第四节　《中图法》中复分加"0"的问题

《中图法》的编号制度为层累制，除基本大类以字母为标记外，通常以一位数字号码表示一级划分，逐级展开，构成与类目划分的层次对应的号码系统。在这一体系中，在其划分的最后一级类目进行复分时，可以直接将复分号码加在主表号码之后；但如需在已有的等级结构中使用复分表复分，号码配置时就存在如何解决复分插入的号码与原有层累号码之间的区分问题，亦即如何避免号码冲突的问题。《中图法》的解决方法，是在两个号码组配时，于前面一个号码后加"0"，再进行组配，以"0"为分面符号，表示对原有结构的中止和新分面的插入，实现号码配置。

《中图法》类目复分时加"0"的规则如下：

1. 一类目需复分时，如该类目仍有下位类，号码组配时须在该类号后先加"0"，再进行复分。这一需要复分的类目可以是主表类目，也可以是复分表的类目。例：

《中国近代哲学研究》，入 B250.5。

《欧洲高等教育近代化：法、英、德近代高等教育制度的形成》，入 G649.502。

《东亚现代小说选》，入 I310.45。

此规定适用于严格按层累制编号的类目。但如类目等级为上下位类，号码配置中却未体现级别，则不适用此规定。因此，上文的表达也可严格表述为：两个号码组配时，如在前类号后仍有下级类号，则组配时应加"0"。例：

K877.2　　金石文

　　.3　　　金文

　　.4　　　石刻

　　.41　　　石鼓

　　.42　　　碑碣

《中国金石文目录》，入 K877.21（不加"0"）。

《陈仓石刻图录》，入 K877.402（需加"0"）。

2. 自然科学各类的专类复分表因已统一在复分号前冠"0"，各级类目在依上述专类复分表复分时，均无需再加"0"。例：

《汽车变速器设计》，入 U463.212.02。

《汽车行星式齿轮变速器设计》，入 U463.212.202。

3. 在需要进行多种复分或仿分时,如出现跳过某一个复分或仿分标准的情况,应加"0"。

《中国防化兵的特种战术》,入 E271. 504. 3(跳过了仿 E270 分)。

《日本推理小说选》,入 I313. 406(跳过"访 09 分")。

《微型计算机调试技术》,入 TP360. 6(未仿 TP331/337 分)。

4. 具体类目仿一般性问题分时,需加"0"。例:

《光电显微镜的制造》,入 TH741. 706。

《无机化工设备的腐蚀与防腐》,入 TQ110. 509。

《长虹彩电故障快修详查》,入 TN949. 1207。

《生活废水处理》,入 X799. 303。

但一个自然科学"一般性问题"类目仿另一个自然科学"一般性问题"类目时,一般无须在仿分号码前加"0"。例:

《钢件铸造理论》,入 TG260. 1,不能标引为 TG260. 01。

《有色金属铸造原理》,入 TG290. 1,不能标引为 TG290. 01。

自然科学类表"一般性问题"中的个别类目在仿在另一个"一般性的问题"时,如出现要求加"0"的特殊情况,通常会加注,按照注释的规定操作即可。例:

《无机化工设备的腐蚀与防腐》,入 TQ110. 509。

4. 凡临近类目之间仿分,因使用的分类标准是一致的,组号时不必加"0"

《中国涉外保险》,入 F842. 685。

《牛饲养管理新技术》,入 S823. 4。

5. 类表中如对复分加"0"有特殊规定,一般会通过类目注释规定,按类表注释的规定操作即可。如 K209 下注释规定"K21/27 中国各代史"仿 K20 分时,一律冠"0",就属于这类情况。例:

《秦汉农民起义》,入 K232. 01。

《唐代长安与西域文明》,入 K234. 01。

第五节 冒号组配技术的应用

一、冒号组配技术在《中图法》中的使用

冒号组配是将两个或多个类目的类号,以组配符号":"连接,用以表达一个分类表未列举的专指概念。这一方式不仅有助于主题的进一步细分,或通过已有概念的组配表达新的主题等,而且可以在检索系统中通过轮排,提供从多个角度组织和显示的模式。鉴于等级列举式分类法编制结构以及类表的功能需要,本分类法中对冒号组配技术主要用下述方面:

1. 通过冒号组配法的应用,为某些专论性资源的集中或分散处理提供一种选择。例:

O29 应用数学

总论入此。具体应用入有关各类。如愿集中于此者,可用组配编号法。例:工程数学为:
O29: TB11。

2. 通过冒号组配法的应用,对某些类目进行细分。

Z89 文摘、索引

> 综合性文摘、索引入此;专科、专题的文摘、索引也入此。
>
> 按本分类法体系分,即将各学科的分类号码加于本分类号之后,用组配符号":"组合,例:化工文摘为 Z89: TQ。

3. 可通过若干个与文献主题相关的类目的组配,用以表达分类法未列举的新主题,或从不同维度对主题进行区分。但这类情况只适合在资料分类中使用。例:

TM53/59 各种电器

> 如有必要按高压电器、低压电器区分时,可用组配方法。例:高压熔断器设计为TM563. 02: TM51。

由于图书排架的需要,一般情况下,图书分类中,冒号组配宜控制在类目注释规定的范围内。在资料分类中,冒号组配技术的应用范围则可适当扩大,以便可以更充分地揭示文献主题,并在需要时从不同的角度灵活加以组织和揭示,但应注意,冒号组配方法仅限于分类排架和分类目录浏览使用,对于类号检索等同于提供互见类号的方法。另外还应注意,使用冒号组配表达的主题,不能与主表中已列出的主题,或通过主表复分、仿分可以表达的主题相重,以免出现标引结果不一致的情况。通常应根据文献特点和使用需要,对组配标引的对象、范围等确定详细的规则。

二、冒号组配法使用要点

图书分类中,冒号组配法仅限于主表规定的组配编号类目,一般不作扩大。在资料分类时,若用于分类浏览目录,文献单位可以根据使用需要,在以下方面扩大应用范围:

1. 对复合主题,例如应用关系、影响关系、比较关系、因果关系等主题类型,可通过相关类目的组配,表达文献主题。例:

《中日教育制度比较》,入 G522: G531. 32。

《药物引起营养缺乏症》,入 R591: R595. 3。

《远动技术在农田水利工程中的应用》,入 S27: TP89。

《台风对铁路通过能力的影响》,入 U292. 5: P444。

2. 对复杂主题,可利用分类法中已列举的主题成分,通过相关类的组配,表达文献主题。例:

《消化系统的药物药理学》,入 R969: R975。

《农业环境系统工程》,入 S2: X192。

《建筑地理学》,入 TU −023: K909。

3. 对少数民族或外国语专科词典、多种语言对照的语文词典等,采用组配法配置类号,揭示涉及的语种。例:

《最新实用汉英日金融词典》,入 F83: H316: H366: H164。

《蒙满藏汉大辞典》,入 H212. 6: H214. 6: H221. 6: H164。

4. 对多重列类的类目使用组配编号法,表达文献涉及的多因素主题。例:

《木板年画技法》,入 J218. 3: J217。

《相控阵制射击雷达》,入 TN959. 15: TN958. 92。

《太阳能客货两用汽车》，入 U469.14: U469.721。

在冒号组配法扩大应用范围的情况下，一般应注意下述问题：

（1）主表已列出的复合主题类目，诸如，TB12 工程力学，X11 环境数学等，均不得再用冒号组配法组配表达，以避免同一主题的分类结果不一致。

（2）凡可通过主类号的复分、仿分表达的主题，不得使用冒号组配法标引。例："环境咨询机构"可标引为 X-289，不用 X: C932.8 组配标引；"中国建筑史"可标引为 TU-092，不用 TU: K20。

（3）在冒号组配进行新主题合成时，应根据被标引的主题，以最专指类目的类号进行组配标引。

《军事心理学》，入 E0-051；选择在应用心理学下集中时，为 B849: E0-051。

《工程物理学》，入 TB13；选择在应用数学下集中时，为 O29: TB13。

（4）通用复分表、专类复分中的类目不能直接作为冒号组配的对象，但主表类目在进行了复分或仿分后仍可进行组配。例：

《中国科学院植物学研究所》，可组配标引为：G322.219: Q94。

（5）在用于类目细分时，组配类号的级位可根据图书馆文献资源的数量自行确定，并记录在使用本上，以保证组配标引的一致。

（6）在资料分类或用于检索时，文献单位可以根据使用需要，在遵守上述规定的同时，扩大应用范围。

上述方法可以在文献排架和检索目录的等级浏览中使用，如用于检索匹配查找，也可使用多个分类字段标引。

第五章　文献分类的一般方法

第一节　《中图法》版本的选用和使用本的制定

一、《中图法》版本的选用

《中图法》是一部大型的综合性的文献分类法,为满足不同图书馆、不同文献类型的需要,编制出详简不同版本,如用于中小型图书馆的《中图法》简本,用于儿童图书馆、中小学及少年宫图书馆的《中图法》未成年人图书馆版,用于期刊分类的《中图法》期刊分类表,用于专业图书馆的《中图法》各专业分类法等。《中图法》版本的选用,关系到一个图书馆分类工作的长期稳定性,应根据各馆的实际情况和需要慎重决定,一旦确定要一贯遵守。

选择《中图法》版本应考虑的因素有:是综合性还是专业性图书情报机构,藏书规模与发展前景,标引文献的类型是单一的还是多种的,是用于组织文献分类排架还是单一编制分类检索工具还是二者兼顾等。

一般藏书规模维持在 20 万册以下的中小型图书馆可选用《中图法》简本;藏书在 20 万册以上的大中型综合性图书馆或信息机构一般使用《中图法》第五版图书用类,即用"＋"号以前的类号或无"＋"号的类号类分图书。论文资料一般使用《中图法》完全类号,即包括"＋"号后的类号。中小学图书馆、儿童图书馆、少年宫图书馆等使用未成年人图书馆版,更适合儿童和中小学读者查找本领域文献的需要。专业性图书情报机构还可以选择使用相应的《中图法》专业分类表,满足专业文献相对集中和深层次的揭示需要。同一图书信息机构还可以同时选用《中图法》的不同版本,类分不同类型的文献。如报纸期刊可选用《中图法》期刊分类表分类,开架图书分类排架号可选用《中图法》简本等。

二、《中图法》"使用本"的制定

《中图法》是为适应不同的图书情报机构、类分不同文献的需要而编制的,但每个图书情报机构又有各自的特点,即使是综合性图书馆、信息机构,在藏书重点、藏书规模、读者用户群等方面也存在着许多差异,专业图书情报机构的性质、任务、读者对象就更不尽相同了。所以,不同的图书情报机构对《中图法》的使用要求不尽一致。为此,有必要在本馆分类细则的基础上,制定适合本馆性质任务、馆藏规模以及读者需要的使用本。制定使用本要遵循3 个原则:一是实用,符合本馆的实际需要;二是不破坏《中图法》类目体系和标记制度;三是兼顾联合编目、资源共享的原则。制定使用本一般包括以下几个方面:

1. 选择使用类目的详简程度

根据本馆藏书现状和发展规划,确定文献分类的基本专指度,进而确定类目细分的类级。选择时应具体分析,不要"一刀切",一般以《中图法》22 个大类为单位来规定细分类级,藏书多的大类就细分,藏书少的大类就粗分。要对重点藏书与非重点藏书、专业藏书与非专业藏书、图书与资料区分对待。

2. 规定出主表类目仿分、复分的范围和办法

类目仿分、复分注释是隐含的下位类细目表,包括是否采用复分仿分注释,哪一级类目需要仿分、复分,哪一级类目不需要仿分、复分;对连续仿分、复分的注释规定出是全部采用,还是只仿分、复分一个层次。需要注意的是,对于连续仿分、复分的规定如不拟全部采用,必须按规定仿分的顺序由前到后选择,例如:E271/277 规定,可先仿 E270 分,再依专类复分表分,只能选择"只仿 E270 分",而不能选择"只仿专类复分表分",这样才能保证各图书情报机构对同一主题的文献取得分类标记的前方一致性,以利于文献资源共享。

3. 在规定出主表类目仿分、复分的范围和办法上,要进一步对通用复分表和专类复分表的使用作出明确选择

控制文献分类标引专指度,不仅决定于主表类级的选择,很大程度上还取决于复分表的使用情况,有时一个类号经使用复分表细分后,专指度会增加四、五级。选择使用本时要做出哪些复分表使用、哪些不使用;哪些复分表的子目是全部使用,还是使用到哪一级;哪一级类目使用复分表,哪一级类目不再使用复分表;复分表子目中的再细分或嵌套专类复分表复分注释,是否采用应事先规定,使用复分顺序应同"2. 规定出主表类目仿分、复分的范围和办法"。

4. 对交替类目的使用作出选择

一般没有特殊要求的图书馆应遵循类表的规定,专业图书馆和有特殊要求的单位可以根据本馆情况,有选择地启用交替类目。启用交替类目要注意以下几个问题:

(1)凡属一一对应的交替类目,只需将启用的交替类目的"[ ]"去掉,将对应的使用类目加上"[ ]",并加注"宜入××"即可。

(2)凡属一对多,或多对一的交替类目,需对相关的类目逐一甄别,有的可改为交替类目,有的可加注释从中划分出一部分内容,不能一概而论。

(3)除少数交替类目已细分展开外,绝大多数交替类目只是给出一个交替类号,如需再展开时,一般不要自编细分子目,而是要仿照《中图法》相对应的类列细分,或将相对应类列移到该类下。配号时要遵循《中图法》的编号规则。例如:

[S-9]　农业经济

　　　　宜入 F3。

如果农业图书馆需要集中启用该类,则去掉方括弧"[ ]",S-9可仿 F3 细分,如农业经济理论为 S-90,世界农业经济为 S-91,中国农业经济为 S-92,各国农业经济为 S-93/-97。[F3]变为交替类,宜入 S-9,[F30]宜入 S-90 等。

5. 对文献"集中与分散"的处理方法作出规定

《中图法》不少类下规定了文献集中分类和分散分类的办法,制定使用本时应作出相应的规定。一般综合性图书馆应按《中图法》类目注释首先推荐的方法来处理集中与分散的问题,专业图书情报机构或有特殊需要的单位,可在规定的范围内进行选择。通常需要选择集中与分散的文献类型有:工具书、教材、人物传记、特种文献(如标准、专利、图纸)以及总论应用与专论应用的文献等。如:B849 应用心理学、C95-05 民族学与其他学科关系、I207.9 少数民族文学、X9-65 安全标准(劳动卫生、安全标准)、K825.1/828(特殊分类规定)、Z89 文

摘、索引以及总论复分表中的-4教育与普及等各类均有选择性使用的注释。

6. 特殊分类规定

对一些特殊的分类方法、某类文献的分类方法、含义不清或外延交叉类目的使用方法等作出必要的说明,在一个馆内取得共同的认可。如对注释没有明确规定分类方法的多重列类类目,若需确定排架索书号是采用"最前编号法"还是采用"最后编号法"应作出规定;丛书、多卷书是集中分类还是分散分类,一些未明确注释和规定的新学科新主题文献归类等均应明确规定,以便统一。

7. 根据专业需要对局部类目进行扩充

专业图书情报机构可根据实际需要,对《中图法》局部类目加以系统扩充。类目扩充的方法有两种,一是编列新的子目,一是利用《中图法》已有的类目进行扩充。在类目扩充时应注意以下几方面的问题:

(1)类目设置要科学,类名采用简明、规范的术语,类目的内涵、外延清楚准确。

(2)类目的划分选择最有检索意义的属性作分类标准;一般一次划分只能采用一个分类标准进行;列类要完整,同位类的排列优先采用某种自然次序;设置必要的概括性类目。

(3)类目的配号要根据《中图法》的标记制度和技术进行,保证类号的系统性和逻辑性。

(4)通过编制类目参照、设置交替类目、注释说明等手段,建立新扩充类目与原有类目必要的联系。

8. 对某些类下的同类书区分方法作出规定

《中图法》部分类目下有关于同类书区分方法的说明,如按名称排、按年代排、按届次排、按到馆次序编号等,这是推荐性的排列方法。各馆是否采用、如何采用,应作出明确的规定,记录在使用本上。

上述各方面的内容,都须一一记录在使用本上。对于日常分类工作中遇到的疑难问题以及处理的方法,应注意积累,定期将这些问题归纳整理,形成统一的认识后,再记录到使用本上,以便大家共同遵守。自第四版起,《中图法》编制电子版以及 Web 版,并提供评注等功能。评注起到公务目录的作用,也可进一步根据电子化手段建立多形式的使用本。

三、制定分类细则

在确定使用《中图法》的版本后,还要根据文献分类的基本规则,结合本馆分类的实际需要,制定本馆的分类细则。分类细则一般包括:

1. 分类工作的程序。包括各个环节的质量要求,检验、复核办法等。

2. 分类法的选择和使用。包括不同载体的文献(如印刷型文献和机读资料)、不同文种的文献、不同类型的文献(如图书、期刊、资料、专利、古籍)分类法的使用。

3. 文献分类的总要求。包括确定不同类型文献的分类标引深度和标引专指度,不同类型文献的标引方式,是否确定重点揭示的藏书范围,分类标引与主题标引的配合等。

4. 各种主题形式、各种编制体例、各学科文献分类的规则。

5. 编制手工检索工具与编制机读目录对分类标引的不同要求。

6. 同类书区分方法及相关工具书(著者号码表)的选择,索书号编制方法。

7. 分类目录与分类号机读索引的组织方法。

8. 本馆分类法使用本的制定与管理。

第二节 文献分类基本原则

文献分类规则根据适用的范围,可分为 3 个层次,即基本原则、一般规则、特殊规则。文献分类基本原则是指贯穿在整个分类标引工作中的通用规则和方法。在长期分类标引工作的实践中,人们为了避免分歧、减少错误、使分类方法取得基本一致,总结文献分类标引的基本规律,概括公认并共同遵守的若干规则,一般适用于类似《中图法》体系的任何分类法。制定和遵守文献分类的基本原则,是保证分类标引质量,实现联机编目、联机检索、文献资源共享的必要条件,也为各图书情报部门以及《中图法》不同版本制定文献分类规则提供共同的依据。

文献分类的一般规则,是指有关某种主题形式、某种文献类型的分类规则。文献分类的特殊规则,是指适用于不同学科门类的分类规则,各种文献分类法包括《中图法》不同版本对各学科文献的编列及分类标引规则不尽相同,应按照各分类法的规定进行分类。《中图法》第五版特殊分类规则将在第六章等相关章节分别阐述。

一、文献分类以文献内容的学科或专业属性为主要标准的原则

这是文献分类中最重要的原则,文献只有以内容的学科属性为分类的主要标准,才能把众多的文献纳入既定的科学(知识)分类体系中,按学科或专业属性聚类,形成分类法特有的系统检索功能。文献的空间、时间、民族、形式(体裁)等特征属性是分类的辅助标准,只有按文献的学科内容分类不适用时,才能按文献的其他特征分类。

例如:《当代人口迁移与城镇化》,是从人口地理学的角度研究中国人口的迁移及城镇形成的规律,属人口学专业范畴,应归入人口地理学,再根据类目注释按区域属性复分,其分类号为 C922.2,如果需强调时间属性可再进一步复分,该类号为 C922.2＝7。

二、文献分类的系统性和逻辑性原则

不同的分类法有不同的体系结构和分类规则,对于同一主题的文献,分类方法可能有所不同。《中图法》有特定的系统性和逻辑性,文献分类时必须体现分类法的系统性和逻辑性。分类法上、下位类的从属属性、同位类的并列属性、受类目逻辑关系体系限定的类目内涵、总论与专论的处理原则等,都应体现在分类标引中,不能脱离类目之间的逻辑关系和类目注释的限定,孤立地理解类名的含义。

例如:G47 学校管理、G647 学校管理、G657 学校管理、G717 学校管理,这 4 个类都需要根据上位类的限定来理解类目含义,它们分别为学校管理总论、高等学校管理、师范学校管理、职业技术学校管理。如果将"高等学校管理"归入 G717,就违背了上、下位类是从属关系,凡能归入某下位类的文献就一定能归入其上位类的逻辑性。

三、文献分类的专指性原则

文献分类必须符合专指要求,即把文献分入恰如其分的类目,不能分入范围大于或小于文献实际内容的类目。只有当分类表中无确切类目时,才能分入范围较大的类目(上位类

目)或与文献内容最密切的相关类目。该原则与文献分类表使用的版本有关。

例如:《亚麻育种、栽培和田间管理》,只能分入"S563.2 亚麻"类,而"S563 麻类作物"、"S563.203 亚麻育种"都是外延过宽或过窄的非恰当准确的类目。

四、文献分类的实用性原则

文献分类标引必须使文献能"尽其用",即符合实用性要求。应根据文献的具体内容和实际用途(包括潜在的用途),结合图书馆性质、任务,在检索系统中提供必要数量的、切合实际需要的检索途径。对于兼顾分类排架和分类检索功能,且涉及多个类目的文献,在分类标引时,应利用互见分类、分析分类等方法尽可能作全面反映。若一个文献主题在分类表中设有两个可选择使用的类目(交替类目),专业单位可选用其中一个对本单位更有用的类目,一般图书馆或联合编目机构应选用分类表推荐使用的类目。

五、文献分类的一致性原则

文献分类的一致性原则,是指把内容相同的文献归入相同的类,这里既包括逻辑性原则也包括实用性原则。由于分类法结构体系、类目编列的复杂性,文献著述的多样性和内容的交叉性,分类人员对分类规则、类目内涵、文献主题理解的歧义性,造成文献分类一致性的困难。除了从人员素质、规章制度方面加以保障外,各单位还要通过分类规范文档,把某类、某种难以确定类属的主题,人为地集中到某类,可在各类分散互见。

六、文献分类的客观性原则

分类标引应以文献实际论述的主题为依据,不掺杂标引人员的主观意向。凡属于不同学术观点、不同的宗教信仰、不同的道德观念的阐述,一般不予区分。

七、文献分类的深度控制原则

对于多主题文献和内容涉及多个类目的文献,应分别不同的情况进行分类标引深度控制。互见分类、分析分类,是对多主题文献整体分类的补充,是提高文献分类标引深度的主要手段。

互见分类(附加分类),指一种文献除按其全部内容或重点主题进行分类外,再对其中的非重点主题,或因分类规则所限没有得以揭示的其他整体性内容进行分类。需作互见分类的文献主要有 3 种:一是文献主题具有多学科属性,二是文献中有若干个并列的主题,三是因分类法规定按某种形式集中文献而不能揭示其他学科属性的。分析分类,指对文献的局部内容进行分类,如对整套文献中的某一种、对文献单元中的某一知识单元进行分类。

由于一种文献从不同的学科属性或以不同的研究对象在分类检索系统中重复反映,增加了检索途径,可以使文献得到充分的揭示和利用。对各类型图书馆及情报机构建议采取如下原则:

1. 对于联合编目机构、大中型综合性图书情报机构,应充分利用互见分类、分析分类等方式对文献主题作全面标引。全面标引不但有利于发挥文献的潜在用途,也有利于书目资源共享。

2. 对于小型图书情报机构,可只选择一个主要的类目进行概括标引。

3. 对于专业性图书情报机构,可选择其中对本单位用户最有用的文献主题予以标引。若一个文献主题在分类法中设有可选择使用的交替类目,专业单位也可选用其中对本单位更有用的类目。

4. 各类图书情报机构编制机读检索工具时,宜采用全面标引方式,一般可使用 1—5 个分类号;编制手工检索工具或仅用于分类排架时,宜采用概括标引方式,一般可使用 1 个或 1—3 个分类号。

第三节 各种主题文献的分类规则

文献主题为概括文献中某一研究对象情报内容的概念。根据文献论述的重点,可分为主要主题和次要主题;根据文献论述的范围,可分为整体主题和局部主题,局部主题为具有检索意义的部分文献内容;根据文献主题的数量,可分为单主题和多主题。不同主题形式文献的分类,重点在于文献主题分析和文献分类基本原则的把握,但不同类型的主题有不同的分类方法。

一、单主题文献的分类

单主题为文献论述或研究一个对象,即一个主题内容。它根据构成主题概念因素的数量,可划分为单元主题和复合主题。单元主题是指文献只含有一个主题概念因素。复合主题是指由两个或两个以上概念因素结合组成的单主题。

1. 单元主题文献的分类

(1)对某一事物或问题的综合研究,或同时从多个学科角度研究该事物或问题的文献,应按该事物或问题的学科属性归类。

例1:《植物学》,归入"Q94 植物学"。

例2:《传播学概论》,归入"G206 传播理论"。

(2)分别从不同学科角度论述某主题的文献,应根据其研究角度归入各有关学科。

例1:从水产养殖技术角度研究鱼类,归入 S96 水产养殖。

例2:从水产加工角度研究鱼类,归入 TS254 水产加工工业。

例3:从动物分类学角度研究鱼类,归入 Q959.4 鱼纲。

2. 复合主题文献的分类

(1)复合主题包括两个或两个以上的概念因素,主题的概念因素有:主体因素(事物或问题及其组成部分)、限定或通用因素(事物的方面,包括状态、过程、性质、材料等)、位置因素、时间因素、民族或种族因素、文献类型因素等。复合主题文献一般首先依据主体因素的研究方面的学科属性角度归入相应学科或专业,然后根据其他因素归入或复分有关类目。

例1:"小麦种植",先依事物方面的学科属性,归入农业类的农作物类下小麦类,再依小麦的方面属性复分为 S512.104。

例2:"小麦制粉设备与维修",先依事物研究方面的学科属性,归入轻工业类的食品工业类的粮食加工业类下的面粉加工业类,再依事物方面的属性归入"TS211.3 机械与设备"类。

(2)当主体因素(事物)所在的类目不再细分时,有关该事物各方面主题因素的文献就归入该事物类下。

例:"铜合金的电分析",先依事物属性归入金属学类的各金属材料类下的重有色金属及其合金类,该类包括铜及铜合金各方面主题要素的文献,即为 TG146.1,若该文献为论文资料,其类号为 TG146.11。

(3)研究一个主题的两个方面的文献,根据作者论述重点或写作目的归类;不能辨别其重点的,归入能概括两个方面的上位类,没有共同上位类的,则按其他因素或在前的主题因素归入,并在另一个类作互见分类。

例1:《胡萝卜良种与栽培》,该主题重点为"栽培"归入 S631.204。

例2:《土壤分析与改良》,不能辨别其重点,归入上位类 S15。

(4)研究一个主题两个以上多个方面的文献,归入能概括它们的上位类;若没有共同的上位类,则按重点归类并在相关类互见。

例1:《铅酸蓄电池的设计制造、使用和修理》,入各方面主题因素的共同上位类,即 TM912.1。

例2:《小麦病虫草鼠害综合治理》,入 S435.12,可互见类号为 S44、S45。

二、多主题文献的分类

多主题是指文献论述两个或两个以上对象,即多个类目的主题内容。根据各主题之间的关系,可划分为:并列关系主题、从属关系主题、应用关系的主题、影响关系的主题、因果关系的主题、比较关系的主题等。

1. 并列关系主题的分类

并列关系的主题是指文献同时论述两个或两个以上各自独立的主题。文献分类标引时有以下两种情况:

(1)具有两个并列主题的文献,根据论述的重点或写作目的归类;若不能辨别其重点,归入它们共同的上位类;若无共同上位类的,则按前一个主题的学科属性归类,并为另一个主题作互见分类。

例1:《广播、电视监听监视系统》,依重点入 TN948.43,互见类号为 TN931,若为论文资料,互见类号为 TN931.3。

例2:《家禽家畜饲养》,入共同的上位类 S815。

例3:《诊断学与内科学精要》,入前一个主题 R44,互见类号为 R5。

(2)具有多个并列主题的文献,归入能概括它们的上位类,必要时为其中有关的主题作互见分类。论述多个主题多个方面的文献,归入其中的一个上位类,在另一个上位类作互见分类。

例1:《肺心肾疾病学》,入上位类 R5,互见类号为 R692。

例2:《板栗 核桃 枣 山楂 杏树栽培与病虫害防治》,入共同上位类 S660.4 栽培,在另一个共同上位类 S436.6 病虫害防治类下作互见。

2. 从属关系主题的分类

从属关系的主题,是指文献各主题之间有包含关系、属种关系或整体与部分关系。具有从属关系的主题,一般依较大较全的主题归类,必要时可为小主题作分析分类。若论述的重点是小主题,则依小主题的学科属性归类。

例1:《植物油与油脂化学》,入大主题 TQ641。

例2:《农业植物与花卉》,按重点主题"花卉"归入 S68。

3. 应用关系主题的分类

应用关系的主题,是指一个主题应用到另一个或几个主题中,或者是指几个主题同时应用到另一个主题当中。凡属一种(或多种)理论、方法、工艺、材料、设备、产品在某一主题方面应用的文献,均分入应用到的主题所属的类目;凡属一种理论、方法、材料等在多个主题方面应用的文献,则按该理论、方法本身的学科属性归类。

例1:《数学规划在测绘学中的应用》,入测绘学 P2。

例2:《概率论在经济、军事、历史领域的应用》,入概率论 O211.9,互见 C32。

例3:《运筹学、数理统计在管理学中应用》,入管理学 C931.1。

4. 影响关系主题的分类

影响关系的主题,是指文献内容涉及几个主题,其中一个主题对另一个或多个主题产生影响,或者多个主题对一个主题产生影响,或各主题之间互相影响。论述一个主题或多个主题影响另一主题的文献,分入受影响主题所属的类目;论述一个主题对多个主题产生影响的文献,一般按发生影响的主题归类,若某一受影响主题是论述的重点,则按重点受影响主题归类。

例1:《月亮太阳的引力对人类生老病死的影响》,按受影响的主题归入 R339.5。

例2:《太阳黑子对地球磁场、通信、电子仪器的影响》,按发生影响的主题归入 P182.4。

5. 因果关系主题的分类

因果关系的主题,是指文献内容涉及几个主题,其中一个主题是另一个主题或多个主题产生的原因,或者一个主题是另一个或多个主题产生的结果。论述主题之间因果关系的文献,一般分入结果方面的主题所属的类目;如果一个原因产生多个结果,则按原因的主题归类。

例1:《维生素 A 缺乏症及其后果》,按结果的主题归入 R591.41。

例2:《地震对人类和自然界带来的危害》,按原因的主题归入 P315.9。

6. 比较关系主题的分类

比较关系的主题,是指文献中多个主题之间具有相互比较优劣或异同的关系。论述对两个主题相互比较的文献,按著者重点阐述或所赞同的主题归类,必要时为另一个主题作互见分类;如果是多个主题之间的比较,则归入有关的上位类。

例1:《中美两国民主之比较》,归入中国政治 D62,在美国政治 D771.22 类下作互见。

例2:《美国、德国、英国和中国林业教育比较》,归入上位类 S7-4。

第四节 各种出版形式、编制体例文献的分类规则

一、多卷书的分类

多卷书是一种分卷、辑、册逐次或一次出版的文献。多卷书一般集中分类,并依全书的整体内容为归类的依据。如其分卷是按专题编辑并题有分卷书名的,还应按各分卷的专题

再作分析分类。文集、论丛等著作集,如果是连续分辑刊行,并且是按专题汇编的,也按多卷书的分类方法处理。

例1:《王亚南文集》第二卷:《资本论》研究,本书按整体内容归入 F0-53,第二卷,分析分类号为 A811.23。

例2:《物理学》第三册:光学,本书归入 O4,本册分析分类号为 O43。

二、丛书的分类

丛书是按照一定的主题范围,汇集多种单独的著作,并题有一个总书名的文献,包括丛刻、文库等。丛书的分类方法有两种,一种是集中分类,另一种是分散分类。丛书著录的方法决定着丛书的分类方法。

1. 集中分类

即按照整套丛书内容的学科属性集中归类。集中分类的丛书,除普及性读物外,还应对其所属的每一种单书作分析分类。以下几种丛书宜集中分类:

(1)一次刊行的丛书

例1:《新编十万个为什么》,入 Z121.7。

例2:《民国丛书》,入 Z121.6。

(2)有总书名、总的编制计划、总目次的丛书

例1:《机械工程手册》第 27 篇:联接与紧固,丛书集中归入 TH-62,该单书分析分类入 TH131。

(3)围绕时代、地区、事物、事件、人物编辑,内容有密切关联的丛书

例1:《清史研究丛书》,入 K249.07-51。

例2:《鲁迅研究丛书》,入 I210.97-51。

(4)主题的学科专业面很窄、读者范围十分明确的丛书

例1:《环境监测丛书》,入 X83-51。

例2:《城市规划小丛书》,入 TU984-51。

(5)科普性、知识性的丛书,或专门为少年儿童编写的丛书。这些丛书集中分类后便于管理和利用,不需作分析分类

例1:《自然科学小丛书》,入 N49。

例2:《小学生讲卫生小丛书》,入 R 49。

2. 分散归类

即按丛书各个分册的内容分别归类。凡不具备上述条件的丛书,即每一单书的科学性、专业性较强的丛书,均按其各单书的内容分散归类。必要时,可为分散处理的丛书作综合分类标引。

例1:《美国城市管理》(政治学丛书),入 D771.232。

例2:《现代系统工程概论》(现代管理科学丛书),入 N94。

三、工具书的分类

从文献分类的角度讲,工具书可分为参考工具书、检索工具书和语言工具书三大类,分类的方法有所不同。

1. 参考工具书是专供查考资料、事实、数据的工具书,包括百科辞典、手册、年鉴、图谱等。综合性的参考工具书归入"Z 综合性图书"有关各类;专科性参考工具书均按其学科内容归入各有关学科,再依"总论复分表"分。专科性参考工具书为了集中排架、管理,也可以归入 Z 类,但应在有关学科作互见。

例1:《中国出版年鉴》,入 G23-54。

例2:《中国大百科全书》物理学卷,入 Z227,在 O4-61 作互见。

2. 检索工具书是专供查找文献或事物线索的工具书,包括目录、索引、文摘等。属于查找文献线索的检索工具书,均集中归入 Z8 有关各类,可在有关类互见,提供检索途径;专书的索引应随原书归类,或按分类法的规定分;属于查找事物的检索工具书,均按其学科内容归入有关各类,再依"总论复分表"分。

例1:全国中医图书联合目录,入 Z88:R2;互见类号:R2-7。

例2:国外博士学位论文目录,入 Z88:G643.8;互见类号:G643.8-7。

例3:唐书经籍志,入 Z812.42。

例4:《史记》人名索引,入 K204.2-7。

例5:《毛泽东选集》索引,入 A843。

例6:机床产品目录,入 TG5-63。

例7:甘肃出土文物目录,入 K873.42。

例8:有机化合物索引,入 O62-64。

例9:中国工商企业名录,入 F279.2-62。

3. 语言工具书是专供学习和使用语言的工具书。除专科性的词典等按内容归入各有关学科外,其他语言工具书均集中归入 H 有关各类。

四、教学用书的分类

教学用书指教科书、教学参考书、教学大纲、教师学生参考书、习题试题集等。除中小学用书(包括职业技术教育和初、中等成人业余教育的文化基础课教学用书)分入各级教育有关类以外,其他均按文献的学科内容入有关各类,并用"总论复分表"中的教材、教学参考书等复分号加以复分。

例1:化学(成人业余中等基础课教材),入 G723.48。

例2:化学(普通中专职业教材),入 O6-43。

五、中文古籍的分类

中文古籍图书主要指线装、经折装、旋风装等特殊装订形式的古籍图书,因其书形特殊,在收藏上有特殊的要求,一般单独排架管理、单独编制目录。中文古籍的分类,应尽可能与普通文献统一使用《中图法》分类,以方便检索、利用。已使用"四库分类法"等其他分类法类分古籍的图书馆,也可以沿袭使用传统的分类法。但古籍重印的新版书和现代图书的线装本,均应与普通文献使用统一的分类法。

《中图法》对类分古籍有很强适应性,在文、史、哲古籍较多的学科下,重点序列了有关古籍分类的类目。利用《中图法》类分古籍,要注意以下两个问题:

(1)"四库分类法"及其他古籍分类法,都是突出"经籍"专藏、重视"文集"集中的分类体系,使很多专题性的内容得不到揭示。使用《中图法》类分古籍,必须改变这种观点,将古籍纳入今天的知识分类体系,以供当代人的检索、利用。以"集部"为例,它所概括的文集涉及多门学科,其中属于文学的作品综合集应入 I21 有关类目,诗集入 I22,历史文集入 K2 有关类目,科学文集应入有关学科,综合性文集入 Z42 有关各时代。为了使古籍的综合性文集尽量集中,有关文集虽内容重点在于社会科学,也一并归入 Z42,而不入 C53 社会科学文集。

例1:《陆宣文公集》,入 K242.306.5(唐朝奏议)。

例2:《曾国藩全集》,入 Z424.9。

例3:《梦溪笔谈》,入 Z429.44。

(2)凡涉及某一学科的专著,一律归入有关学科。但属于历代国家制度或社会发展史的专著,则要分别入有关学科史类。

例1:《农书》,入 S-092。

例2:《河工器具图说》,入 TV53。

例3:《唐代均田制》,入 F329.042。

例4:《大清律例》,入 D929.49。

例5:《明会要》,入 D691.5。

六、期刊、报纸的分类

期刊、报纸均为定期或不定期刊行的连续出版物。由于期刊、报纸的内容比较概括,并有编辑形式的特点,可采用《中图法·报刊分类表》分类。分类方法见该工具书。

七、非书资料的分类

非书资料指缩微资料、视听资料、机读文献等非纸介质非印刷型文献。由于其载体特殊,利用方法及排架方法也不同于普通文献,一般均单独保管、单独编制目录。但非书资料的分类标引原则与普通文献基本一致,非书资料的整体标引方法与普通文献相同。其中作为图书附件的非书资料,一般应与原书的分类标引取得一致,以便与普通图书一同检索利用。根据非书资料利用方法及排架方法不同,其分类方法可参考第七章。

八、论文、资料的分类

论文、资料包括期刊论文的特点是内容专深、报导速度快、时效性强。应采用《中图法》的所有细目包括用于资料类分的类目。资料、论文的分类标引深度、专指度都应高于普通图书,应运用互见分类、分析分类等手段充分揭示其中有价值的情报信息。专业图书情报部门,要特别注意揭示其中对本专业有用的情报信息。由于论文、资料一般不采用分类排架,因此,其分类方法可参考第七章。

九、某些著述方式文献的分类

1. 关于经过缩编、改写的文献的分类。凡内容改动不大的,均随原书或原文分类。如果内容改动较大,甚至改换名称,应根据改变后的内容重新分类。在文艺作品中,从一种文体改写成另一种文体的,则应按改写后的文体及改写者的国籍和时代分类。

例1:《红楼梦》(缩写本),入 I242.4。

例2:《红楼梦》(越剧),入 I236.55。

例3:《钢铁是怎样炼成的》(话剧),中国当代作者根据苏联同名小说改编,归入 I234 (中国话剧)。

2. 关于著作研究的文献分类。对某种文献的研究,包括注释、解说、考证、评论、札记等,一般均按原文献归类。但在类表中设有专类或另有规定的,则应依类表的规定分类。如:对马列主义经典著作研究的文献,集中归入 A8 类;对文艺作品的研究,归入有关文艺理论类,不随原书归类等。

例1:《考古质疑》,入 Z429.44。

例2:《〈考古质疑〉校正》,入 Z429.44。

例3:《〈西厢记〉考证》,入 I207.37。

第五节   综合性学科与综合性知识文献的分类方法

当代科学发展的一个显著特点是,科学在高度分化的同时,向着高度综合、交叉、整体化的方向发展,由此产生了众多的分支学科、边缘学科和综合性学科。关于综合性学科,目前还没有严格的定义和明确的划分,一般是指那些利用多学科的理论、方法,综合研究某些复杂的课题或某种现象所形成的学科的统称。

一、综合性学科的类型

从研究的对象、研究方法来说,综合性学科大体有以下几种类型:

1. 以特定的自然客体为研究对象,使用多学科的理论、方法,从多方面进行多层次的立体研究所形成的综合性学科。如:空间科学、水科学、海洋科学、生态科学、环境科学、计算机科学、能源科学、城市科学、景观学、生命科学等。

2. 对某种现象或过程进行全面研究所形成的综合性学科。如:思维科学、人工智能科学、科学学、知识学、行为科学、管理科学、战略科学、领导科学、时间学、未来学、决策学、创造学、传播学、文化学等。这类综合性学科多数属于软科学的范畴。

3. 研究多种现象、物质结构、运动形式的同一侧面或某种共同属性所形成的综合性学科。如:数学、系统科学、信息科学、情报科学、控制论、协同学、突变论、耗散结构理论、周期学、紊乱学、混沌学、体视学、精细化工、人体工程学、安全科学等。这类综合性学科也称横断科学。

4. 以人为研究对象的综合性学科。如:人学、人才学、性学、脑科学、青年学、老年学、儿童学、女性学、男性学等。

5. 对特定的区域或民族种族进行综合研究所形成的综合性学科。如全球学、东方学、中国学、日本学、上海学、拉萨学、犹太民族等。

综合性学科的基本特点是:研究的领域或应用的理论方法都具有较大的学科跨度。有的涉及多种研究对象,有的涉及多学科的理论方法,对某种事物、现象或过程的研究都带有全面性和综合性。综合性学科一般都较难归入传统的学科分类体系中。

二、《中图法》关于综合性学科的编列

虽然综合性学科已形成众多的学科,但考虑到综合性学科尚在发展之中,还没有形成完整的学科体系,本分类法没有为综合性学科设置单独的大类。关于综合性学科的编列,大体有以下几种情况:

1. 凡属对科学和知识进行综合研究的学科,编列在"G3 科学、科学研究"类下。例如:

G301　　科学学

G302　　知识学

G303　　未来学

G304　　科学研究的方法论

G305　　科学发明、发现研究(创造学)

G306　　专利研究

G307　　技术标准研究

2. 在 C、N 类下编列了部分综合性程度较高的学科。例如:

C　　　社会科学总论(含行为科学)

C8　　　统计学

C91　　　社会学

C912.81 城市社会学(含城市科学)

C913.6　中、老年人生活及问题(含老年学)

C92　　　人口学

C93　　　管理学

C933　　领导学

C934　　决策学

C96　　　人才学

N3　　　自然科学研究方法(含体视学)

N93　　　非线性科学

N94　　　系统科学

[N99]　情报学、情报工作

3. 在 B、O 类编列了部分具有方法科学性质的综合性学科。例如:

B80　　　思维科学

B81　　　逻辑学(论理学)

B016　　本体论

O194　　非线性动力系统

O415.2　协同学

O415.3　耗散结构与自组织

O415.5　混沌理论

4. 对地区或民族进行综合性研究所形成的学科,一部分编列了专类。例如:

K107.8　　东方学

亚述学入此。

K207.8	汉学、中国学
C95	民族学、文化人类学
K890	民俗学

5. 其他综合性学科均按其重点隶属关系编列在有关各类。例如：

G206	传播理论

传播学入此。

H0	语言学

……符号学入此……

O231	控制论
P901	景观学、区域论
P19	时间、历法

时间学……入此。

TB18	人体工程学
TP18	人工智能理论
TQ39	精细与专用化学品工业
TP3	计算技术、计算机技术
X	环境科学、安全科学

6. 部分综合性科学,本分类法只编列了总论性类目,各专论入有关各类。例如：

生命科学总论入 Q1-0,人类学、生物学、医学、农业科学等入各类；

信息科学总论入 G201,信息论的数学理论、通信信号论、信息技术等入各类；

性学总论入 C913.14,性心理、性生理、性伦理、性教育、性医学、性病等入各类。

7. 部分综合性科学只编列各有关专论,没有设置总论性类目,总论性文献依其重点归入有关专论性类目。例如：

生态科学,分散编列,总论入"Q14 生态学(生物生态学)"。

人类学,分散编列,总论入"Q98 人类学"(该类只包括体质人类学)。

能源科学,分散编列,总论入"TK01 能源"。

家庭科学,分散编列,总论入"C913.11 家庭、家族"。

实验科学,分散编列,总论入"N33 实验方法与实验设备"。

三、综合性学科文献的分类

对于没有编列专类的综合性学科文献,都有一定的分类难度。一般可以从以下几个方面考虑该类文献的归类方法。

1. 对于新出现或分类法没有编列专类的综合性学科,在本分类法没有明确其具体类属之前,各文献情报部门要做到归类一致是极为困难的。但是,对于一个具体的文献情报部门来说,保证某类文献归类的一致性是十分重要的,也是完全可以做到的。有时某类文献即使所归入的类目不一定十分恰当,但能集中在一起,就比分散在多个类目之下要好。因为这样处理对分类标引、检索、推荐文献,乃至今后的调整或改编文献都是实用的。

2. 综合性文献分类的两种思路。

(1)基本的思路是:凡分类法未编列类目的综合性学科,一般归入与之关系最密切、血缘关系最近(如渊源学科)的学科中。如:模糊学,入 O159 模糊数学。

(2)对于一个专业文献情报部门来说,可以根据需要把某类综合性学科相对集中归类。如可将耗散结构理论、突变论、协同学、混沌学等集中归入"N94 系统科学"类下(启用交替类目)。

3. 关于对地区的综合研究,一般归入各国、地区史研究,有些则依研究的重点问题归类。例如:

全球学,入 C913 社会生活、社会问题、社会保障。

西方学,入 D502 发达国家(总论)。

日本学,入 K313. 07 日本史研究。

上海学,入 K295. 1 上海史志。

4. 对某具体事物或现象的综合研究,依重点隶属的学科归类。例如:

对波的综合研究入 O4 物理学。

对水的综合研究入 P33 水文科学(水界物理学)。

对纸的综合研究入 TS7 造纸工业。

对酒的综合文化研究入 TS971. 22 酒文化与酒艺。

对茶的综合文化研究入 TS971. 21 茶文化与茶艺。

对人的综合研究入 C912. 1 个人(社会人)。

但专从某一方面研究事物或现象的,应以研究的学科归类。例如"给水卫生"入"R123. 5 给水卫生","纸的考古"入"K875. 4 文化用品","声波"入"O422 声的传播","美国人行为心理"入 C912. 64(类号为 C912. 647. 12)。

5. 其他各类综合性学科文献,均依其研究对象、应用的理论方法、主要应用的领域、该学科的渊源学科等,分别归入(或靠类)相关学科。例如:

《政策学》,入 D035-01。

《跨学科学》,入 G301。

《时间学的科学方法论》,入 C935。

《新人学导论》,入 C912. 1。

《流行和流行学》,入 C912. 6。

《方法学原理》,入 G304。

《"特区学"正在兴起》,入 F127. 9。

《测试工程学》,入 TB22。

四、综合性知识文献的分类

除了综合性学科之外,还有一些文献的内容是围绕着一个主题,涉及多方面的知识,有很强的综合性。这类文献既不适于归入"Z 综合性图书",也较难纳入学科分类体系。类分这种文献,只能根据文献涉及的内容范围、写作宗旨和主要读者对象,选择相对恰当的类目进行靠类标引,必要时通过互见为读者增加查找途径。例如:

《鱼趣、钓趣、江海奇趣》(重点是关于鱼的趣事),入 Q959. 4-49,互见类号:G897。

《可行性研究辞典》(内容涉及各学科、各行业的可行性研究、项目评估等),入 C934-61,可根据需要分别选择在 F224. 5-61、N945. 17-61、O213. 2-61、TB114. 3-61 等有关类作互见。

《现代观念琐谈》(涉及当代人的时间观念、价值观念、市场观念、知识观念、伦理观念等),入 C912.67,互见类号:B821。

《女子生活艺术》(涉及精神生活与物质生活各方面的内容),入 Z228.4,互见类号:C913.68。

《上海风物与土特产》(涉及人情、景物、小吃、土产等),入 K925.1,互见类号:K928.951。

《中国历代贡品大观》,入 K203,在 K892.98、K87 作互见。

《健美美容化妆服饰》,入 TS974,在 G883、G831.3 作互见。

《打工一族》,入 Z228。

《借的学问》,入 C912.1。

第六节 新学科、新主题文献的分类方法

本分类法所编列的学科类目,一般都是比较成熟、自身体系比较完整的学科。当代科学技术发展极为迅速,新学科、新理论、新事物不断涌现,当它们在生成发育阶段,还不够成熟,从分类法编制角度来说,多数还不能为之立类。但代表这些新学说的文献还需要用现有的分类体系进行标引,这是不能回避的。因此,如何对分类法没有列类的新学科、新事物的文献进行正确归类,是使用《中图法》的一个重要方面。

一、衍生分化形成的新学科

这类学科一般属于分支学科,研究对象也属于其母学科的一部分。一般情况下,分支学科均随母学科归类。例如:

弹性经济学入 F224.0 数量经济学,互见 F016 微观经济学。

行为经济学入 F019 其他经济理论。

聚变经济学入 F062.1 资源经济学,互见 F014.5 消费与积累。

考试学入 G424.74 考试。

幽默心理学入 B842 心理过程与心理状态。

城市水文学入 TU99 市政工程。

灾害学入 X4 灾害及其防治。

公共关系学入 C912.31 公共关系。

传播学入 G206 传播理论。

燃烧量热学入 O642.3 热化学。

感应地理学入 K901 人文地理学。

中医性学入 R212(中医)养生。

谈判学入 C912.35 谈判理论与方法。

西方丑学入 B83-069 其他(美学流派)。

规制经济学入 F262 产业的政府规制。

企业行为学入 F272-0 企业管理理论。

高原气象学入 P462.6 高原气候。

二、交叉渗透形成的新学科、新主题

交叉渗透形成的新学科,也称交叉学科或边缘学科,是研究对象之间、科学方法之间、科学理论之间相互渗透、相互应用形成的新学科。一般按研究对象所属学科或重点隶属关系归类。例如:

核伦理学入 B82-057 道德与科学技术,互见 B82-051 道德与政治、道德与法制。

老年微生物学入 R339.34 老年期(发育及年龄生理)。

力化学入 O64 物理化学。

循证医学入 R499 临床医学的其他分支学科。

诊疗学入 R41 临床诊疗问题。

行为艺术入 J198 现代边缘艺术。

三、没有明显的继承或交叉关系的新学科、新主题

类分这类文献时应认真分析它们的研究内容、渊源关系、写作宗旨、应用范围、读者对象,结合本馆性质、专业特点、归类惯例,选择合适的类属。一般归入分类体系中属性相似、相近的概念,或归入能概括它们的上位类。例如:

低碳经济入 F113.3 世界资源问题。

宣传学入 G206 传播理论。

中介学入 G206 传播理论。

改革学入 D02 革命理论,互见 K02 社会发展理论。

传统学入 G04 比较文化学。

发展学入 K02 社会发展理论。

自杀入 B846 变态心理学、病态心理学、超意识心理学。

安乐死入 R-052 医学伦理学。

精子银行入 R321-33 实验人体胚胎学。

情商(EQ)入 B842.6 情绪与情感。

医学专家系统入 R-058 医学信息学。

四、以"方法"为研究对象的新学科或新主题

当代学科发展的一个重要特点是,学科之间的理论、方法的渗透和移植越来越广泛。对科学方法的研究导致"方法科学"的兴起。一些原属专门学科的理论或方法,由于它们的通用性而普遍应用于各学科,上升为"一般科学方法"。如系统论源于对生物有机体的研究;信息论源于对通信信号的研究;控制论源于对机器和生物的类比,进而研究机械系统的最优调节。这三论已是公认的方法科学或综合性科学,在科学体系中占据重要的位置。除此之外,像突变论、耗散结构理论、协同学、模糊学、紊乱学、模型方法、仿真方法、设计方法等也都逐渐上升为"一般科学方法",在社会科学领域得到广泛的应用。为了容纳不断出现的方法科学,可将目前类无专属、具有一般科学方法论性质的学科,相对集中归类。属于科学研究的方法及总论方法科学的,归入"G304 科学研究的方法论";来源于社会科学的一般方法

论,归入"C03 科学的方法论";来源于自然科学的一般方法论,归入"N03 科学的方法论";其他通用方法,如哲学方法、历史方法、数学方法、生态学方法、经济学方法,以及各学科具体方法,均入有关各科。例如:

《方法学原理》,入 G304。

《对应论方法学》(包括相似方法、模拟与仿真方法、仿生设计、摄视设计方法等),入 N03。

《模糊论方法学》(包括模糊集合、模糊语文、模糊逻辑、模糊概率、模糊决策、模糊模式识别等)入 N03,在 O159 类下作互见。

"公司治理结构的理论"(由所有者、董事会和高级执行人员即高级经理人员三者组成的一种组织结构,据以对工商公司进行管理和控制的体系方法)入 F271.5。

"信息计量学"(包括目录计量学、文献计量学、情报计量学等)入 G250.252。

五、有些文献虽名为"××学",但并非一门学科

有些著述形象化地提出研究的问题,冠以"××学"的名称,其实不是一门学科。对此应根据文献的实际内容进行分类。例如:

《现代帝王学》(内容是论述领导艺术),入 C933。

《总统经济学》(内容为美国经济政策的制定),入 F171.20。

《厚黑学》,李宗吾著,内容为我国历代统治者"厚颜"、"黑心"地进行争权夺利的斗争的史料,入 K206(中国)史料,在 B825 个人修养作互见。另外,还有以"××厚黑学"为题的著作,应根据其实际的内容范围分别归入有关各类,例如:

《发财厚黑学》(侧重于企业经营)入 F270 企业经济理论和方法。

《求人厚黑学》(侧重于人际关系)入 C912.11 人际关系。

《商场厚黑学》(侧重于商业竞争)入 F713.5 市场与营销。

《军事厚黑学》(侧重于军事谋略)入 E8 战略学、战役学、战术学。

《政治厚黑学》(侧重于政治谋略)入 D0 政治学、政治理论。

还有诸如忍学、善学、缺德学、处世学、糊涂学一类的文献可归入 B825 个人修养。

第七节 文献分类工作程序

文献分类标引工作程序即文献分类工作流程,主要包括文献分类工作的基本环节:查重、文献审读、主题分析、归类、审校等。

一、文献分类查重

利用公务目录或机检索系统查明待分类的文献是否为已经入藏文献的复本、不同版本或分卷、分册等,包括不同译本、不同版次、不同卷次或续编、不同的载体形式等,然后分别不同的情况加以处理。其中"复本"的定义,各馆可自行规定,比如同一文献的不同装帧形式、同一版次的不同定价本(印次不同)可为复本。经查重后确认为新书,则进入下一流程。

查重工作是文献分类的第一步,不仅可保证同一主题文献归入相同的类,而且是同一文献的不同版本、不同卷册、不同载体能够集中分类排架或分类集中检索的重要措施,也可以避免重复劳动。

二、文献审读

文献分类,首先要查明文献的中心内容,即文献的研究对象及其学科或专业性质,弄清文献的写作目的、用途等,因此,需要审读文献。一般通过以下几种方法审读:

1. 分析题名(书名或刊名或篇名)

文献题名对主题分析有重要参考价值,一般是作者对文献中心内容的概括及写作目的的表达,但有时题名不能准确或直接反映文献的中心内容,因此,不能把题名作为主题分析的唯一依据。

2. 阅读文摘、内容提要

通过阅读提要、文摘、序、跋,浏览目次、文内标题、图表、附录、参考文献目录等,把握文献的概貌,明确文献的内容范围和重点,弄清写作目的、过程和编写的方法等。

3. 浏览正文

以上信息如不能满足主题分析的要求,还要浏览正文,以便进一步了解文献论述的范围、重点及其学科属性等。

4. 借助参考工具书或请教专家,弄清文献论述对象、研究方法及手段、学科属性等不清楚的概念。

三、文献主题分析

弄清了文献论述的中心内容,还要深入分析文献内容的组成要素,将其归纳成若干主题概念,再结合本馆的需求选择哪些主题因素予以标引,哪些不予标引。在主题概念分析提炼选择中,应注意区分文献所包含的主题的数量,可分为单主题与多主题。多主题文献应按文献内容概括范围,注意区分为整体主题与局部主题;单主题文献应按主题因素数量,注意区分单元主题与复合主题,根据不同主题类型采取不同的分类规则。除此之外,还应注意以下几点:

1. 注意隐含主题的分析。文献中明确表达出来的、较易进行辨别的主题为显性主题或概念,在主题分析中容易确定。但在文献中没有直接、明确表达出来,而是隐含在不同的字面形式中的主题或概念,在主题分析中容易遗漏。因此,应注意通过"由表及里"、透过现象看本质的分析方法,深入、全面地了解文献内容,确定其主题。

2. 注意区分主要主题与次要主题。主要主题是文献的中心主题,重点论述的内容。以中心主题确定的分类号,将作为检索工具的主要分类号,并用来编制分类排架的索书号。次要主题是文献非重点论述的内容,一般要根据文献检索系统的需要,确定是否予以揭示,即是否作互见分类、分析分类或综合分类。

3. 注意区分专业主题与相关主题。专业主题与相关主题是相对而言的,不同的检索系统对专业主题、相关主题有不同的选择。对某一专业文献情报单位来说,与其专业性质相一致的主题为专业主题,而对其他检索系统来说,可能是与其专业相关的主题。凡属专业主题,不管是主要还是次要主题、显性还是隐含主题都应予以揭示。

4. 在众多主题的确定和取舍过程中,要注意参考《中图法》类目的划分标准和引用次序。如果文献某主题因素没有被作为《中图法》的分类标准,那么《中图法》就不一定能专指地揭示该文献的主题。

四、归类

通过上述主题分析后,根据主题结构与类型、研究对象及研究的角度、文献的类型、检索系统的性质等选定文献主题的标引方式(综合标引、分析标引、互见标引等)予以归类。首先根据文献主要主题的学科属性,在分类表中选定与之相符的类目,确定分类号码,这是该文献的主要分类号。其次还要根据主题分析的结果,决定是否给出互见分类号、分析分类号或综合类号。

五、分类复核审校

文献分类在确定分类号和书次号后,应再进行复核检查,以保证分类的质量。复核检查包括文献主题分析的正确性、充分性,归入类目是否正确,分类号组合是否正确等。使用统一编目卡片或套录编目中心机读数据的,要对其分类号进行审核,以确定本馆是否采用,以及是否增加新的互见分类号或分析分类号等。

六、编制同类书的书次号

在确定文献分类号后,要进一步编制同类书的书次号,以便编制分类检索工具。馆藏文献如果采用分类排架,还需要构成索书号,索书号由排架分类号和书次号组成。

第八节　文献分类的质量管理

文献分类工作既具体、细密、繁杂,又要求有分类的系统性、连续性、一致性,是一项富有科学性和技术性的工作。只有科学有效地组织、规范化管理,才能保障文献分类工作的质量。文献分类质量管理,贯穿在文献分类工作的每个环节中,包括文献分类工作流程的制定,文献分类细则的制定,分类质量标准的制定,编目规章制度的制定,分类人员素质要求及业务培训等。

一、衡量文献分类质量的标准

文献分类质量标准是文献分类质量管理的依据,文献分类的质量标准可概括为:准确、一致、实用、兼容4个方面。

1. 准确:一是指文献主题分析要准确。要准确、全面、充分地分析出文献研究的对象及其学科专业属性,准确地判断主要内容与次要内容,提炼有价值的隐含内容和有检索意义的外表特征。二是指归类要准确。根据文献主题分析的结果,将其归入分类法恰切的类目,这要求能准确地把握类目体系及各个类目的内涵、外延。三是指组号要正确。当某种主题归入某一类目后,往往还要进行不同层次的仿分、复分、组配等细分,应保证最后获得的分类标识的准确性,否则前功尽弃。

2. 一致:一致是指不同分类人员或同一分类人员在不同时间对同一主题文献归类的一

致性,包括主题分析的一致、标引深度和标引专指度的一致、同一类型文献分类方法的一致等。

3. 实用:实用是指文献分类要有针对性,也就是将文献归入对完成本馆任务最有利的类。为此要考虑本馆的性质、服务范围、学科与专业特点、读者群的层次与需求特点等,结合文献写作的目的、宗旨,运用多种手段充分揭示文献中符合本馆读者需要的情报内容,使文献发挥最大的作用。

4. 兼容:兼容是指在强调准确、一致、实用归类的同时,还要把一般需要和特殊需要兼顾起来,把检索需要和藏书组织需要兼顾起来,把手工编目和计算机编目兼顾起来,把本馆需要和文献资源共享兼顾起来。

二、制定文献分类部门的规章制度和健全文献分类规范文档

文献分类工作高质量、高效率地进行,必须制定科学的规章制度和进行科学管理。除制定文献分类细则、确定合理的工作流程、岗位质量标准外,还要对分类人员进行合理分工,制定合理的数量管理目标,选择经验丰富、责任心强的标引人员担任分类标引结果审校工作。

建立文献分类规范文档,是从规范化、制度化方面保证文献分类质量的重要措施。规范文档记录本馆分类法不同版次的类目启用情况和它们之间的联系,本馆对某些类目修订的情况,丛书、多卷书分类的沿革,疑难主题的归属等,是分类查重,保证文献分类连续性、一致性的可靠依据。规范文档应有专门人员来维护管理,及时归纳、修改、补充。《中图法》第五版类目的"沿革注释",是建立规范文档的重要信息源。

三、对分类人员知识结构、能力结构的要求

文献分类人员素质是决定文献分类质量的重要因素。不同的单位、不同的分类工作流程,对分类人员的知识结构要求也不尽相同,比如公共图书馆和专业图书馆有所不同,按文献学科门类划分工作流程的与采用"一条龙"工作流程的有所不同。但是文献分类工作对分类人员有着共同的要求。

1. 要有较全面的图书情报学基础知识,这对深入理解文献分类在图书馆各个环节中的作用,搞好分类工作是十分必要的。

2. 要掌握文献分类、编目、检索的基础理论,熟练掌握文献分类的规则、技术方法,有较高的文献检索技能和利用工具书的技能;要熟悉《中图法》的体系结构、编制原则、类目含义、使用规则。

3. 熟悉本馆的目录体系、分类目录组织方法,熟悉本馆的藏书重点和特点,熟悉本馆读者的需求特点和检索特点。专业图书馆的分类人员还要了解不同时期本单位的科研动向和需求。

4. 要有较高的文化水平和广博的学科知识面,专业图书馆的分类人员还要精通一门专业知识。这是分类人员在主题分析过程中阅读文献、驾驭材料、把握重点、正确归类所不可缺少的条件。

5. 分类人员要有较强的逻辑分析、判断、归纳、综合的能力,以及独立解决问题的能力。

6. 外语、古汉语、计算机技术,也是分类人员必须掌握的。类分外文文献的至少要精通一门外语,类分古籍文献的要精通古汉语并具有广博的中国历史知识。

7. 分类人员应具有良好的职业道德和认真、踏实的工作作风。

对于一个图书馆的编目部门来说，人员的文化层次、知识结构要合理，大型图书馆应尽量多配备具有不同学科知识的人员从事文献分类工作。

分类人员本身需要不断提高业务水平，适应文献分类工作的需要。图书情报专业毕业的人员，要加强其他学科专业知识的学习；非图书情报专业毕业的人员，要加强图书情报学理论和技术的学习，不断优化自己的知识结构。所有文献分类人员都有一个知识更新问题、扩大知识面的问题，这都需要通过有计划的培训和自学来解决。分类工作本身也需要分类人员在实践中不断总结经验，积累知识，发现问题，研究和解决问题。

第六章 《中图法》各大类的分类方法

第一节 A 马克思主义、列宁主义、毛泽东思想、邓小平理论

一、本类体系结构说明

本类集中编列了马克思、恩格斯、列宁、斯大林、毛泽东、邓小平的全部文献,有关他们的传记、生平事迹等方面的著述,以及马克思主义、列宁主义、毛泽东思想、邓小平理论的学习和研究文献。有关中国共产党和其他各国无产阶级政党主要领导人的文献,在本大类中未予设置专门类目,他们的文献及其学习、研究方面的论著分别归入 D1/3 有关类目。他们的传记和生平事迹可分别归入 K827 和 K833/837 有关类目。

马克思主义的 3 个组成部分——马克思主义哲学、政治经济学、科学社会主义理论方面的论著分别归入 B0-0、F0-0 和 D0-0 各类。

本类类目序列为:

A1/5 马克思、恩格斯、列宁、斯大林、毛泽东、邓小平著作

7 马克思、恩格斯、列宁、斯大林、毛泽东、邓小平生平和传记

8 马克思主义、列宁主义、毛泽东思想、邓小平理论的学习和研究

"A1/5 马克思、恩格斯、列宁、斯大林、毛泽东、邓小平著作",首先按著作人分,然后分别按不同的编辑出版形式细分,其中单行著作再按写作年代划分,最后序列他们的著作汇编本。

"A7 马克思、恩格斯、列宁、斯大林、毛泽东、邓小平生平和传记",首先按著作人分,然后分别按传记生平的不同编辑体例细分。

"A8 马克思主义、列宁主义、毛泽东思想、邓小平理论的学习和研究",首先按著作人分,然后再按 A1/49 的次序序列类目,最后序列有关学习和研究"书目、索引"的类目。

二、本类修订要点

1. 推荐选择使用法。"若不集中 A 大类文献,可按文献性质及学科内容分散处理",即用户可以根据需要灵活处置,选择集中归类或分散归类。这是对马克思主义、列宁主义、毛泽东思想、邓小平理论相关著作的归类作出的重大调整。

2. 增加类目注释。在 A12、A22、A32、A42 下分别增设"A121/125 各时期单行著作"、"A221/227 各时期单行著作"、"A321/328 各时期单行著作"、"A421/426 各时期单行著作"。

3. "A81 马克思主义的学习与研究"下增加"马克思主义发展史入此",规范了马克思主义发展史相关著作的归类。

4. 类目互见取消"a"标志。在《中图法》第 4 版中明确规定,"马克思、恩格斯、列宁、斯

大林、毛泽东、邓小平的科学专著,均按学科内容,在有关类下作互见,用'a'加以标志",新版则取消"a"标志。如《列宁论图书馆》在本大类分类号为 A267,互见分类号为 G25(第 4 版为 G25 a)。

三、本类分类要点

1. A1/49 收马克思、恩格斯、列宁、斯大林、毛泽东、邓小平撰写的各类著作。类目表依其不同编辑出版形式设类,除全集、选集、单行著作,还包括书信、日记、函电、谈话、手迹、诗词、语录及专题汇编等。类分上述文献时,凡属某一学科的有关论著,在给出本类号码的同时,还应该按内容在有关学科类目作互见分类。例:

《哥达纲领批判》,马克思著,分类号为 A124(或 A122),互见分类号为 D04。

《反杜林论》,恩格斯著,分类号为 A124(或 A121),互见分类号为 B0-0。

《实践论》,毛泽东著,分类号为 A424(或 A423),互见分类号为 B023。

2. 六位无产阶级革命家的单行著作,类目表提供了两种不同的类分方法。一种是按历史时期划分细目、给号,另一种是依"A56 专题汇编"复分表分。各用户单位只可选择一种使用,不可两种方法并用。例:

《自然辩证法》,恩格斯著,分类号为 A124(或 A123),互见分类号为 N031。

《国家与革命》,列宁著,分类号为 A225(或 A224),互见分类号为 D0-0。

3. 六位无产阶级革命家的单行著作,当使用按年代区分的类目分类时,可根据需要,依据各书的写作完成时间,以四位阿拉伯数字编制书次号。具体编制方法如下:

(1)凡有明确写作完成时间的单行著作,其书次号的前两位数字用公元纪年的后面两位标记,后两位数字用写作完成的月份标记(用 01—12)。例:

《共产党宣言》,马克思、恩格斯著,该书著于 1942 年 5 月,分类号为 A424,书次号为4205,互见分类号为 I0。

(2)凡分卷、分册的著作,以第一卷(册)写作完成时间为取号依据。例:

《资本论》,马克思、恩格斯著,该书第一卷著作完成于 1867 年 7 月,第三卷著作完成于1893 年,该书分类号为 A123,书次号为 6707,互见分类号为 F0-0。

(3)凡写作年代不明且无据可查的著作,以最初发表的时间为依据。

4. 六位无产阶级革命家个人著作的专题汇编,他们之中两人及两人以上的著作专题汇编(不包括马克思和恩格斯的合著),以及他们与其他无产阶级革命家著作的专题汇编,分别入 A16、A26、A36、A46、A496 和 A56,再依据"A56 专题汇编"类目之下的专类复分表复分。例:

《列宁论图书馆》,北京大学图书馆学系编,分类号为 A267,互见分类号为 G25。

《毛泽东论党的建设》(语录),中共中央党校编,分类号为 A462,互见分类号为 D20。

《马克思、恩格斯、列宁、斯大林论宗教》,中国社会科学院宗教研究所编,分类号为A563,互见分类号为 B9。

《马恩列斯论妇女解放》(缩微品),全国民主妇女联合会筹备委员会编,分类号为A564,互见分类号为 C913.68、D440。

5. 六位无产阶级革命家主持编辑的著作,依内容的学科属性归入有关各类。例:

《苏联共产党(布)历史教程》,斯大林编,分类号为 D351.23。

《中国农村的社会主义高潮》,毛泽东主持编辑,分类号为 F321.2。

6. 马克思、恩格斯、列宁、斯大林、毛泽东、邓小平生平和传记

(1)本类除收六位无产阶级革命家的传记(含自传)、生平、事迹、回忆录外,还收有他们革命生涯的评论与研究、有关纪念文集以及年谱、年表、肖像、照片、画传、纪念地、故居、遗物等文献。例:

《马克思、恩格斯生平事业年表》,分类号为 A713、A723。

《毛泽东印象记》,许之桢编译,分类号为 A752。

《毛泽东画传:连环画珍藏版》,毛岸青、邵华主编,王素编文,王书朋等绘画,分类号为 A756,互见分类号为 J228.4。

《邓小平传》,(匈)巴拉奇著,阙思静、季叶译,分类号为 A761。

《邓小平画传》,人民美术出版社编,分类号为 A766。

《邓小平军事活动图集》(电子资源),北京世天多媒体信息系统有限公司制作,分类号为 A766,互见分类号为 E297。

(2)有关他们的文艺作品,如诗歌、小说以及绘画等入 I 文学、J 艺术有关类,属于研究他们思想理论的文献入 A8 等类目。例:

《列宁》(长诗),(苏)马雅可夫斯基著,分类号为 I512.25。

《毛泽东书法鉴赏》,万应均著,分类号为 J292.28。

(3)如果马克思、恩格斯、列宁、斯大林、毛泽东、邓小平的生平与传记为某一人物总传系列的一部分,原则上需按照人物总传进行归类,入"K812 人物总传:按时代分"或"K815 人物总传:按学科分",并作分析分类。例:

《世界历史名人画传:马克思》,曾卓撰文,金光远、王一定绘图,分类号为 K812,分析分类号为 A716。

7. "A8 马克思主义、列宁主义、毛泽东思想、邓小平理论的学习和研究"主要收有关该方面的综合研究著作、六位无产阶级革命家思想理论研究的著作,以及有关学习、研究六位无产阶级革命家原著方面的文献。凡属专题学术思想研究的文献,除入本类外,还应在有关学科作互见分类。例:

《毛泽东思想的发展》,陈达通主编,分类号为 A84。

《学习邓小平"科学技术是第一生产力"的理论》,柳期斌著,分类号为 A849.166,互见分类号为 F014.1;或者为 F014.1,互见分类号为 A849.166。

《马克思主义经典作家论艺术篇名索引》,谭祥辉编,分类号为 A853。

《毛泽东哲学研究》,杨焕章主编,分类号为 A841.63,互见类号为 B261;或者为 B261,互见分类号为 A841.63。

《〈毛泽东思想、邓小平理论和"三个代表"重要思想概论〉重点难点问题解答和练习》,郭幼茂,郑宪臣主编,分类号为 A84,互见分类号为 D610;或者为 D610,互见分类号为 A84。

《中国军事百科全书·毛泽东军事思想(学科分册)》,范震江主编,分类号为 A841.65,互见分类号为 E0;或者为 E0,互见分类号为 A841.65。

8. 凡属应用马克思主义的立场、观点、方法改造世界观的心得、体会,入 D6/7 有关各类(中国入 D641);凡属解决政治、军事、经济、文化、教育、科研、生产等实际问题的经验、体会方面的著作,应分别归入有关各类。例:

《在市场经济条件下更要加强世界观的改造》,邹连强著,分类号为 D641。

《邓小平军事理论与我军的现代化建设》,封瑞栋著,分类号为 E20。

《毛泽东军事思想与高技术条件下局部战争》,尚金锁等主编,分类号为 E835.8。

9. 研究马克思主义发展历史的著作,入"A81 马克思主义的学习与研究"。如专门研究某一国马克思主义发展历史,可按世界地区表进行复分。例:

《马克思主义发展史》,顾海良著,分类号为 A81。

《中国马克思主义发展史》,郭德宏主编,分类号为 A81(2)。

10. 用户可以根据需要对原 A 大类著作选择使用集中归类或分散归类方法。也就是说,既可以继续将马列著作集中归入 A 大类,也可以分散归属于其他大类之中。如果采用分散分类,上述各条规则中每一著作的互见号可以作为正式的分类号。例:

《哥达纲领批判》,马克思著,集中分类时的主分类号为 A124(或 A122),互见分类号为 D04。分散归类时分类号应为 D04。

《自然辩证法》,恩格斯著,分类号为 N031。

《毛泽东哲学研究》,杨焕章主编,分类号为 B261。

《马克思、恩格斯、列宁、斯大林论宗教》,中国社会科学院宗教研究所编,分类号为 B9。

《学习邓小平"科学技术是第一生产力"的理论》,柳期斌著,分类号为 F014.1。

分散分类时,A7 马克思、恩格斯、列宁、斯大林、毛泽东、邓小平生平和传记,有关他们的文艺作品入 I 文学,J 艺术有关类,其他一般可归入 K 大类下的 K82、K833/837 的有关传记类目。

《马克思、恩格斯生平事业年表》,分类号为 K851.6 = 5。

《毛泽东画传:连环画珍藏版》,毛岸青、邵华主编,王素编文,王书朋等绘画,分类号为 K827 = 7,互见分类号为 J228.4。

《列宁》(长诗),(苏)马雅可夫斯基著,分类号为 I512.25。

第二节　B 哲学、宗教

一、本类体系结构说明

哲学是自然科学知识和社会科学知识的概括和总结,宗教是一种社会历史现象,社会意识形态之一。本类将哲学和宗教编列为一个类组,序列在 A 大类之后。本类包括 4 个范围的内容:

B0 哲学理论。包括马克思主义哲学、哲学基本问题、辩证唯物主义、历史唯物主义、哲学流派及其研究。

B1/7 世界及各国哲学。包括各国哲学研究和哲学史,这部分内容依次按地区、国家、时代分,然后列出各时代的主要哲学家。

B80/84 哲学范畴的各专门学科。包括思维科学、逻辑学、伦理学、美学和心理学。

B9 宗教。包括对宗教的分析和研究、宗教理论与概况、神话与原始宗教、世界各主要宗教、术数、迷信。

二、本类修订要点

《中图法》第 5 版对本类修订幅度较小。在"B01 哲学基本问题"下增补了"B016.98 意识论";在世界和各国哲学中停用"马克思主义哲学的传播和发展"类目,同时在世界和各国"现代哲学"增加"马克思主义哲学的传播和发展入此"注释,中国哲学仍保留"B27 马克思主义哲学在中国的传播和发展";将"B821.2 非共产主义人生观"更改类名为"其他人生观、人生哲学","B824.2 友谊与同志关系"更改类名为"社会交往公德","B824.3 公共秩序及纪律"更改类名为"公共生活秩序","B841.4 实验法"更改为"实验心理学、实验法";在"B849 应用心理学"下增设了"B849.1 心理咨询与心理辅导",并规范其使用方法;在"B825 个人修养"下增补了 3 个下位类,在"B972 教义、神学"下增补了 7 个下位类,在"B975 布教、传道、仪注"下增补了 2 个下位类;在"B98 其他宗教"下增设了专类复分表,供 B981/989.3 其他各宗教及 B976.1/.3(基督教)各种宗派细分时使用。

三、本类分类要点

1. 关于"B0 哲学理论"文献的分类

(1)凡综合论述哲学理论的文献,如哲学概论、哲学原理、哲学大纲等均入 B0。总论马克思主义哲学及总论辩证唯物主义和历史唯物主义的文献入 B0-0。凡属于哲学理论的专题论著应按内容分别归入 B01/038 有关各类。例:

《马克思主义哲学基本原理》,卢兴隆著,分类号为 B0-0。

《辩证唯物主义和历史唯物主义》,艾思奇主编,分类号为 B0-0。

《存在和意识》,鲁宾斯坦著,分类号为 B016.98。

《英雄人物与历史》,萧穆著,分类号为 B038。

(2)"B08 哲学流派及其研究"只收有关世界性哲学流派的总论性文献,专论某一哲学流派及其研究的文献入 B081/089.3;专论各国的哲学流派及其哲学家的著作入 B2/7 有关类目;凡某一国家的哲学思想影响到并使其形成另一国家的哲学流派,应归入受影响国家哲学。例:

《世界哲学流派概要》,周子欣编,分类号为 B08。

《马赫主义批判》,陈元晖著,分类号为 B082。

《十八世纪法国唯物主义》,葛力著,分类号为 B565.2。

《日本的朱子学》,朱谦之著,分类号为 B313.3。

(3)各专门学科的哲学理论文献,均分别归入各有关学科。如"E0-02 军事哲学"、"G02 文化哲学"、"I0-02 文学的哲学基础"、"J0-02 艺术的哲学基础"、"K01 史学的哲学基础"等。例:

《教育哲学》,范绮著,分类号为 G40-02。

《科学哲学的历史》,陶俞村著,分类号为 N02。

《历史哲学:关于历史性概念的哲学阐释》,韩震、孟鸣岐著,分类号为 K01。

《艺术哲学》,王德峰著,分类号为 J0-02。

2. 关于 B1/7 世界各国哲学文献的分类

(1)总论世界及跨两洲以上地区哲学史、思想史、哲学思想上唯物主义与唯心主义论争的文献,以及有关哲学著作汇编、哲学思想研究汇编入"B1 世界哲学"类。一洲之内某一地区或某一国家的上述文献均入 B2/7 有关各类。例:

《哲学史》,(美)施维辛格著,分类号为 B1。

《西欧哲学史》,黄孟欢著,分类号为 B56。

《中国思想小史》,常乃惪撰,分类号为 B2。

(2)总论马克思主义哲学在世界传播与发展的文献入 B15;专论某一地区或某一国家马克思主义哲学传播与发展的文献分别归入各国现代哲学。马克思主义哲学在中国传播与发展的文献入 B27。例:

《战后马克思主义哲学的发展》,蔡迅编著,分类号为 B15。

《李大钊与马克思主义哲学在中国的传播》,蒋冠齐著,分类号为 B27,互见分类号为 B261。

《中国哲学的现代追寻:马克思主义哲学中国化的过程与机制》,杨谦著,分类号为 B27。

(3)类目表对古代和近代各国哲学家代表人物均依据他们的国籍和生卒年代顺序编列专类,各哲学家类下包括他们的哲学著作集、综合性哲学著作、思想评传,以及对他们的综合性哲学著作研究、哲学思想的评论研究著作。例:

《培根论文集》,(英)培根著,分类号为 B561.21。

《理想国》,(希腊)柏拉图著,分类号为 B502.232。

《孟子评传》,罗根译著,分类号为 B222.55。

《论语评注》,贺广生注,分类号为 B222.22。

《司马迁与阴阳家》,王明信著,分类号为 B227.5。

(4)凡属一个哲学家评论、研究、注释其他哲学家著作和哲学思想的文献,均入被评论研究的哲学家类目,并以原著作人的类目(古代、近代哲学家类目)作互见分类。例:

《墨子校释》,梁启超著,分类号为 B224.2,互见分类号为 B259.1。

《庄子解》,(清)王夫之著,分类号为 B223.52,互见分类号为 B249.2。

《康德哲学论述》,(德)黑格尔著,分类号为 B516.31,互见分类号为 B516.35。

(5)各国哲学家的哲学领域专著(包括哲学史、哲学基本问题研究、对哲学流派和人物的评论,以及逻辑学、伦理学、美学、心理学、宗教方面的文献),均分别归入哲学类有关类中,并以该哲学家类目作互见分类。例:

《欧洲哲学史》,(德)黑格尔著,分类号为 B5,互见分类号为 B516.35。

《穆勒名学》,(英)穆勒著,分类号为 B812,互见分类号为 B561.42。

《黑格尔法哲学批判》,马克思著,分类号为 A121,互见分类号为 B516.35、D903。

(6)各国哲学家的其他学科著作,均分别归入有关学科,并以该哲学家类目作互见分类。例:

《罪与罚》,(俄)赫尔岑著,分类号为 I512.44,互见分类号为 B512.42。

《微积分》,(法)笛卡尔著,分类号为 O172,互见分类号为 B565.21。

(7)除各国现代哲学家外,凡类目表未编列专号的各国哲学家的著作,一律归入著者所在国家相应时代哲学的"其他"类。例:

《张栻与宋代理学》,卢钟锋著,分类号为 B244.99。

《王国维与叔本华哲学》,陈元晖著,分类号为 B259.9。

《生命洪流的奔涌:对狄尔泰哲学的叙述、分析与批评》,陈锋著,分类号为 B516.59。

(8)各国现代哲学家的著作,属于哲学著作集、思想评传和对他们思想评论的著作,分别归入各国现代哲学有关类目;属于哲学基本问题,研究、评论世界哲学流派的著作归入 B0 有关类;属于哲学史的著作,分别归入 B1/7 世界各国哲学。例:

《艾思奇哲学选集》,艾思奇著,分类号为 B261。

《艾思奇的哲学思想》,孙凯之著,分类号为 B261。

《辩证唯物主义纲要》,艾思奇著,分类号为 B02。

《大众哲学》,艾思奇著,分类号为 B0。

《二十世纪哲学》,(英)艾耶尔著,分类号为 B151。

3. 关于哲学领域专门学科文献的分类

(1)"B80 思维科学"内容包括思维规律和思维方式等问题,凡属宏观研究与综合论述这些学科内容的著作入此,凡属专论性著作入有关各类。例:

《思维,地球上最美丽的花朵》,韩民青著,分类号为 B80。

《思维科学与美学》,刘玉华著,分类号为 B80-05。

《思维与汽车维修》,胡建军编著,分类号为 U472。

《创新思维法》,杨雁斌编著,分类号为 B804.4。

《钢琴演奏中的艺术思维》,冯毅著,分类号为 J624.1。

《中国艺术思维史》,金丹元著,分类号为 J120.9。

(2)"B81 逻辑学(伦理学)"内容包括辩证逻辑、形式逻辑、哲理逻辑和应用逻辑等。属于数学分支学科的数理逻辑(符号逻辑)和概率逻辑也在本类目下设交替类目。应用逻辑在本类只收总论性著作,凡属在某一方面应用的著作入有关各类。例:

《亚里士多德的辩证思维思想》,曾庆福著,分类号为 B811.07,互见分类号为 B502.233。

《模糊逻辑与模糊推理》,刘叙华著,分类号为 B815.6。

《辩证逻辑与形式逻辑》,何维著,分类号为 B811,互见分类号为 B812。

《存在逻辑的基本概念:存在》,翟麦生著,分类号为 B815.9。

《逻辑的力量在于应用》,刘永凯著,分类号为 B819。

《科学逻辑学》,(法)贝尔塔著,分类号为 N03。

(3)"B82 伦理学(道德哲学)"包括伦理学哲学基础、伦理学与其他科学的关系、伦理学流派及其研究,以及关于人生观、人生哲学、国家道德、家庭婚姻道德、社会公德、个人修养等方面的文献。有关道德的社会问题、道德教育等方面的文献应分别归入 C、D、G 等类。

《现代科学与伦理世界:道德哲学的探索与反思》,张华夏著,分类号为 B82。

《论伦理精神》,张康之著,分类号为 B82。

《学校道德教育生态论》,乔学斌著,分类号为 G410。

《农村留守儿童道德问题研究》,张梅著,分类号为 D669.5。

(4)"B822.9 职业道德(工作道德)"只收总论工作作风、工作态度等职业道德一般性问题的文献,凡属专业工作道德宜入有关各类。例如:商业服务道德入 F718;医务人员工作道德入 R192。但如愿意集中分类,可启用交替类目"[B822.98]专业工作道德",采用组配法标引。例:

《职业道德面面观》,张裕聪著,分类号为 B822.9。

《环境伦理学》,宋丹春编著,分类号为 X24。

《论图书馆的职业道德》,赵树敏著,分类号为 G251.6 或 B822.98: G251.6。

(5)"B823 家庭、婚姻道德"只收有关家庭和婚姻、恋爱、两性关系等方面的伦理学文献;属于社会生活与社会问题等方面的理论文献入 C913;属于某一国家或地区有关此类社会生活与社会问题等方面的文献入 D5/7 有关类。例:

《论婚姻道德》,贾士钧著,分类号为 B823.2。

《婚姻与社会》,甄杰书著,分类号为 C913.13。

《市场经济下我国婚姻道德的变化》,王槐奎著,分类号为 D669.1。

《社会变革与婚姻家庭变动》,王跃生著,分类号为 D669.1。

(6)"B825 个人修养"收有关个人修养方面文献,包括个人修养格言、青少年修养、女性修养等方面的文献。格言、名言警句入 H033.3。

《处世名言大观》,刘应时辑,分类号为 B825.1。

《修养圣经:成就人生的法则》,唐颖编著,分类号为 B825。

《内在修养气质女人》,赵宏佳、刘颖编著,分类号为 B825.5。

《青年生活与修养问题》,向绍轩著,分类号为 B825.4。

《名人格言》,崔钟雷主编,分类号为 H033.3。

(7)"B83 美学"主要包括美学流派及其研究、美学与社会生产、美学与现实社会生活等,艺术美学在此也设置了交替类目。凡属上述内容的美学总论性文献入本类,专论某一学科或专业的美学文献分别入有关各类。例:

《虚实范畴的美学价值》,寸悟著,分类号为 B83-0。

《社会美的古代形态》,邹华著,分类号为 B834.4。

《产品美学》,李芒编著,分类号为 B832.3。

《汽车美学》,郑庭芦著,分类号为 U462。

《生活美与心灵美》,华林枫著,分类号为 B834.3。

《模特美》,晓阳著,分类号为 TS942.5,互见分类号为 J064。

(8)"B84 心理学"主要收普通心理学方面的文献。凡有关心理学研究方法、心理过程与心理状态、发生心理学、发展心理学(人类心理学)、生理心理学、变态心理学、病态心理学、超意识心理学、个性心理学(人格心理学),以及总论人的信息加工、人工智能心理学等方面的文献均入此类。例:

《心理暗示的负作用》,吴恒忠著,分类号为 B842.7。

《直觉和想象》,胡敏中著,分类号为 B842.2。

《次声对小鼠记忆的破坏作用》,崔秋耕著,分类号为 B843.2。

《心理承受力与心理疾病》,徐方著,分类号为 B845,互见分类号为 R749.92。

《逆反心理的疏导》,雷九夏著,分类号为 B846。

《心理能力的个性差异》,林崇德著,分类号为 B848.8。

《实验心理学》,朱滢主编,分类号为 B841.4。

《心理学实验的设计与报告》,(英)彼得哈里斯著,分类号为 B841.4。

(9)"B844 发展心理学(人类心理学)"只收正常的人类心理学文献,不同人群的心理咨询与辅导入此,属于变态、病态心理的文献除儿童变态心理外,均应归入 B846 有关类。本类按年龄、性别等不同的分类标准列类,涉及多重分类标准的文献,应依论述的重点分,不易区分的,可采用"最后编号法"标引,在其他相关类互见。例:

《青少年变态心理的特征》,黄志坚著,分类号为 B846,互见分类号为 B844.2。

《儿童攻击性行为的原因与矫治》,季浏著,分类号为 B844.14。

《超常儿童智力活动的特点》,刘玉华著,分类号为 B844.13。

(10)"B849 应用心理学"只收总论应用心理学的文献,凡专论心理学在某一方面应用的文献则宜入有关各类,但如愿意集中于此,可用冒号组配编号法处理。例:

《读者心理学》,夏来复著,分类号为 G252.0 或 B849:G252.0。

《女大学生心理学》,马期民著,分类号为 G444,互见分类号为 B844.5。

《幼儿教育心理学》,刘凤莲、宋洁主编,分类号为 G44 或 B849:G44。

(11)"B849.1 心理咨询与心理辅导"只收总论心理咨询与心理辅导的文献,专论入有关各类,不同人群的心理咨询与辅导入 B844 有关各类,不同环境的心理咨询与辅导入 B845.6 有关各类,心理治疗与心理卫生入 R395 有关各类,学生心理咨询与辅导入 G444。例:

《实用心理治疗与心理咨询:叙述的基础》,坦塔姆著,分类号为 B849.1。

《心理咨询的理论模式》,傅荣著,分类号为 B849.1。

《重庆市中学生心理咨询需求的现状与对策研究》,张琴著,分类号为 G444。

《西方心理治疗理论的哲学思考》,朱唤清等著,分类号为 R493。

4. 关于宗教文献的分类

(1)"B91 对宗教的分析和研究",只收有关总论各种宗教的综合性研究文献,专论某一宗教的研究文献入有关各类。关于无神论的文献入此。例:

《宗教的科学研究》,(美)英格著,分类号为 B91。

《中西无神论比较研究》,丁郁著,分类号为 B91。

《沙漠教父的苦修主义:基督教隐修制度起源研究》,许列民著,分类号为 B978。

《佛学研究》,(法)普纪吕司基等著,分类号为 B948。

(2)"B92 宗教理论与概况"收有关宗教理论、宗教组织和宗教教育、世界各国宗教概况,以及宗教史、宗教地理等总论性文献,各种宗教的理论、宗教组织、宗教史的文献分别归入 B94/98 有关各类。有关各国宗教事务、宗教政策等方面的文献则分别入 D635 和 D73/77 有关各类(建议加例)。例:

《市场经济条件下宗教的社会功能》,王仲义著,分类号为 B920。

《生态和平与自然神学》,安希孟著,分类号为 B921。

《关羽现象和儒、释、道三教》,蔡东洲著,分类号为 B929。

(3)"B93 神话与原始宗教"收关于神话起源、流传、研究,以及原始宗教的文献,凡属用神话写成的文艺作品应分别入 I、J 有关各类。例:

《女娲神话研究史略》,杨利慧著,分类号为 B932.2。

《女娲的传说》(神话故事),范高鹏著,分类号为 I277.5。

《中国古代的月崇拜》,熊飞著,分类号为 B933。

(4)B94/98 收有关佛教、道教、伊斯兰教(回教)、基督教和其他宗教的经文、戒律、布教、宗派、组织活动、建筑、宗教历史、宗教人物传记等各方面的文献。对宗教建筑遗址的考古研究和对宗教建筑美术考古的文献入 K85/87，从地理角度介绍宗教建筑的文献入 K9 有关类。例：

《向知识分子介绍佛教》，于凌波著，分类号为 B94-49。

《张三丰考略》，韩一得著，分类号为 B959.92。

《新约全书》，分类号为 B971.2。

《论隐秘的上帝》，(希)尼古拉·库萨著，分类号为 B972.2。

《旧约神学研究》，岳清华编著，分类号为 B972。

《加尔文的实践神学：做向著上帝而活的基督徒》，刘清虔著，分类号为 B975。

《基督教在中国的传播》，万宗田著，分类号为 B979.2。

《天台观的历史》，朱西中著，分类号为 B957.242。

《宝鸡名胜：金台观》，宝鸡市博物馆编，分类号为 K928.75。

《东宁县境内发现三处宗教建筑遗址》，曾一智著，分类号为 K878.6。

《日本神道研究》，王金林著，分类号为 B981.8。

《印尼爪哇岛印度教神庙研究》，吴杰伟、王妍著，分类号为 B982.7。

《犹太教末世论的演变及其本质》，刘美英著，分类号为 B985.3。

(5)"B99 术数、迷信"主要收有关阴阳五行学说、占卜、命相、堪舆(风水)，以及巫医、巫术等方面的文献。有关阴阳五行的哲学文献入 B227，有关宣传破除迷信的文献入 B917。例：

《瑶族神符》，赵永旺著，分类号为 B992.5。

《数与术数学》，俞晓群著，分类号为 B992。

《〈周易〉与风水相宅》，刘天华著，分类号为 B992.4。

《易经探源》，施管卿著，分类号为 B221.5。

《商人与占卜》，秋枫著，分类号为 B992.2。

《古代东方相命术》，秦苏铁著，分类号为 B991-091.981。

《甲骨卜辞中"贞人"考辨》，谢耘著，分类号为 K877.14。

第三节　C 社会科学总论

一、本类体系结构说明

本大类包括两部分内容：C0/7 是总论社会科学的共性区分问题，按总论复分表所编列的类目序列。C8/97 是具有社会科学属性并带有普遍性的综合性学科类目，包括统计学、社会学、人口学、管理学、民族学及文化人类学、人才学、劳动科学等。此外，本大类编列了交替类目[C94]系统科学。上述这些学科均按学科自身的体系序列类目。

二、本类修订要点

1. 新增"C79 非书资料、视听资料"，并下设了"C791 缩微制品"、"C792 录音制品"、

"C793 感光制品、录像制品"、"C794 机读资料"、"C795 网络资源"等 5 个三级类目,用于收录有关总论性的非书资料、视听资料。

2. 在"C91 社会学"的"C912 社会结构与社会关系"类目下,增设了"C912.11 人际关系"、"C912.12 个人社交礼仪"、"C912.13 个人社交语言"、"C912.15 各类型人的人际关系"等 13 个下位类,并在"C916 社会工作、社会管理、社会规划"下增设了"C916.1 社会政策与管理"和"C916.2 社会工作、公共服务"两个下位类目。

3. 在"C933 领导学"增设了"C933.21 领导思想"、"C933.22 领导方法、领导艺术"等 4 个下位类目。

4. 将文化人类学从"C91 社会学"类下分出,独立设为"C958 文化人类学",并增设了[C958.1 世界各种族、民族研究]、[C958.8 专科文化人类学]两个交替的下位类目。

三、本类分类要点

1. 总论性社会科学文献的分类

"C0/79"包括了总论社会科学具有共性区分的文献,即内容涉及全部或多个社会科学学科的文献。凡属于社会科学或人文科学领域中的某一专门科学的文献入有关各类。例:

《社会科学方法》,朱红文著,分类号为 C03。

《心理学研究方法》,黄希庭主编,分类号为 B841。

《当代中国人文社会科学学科发展丛书》,分类号为 C12。

《和谐社会视界中的四川社会科学社会团体》,王大均主编,分类号为 C232.71。

《人文素质教育基础教程》,徐兆东等编著,分类号为 C43。

2. 具有社会科学属性的综合性学科文献的分类

(1)"C8 统计学"收统计学理论、统计方法及世界各国统计资料汇编等文献,关于专类统计学及专类统计资料汇编入有关各类。例:

《统计调查方法及其应用》,周鼎权主编,分类号为 C811。

《医学统计学》,李君荣等主编,分类号为 R195.1。

《南京统计年鉴》(2009),陈刚主编,分类号为 C832.531-54。

(2)"C91 社会学"收有关社会结构和社会关系、社会生活、社会问题与社会保障、社会利益、社会调查与社会分析、社会工作、社会管理、社会规划等方面的文献;专论世界各国社会结构与社会关系、社会生活、社会问题与社会工作的文献入 D5/7 有关各类。专科社会学研究文献入有关学科类目。例:

《比较社会学》,包智明著,分类号为 C91-03。

《发展社会学》,张琢等著,分类号为 K02。

《设计艺术社会学》,张梦著,分类号为 J06-05。

《人学思潮前沿问题探究》,沈亚生著,分类号为 C912.1。

《我的人学》,池田大作著,分类号 B821。

《实用社交口才》,周旋旋主编,分类号为 C912.13。

《公关社交口才》,马银文著,分类号为 C912.33。

《构建自己的人际关系网》,许长荣编著,分类号为 C912.11。

《礼物的流动——对初中生社会关系网络的探究》,李正彪著,分类号为C912.15〈733〉,

互见分类号为 G635.5。

（3）"C916 社会工作、社会管理、社会规划"下分"C916.1 社会政策与管理"、"C916.2 社会工作、公共服务"两个子目。这里要注意区分社会管理、公共行政与社会行政三者的区别。社会管理是针对整个社会的，关注整个社会的协调运行，从事社会管理的是政府及其综合管理部门；公共行政则涉及社会的公共领域，诸如公共安全、交通、教育等，关心的是全体公民的公共福利，公共行政的承担者是与公共福利有关的政府部门及其下属机构；社会行政涉及的是社会问题的一部分，它属于社会工作领域，关心的主要是社会弱势群体的合法利益，其承担者是社会福利行政机关及社会福利机构。例：

《社会行政》，王思斌主编，分类号为 C916.1。

《公共行政学》，竺乾威主编，分类号为 D035-0。

《卓有成效的社会管理》，（美）彼得·德鲁克著，分类号为 C916。

《公共管理案例》，徐雪梅主编，分类号为 D035-3。

（4）论述社区服务、社区工作的入 C916.2；社区经济入 F290；社区安全入 X956；社区养老入 C913.6；社区公共服务入 C916.2；社区文化入 G240。例：

《社区经济论》，叶金生著，分类号为 F290。

《中国城市社区经济研究》，林凤祥著，分类号为 F299.22。

《社区安全保卫》（以中国社区为研究对象的），分类号为 D631.4。

《生活安全指南》，陈莉、陈仪编著，分类号为 X956。

《中国城市社区养老服务研究》，李海洋著，分类号为 D669.6。

《北京公共服务发展报告》（2009—2001），张耘主编，分类号 D625.1。

（5）"C92 人口学"汇集了人口学理论与方法论、人口统计学、人口地理学、人口与计划生育、世界各国人口调查及其研究等文献。有关生殖健康与计划生育卫生与方法的入 R169，总论人类优生学的文献入 Q987，专论入有关各类。例：

《人口理论概要》，分类号为 C92-0。

《中国人口思想史稿》，吴申元著，分类号为 C92-092。

《邓小平人口思想学习研究》，章锡贵主编，分类号为 A849.164，互见分类号为 C92-0。

《中国城乡人口迁移研究》，卢向虎著，分类号为 C922.2。

《中国人口与计划生育大事要览》，杨魁孚等编写，分类号为 C924.2。

《计划生育实用技术》，分类号为 R169.4。

《现代优生学》，刘高金主编，分类号为 Q987。

《临床遗传与优生学基础》，田廷科主编，分类号为 R394，互见分类号为 R715。

《环境优生学》，安笑兰主编，分类号为 X24。

（6）"C93 管理学"收管理学一般理论、管理技术与方法、咨询学、领导学、决策学、管理计划和控制、管理组织学、应用管理学等总论方面的文献。专论将管理学应用于某学科、领域的理论与技术方法的文献入有关各类。如果愿意将各种应用管理学集中于此类，可用组配编号法。例：

《管理伦理学》，苏勇著，分类号为 C93-052。

《公共管理伦理学》，张康之著，分类号为 B82-051。

《医院管理伦理学》，赵增福等主编，分类号为 R197.32-05。

《中国咨询业发展报告》,分类号为 C932.82。

《领导干部的形象设计》,邢树军著,分类号为 C933.41。

《与官员谈领导决策》,史为磊著,分类号为 C934。

《公共项目的经济评价与决策》,邵颖红著,分类号为 F062.4。

(7)"C95 民族学、文化人类学"收有民族起源与发展、民族社会形态与社会制度、民族性和民族心理、文化人类学等方面的理论研究和一般性论述的文献。有关民族独立、殖民地问题理论入 D06;有关世界各国的民族概况、民族工作和民族问题研究的文献入 D5/7 有关类目。例:

《民族社会学和人类学应用研究》,何群著,分类号为 C954,互见分类号为 Q98。

《华人心理学》,陈烜之编,分类号为 C955.2。

《文化人类学概论》,周大鸣主编,分类号为 C958。

(8)"C96 人才学"收总论人才学理论、人才培养与人才选拔、人才预测与人才规划、人才管理、人才智力开发、世界各国人才调查及其研究等方面的文献。凡属总论国家行政管理下的人力资源管理(包括:官制、考核奖惩等)的文献入 D035.2;凡属专论某一国家或地区行政机关人事管理方面的文献入 D5/7 有关类目;人才市场入 F241.23;专门人才学入有关各类。例:

《创新素质与人才发展》,冯培等编著,分类号为 C961。

《人际交往与人才发展》,贺淑曼等编著,分类号为 C96,互见分类号为 C912.1。

《国际化人才战略与开发:首都国际化人才发展论坛文集》,孟秀勤主编,分类号为 C964.2-53。

《中美军队人才培养制度比较研究》,孙成平等著,分类号为 E0-059。

《民营企业人才管理实务与案例》,孙亚等编著,分类号为 F279.232.92。

《公共部门人力资源管理》,吴肇基主编,分类号为 D035.2。

(9)"C97 劳动科学"包括劳动科学基础理论、总论职业培训、劳动社会学、劳动计量学等方面的文献;各专业职业培训入有关各类;有关劳动心理学、劳动经济学、劳动法学、劳动关系学、劳动管理学、劳动安全、劳动卫生、劳动统计学、社会保障学等方面的文献,无论总论或专论均入有关各类。例:

《劳动价值学新探》,晏智杰著,分类号为 F014.2。

《劳动力市场经济学》(美国),霍夫曼著,分类号为 F241。

《中职毕业生劳动市场研究》,朱宁洁等著,分类号为 G718.3,互见分类号为 F241.2〈733〉。

《国外农民的职业培训》,丁志宏编著,分类号 G725。

第四节　D 政治、法律

一、本类体系结构说明

本大类将政治与法律汇编成一个类组。所收文献内容范围涉及阶级、阶层、种族、民族、

政党、社团、国家、社会政治、国际关系、司法等各种问题。类目设置概括为六部分:

D0	政治学、政治理论
1/3	国际共产主义运动、共产党
4	工人、农民、青年、妇女运动与组织
5/7	世界及各国政治
8	外交、国际关系
9/DF	法律

D0 按照政治学和政治理论两个方面列类,包括了政治理论、比较政治、公共行政、公共政策等。D1/3 列出国际共产主义运动,按历史时期划分;再分别列出中国及各国共产党,然后按方面或问题划分。D4 分别按工人、农民、青年、妇女列类,各类划分为理论、世界、中国、各国 4 个部分,在各国之下再按问题划分。D5/7 世界和各国政治,按国区分,各国类目下再按政治制度的模式、政治形式、国家行政管理、社会结构、社会生活或者问题区分。D8 分为国际关系理论、国际关系、各国外交三方面列类,国际关系按组织机构、国际问题、国际条约、国际关系史区分;各国外交按外交政策、对外关系、外交专门问题、条约、外交史区分。

D9 法律第一分类体系在列出法学理论、法学各部门总论性类目之后,首先按国区分,各国之下再按法律类型区分。DF 法律第二分类体系在列出法学理论和世界各国法律(总论)之后,首先按法律类型分,其次按文献的体例分,最后使用国家的标准区分。

二、本类修订要点

1. 根据学科和文献的变化,增设新类。如在"D035 国家行政管理"类目下增加了"D035-0 行政学、公共管理学"、"D035-3 公共管理与政府管理方法"、"D035-39 政府管理信息化建设"、"D035.29 公共安全管理"等类目,并按照理论、世界、中国、各国的体例,分别在 D523、D63、D73/77 下相应列类;增设"D610 中国革命和建设的理论体系"及 4 个下位类,并将"D610.0 毛泽东思想"、"D610.1 邓小平理论"设为交替类目,一方面便于处理该内容的大量文献,另一方面满足 A 大类分散处理文献的需要(参见 A 大类说明)。

2. 通过修订类名和增加注释,进一步明确了类目含义和对主题概念的界定,或扩大类目外延。如将"D035.1 国家行政机构"改为"D035.1 国家行政机构与管理体制"并增加注释;将"D041 民主革命与社会主义的关系"改为"D041 无产阶级革命理论",并将原来的 3 个同位类并入 D041,改为注释;将"D923.2 物权"改为"D923.2 物权法"、将"D923.3 债权"改为"D923.3 债权法"、将"D923.4 知识产权"改为"D923.4 知识产权法",以扩大类名概念的外延;在"D035.29 公共安全管理"类下,用注释明确了"公共危机(应急)管理入此";在"D035.4 监察、监督"类下,增加注释"总论反腐败、反贪污、反受贿的国家行政监督制度研究入此";在"D633.1 民族事务与民族问题"类下,增加注释"民族矛盾、民族冲突、民族分裂等问题入此。具体政治事件入 D65 有关各类"等。

3. 法律类修订重点在理顺和扩充"D90 法学理论"和"D91 应用法学"的体系,以适应时代的发展变化,容纳各种总论性文献。如增补"D904.6 英美法系、大陆法系";新增"D912.7 人权法"、"D912.8 传媒法、信息法";将青少年、妇女、老年人、残疾人等的权益保护调整于"人权法";将新闻、出版、广播、电视等相关法律调整于"传媒法、信息法";加细"D913.99 商法",并为照顾已编文献,将"D913.994 信托、信贷法"、"D913.995 保险法"、"D913.996 证券法、票据法"设为交替类目;在"D916 司法制度"类下,增设"D916.4 司法监督";在"D917 犯罪学"类下,增设"D917.7 犯罪类型"等。

4. 调整或修改复分仿分规定,以适应文献分类的需求。如将原"D911 国家法、宪法"的细目移至"D91 法学各部门"类下,以容纳涉及多个法学部门的有关文献;将 D921/925 中国法律各部门的专类复分表的适用范围扩大至 D926。

三、本类分类重点

1. 政治理论文献的分类

(1)"D0-0 科学社会主义理论(总论)"是马克思主义的 3 个组成部分之一,本类只收总论性文献,包括总论共产主义理论的文献。凡关于无产阶级革命、无产阶级专政和无产阶级政党的专门论著均分别入 D04、D053 等类目。例:

《社会主义与共产主义》,张一编著,分类号为 D0-0。

(2)有关马克思主义的社会主义民主、民主与专政、民主与集中、自由与纪律的文献入 D046;凡属于其他政治观点有关"民主"的文献入 D082,从法律角度论述"民主"的入 D902。例:

《社会主义与自由》,李洪林著,分类号为 D046。

《民主是一种现代生活》,蔡定剑著,分类号为 D082。

《法治文明与公平正义》,全国博士后管理委员会著,分类号为 D902。

《乡镇党内民主发展的新探索》,杨继荣著,分类号为 D262.11。

(3)有关政党理论及总论无产阶级政党、资产阶级政党的一般性论著入"D05 政党理论";有关共产党、工人党的组织及其活动的文献入 D1/3;有关各国政党的文献入 D5/7 有关各类。例:

《政党学基础》,吴其良主编,分类号为 D05。

《马克思主义党学》,赵云献著,分类号为 D053。

《美国共产党的社会主义理论与实践》,丁淑杰著,分类号为 D371.2。

(4)总论民族独立、解放,民族自决、民族平等与民族团结、殖民地问题、战争与和平,以及国际主义与爱国主义等问题的论著入 D06/069 有关类目;有关民族学的文献入 C95;有关世界各国民族概况、民族工作、民族政策、民族问题的文献入 D5/7 有关各类;世界及各国民族史志入 K1/7 有关各类。例:

《自决权理论与公民投票》,王英津著,分类号为 D063。

《族际政治在多民族国家的理论与实践》,陈建樾主编,分类号为 D562。

《民族与民族主义》,施正峰著,分类号为 C95。

《民族主义》,(美)里亚·格林菲尔德著,分类号为 D091.5。

《社会主义初级阶段的民族矛盾研究》,唐鸣著,分类号为 D633.1。

《法兰克人史》,(法兰克)格雷戈里著,分类号为 K565.8。

2. 共产主义运动及各国共产党文献的分类

(1)论述国际共产主义运动的文献入 D1 有关各类。注意本类与历史类的区别,如论述巴黎公社的伟大意义及历史经验等文献入 D13,论述其史实的文献入 K565.44。

(2)"D2-0 中国共产党的领导人著作"及"D33/37 各国共产党"类下专类复分表中的

"－0党的领导人著作"，专收各国共产党各时期领导人（参见"6. 政论文献分类"的（1））的著作全集、综合性著作、文集及其研究的文献。这些人的专题著作与个别著作按其内容入有关各类。例：

《李大钊全集》，李大钊著，分类号为 D2-0。

《周恩来选集》，中共中央文献编辑委员会编，分类号为 D2-0。

《薄一波书信集》，薄一波著，分类号为 K827＝76。

《江泽民同志〈论科学技术〉学习导读》，本书编写组编，分类号为 G322.0。

3．"D4 工人、农民、青年、妇女运动与组织"主要收入理论、概况、世界及各国的运动与组织以及有关工人、农民问题研究的文献。工人运动史、农民运动史入 K1/7 有关各类；青年及学生运动史、妇女运动史方面的文献入 D43/44 有关各类，但成为重要历史事件的史实，如"五四运动"史等归入历史有关类；论述青少年问题、妇女问题的文献，如青少年社会生活及问题、妇女社会生活及问题均入 C913 有关各类。例：

《工运理论与实践探索集》，包信宝著，分类号为 D410。

《湘西土家族苗族自治州工人运动简史》，孙剑霖主编，分类号为 K296.42。

《中国妇女运动百年简史》，肖扬主编，分类号为 D442.9。

《妇女就业·中国实践》，张春林主编，分类号为 D669.2，互见分类号为 D442.7。

《现代女性学概论》，黄蓉生主编，分类号为 C913.68。

《五四运动与现代中国》，丁耘主编，分类号为 K261.107。

《男孩女孩成长手册》，廖莉琴主编，分类号为 D432.64，互见分类号为 C913.5。

4．思想政治教育文献的分类

总论思想政治教育学、思想政治教育方法论、思想政治教育史、思想政治教育心理学、比较思想政治教育、思想政治教育案例分析等均入 G41；总论某国思想政治教育的文献入 D6/7 各国政治类；专论工人、农民、青年、妇女思想政治教育的文献入 D41/44 有关各类；专论学校思想政治教育的文献入 G4/7 教育类；专论中国共产党党员、共青团员思想教育的文献入 D2 有关各类；专论各行各业思想政治教育、精神文明建设的文献分别入有关各类。上述各类也包括有关先进人物、英雄模范事迹的文献。例：

《今日道德教育》，（法）路易·勒格朗（Louis Legrand）著，王晓辉译，分类号为 D41。

《思想政治教育与近代社会变革》，李德芳著，分类号为 D64，互见分类号为 D693.79。

《思想政治教育史》，蔡有法等著，分类号为 D64-09。

《中国共产党思想政治教育史》，许启贤主编，分类号为 D261.1。

《新疆交通行业文明建设研究与实践》，王新华主编，分类号为 F712.754。

《我们的榜样》，山东省文明办编写，分类号为 D648。

《宁夏精神文明建设年鉴》（2009），分类号 D674.3-54。

5．世界及各国政治文献的分类

（1）凡论述第二次世界大战以后的有关文献入"D5 世界政治"及"D73/77 各国政治"，论述第二次世界大战以前的属于政治制度方面的文献分别入"D59 世界政治制度史"及"D73/77 各国政治"，并依专类复分表中"9 政治制度史"复分；属于世界及各国政治历史发展方面的文献分别入"K1 世界史"及"K3/7 各国历史"有关类目。

"D6 中国政治"主要收论述 1949 年以后的有关文献，其中包括关于台湾省政治的文献。凡此之前的属于政治制度方面的文献应入"D69 政治制度史"（见第 8 条），属于政治历史发展方面的文献入"K2 中国历史"类。例：

《国际政治学要论：国际政治态式与战略应对》，戴德铮著，分类号为 D5。

《反思 2008：挑战中国的重大突发事件》，王宏伟著，分类号为 D630.8。

《中国人事管理史》，林新奇著，分类号为 D69。

《中华民国政治制度史》，黄志仁著，分类号为 D693.2。

《台湾的中产阶级》，严泉、陆红梅著，分类号为 D675.861。

《论美国的民主》，（法）托克维尔著，分类号为 D771.221。

《英国应急管理：体系、方法与借鉴》，李雪峰著，分类号为 D756.133.9。

（2）在"D523 行政管理"的类目下增设了公共管理与政府管理方法、公共政策管理、政府管理信息化建设和公共安全管理等下位类，并在 D63、D676.58/.59、D73/77 设置了相应类目。（属于社会公共安全理论的文献入"D035 国家行政管理"，属于世界各国公共安全状况的文献入 D5/7 世界各国政治概况有关类目，属于各行业安全问题的文献入有关各类。）例：

《现代公共管理概论》，张勤等著，分类号为 D035-3。

《中国公共管理的重大理论与实践创新》，唐铁汉主编，分类号为 D63-3。

《新时期中国公共政策汇编》，分类号为 D601。

《当代中国公共政策实证研究》，范明林等主编，分类号为 D63-31。

《中国公共安全管理概论》，战俊红著，分类号为 D630.8。

《为了校园的平安：上海高等学校公共安全管理》，黄伟灿主编，分类号为 G647.4。

《社区及家庭公共安全管理实务》，杨桂英著，分类号为 D669.3。

《家庭安全知识百问》，荣明礼等编著，分类号为 X956。

（3）"D50 世界政治概况"的下位类目，采用两种不同划分标准，遇有兼论性文献，归入编列在前的类目。例：

《当代第三世界透视》，中国现代国际关系研究所第三世界研究中心编，分类号为 D501。

《现当代西方大战略理论探究》，李枬著，分类号为 D502。

《现代资本主义研究》，吴健著，分类号为 D509。

（4）关于世界政治概况与地理概况的区分。有关国家政治、经济概况和对国家政治形势或国家社会问题的综合论述入 D5/7 世界各国政治；总论国家的山川、风土人情、政治、经济的地理著作入"K9 地理"，前者侧重于政治概况的介绍，后者侧重于对国家全面情况的阐述，不易区分的则归入地理类。例：

《日本印象》，康健著，（本书侧重介绍日本政治概况）分类号为 D731.30。

《德国》，顾俊礼编著，（本书全面介绍德国概况）分类号为 K951.6。

6. 政论文献的分类

（1）"D60 政策、政论"收国家领导人、政治活动家的著作全集、社会政治著作选集。同时是国家领导人又是中国共产党领导人（党的主席、副主席、总书记或政治局常委以上）的著作入 D2-0。国家领导人，一般指国家副主席以上、人大副委员长以上、政府副总理以上、中央军委副主席以上、政协副主席以上的领导人。例：

《宋庆龄选集》，宋庆龄著，分类号为 D60。

（2）中国政策文献汇编、国家领导人的讲话及其阐述入"D601 方针、政策"；一般性政论（国内对中国政治的评论）入"D602 政论"；国内对港、澳、台的政治评论入 D675.8、D676.58/.59 有关各类；《人民日报》等中央主要报刊社论汇编入"D609 报刊社论"（单篇社论依其内容学科属性入有关各类）；国内外关于中国政治的综合性评论入 D690.9；台湾、香港、澳门地区对中国政治的综合性评论入 D609.91；无论国内、国外，凡属专题性评论均依其内容入有关各类。例：

《中国决策白皮书》，北京国际城市发展研究院编著，分类号为 D601。

《改革岁月建言集》，郭促著，分类号为 D602。

《人民日报社论选：1978.12-2009.10》，分类号为 D609。

《中国很高兴：全球视野下中国时代的来临与前瞻》，巩胜利等著，分类号 D609.9。

《和谐春秋：中国改革开放三十年和谐之旅》，胡应南、纪鸿鹏著（此书是作者在香港《镜报》上发表时事评论的汇编），分类号为 D609.91。

《海峡两岸关系 60 年图鉴》，余克礼等主编，分类号为 D618。

（3）各国国家的政策及其阐述、政治评论、国家领导人的言论集、就职演说等，入"D73/77各国政治类"，用专类复分表中的"09"复分。例：

《引爆激情：奥巴马演讲集》，薄士德编，分类号为 D771.209。

《日本新保守主义战略研究》，李秀石著，分类号为 D731.309。

（4）"D610 中国革命和建设的理论体系"包括总论中国特色社会主义理论体系、毛泽东思想、邓小平理论、'三个代表'重要思想以及科学发展观等重大战略思想。对此理论体系的阐述、研究文献入"D610 中国革命和建设的理论体系"。对中国特色社会主义研究的文献入"D616 中国特色社会主义建设问题"（4 版中，'三个代表'重要思想以及科学发展观等重大战略思想的文献主要归在 D616）。例：

《中国特色社会主义理论体系渊源研究》，余信红等著，分类号为 D610。

《和谐社会：中国社会发展新理念》，曹文彪主编，分类号为 D610.3。

《人民共和国六十年与中国模式》，潘维、冯雅主编，分类号为 D616。

7. 台、港、澳政治文献的分类

有关台湾省政治方面的文献，入"D675.8 台湾省（政治）"，再仿"D693 民国时代政治"分：有关港澳地区政治方面的文献，分别入"D676.58 香港特别行政区（政治）、D676.59 澳门特别行政区（政治）"，再依专类复分表分。台、港、澳政治文献，均包括辛亥革命以后著述与出版的文献。例：

《台湾的政治民主化》，陈鸿瑜著，分类号为 D675.82。

《台湾青少年问题与对策》，分类号为 D675.895。

《中国香港：政治与文化的视野》，强世功著，分类号为 D676.580。

《香港中产阶级研究》，于铭松著，分类号为 D676.586.1。

《澳门公共行政研究》，黄传发等著，分类号为 D676.593.1。

8. 中国各时代政治制度的文献入"D69 中国政治制度史"。凡属 1911 年以前，即清朝灭亡以前政治制度方面的文献入"D691 清、清以前政治"；凡属于民国时期（1911—1949 年）政治制度方面的文献入"D693 民国时代政治"；1949 年以前，解放区政治制度方面的文献入

"D696 新民主主义政治"。例：

《盛唐政治制度研究》，吴宗国主编，分类号为 D691.2。

《中国古代三百六十行》，王水福主编，分类号为 D691.92。

《清末民初中国城市社会阶层研究》，李明伟著，分类号为 D691.71，互见分类号为 D693.71。

《民国职官年表》，刘寿林等编，分类号为 D693.63。

《二十世纪三四十年代的晋陕农村社会：以张闻天晋陕农村调查资料为中心的研究》，岳谦厚、张玮著，分类号为 D693.79。

《中国新民主主义社会研究》，刘芳、张高臣著，分类号为 D696。

9. 外交、国际关系文献的分类

（1）"D80 外交、国际关系理论"收外交政策、外交行政、外交特权等方面的理论性文献，以及总论各国外交政治的文献。专论某一国外交政策、外交行政等方面的文献入"D83/87 各国外交"。例：

《外交谱系与外交逻辑》，姜安著，分类号为 D80。

《变化中的对外政策政治》，(英)希尔著，分类号为 D801。

《国际公共关系导论》，刘智勇著，分类号为 D802.2。

《涉外礼仪》，金正昆著，分类号为 D802.2。

《现代外交特权与豁免问题研究》，黄德明著，分类号为 D803。

《21 世纪中国外交战略》，陈洁华著，分类号为 D820。

《美日同盟：过去、现在与将来》，(美)迈克尔·格林、(美)帕特里克·克罗宁著，华宏勋等译，分类号为 D871.22，互见分类号为 D831.32。

（2）"D81 国际关系"收总论国际关系的文献，包括国际组织与国际会议、多国之间的关系、国际性问题、国际条约等。凡属某一国家与其他国家之间关系问题的文献入"D83/87 各国外交"有关类目；属于中国以外其他两国关系的文献，可依重点入主要阐述的国家，根据需要对另一个国家作互见分类；属于中外关系的文献，均入"D82 中国外交"中的有关类目。例：

《国际多极格局走向》，尚书著，分类号为 D81。

《大国对外援助：社会交换论的视角》，丁韶彬著，分类号为 D812。

《世界热点纵横》，刘名扬著，分类号为 D815。

《人质解救与特种部队》，李伟、欧阳立平主编，分类号为 D815.5，互见分类号为 E156。

《改变世界的 100 个条约》，王一今编著，分类号为 D816。

《欧盟中东政策研究》，汪波著，分类号为 D850.0，互见分类号为 D815.4。

《美国对华政策50年》，冈栋俊、陈友著，分类号为 D822.371.2。

《南海问题文件汇编》，吴士存主编，分类号为 D823。

《北京对外交流与外事管理研究报告》，吴建民主编，分类号为 D827.1。

（3）在论述各国之间关系的文献中，凡属专论军事、经济、文化等某一方面关系的文献入有关各类。例：国际军事条约入 E163，中国对外金融关系入 F832.6，中国对外体育关系入 G812.78。

（4）各国外交史、对外关系史与各国历史的区分：凡属论述某一国家对外关系、对外政策、外交谈判、缔结条约或协定等外交活动的历史文献入外交类有关类目;凡属论述国家间社会政治关系史,如战争史等文献入"K1/7 世界各国历史"类。例:

《美国对外关系史散论》,王晓德著,分类号为 D871.29。

《近现代国际关系史研究》,徐蓝主编,分类号为 D819。

《大棋局:中美日关系风云五十年》,吕乃澄、周卫平主编,分类号为 D829.712,互见分类号为 D829.313。

《中日战争史研究:1931—1945》,胡德坤著,分类号为 K264。

10. 法律文献的分类

(1)"D90 法律理论(法学)"收有关法学的一般理论、法的历史类型和法系、法学史和世界法制史等方面的文献。关于法学各部门的理论文献入 D91,有关各国法律和法制史的文献入 D92/97 的有关类目。例:

《法学基础理论》,张浩主编,分类号为 D90。

《法律伦理学》,李建华等著,分类号为 D90-053。

《法律社会心理学》,戴健林著,分类号为 D90-054。

《罗马法原论》,周柟著,分类号为 D904.1。

《孔子的法律思想探微》,俞荣根著,分类号为 D909.225。

《资本主义的法律基础》,(美)约翰.R.康芒斯(John R. Commons)著,寿勉成译,分类号为 D904.3。

《大陆法系与英美法系代理制度的比较》,范悦明著,分类号为 D904.6。

《比较法学》,刘兆兴主编,分类号为 D908。

《中国法制史》,曾宪义等编著,分类号为 D929。

(2)"D91 法学各部门"收跨洲多国法律综合汇编、各种法的理论及多国一种法律的汇编、司法制度、犯罪学、刑事侦查学、法医学理论与技术的文献。检察官法、法官法、律师法、公证法、监狱法、劳动教养法的文献分别归入 D916、D926 司法制度有关各类,警察法入"D912.1 行政法"(中国的警察法入"D922.1 行政法"下的"D922.14 公安管理法")。例:

《宪法学基本理论》,张庆福主编,分类号为 D911.01。

《世界各国宪法汇编》,中国科学院法学研究所编,分类号为 D911.09。

《行政法学总论》,应松年,朱维究编著,分类号为 D912.101。

《物权法比较研究》,吴道霞编著,分类号为 D913.204。

《渎职罪疑难问题研究》,缪树权著,分类号为 D914.393.04。

《刑事证据规则研究》,王伯庭等著,分类号为 D915.313.04。

《民事诉讼法学》,蔡虹著,分类号为 D915.201。

《监狱学基础理论》,夏宗素主编,分类号为 D916.701。

《犯罪心理学》,罗大华等编著,分类号为 D917.2。

《司法鉴定学教学大纲》,邹明理主编,分类号为 D918.9-41。

《常见中毒的法医学鉴定》,胡炳蔚、刘明俊编著,分类号为 D919.4。

(3)D92/97 各国法律先按国分,再按法律类型分。主要收各国颁布的法律、法令、司法制度、法制史,以及各国法律的理论、历史、学习、研究、解释、案例、汇编等方面的文献。各国古代法制总论及古代法律综合汇编入各国法制史,凡属各时代的专门法及其研究方面的文

献入各国法律的有关类目。例:

《当代中国法律热点问题研究》,詹福满主编,分类号为 D920.4。

《国旗法国徽法基本知识》,徐秀义等著,分类号为 D921.34。

《中华人民共和国审计法释义》,《审计法释义》编写组编,分类号为 D922.275。

《亲属法》,杨大文编,分类号为 D923.9。

《刑讯逼供罪》,王钢平主编,分类号为 D924.34。

《中华人民共和国最高人民检察院公报》,中华人民共和国最高人民检察院办公厅,分类号为 D926.31。

《湖南法令汇编》,湖南省人民委员会办公厅编,分类号为 D927.640.9。

《中国法制史新编》,陈晓枫主编,分类号为 D929。

《英国信托法原理与判例》,何宝玉著,分类号为 D956.122.8。

(4)国际法是国际公法和国际私法的总称,是世界各国之间共同确立的法律准则,除国籍法外都不具有国家的属性,故在"D99 国际法"下均按各种国际法的内容列类,只有移民法和国籍法按国家区分。例:

《国际法原理》,雷松生著,分类号为 D990。

《国家主权:理想与现实》,孙建中著,分类号为 D992。

《领土边界事务国际条约和法律汇编》,中华人民共和国外交部条约法律司编译,分类号为 D993.2。

《平时国际法》,苏义雄著,分类号为 D994。

《战时国际法》,郑斌编,分类号为 D995。

《国际税法原理》,陈大钢著,分类号为 D996.3。

《国际刑法问题研究》,林欣主编,分类号为 D997.9。

《中外国籍法》,平江九思氏编,分类号为 D998.8。

《外层空间法:当代立法的经验》,(波)曼弗莱斯·拉克斯著,分类号为 D999.1。

(5)DF 为法律类第二分类体系,首先以法的类型集中文献,主要供法学、法律专业单位选择使用。其中"DF0 法律理论(法学)"、"DF792 犯罪学"、"DF793 刑事侦查学"、"DF794 司法鉴定学"、"DF795 法医学"、"DF9 国际法"的编列类目体系与第一分类体系基本相同,文献分类方法也相同。

DF2/75 是各部门法,这也是法律类第二分类体系的特色。其分类的基本方法是:首先根据文献的内容归入某种法,其次依本类所设的专类复分表分,最后如有必要再依世界地区表、中国地区表进行国家区分。在组号时需要注意的是:

①由于 DF2/75 各种法的类目又有不同层次的划分,当某文献归入其上位类号后,需依专类复分表分时,应先在主类号后加"0",再依专类复分表分,以便与其下位类号区分开来。例:

《行政管理法理论》,分类号为 DF310。

《行政法讲义》,分类号为 DF304,(不能给号为 DF34)。

《行政法基本判例》,分类号为 DF305,(不能给号为 DF35)。

②当某文献归入某种法后,如需进行国家、地区区分时,可依世界地区表分,中国再依中国地区表分,需用地区区分符号( )标识。例:

《行政法汇编》(欧洲),分类号为 DF301(5)。

《行政管理法》(美国),分类号为 DF31(712)。

第五节　E 军事

一、本类体系结构说明

军事科学是研究战争和战争指导规律的科学。战争是政治的继续,军事为一定的政治目的服务,因此将本大类序列在"D 政治、法律"大类之后。其编制结构如下:

E0　　军事理论

E1/7　世界各国军事

E8　　战略学、战役学、战术学

E9　　军事技术

E99　军事地形学、军事地理学

"E0 军事理论",除军事学史外均按学科内容划分,不进行国家区分。"E1/7 世界各国军事",首选按国家、地区划分,再按问题或方面列类,军事史序列在最后。E8/9 是军事的学术和技术类目,均按学科内容列类,不进行国家区分。"E99 军事地形学、军事地理学",先列出总论性的军事地形学和军事测绘学,军事地理学和军事地图按国家、地区区分。

二、本类修订要点

1. 完善、调整部分类目体系、类目隶属关系

(1)调整和修订《中图法》第四版有关军事各分支学科的类目体系,增设上位类目"E07 军事分支学科",将原类目"E07 军事管理学"的类目注释"总论军事管理、军队管理的著作入此"改为"E07 军事分支学科";增设类目"E074 军事装备学";增设类目"E079 其他"以容纳其他军事分支学科。

(2)完善军事各项业务工作的基本类目体系,增设"E145 军事装备工作"及其子目,将原类目"E117 军事装备输入与输出"归为其下位类,并增加类目注释。相应地在中国军事和世界军事类下均作类似处理。将"生产建设工作"的类号由"E24"改为"E249"。

(3)扩充中国军事史、战史有关类目的子目。如:"E297.2 土地革命战争时期(1927～1937 年)"、"E297.3 抗日战争时期(1937～1945 年 8 月)"、"E297.4 解放战争时期(1945 年 8 月～1949 年 10 月)"、"E297.5 社会主义革命和社会主义建设时期(1949 年以后)"等。

(4)与"TJ761/762 各种导弹"的划分标准对应,对"E927 火箭、导弹"进行多重列类,扩展细目。

2. 增设军事学科新的主题内容类目。如:增设"E11-39 信息化建设、新技术的应用"、"E155.9 天军(航天部队)"、"E866 高技术战争"、"E935 声学武器"、"E936 气象武器"、"E94 军事指挥信息系统"等新类目。

3. 修改、规范类名

将类名"E150 合成军"改为"E150 合成部队"、"E157 公安部队、武警部队"改为"E157

武警部队"、"E159 民兵"改为"E159 民兵、预备役部队"。相应地在中国军事和世界军事类下均作类似处理。

"E20 建军理论"改为"E20 军事理论"并修改类目注释;将原类目"E224 部队基层工作"改为"E224 组织工作",并以类目注释的方式将部队基层建设工作归入其中;修改类目"E233 军需勤务与国防物资储备"为"E233 军需勤务、军事物流仓储"并修改其注释;"E234 军事运输勤务"改为"E234 军事交通运输勤务";"E235 兵站勤务"改为"E235 基建营房勤务"并增加注释,"E271.5 防化学兵"改为"E271.5 防化兵"。

将"E817 核威慑战略"改为"E817 核战略"、"E822 登陆与抗登陆战役"改为"E822 陆军战役"、"E827 合同战役"改为"E827 联合战役"、"E828 核反击战役"改为"E828 战略导弹部队战役"、"E864 星球大战"改为"E864 太空战",并修改或增加相应的类目注释。

4. 增加、修订类目注释,明确或扩大类目包含的内容范围

增加"E071 军制学"、"E163 军事条约、协定"、"E296.5 各军、兵种"、"E823 海军战役"、"E925.25 深水炸弹"等的类目注释。

修改"E263 干部制度、人事管理"、"E266 军法、军纪"、"E267 军队标识"、"E271.1 步兵"、"E271.9 其他兵种"、"E289.58 台湾"、"E844 空军战术"、"E87 军事情报与军事侦察"、"E932.4 爆破器材、爆破技术"等的类目注释。

三、本类分类要点

1. "E0 军事理论"主要收一般军事理论、战争理论、军事哲学、军事相关科学、军事分支学科、各军兵种建设理论,以及军事学史、军事思想史等方面的文献。各国军事理论入 E2/7 各国军事类,战略、战役、战术文献入 E8 有关各类。例:

《刘伯承军事文选》,分类号为 E0。

《孙子军事哲学的思想渊源》,吴荣正著,分类号为 E0-02。

《军事心理学》,冯正直主编,分类号为 E0-051。

《空军在现代战争中的作用》,贺庭章著,分类号为 E08,互见分类号为 E154。

《未来战争的数字化部队》,保震中著,分类号为 E08,互见分类号为 E866。

《制空战略》,(美)赫尔姆顿,分类号为 E818。

《李自成军事思想简论》,傅玉璋著,分类号为 E092.48。

2. "E1 世界军事"除收录军事政策、军事建设与战略、军事制度、军事教育与训练、军事组织与活动、军事史等方面的总论性文献外,还收相关的军事理论文献,如军事演习理论、军事制度理论、司令部工作、政治工作、后方勤务、军事装备工作等。例:

《西方国防经济运行特点》,库桂生著,分类号为 E11(195.6)。

《世界各国国防制度》,(日)大平善梧等主编,分类号为 E12。

《参谋人员的心理素质培养》,韩先和著,分类号为 E141.2。

《美俄核威慑战略的演变》,张现杰著,分类号为 E817。

《军事训练场地选择》,张英辰著,分类号为 E13。

《登陆战役后勤组织指挥》,袁源著,分类号为 E144,互见分类号为 E822。

《21 世纪单兵装备展望》,张罡著,分类号为 E151。

《北约的战略调整》,黄长根著,分类号为 E161(196.1)。

《军事领域的五次革命》,岳岚著,分类号为 E19。

《第二次世界大战中的重要战役》,蔡国恒著,分类号为 E195.2。

《军事装备采办风险管理》,白凤凯编著,分类号为 E145。

《外国军队信息化建设的理论与实践》,王保存编著,分类号为 E11-39。

3. 中国军事文献的分类

(1)"E27(中国)各种武装力量(各军、兵种)"类下,先编列了"E270 合成部队",按部队建制列类,次编列 E271/277 各军兵种,同时设置供上述类目复分的专类复分表。分类的基本方法是:先根据文献内容归入 E270 或 E271/277 有关类,次仿 E270 分,再依专类复分表分。组号时需要注意的是:陆军、海军、空军 3 个上位类仿 E270 分,或依专类复分表分时,需在主类号后先加"0",再仿分或复分;E271/277 各类目如需跨越 E270 仿分阶段,直接依专类复分表分时,属跨越复分,应先在主类号后加"0",再依专类复分表分。例:

《中国集团军的后勤保障》,分类号为 E270.1。

《中国步兵连的进攻与防御》,分类号为 E271.164.1。

《中国步兵的进攻与防御》,分类号为 E271.104.1。

《中国陆军战史》,分类号为 E271.009。

(2)台湾军事入"E289(中国)地方军事"类下的 E289.58,主要收 1949 年以后台湾军事方面的有关文献。如需细分,可仿 E3/7 类下的专类复分表的 0/5 分。凡属 1949 年以前的国民党军队的有关文献,入"E296 民国军事史(1911~1949)"有关类目。例:

《透视台湾的军事实力》,章扬定著,分类号为 E289.58。

《空军》,(台)国防研究院图书馆编,分类号为 E289.585.4。

《国民党十大特种部队》,谭笑、李虹燕著,分类号为 E296.5。

4. 关于军事学史(军事思想史)、军事史(战史、建军)与战争史的区分:军事学史是论述军事理论和军事思想的发展史,入 E09;军事史是论述历次战争中战略、战役、战术的历史,包括战斗中英雄事迹、军队建设成长的历史,入 E1/7 有关类目;战争史是对战争的历史记述,是从政治、经济、社会发展角度探讨和阐明战争的起因和经过,以及评述战争所反映的阶级矛盾和社会矛盾的历史史实的著作,入 K1/7 有关各类。例:

《当代外国军事思想史》,刘善继等编著,分类号为 E091。

《鸦片战争》,姚薇元著,分类号为 K253。

《左宗棠新疆屯兵述略》,冯乃武著,分类号为 E294.9。

《新四军征途纪事》,马洪武著,分类号为 E297.32。

5. "E8 战略学、战役学、战术学"只收战略、战役、战术的理论和方法方面的文献。"E83 战术学"下使用多重列类法编列类目,涉及多重分类标准的文献依论述的重点分,不易区分重点的,可使用"最后编号法"标引。"E841 陆军战术"只收总论性文献,专论入 E831/839.2 各类;E843/847 则集中这些军兵种的战术学文献。有关世界各国及各军兵种战略、战役、战术理论和方法方面的文献入 E1/7 各国军事;有关各国军事史中历次战役方面的文献入各国军事史;有关古代战略、战术方面的文献入 E89。例:

《高技术条件下的局部战争》,朱奎玉著,分类号为 E8。

《心理战战略》,永青著,分类号为 E81。

《城市防卫战役的作战原则》,吴小平著,分类号为 E82。

《边境反击战役火力瘫痪战》,赵建中著,分类号为 E82。

《对高寒地防御之敌进攻战斗的基本战法》,刘正刚著,分类号为 E834,互见分类号为 E835.5。

《轻装步兵夜间进攻战术》,(美)胡克著,分类号为 E835.1。

《美军登陆战役的组织》,泰世忠著,分类号为 E712.53。

《计算机病毒与未来作战》,赵伟著,分类号为 E866。

《区域侦察技术》,(美)道赫蒂著,分类号为 E87。

《白话孙子兵法》,沈扬编,分类号为 E892.25。

6. "E92 武器、军用器材"只收关于武器和军用器材的使用、操作、保养、维修及其技能训练等方面的文献。凡属于总论武器装备、维护、保管等方面的文献分别入世界各国军事后方勤务有关类目。凡属有关武器原理、设计、结构、材料、制造工艺、测试、储运、销毁等以及兼论使用、维修等方面的文献,其中常规兵器、导弹、核武器入"TJ 武器工业",军用飞机制造与维修入"V271.4 军用飞机(战机)",军用舰艇制造与维修入"U674.7 军用舰艇(战舰)"。关于古兵器的考证和研究入"K85 文物考古"。例:

《怎样爱护和保养武器》,一兵编写,分类号为 E92。

《导弹设计原理》,(美)洛克著,分类号为 TJ760.2。

《美国远程战略轰炸机发展道路分析》,唐长红主编,分类号为 V271.44。

《中国古兵器论丛》,杨泓著,分类号为 K875.8。

7. E95/99 军事工程、军事通信、军事地形学,只收各种工程、技术在军事上应用的专论性文献,凡某种工程、技术本身应归入有关各类。例:

《野战筑城》,张海亭等编著,分类号为 E951.1。

《战术电台同频双工通信》,廖民强著,分类号为 E962。

《军事与地形》,姜春良著,分类号为 E991。

《地形图绘制》,週有虞著,分类号为 P284。

《火控系统模块化工作》,高端军著,分类号为 E933.6。

《军用机场管理》,何书秦著,分类号为 E954。

第六节 F 经济

一、本类体系结构说明

经济学是研究人类在社会物质资料的生产、交换、分配与消费等过程中的各种经济关系和经济活动规律的科学。本大类包括四部分:

F0 经济学,包括经济学的各种基本理论,马克思主义经济学和西方经济学理论的主要研究对象和分支,经济思想史、经济学各学派等。

F1 世界各国经济概况、经济史、经济地理,包括全球经济、各国经济概况,以及经济史和经济地理。

F2 经济管理,包括经济管理范畴的各种理论、方法。其中审计、劳动经济和人力资源、物流经济、产业经济、企业经济、城市经济和房地产经济等类目还包括各国概况。

F3/8　部门经济，包括了农业经济、工业经济、信息产业经济、交通运输经济、旅游经济、邮电通信经济、贸易经济、财政和金融等各不同经济活动领域的理论、各国概况等。

二、本类修订要点

经济类是本版修订幅度较大的大类，大约新增类目230多个，删除停用类目140多个，修改类名、增补注释等类目500多个。

1. 增设类目。全面增补新主题及研究热点问题。如在经济理论增设了总论西方经济学的类目"F0-08 西方经济学（总论）"；在"F1 世界各国经济概况"的相关类下增设"F114.32 经济安全"、"F125.7 国家经济安全"、"F123.82 工商行政管理"等；在"F20 国民经济管理"下增设"F209 涉外经济管理"；在"F231 会计业务"下增设"F231.7 出纳"；新增"F26 产业经济"及其一系列下位类；在"F719.5 娱乐业"下增设"F719.52 博彩业、彩票业"；在"F72 中国国内贸易经济"下增设"F726.9 服务业"等。

2. 扩充类目体系。如在"F014 经济范畴"类目下增加"F014.8 经济波动与周期"及"F014.82 经济危机与经济泡沫"、"F014.84 滞涨理论"2个下位类；在"F014.4 收入与分配"下增加4个下位类；在"F271 企业体制"类目下，增加"F271.1 企业体制改革"、"F271.2 企业产权及其交易与转让"等5个下位类；在"F293.3 房地产经济"下增设"F293.34 房地产开发与经营管理"，并在"F293.33 房地产管理"和"F293.35 房地产市场"下增加若干细目；将原有"F49 信息产业经济"类目扩充为较为完整的一个类目体系，并将第四版"F407.67 自动化技术、计算机工业"中的"软件业"和"F626.5 电信网络建设与服务企业"中的"通信网络企业、网络服务商（ISP）、网络经营管理、网址管理"改入"F490.6 企业组织与管理"；在"F59 旅游经济"下增设了不同级别的下位类；将"F713.8 广告"的下位类扩充至8个，并增加若干细目；在"F840.4 保险业务"下增设了保险营销、保险会计、保险中介业务、保险核保、理赔、保险精算等5个类目。

3. 调整部分类目体系、类目隶属关系和类目级别。如将四版的"F243.2 劳动分工与协作"、"F243.3 劳动定额"、"F243.5 劳动纪律、生产责任制"3个类目，以注释形式改入"F243.1 劳动组织与管理"，并将腾出的类目改作新类"F243.2 人力资源规划、职位分析与设计"、"F243.3 人员招聘、选拔与考评"、"F243.5 激励制度"；将"F272 企业计划与经营决策"改为"F272 企业管理（总论）"，将"企业管理理论"、"企业文化、企业形象"由F270中抽出移至F272-0和F272-05，并调整与增设下位类，形成包括企业战略管理、经营管理、知识管理、现代化管理、行政与组织管理、生产管理、营销管理与市场、财务管理与资本运营等较完整的体系；将"F279.1 世界企业经济"原有的4个下位类"发展中国家、发达国家、社会主义国家、资本主义国家"并入上位类，将腾出的类目与新增类目组成新的类目体系，以适应文献分类的需求；将"F840.6 各种类型保险"下的"养老保险"由F840.67移至F840.612，"社会医疗保险"由F840.684移至F840.613，"生育保险"由F840.69移至F840.617，以理顺类目关系，等等。

4. 修订类名，使概念更为科学、规范，或扩大类目的外延。如将"F036 国民收入和分配"改为"F036 收入和分配"，并增设4个下位类；将"F121.21 全民所有制"修改为"F121.21 公有制"，并增加注释"全民所有制、国有经济入此。专论集体所有制入

F121.22";将"F121.23 个体经济、私营经济"改为"F121.23 个体所有制",并增加注释"非公有制经济、私营经济、民营经济等入此";将"F123.2 远景规划"改为"F123.2 国民经济发展趋势与预测",并增加下位类"F123.22 中长期经济发展趋势与预测"、"F123.24 年度分析与预测";将"F123.9 市场机制与市场调节"改为"F123.9 市场经济与市场体系",并增加"F123.91 社会主义市场经济理论"、"F123.93 市场化体系建设"两个下位类,这些都扩大了原有类目的容纳性;将"F25 物资经济"改为"F25 物流经济",并调整下位类;将"F29 城市与市政经济"改为"F29 城市经济、房地产经济",并增补、调整下位类;将"F6 邮电经济"改为"F6 邮电通信经济",并修订其相关下位类的类名;将"F713.36 电子贸易、网上贸易"改为"F713.36 电子商务",并增补下位类,使类目更能适应现有文献分类的需求等。

5. 通过增加或修订注释,明确或扩大类目包含的内容范围。如在"F062.5 信息经济学"类目下,增加注释"论述微观信息经济学、契约理论、机制设计理论入此。信息经济、网络经济入 F49";在"F113.3 世界资源问题"类目下,扩充注释为"资源开发与利用、生产布局及其与生态平衡的关系问题、循环经济、低碳经济等入此";在"F114.46 区域间经济关系"类目下,扩充注释为"跨洲的区域经济一体化、双边及多边经济合作入此。例:亚太地区经济关系入此。某一洲区域经济关系、经济一体化入 F13/17";在"F301.2 土地管理、规划及利用"类目下,修改原注释"土地使用制度入此"为"土地登记、地籍管理、土地统计入此。国土整治入 F205"等。

三、本类分类要点

1. 经济学理论文献的分类

(1)总论经济学或政治经济学的文献入 F0;总论马克思主义政治经济学的文献入F0-0;总论西方经济学的文献入 F0-08;经济学的基本理论文献、宏观经济学、微观经济学等文献入 F01 有关各类;专门论述不同生产方式下的经济理论的文献入 F02/05 有关各类。例:

《经济学》,(美)萨缪尔森等著,分类号为 F0。

《政治经济学概论》,卫兴华著,分类号为 F0。

《马克思主义政治经济学述评》,洪远鹏著,分类号为 F0-0。

《西方经济学》,厉以宁主编,分类号为 F0-08。

《超越主流经济学》,乔其兴著,分类号为 F01。

《国民收入与支出》,(英)R. 斯通、(英)G. 斯通著,分类号为 F014.42。

《经济发展中的收入分配》,陈宗胜著,分类号为 F014.44。

《经济系统内生波动研究》,邓宏著,分类号为 F014.8。

《资本主义发展的长波》,(比)曼德尔著,分类号为 F037。

《战后国家垄断资本主义条件下的经济周期与危机》,熊性美主编,分类号为 F039。

(2)经济学分支科学入 F06 相关各类,部分类目为交替类目,可根据需要选择使用;需注意"信息经济学"与"信息经济"、"网络经济"的区别。例:

《数量生态经济学》,(德)巴特姆斯著,分类号为 F062.2。

《信息经济学:应用》,(美)斯蒂格利茨著,分类号为 F062.5。

《社会关系:网络经济学导论》,(英)戈伊尔著,分类号为 F49。

《服务经济学》，何德旭、夏长杰著，分类号为 F063.1。

《国家的真正财富：创建关怀经济学》，（美）艾斯勒著，分类号为 F069.9。

（3）各科经济学可入相关学科，如需集中于"F08 各科经济学"类，可采用组配编号法。例：

《现代国防经济学》，姜鲁鸣著，分类号为 E0-054 或 F08：E0-054。

《卫生经济学》，黎东生主编，分类号为 R1-9 或 F08：R1-9。

《环境经济学思想史》，（英）库拉著，分类号为 X196-091 或 F08：X196-091。

（4）经济学一般理论问题，如生产力、生产关系、劳动、商品生产与交换（市场经济学）、价格、资本等，属于总论性的文献入 F01 有关各类，论述不同部门经济或国家地区的相关问题入相关各类。例：

《劳动价值论》，钱津著，分类号为 F014.2。

《劳动经济学》，蔡昉著，分类号为 F240。

《市场的本质》，朱海就著，分类号为 F014.3。

《农产品市场状况》，联合国粮农组织，分类号为 F304.3。

《金融市场学》，杜金富等编著，分类号为 F830.9。

（5）关于市场经济的相关文献，属于一般经济理论的，入 F01 有关各类；属于各种生产方式的，入 F03/04 有关各类；属于世界及各国市场经济概况的，入 F11/17 有关各类；属于各部门经济市场问题的，入 F3/8 各部门经济类；总论商品市场的，入 F7 有关各类。例：

《简明市场经济学》，彭兆祺主编，分类号为 F014.3。

《社会主义市场经济概论》，丁兆庆主编，分类号为 F045.5。

《世界市场经济概论》，左大培、裴小革著，分类号为 F113。

《社会主义市场经济的探索与实践》（该书主要研究中国社会主义市场经济问题），刘丹萍著，分类号为 F123.91。

《农业市场经济学》，（美）罗纳德·斯瑞波尔著，分类号为 F30。

《市场学》，白长虹、范秀成主编，分类号为 F713.5。

2. 经济思想史文献的分类

（1）凡研究、评论世界性经济学派及其代表人物的文献入 F091 所属各类；凡研究、评论某个国家各时代经济思想和经济学派的文献，以及各国经济学家的经济学综合著作集分别入 F092/097 有关各类。例：

《色诺芬的经济思想》（论文），武毅著（色诺芬是古希腊思想家，著有《经济论》），分类号为 F091.1。

《诺贝尔经济学奖：四十年经济之声》，魏景赋、杨雄飞著，分类号为 F091.3。

《孙冶方经济观点评述》，孙冶方经济科学基金会编，分类号为 F092.7。

《休谟经济论文选》，陈玮译，分类号为 F095.614。

（2）"F091.31 重商主义"、"F091.32 重农主义"、"F091.33 古典经济学"3 个学派类下，除包括对该学派及其代表人物研究、评论的文献，也包括代表人物（即类下列出的）的全部经济学著作，其经济学专题文献应在有关学科类目做互见分类，其非经济学领域的著作归入有关学科。例：

《英国得自对外贸易的财富》，（英）托马斯·孟著，分类号为 F091.31，互见分类号为 F036.1。

《中华帝国的专制制度》,(法)魁奈著(魁奈为重农主义代表人物),分类号为 D691。

《配第经济著作选集》,(英)配第著(威廉·配第为英国古典政治经济学创始人之一,属于古典经济学派),分类号为 F091.33。

《赋税论》,(英)威廉·配第著,分类号为 F091.33,互见分类号为 F810.42。

《国民财富的性质和原因的研究》,(英)亚当·斯密著,分类号为 F091.33,互见分类号为 F036.1。

《过渡时期的经济思想:亚当·斯密与弗·李斯特》,(日)大河内一男著,分类号为 F091.33。

(3)F091.34/.355 所列各学派,包括对该学派及其代表人物研究、评论的文献,也包括该学派代表人物(即类下列出的)的经济学综合性著作。各代表人物的经济学专题文献依其内容归入经济学有关类目,并在该学派类下作互见分类。他们的非经济学著作入各有关学科。例:

《尼古拉斯·卡尔多》,(澳)约翰·金著(卡尔多是新剑桥学派的代表人物之一),分类号为 F091.348.2。

《〈通往奴役之路〉评析:哈耶克社会主义批判之批判》,谭扬芳著,分类号为 F091.352.1。

《货币的非国家化》,(英)哈耶克著,分类号为 F820,互见分类号为 F091.352.1。

《资本主义与历史学家》,(英)哈耶克著,分类号为 D033.3。

3. 世界及各国经济概况文献的分类

(1)世界经济总体概况,包括整体论述世界经济、国际经济关系、世界经济问题、国际经济组织、世界经济史、世界经济地理等的文献入 F11 所列各类;各国经济概况入 F13/17 有关各类;凡属部门经济概况、经济史、经济地理的文献入 F3/8 有关各类;注意年度分析预测与专题分析预测的区别。例:

《世界经济概论》,张永安等著,分类号为 F11。

《经济全球化中的"金砖四国"》,余丽著,分类号为 F112。

《世界经济发展模式比较》,李若谷主编,分类号为 F113.4。

《世界经济解读:2010:危机、对策与效果》,何新华、刘仕国等著,分类号为 F113.42。

《2010 年世界经济与贸易发展及政策展望》,张汉林等著,分类号为 F113.44,互见分类号为 F7。

《经济全球化与经济安全:东亚的经验与教训》,沈红芳著,分类号为 F114.32,互见分类号为 F131.05。

《亚太经济繁荣:贸易与投资》,欧阳峣著,分类号为 F114.46。

《中东欧新成员国与欧盟经济融合研究》(硕士论文),陆志强著,分类号为 F151.054。

《美国农业政策》,徐更生著,分类号为 F371.20。

(2)总论中国经济政策、经济理论问题、经济结构、经济体制、国民经济发展规划、经济发展趋势与预测、经济增长与发展水平、对外经济关系、人民经济生活状况、地方经济、经济史及经济地理等文献,入 F12 各类。其中论述经济增长与经济发展总体水平入 F124.1,专门分析一定时期的经济运行情况、发展趋势和预测入 F123.2;总论社会主义市场经济理论的文献入 F045.5,论述中国的市场经济与市场体系入 F123.9,专门论述中国社会主义市场经济理论与实践的著作入 F123.91,论述市场化体系建设、市场化进程入 F123.93。其中 F120/127.9 只收论述 1949 年以来的经济文献,1949 年以前的有关文献均入"F129 中国经济史"。凡中国各部门经济的有关文献一律入 F2/8 有关各类。例:

《如何读懂国家经济政策》,孙健、宋美丽编著,分类号为 F120。

《中国特色社会主义经济问题研究》,何炼成、李忠民主编,分类号为 F120.2。

《中国经济发展和体制改革报告.2,中国道路与中国模式:1949—2009》,邹东涛主编,分类号为 F120.3。

《新时期我国经济增长方式转变新内涵及其实证研究》(硕士论文),朱津鹏著,分类号为 F120.3。

《中国经济体制改革 30 年回顾与展望》,魏礼群主编,分类号为 F121。

《中国经济增长前沿》,张平、刘霞辉主编,分类号为 F124.1。

《中国经济增长报告.2009—2010,城市化与经济增长》,张平、刘霞辉主编,分类号为 F123.24。

《中国市场经济秩序型构的非正式制度分析》,蒋万胜著,分类号为 F123.9。

《社会主义市场经济的探索与实践》,刘丹萍著,分类号为 F123.91。

《社会主义市场经济概论》,丁兆庆主编,分类号为 F045.5。

《2008 中国市场经济发展报告》,北京师范大学经济与资源管理研究所编,分类号为 F123.93。

《我国低碳经济发展框架与科学基础》,刘卫东著,分类号为 F124.5。

《扶贫开发理论与实践》,赵俊超著,分类号为 F126。

《湖南经济社会发展 60 年 1949—2009》,湖南统计局编,分类号为 F127.64。

《湖南益阳板溪锑矿报告》,郭绍仪、田奇隽、王晓青著,分类号为 F426.1。

4. 经济管理类文献的分类

(1)"F2 经济管理"大类分为两个部分,F20/23 为国民经济管理、经济核算及会计部分的一般理论与方法,总论管理理论和方法的文献入"C93 管理学",专论某一经济部门管理的文献入 F3/8 有关各类,专论各国经济管理的文献入 F11/17 有关各类。F239/F29 既收理论和方法的文献,也收有关各国概况的文献。例:

《管理学通论》,杨俊清主编,分类号为 C93。

《国民经济管理》,张红伟主编,分类号为 F20。

《世界各国国有资产管理体制比较》(论文),王彤著,分类号为 F20。

《国有资产管理》,李松森、孙晓峰编著,分类号为 F123.7。

《经济管理运筹学》,王玉梅著,分类号为 F224.3。

《出口管理实务》,(美)诺曼著,谢岷等译,分类号为 F740.4。

《中国审计发展战略研究》,翟熙贵主编,分类号为 F239.220。

《中国劳动力市场:前景、问题与对策》,李建民主编,分类号为 F249.212。

(2)"F25 物流经济",第四版为"物资经济",物资经济是计划经济的产物,目前已不适用学科发展和现有文献,如有相关文献,可入 F25、F251 等有关类。例:

《现代物流概论》,张晓青主编,分类号为 F25。

《现代物流管理学》,丁小龙著,分类号为 F252.1。

《物流市场营销理论与实务》,何娟主编,分类号为 F252.2。

《物流系统工程》,周溪召主编,分类号为 F253.9。

(3)"F26 产业经济"为新增类目,只收综合论述产业经济、产业组织理论的文献,论述企业行为、企业产权等文献可入 F270 有关各类,论述具体产业或行业的文献入 F3/F8 有关各类。例:

《产业经济热点问题研究.2009》,赵娴、车卉淳主编,分类号为 F26。

《产业组织理论先驱:竞争与垄断理论形成和发展的轨迹》,(荷)亨利.W. 狄雍、(美)威廉.G. 谢泼德主编;蒲艳、张志奇译,分类号为 F260。

《西方规制经济学研究》(博士论文),张红凤著,分类号为 F262。

《产业集群的风险传导与扩散理论研究》,余荣华、姜明君、于晓飞著,分类号为 F263。

《第三产业投入产出分析》,李冠霖著,分类号为 F264.1。

《黑龙江省第三产业结构优化与创新研究》,赵德海主编,分类号为 F269.273.5。

(4)"F27 企业经济",企业经济及相关理论入 F270,企业管理总论及相关理论入 F272,各种企业经济及管理入 F276。例:

《企业经济学》朱方明,姚树荣等编著,分类号为 F270。

《现代企业管理》,于卫东主编,分类号为 F272。

《企业战略管理》,刘常宝主编,分类号为 F272.1。

《企业理财学》,余绪缨、林涛、郭晓梅主编,分类号为 F275.6。

《企业和企业集群的创新机制》,杨瑞龙主笔,分类号为 F276.4。

《中国企业国际化经营战略研究》,郭羽诞、贺书锋著,分类号为 F279.2。

《中国内部控制改革与发展》,刘玉廷、朱海林、王宏著,分类号为 F279.23。

(5)"F29 城市经济、房地产经济"主要收有关城市经济、市政经济、房地产经济理论与管理的文献。凡专论城市学、城市社会学、城市生态学、城市史学等方面的文献入 C912.81,总论城市管理理论入 D035.5;城市土地经济入 F293.2,总论土地经济入 F301。例:

《城市经济学》,(美)阿瑟·奥莎利文著,周京奎译,分类号为 F290。

《城市土地管理》,周介铭主编,分类号为 F293.22。

《房地产价格评估》,吴庆玲主编,分类号为 F293.35。

《房地产买卖与租赁》,刘先勇编著,分类号为 F293.357。

《2009 年中国房地产市场运行监测报告》,马建堂主编,分类号为 F299.233.5。

5. 部门经济文献的分类

(1)F3/8 部门经济的类目编列,大都分为 3 个部分:部门经济理论、世界部门经济、各国部门经济。在世界部门经济类中,包括概况和相应的理论著作(如农业经济地理学入 F319.9)。例:

《农业经济学》,谭向勇、辛贤主编,分类号为 F30。

《粮食经济学》,周慧秋、李忠旭主编,分类号为 F307.11。

《世界粮食生产、流通和消费》,顾尧臣译著,分类号为 F316.11。

《中国粮食生产区域布局优化研究》,陈印军著,分类号为 F326.11。

《中国小麦产业化》,尹钧主编,分类号为 F326.11。

《ICT 创新经济学》,李保红编著,分类号为 F490.3。

《世界 ICT 产业及集群发展研究》（硕士论文），王洪海著，分类号为 F491。

《信息产业技术创新体系研究》，温平川、高锡荣著（该书为论述中国信息产业技术的著作），分类号为 F492.3。

（2）在各国部门经济中，凡列出"××部门经济"的（如"F426 工业部门经济"），即指在其类目下集中相关文献，而"地方××经济"、"少数民族××经济"、"特区××经济"、"××经济史"只收总论性文献。例：

《中国能源强度的演变机理及情景模拟研究》，张炎治著，F426.2。

《中国航空工业改革开放三十年》，中国航空工业集团公司经理部，中国航空报社编，分类号为 F426.5。

《浙江工业国际竞争力研究》（硕士论文），雷玉利著，分类号为 F427.55。

《中国工业经济史》，高继仁编著，分类号为 F429。

（3）"F7 贸易经济"分为国内贸易、国际贸易、商品学三部分。综合论述商品流通、商品市场、市场营销、商业企业等流通各环节理论的文献入 F71；各国国内贸易入 F72/73；国际贸易入 F74/75；商品学入 F76。例：

《分销渠道管理》，王永清主编，分类号为 F713.31。

《分销地图·透视正在发生的革命》，杨谦著（该书是关于中国分销领域的研究报告），分类号为 F724.1。

《营销渠道：理论与实务》，常永胜主编，分类号为 F713.5。

《市场细分：市场取舍的方法与案例》，屈云波、张少辉编著，分类号为 F713.54。

《成品油市场营销》，夏良康编著，分类号为 F426.22，互见分类号为 F724.741。

《初级商品价格的建模和预测》（美）沃尔特·C. 莱比斯著，分类号为 F714.1。

《新一轮价格总水平上升问题研究》，孙学工等著，分类号为 F726。

《全球与中国反倾销调查研究：特征、影响因素及对策》，侯兴政著，分类号为 F741.23。

《大宗商品与金融资产国际定价权研究》，吴冲锋主编，分类号为 F740.3。

《国际服务贸易》，刘东升编著，分类号为 F746.18。

《中国能源贸易研究》，张生玲著，分类号为 F752.654.1。

（4）关于广告类文献的分类。广告理论和方法、广告设计与制作、不同种类的广告及广告管理与市场、营销入 F713.8，各种商品的广告入相关各类，专论广告艺术设计的文献入 J524.3。例：

《现代广告案例分析》，丁红著，分类号为 F713.80。

《广告设计》，郭雅冬主编，分类号为 F713.81。

《广告营销原理》，田卫平、沈剑虹主编，分类号为 F813.86。

《商业广告基础》，丁力主编，分类号为 F713.841。

《公益广告的奥秘》，张明新著，分类号为 F713.842。

《房地产广告策划与媒介传播实操指南》，余源鹏主编，分类号为 F293.352。

《电视广告创意与制作》，张印平、马持节编著，分类号为 F713.851。

《平面广告设计与制作》，陈慧颖、张永华主编，分类号为 F713.853。

《商业美工师手绘 POP 案例教程》，王少华编著，分类号为 J524.3。

（5）财政、金融类文献的分类。财政、税收入 F81；货币、金融、银行、保险入 F82/84。例：

《公共风险视角下的公共财政》,刘尚希著,分类号为 F810。

《公共财政框架下的不动产税制改革》,谢群松著,分类号为 F812.422。

《货币政策透明度理论与实践问题研究》,魏永芬著,分类号为 F820.1。

《中国货币政策传导微观机制研究》,白鹤祥著,分类号为 F822.0。

《货币迷局:当代信用货币论》,蔡定创著,分类号为 F820.4。

《复合信用货币机制与世界统一货币理论的构建》,殷赣新著,分类号为 F820。

《银行信贷中的不规范行为及其治理方式研究》,南旭光著,分类号为 F830.5。

《中国农村多层次信贷市场问题研究》,张健华等著,分类号为 F832.43。

《生命保险数学》,(日)二见隆著,分类号为 F840.622。

第七节 G 文化、科学、教育、体育

一、本类体系结构说明

文化是人类在社会历史发展过程中所创造的物质财富和精神财富的总和。文化、科学、教育、文学、艺术、语言文字等一切社会意识形态,都属于"文化"的范畴,但本大类是将文化、科学、教育、体育概括为一个类组,内容主要指一般所说的文教事业,包括了与文化传播相关的新闻、广播、出版以及科学、教育、体育等满足人们精神需求及求知需求的各类文化活动。其类目序列为:

G 0　文化理论

　1　世界各国文化与文化事业

　2　信息与知识传播

　3　科学、科学研究

　4　教育

　8　体育

文化史是以人类文化为研究对象的历史研究分支学科。一方面它集中于文化总体的研究,另一方面集中于精神文化的历史研究。它与人类社会发展史紧密相关。所以文化史的正式类目设置在"K 历史、地理"类下,在本类设置交替类目。

二、本类修订要点

1. 结构化改造。将"G35 情报学、情报工作"的全部类目并入 G25 下的对应类目或相关类目,并对类名和类目注释进行了修订,同时增补相应的子类。例如,将"G350 情报学"并入 G250,将类名改为"G250 图书馆学、情报学",并增设子类"G250.1 图书馆学"、"G250.2 情报学";将"G250.9 图书馆学史"改为"G250.9 图书馆学史、情报学史",并且在一些类目中用通用的"信息"来统称"文献"或"情报",把一些类目统称为"图书馆事业、信息事业"、"图书馆、信息机构"、"信息资源"、"信息服务"、"信息组织"、"信息检索"等。

2. 局部调整类目体系,增补类目或对某一类目扩充加细、增加下位类。如:考虑到《中图法》总体结构和类目学科属性的需要,将原"G894 私人收藏"、"G894.1 集邮"改入 G262 和 G268.8 博物馆学有关各类;在"G479 健康教育"类目下增加"G479.2 生理健康教育"及 "[G479.3]心理健康教育";在"G610 学前教育、幼儿教育理论"类目下增加"G610.8 胎 教的理论与方法";在"G76 特殊教育"类目下,增加"G766 情绪与行为障碍儿童教育"及 "G768 其他";在"G808.1 运动训练"类目下增加"G808.191 教练员"、"G808.192 运动 队";在"G812.1(中国)体育运动组织"类目下增加"G812.15 中国残疾人体育组织", "G812.16 行业及群众性体育运动组织";在"G892 牌类"类目下增加"G892.1 扑克"、 "G892.2 麻将"、"G892.9 其他"3 个下位类;在"G898 游戏"类目下增加了"G898.3 电子 游戏"等。

3. 增补新学科、新概念。如新增"G209 传播事业","G250.252 信息计量学", "G250.73 信息资源整合与利用","G254.928 网络搜索引擎","G80-051 体育社会学", "G80-052 体育经济学","G80-056 体育新闻学"等。

4. 修改类名,使类名更规范,同时增强类目的容纳性。如将"G21 新闻学、新闻事业"修 改为"G21 新闻事业","G25 图书馆学、图书馆事业"改为"图书馆事业、信息事业","G26 博 物馆学、博物馆事业"改为"博物馆事业","G27 档案学、档案事业"改为"档案事业";"G40- 055 教育与文化"改为"教育文化学";"G418 军事训练教育"改为"国防教育";"G648.9 留 学教育、互派教授"改为"留学教育、校际合作与交流";"G65 师范教育"改为"师范教育、教 师教育";"G764 弱智儿童教育"改为"智力落后儿童教育";"G808.22(运动竞赛)组织、管 理"改为"组织、管理、宣传",将总论赛事经营管理、啦啦队、吉祥物等归入此类;"G895 旅 行"改为"野外活动"等。

5. 增补或修改类目注释,完善类目参见,以明确类目内容范围,加强对类目的理解,提 供使用说明。如"G210.7 新闻工作自动化、网络化"增注释"网络新闻媒体入此";"G112 文 化专题研究"增补注释"文化遗产保护、总论非物质文化遗产研究(如遗产普查、抢救与保 护)、网络文化等入此";"G262 藏品的采集、征集、鉴定"增注释"包括私人藏品的采集、鉴 定。私人博物馆入 G268.8。文物鉴定入 K85 有关各类";"G804.82 体育运动与人的心理过 程"增注释"运动心理异常、运动成瘾等入此";"G837 团体操"增注释"啦啦队运动(表演) 等入此";"G852.9 其他民族形式体育"增注释"舞龙、舞狮入 J722.214、J722.215";为明确 "G898.1 活动性游戏"类目的内容范围,增加了"过山车、呼啦圈、飞盘、飞镖、抖空竹、滑沙、 滑草等活动性游戏入此"的类目注释等。

三、本类分类要点

G 文化、科学、教育、体育为类组性类目,其 4 个组成部分是分别使用了不同的分类标准 进行类目的划分,因此相关文献的分类方法各有特点。

1. 文化理论文献的分类

涉及文化研究、文化特性、文化相关学科以及总论东西方文化比较、传统与现代文化比 较等方面的文献入"G0 文化理论"有关各类。例:

《文化的民族性与时代性》,庞朴著,分类号为 G03。

《两种文化观的哲学思考》,刘茂才著,分类号为 G02。

《中西文化导论》,郭谊著,分类号为 G04。

2. 各国文化与文化事业文献的分类

"G1 世界各国文化与文化事业"主要收总论世界各国及地区的文化、文化事业方面的文献,兼论教育事业的总论性文献也入此类。类目首先是按照国家进行划分的,在世界及各国类下又设置了包括文化专题研究、文化产业、文化市场及文化事业相关方面的类目。

(1)文化专题研究类目主要收与文化论题相关的研究文献,如文化遗产(包括物质文化遗产和非物质文化遗产)研究、网络文化研究等。本类通过注释提供了集中与分散的归类方法,即涉及多个专题文化的综合性研究文献入此类,各专题文化研究,如茶文化、酒文化、年俗文化等文献入有关各类;但也可使用组配编号法将所有专题文化研究文献集中于此类。例:

《多种文化的星球:联合国教科文组织国际专家小组的报告》,拉兹洛编,分类号为 G112。

《红段子现象:网络时代的中国文化精神》,谢麟振、倪健中主编,分类号为 G122。

《中国商业文化》,李瑞华著,分类号为 F72 或 G122:F72。

(2)文化产业、文化市场的总论性文献入 G1 有关类目,即根据有关文献研究论题的地理区域,分别入"G114(世界)文化产业、文化市场"、"G124(中国)文化产业、文化市场"或"G13/17"下(各国)文化产业、文化市场类目;专论各文化领域产业或市场的文献各入其类:凡在分类法中列有相关专类或类目注释中明确包含文化产业或文化市场入此的,均应集中归入该专类(如 J11/17 中列有艺术市场的专类;J792.4 下注明"舞蹈演出市场(中国)入此";J943 下注明"电影市场入此"等)。对于未列有相关专类及注释说明的,可将有关文献归入相关类目后再使用总论复分号-29 进行复分,如"J 艺术"的绘画、书法、雕塑、摄影艺术品市场等。例:

《文化创意产业概论》,金元浦著,分类号为 G114。

《全球文化工业:物的媒介化》,拉什著,分类号为 G114。

《深圳与香港文化创意产业发展报告》,乐正著,分类号为 G124。

《文化巨无霸:当代美国文化产业研究》,李怀亮著,分类号为 G171.24。

《出版业与文化市场》,侯文富著,分类号为 G239.1-29。

《互联网艺术产业》,黄鸣奋著,分类号为 J114。

《新视界:国际演艺业文化运营研究报告》,方世忠著,分类号为 J114。

《中国书画艺术市场》,叶子著,分类号为 J124-29。

《中国音乐演出的市场在哪里》,陈期钟著,分类号为 J692.4。

《画家·画廊·画商》,汤传杰著,分类号为 J2-29。

《日本油画市场》,黄奎钧著,分类号为 J233-29(313)。

《市场经济与文学市场》,程树榛著,分类号为 I1-29。

《电影娱乐营销:媒体工业化操作七种武器》,张小争著,分类号为 J943。

《国际电影与电视节目贸易》,韩俊伟著,分类号为 J943。

《面向市场的美国电影:独立电影公司的活动》,(俄)柯卡廖夫著,分类号为 J943(712)。

3. 信息与知识传播文献的分类

(1)总论信息与传播理论方面的文献入"G20 信息与传播理论"有关类目,专论入

G21/27有关类目;综合论述多种新闻媒体的文献入"G21 新闻事业",专论某种新闻媒体的文献入 G21/23 有关类目。有关信息技术设备的文献入工业技术有关各类。例:

《基础信息论》,戴明远编著,分类号为 G201。

《信息管理学基础》,马费城等著,分类号为 G203。

《传播学原理与应用》,戴元光等著,分类号为 G206。

《网络新闻导论》,沃尔克著,分类号为 G210.7。

《电视新闻传播》,王首程著,分类号为 G220。

《现代出版技术导论》,黄凯卿著,分类号为 G230.7。

《信息资源管理与实践》,周苏等编著,分类号为 G250。

《台湾地区大众传播事业概况》,光华传播事业总公司编,分类号为 G209(258)。

(2)与报纸及其出版发行或兼论期刊的相关文献入"G21 新闻事业"有关类目,与书刊出版发行、电子出版物编辑出版相关的文献入"G23 出版事业"有关类目。例:

《报纸发行营销导论》,吴锋著,分类号为 G215。

《报刊新闻电子编辑》,罗昕著,分类号为 G213。

《网络时代的高校校报》,铁铮著,分类号为 G216。

《实用年鉴学》,肖东发著,分类号为 G237.4。

《电子书刊设计》,柴文娟著,分类号为 G237.6。

《走出书店经营怪圈》,唐凯著,分类号为 G235。

(3)总论报史或报刊历史的文献按照涉及的国家地区入"G219 世界各国新闻事业"中相关的新闻事业史类目下,专论某种报纸或报社历史的文献入相关报纸或报社类型类目。"G22 广播、电视事业"中与事业史、电视台历史等有关的文献以及"G23 出版事业"中有关书刊史或期刊史、各出版发行机构历史的文献也采用了类似的分类方法,其中书史入"G256.1 图书学"。例:

《中国报业经营管理史》,胡太春著,分类号为 G219.29。

《中国妇女报刊史研究》,刘人锋著,分类号为 G219.29。

《文艺报创刊五十周年纪念图集》,吴泰昌主编,分类号为 G219.25-64。

《大众日报五十年》,朱民编著,分类号为 G219.245.2。

《文献史话》,张玉娥著,分类号为 G256.1。

《中央人民广播电台简史》,杨波主编,分类号为 G229.24。

《新华书店五十春秋》,郑士德主编,分类号为 G239.23。

《毛晋与汲古阁》,宋怀文著,分类号为 G239.294.8,互见分类号为 K825.42 =48。

4."G24 群众文化事业"主要收与大众文化工作相关的理论、工作方法、群众性文娱活动及设施的组织管理等方面的文献,涉及艺术创作、表演艺术、场所建筑设计等方面的文献需入有关各类。例:

《上海世博会与人类跨文化对话》,徐波著,分类号为 G245。

《粉丝文化读本》,陶东风著,分类号为 G247。

《儿童游乐场设计》,布罗托等著,分类号为 TU242.4。

5. 图书馆事业、信息事业文献的分类

(1)总论图书馆学、情报学、文献信息学、信息资源管理理论等的著作入"G250 图书馆

学、情报学",专论图书馆学、情报学、文献学研究方法和分支学科的入有关各类。例:

《图书馆与情报科学纵横谈》,戈松雪编译,分类号为 G250。

《情报研究概论》,秦铁辉编著,分类号为 G252.8。

《科技文献学概论》,格罗根著,分类号为 G257.36。

《信息计量学及其医学应用》,王伟主编,分类号为 G250.252,互见分类号为 R-058。

《图书情报学中的数理统计方法》,周士本等编著,分类号为 G250-32。

(2)有关读者研究、图书宣传、阅览、流通、参考咨询和情报研究与服务等信息资源服务的文献入"G252 信息资源服务",总论信息获取、信息资源典藏和保护等信息资源建设的文献入"G253 信息资源建设",专论某一类型文献信息资源建设及其业务技术方面的文献入"G255 各类信息资源工作"。总论信息资源整合、文献数据库和数字图书馆建设等文献入"G250.7 图书馆工作、信息工作自动化和网络化"。例:

《当代公共图书馆用户:需求、行为与结构》,李桂华著,分类号为 G252.0,互见分类号为 G258.2。

《图书馆数字参考咨询研究》,王红著,分类号为 G252.6。

《科技情报分析研究》,刘全根著,分类号为 G252.8。

《现代文献信息资源建设》,刘秉文等编,分类号为 G253。

《图书馆古籍整理工作》,王世伟主编,分类号为 G255.1。

《专利申请查找利用简明手册》,张智敏编著,分类号为 G255.53-62。

《网络信息资源开发与利用》,张洋等编著,分类号为 G255.76。

《基于 SRW 的电子资源整合技术研究》,田明君,分类号为 G250.73。

《数字图书馆技术研究与应用》,李华著,分类号为 G250.76。

《数字图书馆信息资源建设》,孙长怡著,分类号为 G253。

(3)有关知识组织系统、情报检索语言、信息描述、文献著录和编目、信息加工的著作入"G254 信息组织"。有关题录、快报、简介、文摘、剪报的编制及自动化如"G254.37 信息加工",有关目录、索引、检索系统和搜索引擎的构建与检索方法、信息检索技术、各类工具书和检索系统使用的著作入"G254.9 信息检索",例:

《情报检索语言》,张琪玉著,分类号为 G254.0。

《〈中国分类主题词表〉标引手册》,陈树年主编,分类号为 G254.0。

《KOS 在网络信息组织中的应用和发展》,司莉著,分类号为 G254.0。

《领域本体的半自动构建及检索研究》,何琳著,分类号为 G254.29,互见分类号为 G254.929.1。

《文献分类法主题法导论》,马张华等编著,分类号为 G254.11,互见分类号为 G254.21。

《中文元数据概论与实例》,肖珑等编,分类号为 G254.364。

《索引技术和索引标准》,侯汉清主编,分类号为 G254.92。

《中文工具书》,朱天俊等编著,分类号为 G254.925。

《计算机情报检索》,赖茂生等编著,分类号为 G254.9。

《国际联机与光盘检索策略》,温有奎编译,分类号为 G254.91。

《计算机检索系统设计》,黄正理编,分类号为 G254.92。

《移动搜索引擎原理与实践》,王鹏主编,分类号为 G254.928。

《信息素养与信息检索》，许征尼主编，分类号为 G254.97。

（4）文献学和目录学的内容互有关联，应注意两者之间的区分。专科文献学与专科目录学合并列类，统一按大学科分。例：

《中国文献学概要》，郑鹤声等著，分类号为 G256.1（2）。

《中国古籍版本学》，曹之著，分类号为 G256.22。

《校雠通义通解》，章学诚著，分类号为 G256.3。

《清代辑佚研究》，喻春龙著，分类号为 G256.3。

《目录学发微》，余嘉锡著，分类号为 G257。

《中共党史文献学》，周一平编著，分类号为 G257.33。

《实用中医文献学》，秦玉龙编著，分类号为 R2-05，互见分类号为 G257.36。

（5）"G258 各类型图书馆、信息机构"只收录按图书馆或信息机构类型所写的总论业务技术的文献，专论图书馆、信息机构某种业务技术的文献，统一归入 G251/255 有关各类，如有必要，可在 G258 有关类目作互见分类；专论各国各类型图书馆和信息机构概况的文献入"G259 世界各国图书馆事业、信息事业"。例：

《论高校图书馆电子出版物的管理》，曹星海著，分类号为 G255.75，互见分类号为 G258.6。

《工会图书馆的职能》，张天禄著，分类号为 G258.43。

《我国县级图书馆概况》，许云飞编，分类号为 G259.252.2。

《湖南省科学技术情报事业志》，肖雪葵主编，分类号为 G259.276.4。

6."G26 博物馆事业"只收文物、古物等收藏品的采集、整理、保管、陈列及其组织与管理等方面的文献。关于文物、古物的发掘、考古、研究等方面的文献入"K85 文物考古"类。有关私人收藏，如书画、钱币、磁卡、瓷器、玉石、家具、邮票的收集、整理亦入此（四版入G894），但属于文物鉴定的入"K85 文物考古"有关各类。私人博物馆入"G268.8 私人博物馆"类。例：

《股票收藏》，于捷等著，分类号为 G262.2。

《中华民间古钟表收藏》，刘荣光著，分类号为 G262.7。

《马未都说收藏,玉器篇》，马未都著，分类号为 G262.3。

《古玉史话》，卢兆荫著，分类号为 K876.8。

7. 科学与科学研究文献的分类

（1）总论社会科学与自然科学或总论其研究的文献入"G3 科学、科学研究"。凡分类法中列有学科专类的相关学科及研究均入有关各类。例：

《现代科学与人类》，汤水秀树等著，分类号为 G301。

《科学知识生产方式及其演变》，李正风著，分类号为 G302。

《研究是一门艺术》，布思著，分类号为 G304。

《社会科学研究中的叙事》，查尔妮娅维斯卡著，分类号为 C3。

《现代科技概览》，蔡志东著，分类号为 N1。

《空间综合人文学与社会科学研究》，林晖著，分类号为 C。

《现代生物学导论》，寿天德著，分类号为 Q-0。

（2）"G306 专利研究"主要收专利的理论方法、制度管理、编写出版、各国概况等专利研究方面的文献,专利的综合汇编入 G306.9。凡属专科专利及其汇编或专项专利及其汇编的文献应入有关类目,如社会科学专利、自然科学专利、工业技术专利分别列类在 C18、N18、T-18;未列专类的,可在专利所属学科内容类号后用相应的总论复分号加以复分,如"-18"。技术标准及其研究的相关文献可参照专利分类方法进行文献归类。例:

《美国专利制度简介》,丰国祥著,分类号为 G306.3(712)。

《采矿、金属、化工专利文摘》,分类号为 T-18。

《标准制定和编写实用问答》,沈同著,分类号为 G307.4。

《日本专业标准目录》,分类号为 T-653.13。

《水利技术标准体系表》,分类号为 TV-65。

(3)论述科研工作、科研人员组织与管理的相关文献入"G31 科学研究工作"有关类目;"G32 世界各国科学研究事业"按照国家列类,主要收论述世界各国或地区的科研概况或科研组织机构、合作交流、会议协定、政策条例等文献。例:

《课题制研究》,黄浩涛著,分类号为 G311。

《国际科学技术奖概况》,张先恩著,分类号为 G321。

《中国科学院院属单位简史》,王杨宗著,分类号为 G322.21。

《清代"官科技"群体的养成与结构研究》,丁海斌著,分类号为 G322.9。

8. 教育文献的分类

(1)凡属于教育学、教育一般理论和方法的文献,入 G40/48 有关各类;总论世界及各国教育事业的文献入 G51/57 有关各类;属于各级教育和各类教育的文献分别入 G61/79 有关各类。例:

《媒介教育论》,白传之著,分类号为 G40-055。

《新比较教育》,朱旭东著,分类号为 G40-059.3。

《教育咨询学引论》,刘全礼著,分类号为 G40-059.9。

《数学教育心理学》,曹才翰著,分类号为 G447。

《教育行政学》,蒲蕊著,分类号为 G46。

《教育领导学》,陈永明著,分类号为 G46。

《自由实践的教育管理:美学的视角》,孙玉丽著,分类号为 G40-058。

(2)"G41 思想政治教育、德育"主要收录总论学校教育中的思想政治教育、德育等方面的文献,专论各级各类学校思想政治教育与德育的文献入 G61/79 有关各类;专论工人、农民、青年、妇女思想政治教育的文献入 D41/44 有关各类;总论思想政治教育意义、方法等文献入 D64 有关类目。例:

《德育美学观》,檀传宝著,分类号为 G410。

《价值观教育》,刘济良著,分类号为 G412。

《公民品德与公共教育》,怀特著,分类号为 G416。

《小学生思想品德教育问答》,章永生著,分类号为 G621。

《思想政治教育方法论》,陈华洲著,分类号为 D64。

(3)总论一般教学理论和方法的文献入"G42 教学理论"有关各类,专论各级各类学校一般教学理论和方法的文献入 G61/79 有关各类;学前教育、初等教育、中等教育各科教学理论、教学法(包括教师参考书)在 G61/63 中列有专类;高等教育、师范教育、职业技术教

育、成人教育中涉及的各科教学法均按照学科内容归入相应学科,并可根据需要使用总论复分表中-4的有关类目复分。例:

《课程发展理论与实践》,简楚瑛著,分类号为 G423。

《当代小学课程发展》,冯增俊著,分类号为 G622.3。

《大学课程决策论》,常思亮著,分类号为 G642.3。

《职业教育课程论》,徐国庆著,分类号为 G712.3。

《小学数学教学策略》,张丹著,分类号为 G623.502。

《中学教师课堂教学技巧》,蔡勤霞著,分类号为 G632.421。

《大学物理教学导引》,严导淦著,分类号为 O4-42。

(4)关于教材、课本的分类方法。

学前教育、初等教育、中等教育的各科教材、课本,以及职业技术教育中的各科基础文化课教材、课本分别入 G613、G624、G634;高等教育、师范教育的各科教材以及职业技术与成人业余教育的技术技能教材教育、高等成人业余教育中的各科教材均应按其学科内容分别各入其类,并可根据需要使用总论复分表中"-43教材、课本"加以复分。例:

《初等代数教科书》,卢兴阶编,分类号为 G634.621。

《新大学语文教程》,徐行言等编,分类号为 H1-43。

《中学语文教材分析方法与实践》,程丽蓉等著,分类号为 G634.301。

《成人字族文识字读本》,鄢文俊主编,分类号为 G722.4。

9. 体育文献的分类

(1)"G80 体育理论"收体育运动的一般理论、方法的文献,有关各项体育运动理论的文献分别入 G82/89 有关各类。其中体育社会学包括体育与社会的关系、体育对社会的作用、体育的社会结构等,体育经济学包括体育市场,体育文化学包括体育运动物资文化、制度文化、精神文化等。例:

《体育产业概论》,杨铁黎主编,分类号为 G80-052。

《球迷的心理》,惠小峰著,分类号为 G804.87。

《人体运动力学》,强保焕著,分类号为 G804.63。

《体操动作的力学分析》,穆照辉著,分类号为 G830.146.3。

(2)总论运动员选材与培养训练、教练员素质与职责、裁判员考核等文献入"G808 运动训练、运动竞赛"有关各类,论述各专项运动的运动员、教练员、裁判员的文献入 G82/89 各项体育运动,并使用专类复分表有关类目。例:

《运动员选材的选育结合理论与实证研究》,隗金水著,分类号为 G808.18。

《身体重心高度指标在少年田径运动员选材中的应用研究》,张锐著,分类号为 G820.25。

(3)有关"啦啦队"文献的分类。总论啦啦队归入"G808.22(运动竞赛)组织、管理、宣传",而啦啦队运动(表演)则入 G837 团体操。各类运动竞赛的啦啦队、吉祥物、宣传展示等方面的文献可在归入相关类目后,用此类作互见分类。例:

《台湾·加油!》,台湾加油队著,分类号为 G808.22。

《赛事服务产品的特征及质量控制》,张保华著,分类号为 G808.22。

《国际全明星啦啦队竞赛评分规则》,徐中秋、邱建钢主编,分类号为 G837.4。

《视觉奥运 历届奥运会徽·吉祥物·海报》,郭振山、门立众编著,分类号为 G811.21,互见分类号为 G808.22。

《北京第 21 届世界大学生运动会大型活动宣传画册》,赵东鸣主编,分类号为 G811.226,互见分类号为 G808.22。

(4)"G888.6 极限运动"、"G896 健身房活动",均收总论性文献,专论入有关各类。类表中尚未立类的极限运动项目(如蹦极、跑酷、漂流运动等)亦入 G888.6。例:

《滑板》,姜广义、马鸿侠主编,分类号为 G888.6。

《健身房百问》,刘令姝主编,分类号为 G896。

《有氧操》,李宏权、马越主编,分类号为 G831.3。

《热力燃脂哑铃操》,朱霓编著,分类号为 G835.4。

第八节 H 语言、文字

一、本类体系结构说明

语言、文字是人类思维交流的工具,属于一种社会现象。根据学科之间的关系,把它序列在文学、艺术大类之前。该类主要划分为五部分:

H0	语言学
1/2	汉语和中国少数民族语言
3	常用外国语
4/84	各语系和地区性语言
9	国际辅助语

上述划分,是从我国图书馆藏书的实际出发,突出编列汉语、中国少数民族语言以及常用外国语言。对于各语系和地区性语言类目,编列较简练,H4/7 只是有重点地列出各语系及其隶属的语言,H81/84 序列非洲、美洲、大洋洲诸语言。H9 序列国际辅助语。

关于构成语言各种因素的分类,统一按语音、文字、语义、语法、写作、修辞、翻译、词典、方言、语文(语言、文字)教学等次序编列。

二、本类修订要点

1. 调整、规范了语言文字类教学用书的类目与分类方法。将 H193、H319.3 的类名改为"教学法、教材、教学参考书",并增加和完善相应的下位类,以容纳和规范中等以上汉语及英语教学用书的归类,改变以往此类文献分类不一致和大量集中于上位类(如 H31)的现象。

2. 增改注释。通过增加修改类目注释,来容纳新主题、疑难或常见主题内容,说明类目涵义或类目之间的关系,增强类目理解或使用说明。如"H019 朗诵法、演讲术"增加注释"演讲辞依内容入有关各类";"H034 俗语"下增加注释"网络用的俗语入此"及"专论某种语言的俗语的著作入 H1/9 有关各类;谚语、手机短信分别入 I17、I16 等有关各类";"H1 汉语"增加注释"H1-41/-49 的有关汉语教学的著作应入 H19 有关各类。例:《大学语文》分类号为 H193.9";"H19 汉语教学"增加注释"包括中等以上的少数民族汉语教学";"H195 对外汉语教学"增加注释"汉语水平考试(HSK)等入此"等。

三、本类分类要点

1. 凡属总论语言学,语言传播,语言理论与方法论,语言学派、学说及其研究,语言规划,语言分类,语言分布和语言诸因素,以及应用语言学、语文教学理论等方面的文献均入"H0 语言学"各有关类目。例:

《普通语言学概要》,吴铁平主编,分类号为 H0-43。

《理论符号学导论》,李幼蒸著,分类号为 H0。

《现代西方语言哲学比较研究》,涂纪亮著,分类号为 H0-02。

《中国语言学现状与展望》,许嘉璐等主编,分类号为 H0-12。

《九十年代国外语言学的新天地》,汪榕培等编译,分类号为 H0-11。

《修辞学通论》,王希杰著,分类号为 H05。

2. "H004 语言的分布"收地理语言学(语言地理学、区域语言学)文献以及总论某一地区或国家诸语言、文字的文献(论述非洲、美洲、大洋洲诸语言的文献入 H81/84),专论一种语言分布的文献入该种语言。例:

《世界上的语言:全球语言系统》,(荷)艾布拉姆·德·斯旺著,分类号为 H004.1。

《革命前后的法国语言》,(法)拉法格著,分类号为 H004.565。

《中国语言的时代演进》,周有光著,分类号为 H004.2。

《少数民族色彩语言揭秘》,朱净宇等著,分类号为 H2。

《语言失落与文化生存:北美印第安语衰亡研究》,蔡永良著,分类号为 H83-09。

《阿侬语研究》,孙宏开、刘光坤著,分类号为 H259。

3. "H019 朗诵法、演讲术收口才学及一般论述说话的艺术、演说术(讲演术)、辩论术、说服方法、朗诵方法等方面的文献。凡属各种语言的朗诵法、演讲术文献依语种入有关各类。有关各专门行业的语言技巧、语文训练等方面的文献归入有关学科。如总论谈判学入 C912.35,外交谈判学入 D802.5,国际贸易谈判入 F740.41,新闻采访语言技巧入 G212.1,广播员、电视播音员对广播语言的运用入 G222.2,总论戏剧演员的语言表演技巧(语言表达、感情分寸、口型、音调和问题是控制等)入 J812.3,专论某一剧种演员的表演语言技巧入各剧种有关类目,专论电影、电视演员的表演语言技巧入 J912.3,演讲辞依内容入有关各类。例:

《口才技巧实用全书》,赵宏等著,分类号为 H019。

《鬼谷说服术》,房立中等编著,分类号为 H019。

《说话的逻辑与技巧》,李衍华等著,分类号为 H019。

《朗诵与台词》,肖君等著,分类号为 H019。

《戏的念词与诗的朗诵》,洪深著,分类号为 J812.3。

《世界 100 位名人的著名演讲辞》,张秀枫主编,分类号为 I16。

4. 总论文章学及研究语言修辞的综合性文献入"H05 写作学、修辞学",凡专论某种语言写作、修辞的文献入该种语言,如总论汉语各种文体写作方法的文献入 H152,总论汉语应用文写作方法的文献入 H152.3;凡总论各种文体写作方法的文献入"H052 文体论",具体论述某一种文体写作、修辞的文献则入有关各类,如总论文学语言写作方法的文献入 I045,诗歌写作入

I052,新闻通讯、报道、特写、评论等的写作方法入 G212.2,传记写作方法入 K810.1,司法文书写作方法入 D916.13 或 DF813,行政文书写作方法入 C931.46。例:

《修辞学通论》,王希杰著,分类号为 H05。

《语言风格学》,张德明著,分类号为 H051。

《文体与文体的创造》,童庆炳著,分类号为 H052。

5. 关于字典、词典的分类方法

(1)供学习语言、文字使用的字典、词典入 H 有关各类,其中三种或三种以上语言对照的字典、词典入 H061;一种语言的字典、词典入该语言类目;汉语与中国少数民族语言对照的字典、词典入有关少数民族语言类目;汉语和外语对照的字典、词典入有关外语类目;两种外语对照的字典、词典入前一种外语。例:

《七国语辞典》,黎哲野编审,分类号为 H061。

《日语常用词例解词典》,常瀛生等编译,分类号为 H363.1-61。

《蒙汉词典》,内蒙古教育出版社编,分类号为 H212.6。

《新华字典》,商务印书馆编,分类号 H163。

《说文解字》,许慎撰,分类号为 H161。

《英俄辞典》,郑易里编,分类号为 H316。

《俄英辞典》,郑易里编,分类号为 H356。

《成语小词典》,刘蓝彩编,分类号为 H136.31-61。

(2)专门学科的词典、术语,不论是一种语文的,或多种语文的,均依其内容归入有关学科类目。如愿集中,可入 Z38,采用冒号组配法。例:

《简明计算机辞典》,张顺德编,分类号为 TP3-61 或 Z38:TP3。

《汉俄英情报学辞典》,(苏)日丹诺娃等编,分类号为 G250.2-61 或 Z38:G250.2。

《英汉、汉英民族学术语》,肖家成编,分类号为 C95-61 或 Z38:C95。

(3)内容包括哲学、社会科学和自然科学的综合性词典,依编者或出版者国籍归入 Z32/37 有关各类。例:

《当代百科知识大词典》,曲钦岳主编,分类号为 Z32。

《辞海》,本书编委会编,分类号为 Z32。

6. 论述形态语言、动作语言、体势语言、手语、旗语等理论和方法方面的文献入"H026.3 形态语言"类。专论某语种形态语言的文献入有关语言类目。凡艺术动作语言应入"J 艺术"大类中的有关类目,如戏剧表演语言技巧入 J812.3,音乐表演学入 J604.6,舞蹈表演学入 J712。例:

《神奇的无声语言》,汪福祥著,分类号为 H062.3。

《多国手语拾掇》,戴目编著,分类号为 H062.3。

《中国手语》,中国聋人协会编辑,分类号为 H126.3。

7. 关于语文教学文献的分类

(1)凡属语言、文字教学的一般理论与方法方面的文献入 H09;专论某种语言、文字的教学入有关语言;专为母语为非汉语的人群(包括少数民族)学习汉语的教学用书入 H195;中等学校以上(包括中等专业学校汉语专业)的汉语教学法、教材、课本、教学参考书等入 H193 有关各类;中等学校以上(包括中等专业学校英语专业)的英语教学法、教材、课本、教学参考书等入 H319.3 有关各类(4 版入 H31);凡学前和中小学的语文教学文献,包括教学法、教学参考资料和教科书等均入 G61/63 有关各类。例:

《双语教育概论》,(加拿大)麦凯等著,分类号为 H09。

《语言教学原理》,盛炎著,分类号为 H09。

《汉语教学与研究》,全国民族院校汉语教学研究会编,分类号为 H19。

《叶圣陶论语文教学》,杜草甬编,分类号为 H19。

《大学语文》,何静、罗燕主编,分类号为 H193.9。

《欧美学生汉语学习和认知研究》,崔希亮等著,分类号为 H195。

《MHK 中国少数民族汉语水平等级考试(三级)应试指南》,郭凤岚、张世方主编,分类号为 H195。

《中国英语教学》,许国璋主编,分类号为 H319。

《英语》,许国璋编,分类号为 H319.39。

《翻译理念与教学》,(加拿大)德利尔著,分类号为 H059,互见分类号为 H09。

(2)供学习汉语、提高汉语阅读能力为主要目的而编撰的语文读物、中小学生作文选等入"H194 汉语读物";有关汉语阅读方法的文献入"H193.7 阅读教学"。凡属文学作品选集则入"I 文学"有关类目。例:

《汉语写作文选》,向新阳等编,分类号为 H194。

《中学生笔下的 100 个老师》,陶然等主编,分类号为 H194.5。

《1993 年全国中学毕业生优秀作文选评》,施晓等编,分类号为 H194.5。

《幼读古诗 365 首》,余风等主编,分类号为 I222.7。

《汉语阅读与习得的认知心理研究》,张金桥著,分类号为 H193.7。

(3)以提高外语阅读能力为目的而编撰的语言读物,如不同语种对照读物、注释读物、精读读本、各科简易读物等均依其语种入语文读物类目。例:

《英语故事选》,刘世沐主编,分类号为 H319.4。

《孔乙己》(英汉对照读物),海英注释,分类号为 H319.4。

《走向英语世界:美国戏剧选读》,(美)史莱史改编,分类号为 H319.4 或 H319.4:I712.3。

《建筑》(英汉对照读物),马军凯编,分类号为 H319.4 或 H319.4:TU。

(4)凡两种或多种语言对照的科学文献,则应依其内容入有关学科;专业英语入有关学科,专业英语的教学用书可根据需要在英语的有关类目作互见分类。例:

《中国的艺术》(中英对照),胡恒等著,分类号为 J12。

《国际商务英语》(高等院校国际贸易类教材),分类号为 F74-43,互见分类号为 H319.39。

《贸易函电英文写作案例大全》,王金荣编著,分类号为 F740.4,互见分类号为 H315。

《法律英文写作的第一本书》,(美)Alan L. Dworsky 著,江崇源、林懿萱译,分类号为 D916.13,互见分类号为 H315。

8."H310.4 英语水平考试"及其下位类均只收总论性文献,专论英语水平考试某一方面的文献入有关各类,但可根据需要在"H310.4 英语水平考试"及其下位类作互见分类。例:

《朗文托福考试技能培训教程》,(美)费拉格编著,分类号为 H310.41。

《GRE 词汇思马得记忆法》,思马得学校主编,分类号为 H319.34,互见分类号为 H310.41。

《大学英语四级考试 80 天突破》,陈剑波主编,分类号为 H310.421。

《英语四级词汇随身记》,张福元主编,分类号为 H313.1,互见分类号为 H310.421。

第九节 I 文学

一、本类体系结构说明

文学属于语言艺术,是通过语言塑造形象以反映人类社会生活,表达著者对社会现实的认识和思想感情的一种社会意识形态。

文学著作分为文学理论(包括文学理论的基本问题、文学创作、文学评论、文学史)和文学作品两大部分。

"I0 文学理论"不区分国家,按文学理论的方面分。有关文学理论的基本问题、文艺工作者、文学创作论的文献集中于此。涉及世界及各国文学属性的各体文学理论,则分别在世界及各国文学下设置相关的类目。文学史同此。由于文学作品的著者所处国家的政治、历史、文化时期各异,因而文学作品的思想内容各不相同,文学作品类目的编列首先以"国别"作为类目划分的第一层次,形成类目的基本框架,之下再以文学体裁作为类目编列的标准。

除一般的文学理论外,文学著作均先按国家分,并进一步划分为理论与作品两大部分,以中国文学为例:

I 2	中国文学
206	文学评论和研究(按时代分)
207	各体文学评论和研究(按文体分)
209	文学史、文学思想史(按时代分)
21	作品集(按时代/地区分)
22/29	各体文学作品(按文体—时代—题材分)

二、本类修订要点

1. 增设类目。如在"I1 世界文学"、"I2 中国文学"以及"I3/7 各国文学"的专类复分表中增加了文学事业、文学机构、文学团体、文学会议等系列类目,以容纳有关世界及各国文学事业的文献;在"I209 中国文学史、文学思想史"及"I3/7 各国文学"专类复分表中增加了"文学流派及其研究"子目;将"昆曲"由有关地方剧的类目注释中抽出单独列为新类;增加了"I207.509 报告文学史"、"I207.609 散文史"、"I207.709 民间文学史"等系列中国各体文学史类目等。

2. 扩充部分类目体系。如在"I199 宗教文学集"下,增加"I199.2 佛教文学集"等 5 个子目;在"I207.7 民间文学"下,增加"I207.72 歌谣"等 6 个子目。

3. 修订注释,明确类目的内容、范围和分类方法。如在"I106 作品评论和研究"、"I207 各体文学评论和研究"、"I3/7 各国文学"专类复分表的"07 各体文学的评论和研究"子目下均加注"乡土文学、土著文学的评论和研究等入此";在"I212/217 各时代作品集"、"I3/7 各国文学"专类复分表的"12/15 各时代作品集"子目下增加注释"……(包括网络文学作品综合集)入此";在"I16 散文集、杂著集"、"I3/7 各国文学"专类复分表的"6 散文、杂著"子目下增加注释"随笔体裁的博客、手机短信作品综合集入此";在"I267(中国散文)当代作品(1949 年~)"增加注释"随笔体裁的博客综合集入此";在"I269.7(中国杂著)当代作品(1949 年~)"下增加注释"手机短信集等入此";在"I206 文学评论和研究"、"I211(中国文学)作品综合集"下增加了海外华人文学作品及其评论和研究著作的分类方法注释;在"I25 报告文学"下增加注释"有关人物生平事迹的报告文学著作宜在 K 类作互见"等。

三、本类分类要点

1. "I0 文学理论"收文学一般理论、创作方法和兼论艺术理论的文献。凡总论世界范围文学作品评论和文学史的文献入 I106/109;专论某一国文学理论的文献入 I2/7 各国文学下有关类目;但有关中国特有的文学体裁,如"词"、"散曲"等的创作理论集中归入 I207.23/.24。专论艺术理论的文献入 J0。例:

《文学概论》,童庆炳主编,分类号为 I0。

《文艺学方法论纲》,何国瑞著,分类号为 I0-03。

《新编文艺心理学》,周冠生著,分类号为 I0-05。

《为银幕写作》,汪流著,分类号为 I053.5。

《诗的艺术》,(法)布洛瓦著,分类号为 I052。

《叶嘉莹谈词》,(加)叶嘉莹著,分类号为 I207.23。

《艺术家修养论》,洪毅然著,分类号为 J03。

2. 文学理论、文学评论、文学史文献属科学著作,应依文献的内容为分类依据。例:

《中国文学思想史》,(日)青木正儿著,分类号为 I209。

《美国黑人女性文学》,翁德修著,分类号为 I712.06。

《雨果和他的〈悲惨世界〉》,张海琼著,分类号为 I565.074。

《杜甫诗学引论》,胡可先著,分类号为 I207.227.423。

《蓬莱诗魂:论杨朔的散文》,邓星雨著,分类号为 I207.67。

3. 文学作品应依作者的国籍(国家)作为分类的依据。当遇有改变国籍的作家时,应以作品发表时作者的国籍(国家)作为分类的依据;凡遇国籍不明,无从查考者,宜参考作品内容,分入相应国家的文学类目;凡属神话、民间传说等民间文学作品,应依原创作者的国家归类。例:

《莫泊桑短篇小说精选》,(法)莫泊桑著,分类号为 I565.44。

《阿尔卑斯的黑发》,(瑞士)赵淑侠著,分类号为 I522.45。

《一幢洋房不是家》,(美)王家贤著,分类号为 I712.45。

《一千零一夜:阿拉伯民间故事》,董志涌编写,分类号为 I371.73。

《古印度神话》,(苏)埃尔曼编著,分类号为 I351.73。

4. 海外华人文学作品综合集应按中国文学作品综合集的分类方法分入 I21 下有关类,

其中一个时代多人的文学作品综合集分入 I212/217 有关类;一体的多人文学作品集分入 I22/28 有关类;个别海外华人文学作品则依作者国籍分入 I3/7 有关类。如有必要,改变国籍的著名华人作家可在中国文学有关类作互见分类。例:

《2004 年全球华人文学作品精选》,古远清选编,分类号为 I217. 61。

《海外华人散文选》,张志红选编,分类号为 I267。

《华人的美国梦:美国华文文学选读》,林涧主编,分类号为 I712. 15。

《又见棕榈又见棕榈》,(美)於梨华著,分类号为 I712. 45,互见分类号为 I247. 7。

5. 文学作品的时代是指作者创作所处的时代,不是作品内容涉及的时代。凡属跨时代的一部作品,应依完成写作的时代归类;跨时代的个人作品集,均按后一时代归类;跨时代的多人作品集,均按前面的时代归类。例:

《骆驼祥子》,老舍著,分类号为 I246. 57。

《李自成》,姚雪垠著,分类号为 I247. 53。

《老舍小说全集》,老舍著,舒济、舒乙编,分类号为 I247。

《唐宋八大家散文》,(宋)欧阳修等著,分类号为 I264. 2,互见分类号为 I264. 4。

6. 文学作品集是指多文体的文学作品综合集。凡属一体的文学作品集,均入各个文体类目。例:

《中国古代文学作品选》,王长华主编,分类号为 I212. 01。

《梅里美全集》,(法)梅里美著,分类号为 I565. 14。

《胶南青年文学作品选》,王宗学编,分类号为 I218. 523。

《世界短篇小说选》,马厚强编,分类号为 I14。

《我爱人像红红的玫瑰:彭斯诗歌精粹》,(英)彭斯著,分类号为 I561. 24。

7. 文学作品的缩写本、改写本、节本,如保持原作文体,改动较小的,仍随原作品归类。如从一种文体改写成另一种文体,或者是虽然改写本的文体未变,但改写的幅度较大,属于再创作的作品,应按改写后的体裁和改写者的国籍、时代分类。例:

《墙头马上》,(元)白朴原著,王建平、任玉堂改编,分类号为 I247. 57。

《阿 Q 正传:七幕话剧》,陈白尘编剧,分类号为 I234。

《打黄狼:鼓词》,王亚平改写,分类号为 I239. 2。(注:原为民间故事。)

《聊斋志异:改写本》,(清)蒲松龄著,吴庆先改写,分类号为 I242. 1。

《十字军骑士》,(波)显克微支著,雪岗改写,分类号为 I513. 44。

8. 凡属中篇或长篇小说,除依国家、时代区分外,还可以根据需要依“I24 小说”类下的题材复分表进一步区分。凡涉及多种题材的依主导的题材分;不易区分的,按编列在后的类目归类。例:

《红楼梦》,(清)曹雪芹、(清)高鹗著,分类号为 I242. 47。

《三国演义》,(明)罗贯中著,分类号为 I242. 43。

《红岩》,罗广斌著,分类号为 I247. 51。

《追风骑兵:长篇军事小说》,冷海著,分类号为 I247. 52。

《铁证如山》,伍维平著,分类号为 I247. 56。

《射雕英雄传》,金庸著,分类号为 I247. 58。

9. 报告文学包括纪实文学和史传文学,是以真人真事为题材,用文艺笔法作艺术加工而成的文学作品。各种文体的报告文学集、纪实文学集、史传文学集分入"I25 报告文学"。有关人物生平事迹的报告文学,除分入本大类有关类目外,还应在传记类作互见分类。例:

《走下神坛的毛泽东》,权延赤著,分类号为 I253.1,互见分类号为 A752。

《胡风集团冤案始末》,李辉著,分类号为 I253.4,互见分类号为 K825.6＝74。

《裂谷雪崩:当代走私揭秘》,朱幼棣著,分类号为 I253.7。

《我们是铁的新四军》,易福才主编,分类号为 I251。

10. 以文为主并配以图画,以儿童为阅读对象的故事作品,分入儿童文学有关类目;凡以图画为主并配以少量文字的作品,如连环画等,应分入 J22/23 有关类目。为儿童编写的谜语、笑话作品,应分入儿童文学类目,一般的谜语、笑话作品分入民间文学类。例:

《好习惯童话:美绘版》,兰洋著,分类号为 I287.8。

《我和小狐狸》,(日)小和濑玉三文,(日)井本蓉子图,分类号为 I313.85。

《漫画比尔·盖茨》,(韩)青飞工作室著·绘,分类号为 J238.2(312.6)。

《画说土山湾》,周建主编,杨宏富绘图,分类号为 J228.4。

《儿童谜语大全》,董恒波等编著,分类号为 I287.7。

《2009 中国年度幽默作品》,丁斯主编,分类号为 I277.8。

11. 中国少数民族文学作家所写的文学作品综合集分入"I29 少数民族文学"类;对中国少数民族文学的评论研究文献分入 I207.9,中国少数民族文学作家的各体文学作品,应按文体分入 I22/28 有关各类,如愿将其集中,也可以分入 I29,依中国民族表分,再依该类下的专类复分表区分。例:

《新中国成立 60 周年少数民族文学作品选》,中国作家协会编,分类号为 I29。

《中国民族文学研究 60 年》,梁庭望等主编,分类号为 I207.9。

《草原烽火》,(蒙族)乌兰巴干著,分类号为 I247.51。

《仓央嘉措圣歌集》,仓央嘉措著,龙冬译,分类号为 I222.749,互见分类号为 I291.422;或分类号为 I291.422,互见分类号为 I222.749。

《玛纳斯》,(柯)居素普·玛玛依演唱,分类号为 I276.293.7,互见分类号为 I293.77;或分类号为 I293.77,互见分类号为 I276.293.7。

第十节　J 艺术

一、本类体系结构说明

艺术是通过艺术手段塑造形象反映社会生活,表达作者思想感情的一种社会意识形态。按表现手段和方式的不同,艺术通常划分为语言艺术(文学)、造型艺术、表演艺术和综合艺术。《中图法》将语言艺术单独立类"I 文学"外,其他各种艺术均编列在本类。本类强调的是各种艺术形式,艺术形式作为划分的第一层次,形成类目的基本框架。类目序列为:

J 0　　艺术理论

　1　　世界各国艺术概况

　19　　专题艺术与现代边缘艺术

　　2/59　　造型艺术(包括:绘画、书法、篆刻、雕塑、摄影艺术、工艺美术和建筑艺术)

　　6/7　　表演艺术(包括:音乐、舞蹈)

　　8/9　　综合艺术(包括:戏剧艺术,电影、电视艺术等)

　　建筑艺术是运用造型艺术手法,通过建筑技术和建筑材料构成物质实体的一种艺术形式,它与建筑设计密切相关,故将其正式类目设置于"建筑科学"类下,在本类设置交替类目。

　　美术考古虽然隶属于美术,但它又是考古学的重要内容,故正式类目列于"K85 文物考古"类下,在本类设置交替类目。

　　在 J2/9 各种形式的艺术类下,大体按艺术理论、艺术技法和中外艺术内容的次序编列。在中外艺术内容下,再按专类艺术形式细分。

二、本类修订要点

　　1. 增设类目。为容纳近年来新出现的多种艺术形式,如行为艺术、人体艺术等,新增"J19 专题艺术与现代边缘艺术",并增设下位类目"J193 民间艺术"、"J198 现代边缘艺术",同时将"宗教艺术"改为其下位类,并在"J196 宗教艺术"下,新增 6 个下位类。

　　2. 扩充部分类目体系。如将"J114 艺术市场"和"J124 艺术市场(中国)"的类名扩展为"艺术事业与艺术市场",并增加一系列下位类,以容纳有关世界及各国艺术事业与艺术市场的文献;在"J224 素描、速写"下,增加了"J224.1 各种画作品:按题材分"、"J224.2 各种画作品:按技法分"、"J224.8 个人作品集"、"J224.9 写生图谱、范本"等下位类;将"J51 图案学"改为"J51 图案设计",并增设"J511 平面设计"、"J512 立体设计"等 5 个下位类;在"J608 宗教音乐研究"下,增加了"J608.2 佛教音乐研究"等 5 个下位类;在"J616.2 歌唱法"下,增加了"J616.21 美声唱法"、"J616.22 民族唱法"等 5 个下位类。

　　3. 修订注释。本版通过增加定义性注释、扩大内涵的范围注释、仿分注释、参见注释、分类方法的注释等,使类目含义更明确,类目关系更清晰。如:"J703 舞蹈工作者"、"J803 戏剧工作者"与"J903 电影、电视工作者"均增加了"××工作者的修养、条件、培养、训练,××工作实践体会,对××工作者综合评论等入此";又如"J904 电影、电视艺术创作方法"增注"电影、电视作品的题材、形象、结构、情节、风格、语言等编剧艺术入此";"J222 中国画"增注"书法绘画作品综合集入此";"J522 图案集"增注"文身图案集入此";"J524.1 产品、商品装潢"增注"火花设计入此";"J524.4 商标"增注"标志入此";"J642.2 各族民歌、各地方民歌"增注"(包括原生态歌曲)入此";"J222.7(中国画)现代作品"增注"仿 J211.2 分"等。

三、本类分类要点

　　1. 艺术理论文献的分类

　　艺术一般理论和创作方法的文献,包括涉及多种艺术理论的综合性文献以及总论造型艺术理论或美术理论的文献入"J0 艺术理论"有关各类;专论某种艺术理论的文献分入 J2/9 有关各类,兼论某种艺术理论和技法的文献入该种艺术的技法类。例:

　　《艺术特征论》,汪流等著,分类号为 J0。

　　《艺用人体结构形态分析解剖》,李景凯编著,分类号为 J064。

　　《美术思维与创作》,张杰著,分类号为 J04。

《古筝演奏理论与技巧》，童音著，分类号为 J632.32。

《工笔花鸟画法》，曹小民编绘，分类号为 J212.27。

《吉他弹奏速成》，东方·卓越编著，分类号为 J623.26。

2. 艺术史、艺术思想史文献的分类

论述两种以上艺术形式的世界艺术史以及各国艺术史文献入 J110.9 及 J12/17 下有关类目，再按时代复分；艺术思想史同此。某一种艺术形式的艺术史、艺术思想史，分入其对应的艺术门类理论类目中的"××艺术史"下，再按国家、时代复分。例：

《艺术史的意义》，邵宏著，分类号为 J110.9。

《外国美术史简编》，张敢编著，分类号为 J110.9。

《十九世纪法兰西的美术》，刘海粟著，分类号为 J156.509.4。

《隔江山色：元代绘画》，（美）高居翰著，分类号为 J212.092.47。

《法国电影：从诞生到现在》，（法）朗佐尼著，分类号为 J909.565。

3. 艺术评论和艺术欣赏文献的分类

艺术评论和艺术欣赏一般理论方法的文献入 J05，有关世界各国或某一国多种艺术作品的综合分析、评论或兼评艺术家的文献入 J05，并依世界地区表分；关于某一种艺术作品的评论和欣赏的文献，包括对某位艺术家某一种艺术成就的评论和欣赏的文献，分入相应艺术形式下的评论类目，或是分入专指艺术形式下的技法、演艺等类目；具体对某一部艺术作品的评论和欣赏的文献入被评论的有关艺术形式下的评论或技法等类目。例：

《艺术鉴赏学》，张启胜著，分类号为 J05。

《中外美术欣赏》，刘涵编著，分类号为 J051。

《中国美术欣赏》，张道森编著，分类号为 J052。

《传统与欲望：从大卫到德拉克罗瓦》，（英）布列逊著，分类号为 J205.565。

《川剧艺术研究》，重庆市川剧艺术研究所编，分类号为 J825.71。

《解读清明上河图》，陈诏著，分类号为 J212.24。

《梅兰芳艺术评论集》，中国梅兰芳研究会编，分类号为 J821.2。

4. 各国艺术概况、艺术事业文献的分类

总论世界艺术概况、艺术事业和艺术市场的文献入 J11 等有关类目；专论各国艺术概况、艺术事业和艺术市场的文献入 J12/17，再仿 J11 分。专论世界及各国某种艺术概况或事业的文献入 J2/9 有关各类，其中论述绘画艺术市场、雕塑艺术市场、摄影艺术市场、工艺美术品市场的文献分别入 J2-29、J3-29、J4-29、J5-29，有关音乐、舞蹈、戏剧、电影、电视等艺术事业的文献分别入 J69、J79、J89 和 J99（J99 只收总论电影、电视艺术事业和专论电影事业的文献，凡专论电视事业的文献入 G229）。例：

《西方当代艺术状态》，胡志颖编著，分类号为 J11。

《中国艺术品市场概论》，西沐著，分类号为 J124-29。

《金榜题名：2006—2007 年中国书画行情》，王宝安主编，分类号为 J2-292。

《中外电影节电影奖博览》，孙毅等编，分类号为 J991.7。

5. 一般艺术作品的分类

两种或两种以上艺术形式的作品综合集，按创作者的国籍分入 J11/17 下相应各类；某种艺术作品集分入 J2/9 中相应艺术形式下按"中国"、"各国"区分的作品集类目，如需按外国作者的国家区分时,应按注明的"可依世界地区表分,并用()加以标识"加地区区分号(注意:"各国××艺术作品"类还收兼有中外艺术作品的综合集)。例:

《今日世界艺术》,邢啸声编,分类号为 J111。

《中国中青年美术家作品选集》,北京盛世歌雅文化艺术交流中心主编,分类号为 J121。

《明代花鸟画》,文物出版社编辑,分类号为 J222.48。

《英国油画选》,马风林编,分类号为 J233(561)。

《莫扎特小提琴奏鸣曲集》,(奥)莫扎特著,分类号为 J657.215(521)。

《中外水粉画集》,上海美术出版社编,分类号为 J235。

6. 绘画艺术文献的分类

"J21 绘画技法"收兼论绘画理论与技法的文献;"J211 一般技法"收总论绘画技法的文献;"J211.2 各种画技法:按题材分"收兼有两种题材以上技法的文献;专论各种绘画(如中国画、油画等)理论和技法的文献,分别入 J212/217 各类,其中中国画和油画类的 J212.2 和 J213.2 还可以仿 J211.2 细分;专论各种用途画(如宣传画、漫画等)理论和技法的文献入 J218.1/.9;凡涉及多重分类标准的文献,按编列在前的类目归类,并可在有关类目作互见分类。各种绘画作品入 J22/23 各类;其中分入 J231/239 的绘画作品如需按外国作者的国家区分时,应按注明的"可依世界地区表分,并用()加以标识。"例:

《现代色彩风景写生与创作》,文泊汀、刘兆明主编,分类号为 J211.26。

《中国山水画技法》,白雪石著,分类号为 J212.26。

《怎样画连环画》,顾炳鑫编著,分类号为 J218.4。

《绵竹木版年画》,范小平著,分类号为 J217,互见分类号为 J218.3。

《中国当代名家画集》,贾德江主编,分类号为 J221。

《魏家范画集》,魏家范著,分类号为 J221.8。

《丁涛油画作品》,丁涛绘,分类号为 J223.8。

《费欣油画》,(俄)费欣绘,分类号为 J233(512)。

《三国演义.1.桃园三结义》,大脚先生编著,分类号为 J228.2。

7. 书法、篆刻艺术文献的分类

中国书法理论和技法文献入 J292.1 各类,其中毛笔字写法可仿 J292.22/.35 细分。中国书法作品入 J292.2 各类,J292.22/.28 收按时代编辑的书法作品,包括多人和一人、多体和一体的书法作品;外国人所作的汉字书法入 J292.28;J292.31/.35 收按字体汇编的、跨越 J292.22/.28 所列时代的书法作品集。

《欧体楷书 100 讲》,孙善华著,分类号为 J292.113.3。

《柳公权书玄秘塔碑》,(唐)柳公权书,分类号为 J292.24。

《历代楷书精粹》,李秋才编著,分类号为 J292.33。

《留学生书法选集》,周同科编,分类号为 J292.28。

8. 工艺美术文献的分类

"J5 工艺美术"只收工艺美术理论、评论欣赏、美术设计、图案设计和有关各国各种工艺美术作品图集的文献;有关中国某一种工艺美术的理论、技法和作品集归入 J523/529 有关各类;"J53 各国工艺美术"仿 J52 分,如有必要,可再依世界地区表分,并用()加以标识。凡属工艺美术制品的生产、技术设备、市场和销售,以及工艺美术制品图集等,应分别入 TB、

TS、F 等有关类目。例：

《中国工艺美术鉴赏》，沈海泯主编，分类号为 J505.2。

《基本图案学》，傅抱石编译，分类号为 J510。

《中国生肖百态图案》，朱贵春绘，分类号为 J522.2。

《北京景泰蓝图案》，北京市工艺美术研究所编，分类号为 J526.2。

《中国美术馆藏风筝精品》，范迪安主编，分类号为 J528.6。

《法国酒标》，刘沙著，分类号为 J534.4(565)。

《世界经典首饰设计》，邹婧、余艳主编，分类号为 TS934.3。

《十字刺绣:针法与图案》，群慧编著，分类号为 TS935.1。

9. 音乐艺术文献的分类

音乐创作、音乐表演、音乐评论、音乐研究一般论述文献，以及世界和各国音乐史总论性文献入 J60 下有关各类;某种音乐研究、创作、评论和音乐史文献入 J62/65 有关各类。

音乐技术的基本理论和作曲、指挥、声乐、戏剧音乐、舞蹈音乐理论与方法的文献入"J61 音乐技术理论与方法"下有关各类。有关各种器乐理论、演奏法、作品评论和欣赏、器乐史等方面的文献入"J62 西洋器乐理论与演奏法"、"J63 民族器乐理论和演奏法"。总论戏剧音乐演奏理论的文献入 J617,专论乐器的戏剧演奏方法等的文献入有关乐器类。

各国各种音乐作品入 J64/65,先按作者的国别分,再根据作品的种类归入歌曲、戏剧音乐、器乐曲谱等类。如需按外国作者的国家区分时,应按注释规定使用地区区分标识( )。

总论宗教音乐的文献入 J608;专论宗教器乐演奏理论与方法的文献入 J639;中国及各国宗教歌曲或宗教器乐曲的文献分别入 J642.8、J652.8 和 J649、J659 等类。例:

《20 世纪音乐的素材与技法》,(美)库斯特卡著,分类号为 J604。

《西方音乐史》,何成华、张银生主编,分类号为 J609.1。

《"二泉映月"与民族文化》,邵思帘著,分类号为 J632.217。

《合唱艺术概论》,刘波编著,分类号为 J616.25。

《秦腔唱腔研究》,宗式昆著,分类号为 J617.541.3。

《常香玉唱腔赏析》,常静之编著,分类号为 J617.561.3。

《吉他弹奏法》,吕同先编,分类号为 J623.26。

《秦腔板胡入门》,王宴卿、韩群保编辑,分类号为 J632.22。

《电视剧音乐艺术》,李俊梅著,分类号为 J617.6。

《中国电影百年百首金曲:1905—2005》,柳秀文主编,分类号为 J642.43。

《红色娘子军:音乐会组曲管弦乐总谱》,吴祖强等[作曲],分类号为 J643.3。

《舒伯特 5 首早期钢琴奏鸣曲》,陈漪涟注释,分类号为 J657.415(521)。

《北京白云观道教音乐研究》,张鸿懿著,分类号为 J608.3。

《成都道教音乐》,青城山道教乐团演奏,分类号为 J649。

《圣诞歌曲集》,杨周怀编著,分类号为 J652.8。

10. 舞蹈艺术文献的分类

舞蹈创作、评论与欣赏、舞蹈造型艺术理论,以及世界和各国舞蹈艺术史与舞蹈事业史总论性文献入 J70 下有关各类;世界和各国舞蹈事业的文献入 J79。某种舞蹈研究、创作、评论及舞蹈艺术史文献入 J72/73 有关各类。

总论舞蹈编导、舞蹈表演、舞台美术、舞蹈化装和服饰等理论与方法的文献入"J71 舞蹈技术和方法"下有关各类;某种舞蹈的编导、表演、舞台美术、化装、服饰等有关文献入 J72/73 有关各类。

J72/73 所列各种舞蹈,应包括理论、方法及作品。论述体育舞蹈(国标舞)的文献应集中分入"J722.8 中国交际舞(交谊舞)"或"J732.8 各国交际舞(交谊舞)"下有关各类。例:

《舞蹈创作法》,(日)江口隆哉著,分类号为 J704。

《苏联的舞蹈艺术》,李士钊辑译,分类号为 J705.512。

《舞蹈编导学》,金秋主编,分类号为 J711。

《龙狮表演与竞赛》,黄益苏著,分类号为 J722.214 或 J722.215。

《世界经典芭蕾舞剧欣赏》,钱世锦编著,分类号为 J733.4。

《俄罗斯民间舞蹈》,(俄)特卡勤科编著,分类号为 J732.2(512)。

《摩登舞:摩登舞者的圣经》,(英)摩尔著,分类号为 J732.81。

《10 分钟国标舞》,杨艺、石琳主讲,分类号为 J732.8。

《中央歌舞团团史:1952—1982》,中央歌舞团编,分类号为 J792.4。

11. 戏剧艺术、电影电视艺术文献

戏剧艺术、电影电视艺术与戏剧文学和电影电视文学关系密切,有关戏剧艺术兼论文学、电影电视艺术兼论文学的总论性文献入 J8/9 有关各类;凡属戏剧文学剧本或电影文学剧本、电视文学剧本以及专评戏剧、电影、电视文学剧本的文献均入"I 文学"有关各类;专为演出编写的脚本、台本、演出本等均入 J8/9 有关各类。"J812 表演学"下注明"总论舞台表演艺术入此",该类可收入总论舞台表演艺术的文献。"J9 电影、电视艺术"下加注释"电视剧艺术入此",注意划清与"G22 广播、电视事业"的界限。例:

《电视文艺生态批评论》,张文娟著,分类号为 J90。

《中国电视剧年度发展报告:2005—2006》,李京盛主编,分类号为 J992。

《2010 年中国广播、电视发展报告》,庞井君主编,分类号为 G229.2。

《谢晋电影完成台本选集》,金冠军等主编,分类号为 J922.511。

《倾城之恋》,邹静之、刘亚玲著,分类号为 I235.2。

第十一节 K 历史、地理

一、本类体系结构说明

本类包括历史和地理两门科学。历史是研究人类社会发生和发展规律的科学,它包括人类社会发展史和专门科学发展史,本类仅收入人类社会发展史和与之有关的辅助学科——人物传记、文物考古、风俗习惯等方面的有关文献。类目序列为:

K 0 　　　　史学理论(以历史学自身的理论问题为研究对象分)

　1/7 　　　世界各国历史(按地区—国家—时代—时期分)

　81/89 　　历史辅助学科

　81/83 　　传记(按地区—国家—人物类型—时代分)

85/88	文物考古(按时代—地域—国家—专题分)
89	风俗习惯(按国家—风俗类型分)

地理学是研究人与地理环境关系的学科,它分为自然地理学、人文地理学和专类地理学3个分支。本类只收人文地理学方面的文献,主要包括历史地理学、文化地理学、政治地理学、旅游地理等,自然地理、专类地理入有关各类。类目序列为:

K90	地理学(按学科分)
91/97	世界及各国地理(按国家—地域—专题分)
99	地图(按国家—地图类型分)

二、本类修订要点

1. 新增类目。如在"K27 中华人民共和国时期(1949～)"类目下新增 K271、K273、K275 三个下位类;在"K919 旅游地理、游记"下新增 K919.1、K919.2 两个下位类;新增"K16 21 世纪(2000～)"、"K421.99 厄立特里亚"、"K555.2 黑山共和国"、"K772 苏里南"、"K773 圭亚那(法属)"、"K901.7 旅游地理学";在"K892.2 各种民俗专志"类目下新增"K892.27 社会、家庭民俗"、"K892.28 生产贸易民俗"等。

2. 修订类名,使类名更科学、规范,或扩大类目的外延,增加类目的容纳性。如将 K21/27 的中国各代史改为"中国各时代史",不再沿用中国史按照社会性质分期的标准命名,将类名改为"古代史早期"、"古代史晚期"、"近代史:1919～1949"等;将"K825.42 新闻、广播、出版(各科人物传记)"改名为"K825.42 传媒";"K875.5 音乐文物、戏剧文物"改名为"K875.5 舞乐戏剧文物";"K892.11 革命节日、纪念日总志"改名为"K892.11 节日、纪念日";"K892.18 四季节令"改名为"K892.18 岁时节令";"K892.25 饮食、居住"改名为"K892.25 饮食、居住、出行民俗";"K919 旅行、游记"改名为"K919 旅游地理、游记";"K928.72 遗址"改名为"K928.72 纪念地、故居、遗址"等。

3. 增改注释,说明类目含义、范围或类目之间的关系,增强对类目的理解和使用。如在"K14 世界近代史"下增加注释"总论国际工人运动史入此";对"K02 社会发展理论"类目下的注释进行补充和完善;对"K771 圭亚那"、"K638 萨摩亚"、"K543.6 南斯拉夫"类的注释,分别说明了与 K772、K773、K555.3/.6 类间的关系;类目外延部分交叉问题也通过增补注释加以说明,如"K878.2 纪念地、故居"增补注释"纪念地、故居的考古入此。一般介绍和图集入 K928.72";"K992.9 游览图"增补注释"旅游线路图入此,交通图入 F512.99"等。

4. 对无文献保障、过时或重复的类目删除停用。本次修订的停用类中,中国史的停用类目较多,主要集中在近代史部分,如"K261.51 直皖战争"、"K261.52 浙江战争"、"K261.53 直奉战争"、"K261.5 善后会议"等,停用类以注释形式标注于所属类目。另外,中国古代史中列出的有关农民起义的类目,可用仿 K20 分得出,部分类目不再在类序中单列,如 K234.101、K234.201 等;但对于历史影响较大的农民起义,由于相关文献资源较为丰富,其类目仍予保留,如 K233.01、K241.01 等。

5. 充分参考已有研究成果,科学、规范、准确地修订相关类目标注的年代。如:"K21 上古史"、"K338.6 马来西亚联邦"。

三、本类分类要点

1. 史学理论文献的分类

（1）"K0 史学理论"所属类目，主要收入关于历史科学研究的理论与方法，以历史学自身的理论问题为研究对象的文献，如历史哲学、社会发展理论、史学专论、年代学、史料学、历史研究法、史学史等文献。世界各国历史研究、评论的文献均入 K1/7 有关各类。例：

《史学概论》，白寿彝主编，分类号为 K0。

《关于历史评价问题》，嵇文甫著，分类号为 K03。

《史料与史学》，翦伯赞著，分类号为 K05。

《中国古代史料学》，陈高华等著，分类号为 K220.6。

《史学研究法》，姚永朴著，分类号为 K061。

《现代化新论：世界与中国的现代化进程》，罗荣渠著，分类号为 K02。

（2）"K09 史学史"是关于世界各国史学理论研究的发展史，其内容包括中外史学理论方法论、中外史学思潮、中外史学流派、历史学跨学科研究、中外史学发展史和史学思想史、当代外国史学名著译文，以及中外著名史学家和史学名著评析等。为适应史学史研究的需要，古代史学理论亦归入本类。例：

《中国古代史学史》，朱杰勤著，分类号为 K092.2。

《史通》，（唐）刘知几著，分类号为 K092.42。

《文史通义》，（清）章学诚著，分类号为 K092.49。

《欧洲史学新方向》，（美）伊格斯著，分类号为 K095。

《那高尚的梦想："客观性问题"与美国历史学界》，（美）彼得·诺维克著，分类号为 K097.12。

2. 世界及各国史文献的分类

（1）K1/7 世界及各国史的分类，主要包括通史、各时代史、民族史和地方史 4 个部分。通史按历史著述的方面性问题列类，是总论性的类目；各时代史按历史时代、时期列类，是专论性类目，集中了某个时代、时期各方面的文献；类目表对于各国的各时代史编列详简不一，凡某一地区史或国家史类目未详列子目者，均可依 K3/7 类下的专类复分表复分，凡类目中未列出的国家或地区遇有专门的文献时，可在 K3/7 类目下先依世界地区表分，再依专类复分表分。例：

《世界文化史概要》，陈佛松著，分类号为 K103。

《世界史：中世纪史》，刘明翰主编，分类号为 K13。

《二十世纪欧洲史》，（美）哈特里奇著，分类号为 K505。

《美利坚文明论：美国文明与历史研究》，何顺果著，分类号为 K712.03。

《斐济现代史》，（美）W. 库尔特著，分类号为 K661.5。

（2）K21/27 中国各时代史的分类，均可仿"K20（中国）通史"分，无论哪一级类目仿分时都必须在仿分号前加"0"。例：

《中国古代史史料学》，陈高华等著，分类号为 K220.6。

《甲骨文与殷商史》，胡厚宣主编，分类号为 K223.07。

《治世余闻》，（明）陈洪谟著，分类号为 K247.06。

《辛亥革命史研究》,泰章蓬著,分类号为 K257.07。

《美国对华情报解密档案:1948~1976》,沈志华等主编,分类号为 K273.07。

(3)K29 地方史志的分类,主要收有关各地方的社会发展史和综合性地方史志(包括历史地理)的文献。综合研究某一地区的文献,入 K291/297;建国后新编的地方志,应根据不同的情况具体分析和归类:属于县志、市志、省志的入 K291/297;属于部门或行业志的,如政协志、经济志、教育志、工商管理志、邮电志、海关志、公安志、民政志等,分别入地方政治、地方经济、部门经济等类;属于专志的,如山志、水志、水利志、名胜志、兵备志、文献志、寺院志等,入中国地理等有关各类;属于单位志的,根据单位的性质参照部门或行业志分类,或归入各有关学科。例:

《旅大史话》,董志正编著,分类号为 K293.13。

《青海历史纪要》,青海省志编委会编,分类号为 K294.4。

《陕西通志》,(明)赵廷瑞修,分类号为 K294.1。

《满洲问题》,王勤堉著,分类号为 K293,互见分类号为 K265.61。

《石家庄地区集镇志》,石家庄地名办公室编,分类号为 K922.21。

《山西政协志》,山西政协编,分类号为 D628.25。

《和田地区邮电志》,黄瀚主编,分类号为 F632.745.2。

《宝鸡名胜古迹志》,宝鸡博物馆编,分类号为 K928.704.13。

《中国佛寺志丛刊》,白化文等主编,分类号为 B947.2。

《顾渚山志》,谢文柏编著,分类号为 K928.3。

(4)综合研究某一地区、国家或专题的文献分类,应分别归入有关地区史、各国史和民族史类目,或归入有关学科,如东方学、中国学、日本学、敦煌学、藏学、徽州学等。例:

《日本学》,北京大学日本研究中心编著,分类号为 K313.07。

《国外中国学译丛》,李范文等主编,分类号为 K207.8。

《敦煌学导论》,李正宇著,分类号为 K870.64。

《藏学研究论文集》,中央民族学院藏学研究所编,分类号为 K281.4。

《徽州学概论》,姚邦藻主编,分类号为 K295.42。

《阿拉伯、波斯、突厥人东方文献辑注》,(法)费琅辑注,分类号为 K107.8。

(5)凡属国家之间侵略与被侵略的历史,一律分入被侵略国家历史类。例:

《沙俄利用宗教侵华简史》,黄心川著,分类号为 K25。

《十九世纪波兰人民的抗俄独立斗争》,程人乾编,分类号为 K513.41。

《甲午中日战争》,陈旭麓等主编,分类号为 K256.3。

《英国侵略西藏史》,(英)荣赫鹏著,分类号为 K257.240.6。

3. 民族史文献的分类

(1)总论世界各民族的历史和现状、各民族研究、世界民族地理,以及从世界范围论述某一民族的史志类文献入 K18;专论某一地区或一洲一国民族史志的文献,入有关地区或各洲、各国民族史志类;有关生活在多国的或多地区的民族史志类文献,入其主要聚居的地区或国家民族史志,但有关匈奴、突厥、鲜卑、契丹等古代民族史志的文献归入"K289 古代民族史志(中国)",不入"K308 民族史志(亚洲)";有关民族起源的一般论述入"C95 民族学";有关各国或某个民族起源的论述入各国民族史志类。例:

《当代国际政治与跨界民族研究》,葛公尚主编,分类号为 K18。

《犹太史》,(以色列)埃班著,分类号为 K18。

《苏联主要民族手册》,(美)Z. 卡茨主编,分类号为 K512.8。

《匈奴史稿》,陈序经著,分类号为 K289。

《突厥第二汗国汉文史料编年辑考》,吴玉贵著,分类号为 K289。

(2)"K28 中国民族史志"采用 4 个分类标准列类,应注意把握它们各自的内容范围。"K280.0 各民族总志"只收按时代(可依中国时代表分)编纂的多民族总志,不收某单个地区、某单个民族史志的文献;"K280.1/.7 各省区民族总志"只收按地区(可依中国地区表分)编纂的多民族总志,不收某单个民族史志的文献;"K281/288 各民族史志"集中收某个民族的历史和现状的文献,但有关某一民族的某一历史事件的文献则入中国各时代史;"K289 古代民族史志"专收中国古代民族史志文献。例:

《北京的少数民族》,沙之沅等主编,分类号为 K280.1。

《西汉民族关系史》,木芹著,分类号为 K280.034.1。

《蒙古族简史》,内蒙历史研究所编,分类号为 K281.2。

《羌族源流探索》,任乃强著,分类号为 K287.4。

《匈奴历史年表》,林干著,分类号为 K289。

4. 传记文献的分类

(1)传记是以人物为研究对象的历史文献,通常是根据各种书面的、口述的回忆、调查等相关材料,加以选择性的编排、描写与说明而成。传记文献一般包括人物的传记、生平事迹、回忆录、访问记、年谱、生卒年表、日记、书信、纪念文集、墓志铭、祭文、悼词、哀挽录、肖像、照片,以及对该人物的评论等。

(2)对传记文献的分类,首先依被传人国籍区分,遇有国籍改变者,以改变后所属的国籍为依据。传记文献分总传与分传,凡内容包括多人的传记集为总传,只写一人的传记为分传。无论总传或分传,凡需依时代复分表细分时,均应以人物的主要活动时期或其卒年为取号依据。

(3)"K810 传记研究与编写"收关于传记写作方法、谱系研究、姓氏姓名研究的文献(包括世界各国)。例:

《中共党史人物传编撰研究:兼谈司马迁〈史记〉中的人物传记》,陈志凌著,分类号为 K810.1。

《古今中外人名趣谈》,贺锡祥编著,分类号为 K810.2。

《中华姓氏通书》,何光岳等著,分类号为 K810.2。

(4)"K811 世界人物传记"收多学科、跨地区、跨时代的人物总传。属于某一洲或地区人物的总传入 K833/837 各类;世界各科人物总传入 K815,再仿 K825/828 分。例:

《当代世界名人传》,李晖主编,分类号为 K812.5。

《世界探险家列传》,黄海鹤等编译,分类号为 K815.89。

《世界女政治家》,刘洪湖著,分类号为 K817。

(5)"K82 中国人物传记"收多学科、跨地区、跨时代的人物总传。属于同一时代或同一地区的人物总传,依中国时代表或中国地区表分。例:

《历史名人全传》,张广明编著,分类号为 K82。

《推动中国历史进程的 99 人:1911 年前》,杨立著,分类号为 K820。

《北京英烈传》,北京市民政局编,分类号为 K820.81。

(6)"K825(中国)人物传记:按学科分"包括总传和分传。该类列分为 3 个部分:K825.1/826.3 按学科列类,收各学科(专业、行业)人物传记,并可在有关学科史类目作互见分类,但各学科人物的学术思想评传,入各有关学科史类,不入本类。"K827 社会政治人物"收政党和国家领导人、社会活动家、外交家、社会知名人士、历代革命人物、历代统治阶层人物的传记。"K828 社会各界人物"收 K825/827 未列出专类的人物传记。具有多重特征的学科人物传记,按其重点或按编列在前的类目归类;各民族人物可在"K828.7 民族人物"类下依中国民族表分;凡属综合介绍各行各业人物的先进事迹和先进业务经验的文献,入各有关学科类目,不入人物传记类;各科人物传均可依中国时代表细分,用时代区分号" ="标识。例:

《中国革命史人物传略》,范济国主编,分类号为 K827。

《李立三传》,唐纯良著,分类号为 K827 =7。

《吕振羽评传》,刘茂林、叶桂生著,分类号为 K092.7。

《中国著名目录学家传略》,李万健著,分类号为 K825.41。

《湘籍开国人物传略》,陈克鑫等主编,分类号为 K827,互见分类号为 K820.864。

《古今回族名人》,海正忠主编,分类号为 K828.713。

《商业英雄谱》,商业部基层政治工作办公室编,分类号为 F718。

(7)"K833/837 各国人物传记"先依世界地区表分,再仿 K82 分。各科人物传记还可依国际时代表细分,使用时代区分号" ="标识。例:

《南丁格尔与近代护理》,张文亮著,分类号为 K835.616.2。

《第二次世界大战中的美国将领》,(美)莱尔斯著,分类号为 K837.125.2 =52。

《戴安娜传》,(英)理查德著,分类号为 K835.617 =53。

《白宫岁月:基辛格回忆录全集》,(美)亨利·基辛格著,分类号为 K837.127 =5。

《操纵美国命运的犹太人》,汤天一等著,分类号为 K837.128.738.2。

5. 文物考古文献的分类

(1)文物考古是通过对实物资料的调查、发掘和研究来探讨人类社会历史发展规律的科学,它是历史科学的一个重要组成部分。本类主要收关于遗物和遗迹两大类文化遗存的发掘、考证和研究方面的文献;凡属文物和古物的陈列、保管、修复及其组织管理等方面的文献入"G26 博物馆事业";古文献学入"G256.1 图书学";凡关于器物生产史方面的文献,入各有关专门学科史。此外,"K85 文物考古"下新增"K851 考古学"类目,泛论考古的调查、发掘与研究、考古学文化、史前考古学、历史考古学、田野考古学、特殊考古学的文献入此。例:

《考古学专题六讲》,张光直著,分类号为 K851。

《考古学文化论集》,苏秉琦主编,分类号为 K851-53。

(2)"K87 中国文物考古"类下包括金石学总论性文献(第五版新增"K870.5 金石学",由于类号配重,已勘误删除该类),但有关金石的专题研究应入有关各类。同样,"K870.6 敦煌学"只收总论性文献,凡属关于敦煌的专题研究文献,亦入有关各类。例:

《中国金石学概论》,马衡著,分类号为 K87。

《集古录》,(宋)欧阳修撰,分类号为 K877.2。

《历代钟鼎彝器款识法帖》,薛尚功著,分类号为 K877.33。

《敦煌学论集》,甘肃社会科学院文学研究所编,分类号为 K870.6。

《敦煌石窟艺术》,敦煌文物研究所编,分类号为 K879.21。

《敦煌壁画》,蔡书达著,分类号为 K879.41。

(3)K871/874 各类只收总论性文献,专论某类文物考古的文献均入 K875/879 有关各类。"K878 遗址考古"和"K879 美术考古",只收遗址的发掘、考证以及石窟寺、古绘画美术考古方面的文献,凡属于历史古迹的一般介绍、供旅游观光者使用的介绍性资料,均入 K9 地理有关各类。例:

《青铜时代》,郭沫若著,分类号为 K871.34。

《三十年来河南考古成就》,分类号为 K872.61。

《陕西出土文物图录》,陕西省博物馆编,分类号为 K873.410.2。

《秦始皇陵兵马俑研究》,袁中一著,分类号为 K878.84。

《法门寺发掘纪实》,任周芳等编著,分类号为 K878.65。

《法门寺:佛舍利圣地》,本书编写委员会编,分类号为 K928.75。

6. 风俗习惯文献的分类

(1)"K89 风俗习惯"主要收有关民俗学和世界各地区、各民族风俗习惯方面的文献,主要包括风俗、节日、民间文化艺术、民俗、礼制等。

(2)总论节日、纪念日,以及专论民间节日的文献入本类,专论具有政治意义的节日和纪念日的文献,入政治有关类,如"五一国际劳动节"入 D411.1,"三八国际妇女节"入 D441.1,"中国五四青年节"入 D432.1,"中国八一建军节"入 E297.0,"中国十一国庆节"入 D621.6,等等。例:

《节日与节日文化》,李青岚著,分类号为 K891.1。

《中国的节日和食品》,邢泰海著,分类号为 K892.18。

《世界婚俗大观》,王济编,分类号为 K891.22。

(3)有关总论民间文化艺术活动的文献入本类,有关民间歌谣、神话、传说、音乐、舞蹈、美术等文献,分别入 I、J 等有关类目。例:

《龙凤文化源流考》,王大有著,分类号为 K892.24。

《赛龙舟的起源》,马金贵著,分类号为 K892.24。

《云南少数民族神话选》,李子贤编,分类号为 I277.5。

(4)K892.3/.4 只收按民族、地方编纂的风俗总志,专论某种民俗的文献入 K892.2 有关各类。若收藏的民俗专志文献较多,也可使用地区、民族标准细分,需分别使用()、""。

《华北地方志民俗资料汇编》,丁世良等主编,分类号为 K892.42。

《秦汉风俗》,韩养民等著,分类号为 K892,或 K892＝32。

《中国古代妇女禁忌礼俗》,韦溪等著,分类号为 K892,或 K892＝2。

《中国人生礼俗大全》,乔继堂著,分类号为 K892.26。

《瑶族服饰》,常云山著,分类号为 K892.23"51"。

《外交礼仪》,钱守义编,分类号为 D802.2。

《犹太人习俗与民族性格》,赵启明著,分类号为 K891.338.2,互见分类号为 C955.382。

(5)有关中国古代礼制的文献(《周礼》除外),集中归入 K892.9。例:

《古代礼制风俗漫谈》,文史知识编辑部编,分类号为 K892.9。

《中国古代的祭礼与歌谣》,(法)格拉耐著,分类号为 K892.98。

《礼记集说》,(元)陈澔注,分类号为 K892.9。

7. 地理学文献的分类

(1)"K9 地理"主要收有关普通地理学、人文地理学,以及世界地理、各国地理的综合性文献,专科地理文献均入有关各类。《中图法》关于地理学文献是分散编列的,除本类外还分布于:

总论经济地理学的文献入 F119.9,专论各部门经济地理的文献编列在各部门经济类,如工业经济地理入 F419.9、化学工业经济地理入 F416.7、中国工业经济地理入 F429.9、中国化学工业地理入 F426.7 等。

总论自然地理的文献入 P9 自然地理学,专论各部门自然地理的文献入有关各类,如土壤地理入 S159、医学地理入 R188、动物地理入 Q958.2、环境地理入 X144 等。

其他各种专类地理的文献均入有关学科,如人口地理学入 C922、军事地理学入 E993、语言地理学入 H004、宗教地理入 B929。

(2)有关某个国家自然、经济、政治制度、社会生活、文化等方面的综合性地理文献入各国地理,重点论述某国政治制度、社会生活、经济发展概况的文献入各国政治类。

(3)"政治地理学、地缘政治学"是把国家作为地理的有机体或一个空间现象来研究的科学。凡总论地缘政治学的文献入 K901.4,专论各地区或各国地缘政治的文献入 D5/7 各国政治。例:

《地缘政治的本质与规律》,陆俊元著,分类号为 K901.4。

《整体视角下的东北亚:地缘政治的分析》,刘雪莲主编,分类号为 D731。

(4)"文化地理学"是研究文化现象(包括物质的、非物质的)在地理空间中的形成、分布、组合、演变及其环境关系的人文地理学分支学科,四版为交替类,将文献归入 G07,五版将该类设为正式类目,以便集中相关文献。例:

《岛国文化》,陈伟著,分类号为 K901.6。

《徽州传统学术文化地理研究》,周晓光著,分类号为 K901.6。

(5)"K921/927 区域地理、地理志"中收有关某地区综述性地理学文献,有关某地区某方面的地理学文献均入"K928 专类地理"。各国地理文献的分类方法与此相同。例:

《世界著名瀑布》,陶岳编,分类号为 K918.4。

《中国西南边疆变迁史》,尤中编,分类号为 K928.1。

《中华人民共和国行政区划简册》,分类号为 K928.2。

《川盐古道:文化线路视野中的聚落与建筑》,赵逵著,分类号为 K928.6,互见分类号为 K927.1。

《华山》(五岳丛书),蒋高远著,分类号为 K928.3。

《水经注》,(后魏)郦道元著,分类号为 K928.4。

《中国古都研究》,中国古都学会编,分类号 K928.5。

《中国历史地理论丛》,史念海主编,分类号 K928.6。

《长城,世界一大奇迹》,成大林著,分类号为 K928.77。

《济南老建筑寻踪》,李铭、钱欢钦摄影、撰,分类号为 K928.715.2。

《嘉峪关》,郭楚景编,分类号为 K928.77。

(6)"K928.9 旅游地理、游记"类的游记收有关记述旅游过程及所见风物的地理著作,凡属描写山川景物以抒发作者情怀的文学作品入"I 文学"有关类。例:

《西子湖记游》,纪流著,分类号为 K928.955.1。

《海南旅游导趣》,杨昭宽、刘衍荣编著,分类号为 K928.966。

《峨嵋山抒怀》,蜀人著,分类号为 I267.4。

第十二节　N 自然科学总论

一、本类体系结构说明

本大类置于自然科学基本部类之首,同"C 社会科学总论"一样,也包括两大部分内容:一是总论自然科学的共性问题,编号为 N0/79,基本按总论复分表的内容及编列顺序设置类目(N07 除外),收录总论自然科学(包括工业技术)的一般理论与方法、现状及发展、研究方法、教育与普及,以及丛书、文集、连续出版物、参考工具书、检索工具、非书资料、视听资料等。二是有关自然界的综合研究和综合性科学方面的类目,类目序列为:

N 8　　　自然科学调查、考察

　91　　　自然科学研究、自然历史

　93　　　非线性科学

　94　　　系统科学

〔99〕　　情报学、情报工作

二、本类修订要点

1. 新增类目,如:

增加"N07 不明的自然现象与事物"类,收录有争议或未经探明的自然现象与事物,专论入有关各类。如:不明飞行物(UFO)入 V11,野人入 Q98,外星人入 Q693。

增加"N46 教学设备",收录总论中等以上自然科学教学所涉教具、教学仪器等。参见 G431。

增加"N47 考核、评估、奖励"。收录总论中等以上自然科学各领域教育与普及所涉资格考试、评估、奖励等。

增加"N79 非书资料、视听资料",并与 C79、-79 相同展开 5 个三级类目,用于收录总论自然科学各领域的非书资料、视听资料。

2. 增加或修改注释,扩大类目内涵。如:

在"N19 创造发明、先进经验"类目下增补注释"专科性自然科学奖项入有关各类,如工业技术奖项入 T-19。参见 G311"。

在"N3 自然科学研究方法"类目下新增注释"总论体视学入此,专论入有关各类。例:生物体视学为 Q-33"。

3. 通过修改类名,调整或扩展类目内涵。如:

将"N1 自然科学现状、进展"的类名改为"自然科学概况、现状、进展"。

将"N36 组织管理、生产管理"的类名改为"组织方法、管理方法"。

将"N39 新技术的应用"的类名改为"信息化建设、新技术的应用",并增补注释"网络通信技术的应用,网站建设等入此"。

4. 停用类目,并指明相关文献的去向。如:

停用"N08 自然科学研究中的资产阶级理论及其评论研究",将相关文献归入 N06,并将其类名改为"学派学说及其评论研究"。

5. 规范类目体系的等级逻辑结构,补充一些类目。如:

增加"N94-0系统科学理论与方法",为原类目"N94-02 系统哲学"补充上位类。

三、本类分类要点

1. 凡属自然科学总论性文献,或自然科学与技术科学的总论性文献均入此类。凡属自然科学或技术科学中的某一专门学科的专论性文献入有关各类。例:

《科学艺术结合构建人的和谐》,王启成著,分类号为 N05。

《科学的价值》,(法)昂利·彭加勒著,李醒民译,分类号为 N02。

《中国伪科学史》,涂建华著,分类号为 N06。

《新版世界未解之谜大全》,梅庆吉主编,分类号为 N07。

《UFO 现象全记录》,闫艳主编,分类号为 V11。

《寻找"野人":神农架探秘纪实》,税晓洁、冷智宏著,分类号为 Q98。

2. "N1—N2"收录自然科学概况、现状、进展,自然科学机构、团体、会议。例:

《科学技术概论》,胡显章、曾国屏主编,分类号为 N1-01。

3. 关于"自然科学奖项"与"自然科学奖励"的使用说明。"N19 创造发明、先进经验"下设注释"综合性自然科学奖项入此,专科性自然科学奖项入有关各类","奖项"是指各类奖项的设置、评定方法等和获奖情况汇总等,"N47 考核、评估、奖励","奖励"是与自然科学教育普及有关,往往是通过考核、评估活动所获得的奖励。例:

《国际科学技术奖概况》,张先恩主编,分类号为 G321,互见分类 N19。

《科学技术奖励综论》,姚昆仑著,分类号为 N19。

《诺贝尔物理学奖百年回顾》,薛凤家编著,分类号为 O4-091。

《科技成果鉴定奖励与管理》,杜宝善、褚继善编著,分类号为 G311。

4. 凡属总论自然科学、技术科学与哲学、社会科学理论与方法的文献入"G3 科学、科学研究"类。例:

《科学学导论》分类号为 G301。

《创新的哲学探索》,金吾伦著,分类号为 G305。

《中国科协全国学会发展报告》,中国科学技术协会主编,分类号为 G322.25。

5. 涉及自然科学具体研究方法的入 N3 有关各类。例:

《重大科学计划实施的关键:管理与协调》,(美)W. H. Lambright 著,分类号为 N36。

《中国体视学与图像分析》(期刊),中国体视学会,分类号为 N3。

《我国生物体视学和定量病理学发展的世纪回顾及展望》(期刊论文),申洪等,分类号为 Q-33。

《信息化建设理论与应用》,罗承廉、韩文报编著,分类号为 N39。

6. 总论自然科学教育、考核和普及的文献入 N4 有关类目,专论入有关各类,例:

《点击学校课程:走在十字路口的科学教育》,刘德华著,分类号为 N42。

《科学教学仪器设备目录》,联合国文化科学教育组织,分类号为 N46,互见分类号为 N63。

《国家医师资格考试实践技能考试一本过关·口腔执业医师》,医师资格考试专家组编,分类号为 R78-47。

7. 涉及自然科学丛书、文集、连续出版物、参考工具书、非书资料的文献入 N5—N79 有关各类。例:

《自然科学年鉴》,自然科学年鉴编辑部编,分类号为 N54。

《领导干部科技手册》,胡昭广主编,分类号为 N62。

8. 涉及综合性科学调查、考察的文献入 N8,可按世界地区表分。例:

《南极科考纪行》,张文敬著,分类号为 N816.61-49。

9. 涉及自然研究、自然历史的文献入 N91,可按世界地区表分。例:

《看得见的风景:博物学生存》,刘华杰著,分类号为 N91-53。

10. 涉及非线性科学、系统科学的文献分别入 N93 和 N94 有关各类。例:

《非线性科学若干前沿问题》,孙义燧主编,分类号为 N93。

《系统动力学》,钟永光等编著,分类号为 N941.3。

《大系统的最优化及控制》(英)辛(M. G. Singh)著,周斌译,分类号为 N941.4。

《系统辨识及其 MATLAB 仿真》,侯媛彬等编著,分类号为 N945.14。

第十三节 O 数理科学和化学

一、本类体系结构说明

本类组内容包括数学、力学、物理系、化学和晶体学,是研究自然界物质运动最普遍、最基本规律的基础科学,也是其他科学技术的理论基础。本类组中的各门学科是依据从简单到复杂、从一般到具体、从理论到应用的原则编列类目,其中:

"O1—O29 数学"按初等数学、高等数学、计算数学、应用数学列序;

"O3 力学"和"O4 物理学",先分别列出理论力学和理论物理学,然后编列各自然科学的分支学科,最后分别列序应用力学和应用物理学;

"O6 化学"按无机化学、有机化学、高分子化学、理论化学、分析化学、应用化学六部分编列下位类目;

"O7 晶体学"先编列基础理论,然后是晶体各方面问题,如结构、生长、缺陷、物理化学过程等,最后列序是应用晶体学。

二、本类修订要点

1. 增加类目注释,扩充类目的内涵。如:在"O437 非线性光学(强光与物质的作用)"类目下增加注释"飞秒超快光学等入此"。

2. 根据使用习惯,更改词汇用法。将"O1-8计算工具"注释中的"电子运算器"改为"电子计算器",将"O245数值软件"更名为"数学软件"。

3. 增加参照类注释,方便用户使用。如:在"O192整体分析、流形上分析、突变理论"类目下增加注释"分形入O415.5",在"O211.62马尔可夫过程"类目下增加注释"马尔可夫决策过程入O225",在"O212.5判决函数(决策函数)"的类目下增加注释"决策论入O225",在"O24计算数学"类目下增加注释"参见TB115"指引"计算数学的应用"如何归类。

4. 修改4版中的错误。如:修改"O231.3随机控制系统"下的注释为"系统辨识入N945.14"。

三、本类分类要点

1. 本大类所属各学科类目主要收有关物质性质、结构等方面的理论和实验研究文献。凡属物质生产技术、设备使用技术等入应用学科有关各类。例:

《稳定性的理论、方法和应用》,廖晓昕,分类号为O175.13。

《结构稳定性理论原理》,(美)查杰斯(A. Chajes)著,唐家祥译,分类号为TU311.2。

《运筹决策理论方法新编》,王可定,周献中主编,分类号为O22。

《管理运筹学》,陈戈止编著,分类号为C931.1。

《热应力与热疲劳:基础理论与设计应用》,(日)平修二主编,郭廷玮、李安定译,分类号为O343.6。

《材料的疲劳》,(美)S. Suresh著,王中光等译,分类号为TB301。

《超声速飞机空气动力学和飞行力学》,(俄)G. C. 比施根斯等著,郭桢等译,分类号为V271.9。

2. 当文献的内容涉及科学理论与应用关系时,通常归入到应用学科,如:建筑结构力学入TU311;当某种理论应用在多方面时,则将其归入该学科类目,如总论协同学的文献入O415.4,协同学理论在组合化学中的应用则入O621.3。例:

《概念结构力学》,黄达海,郭全全著,分类号为O342。

《房屋建筑力学与结构基础》,陆歆弘,蔡跃主编,分类号为TU311。

《协同学入门》,郭治安著,分类号为O415.2。

《协同组合化学》,胡文祥,王建营著,分类号为O621.3。

《超声学》,应崇福主编,分类号为O426。

《生物医学超声学》,万明习主编,分类号为R318。

3. 为容纳总论某学科理论应用的文献,本大类还在一些学科类目下编列了"应用××学"类目,如:"O39应用力学"、"O429应用声学"等,并规定可以采用冒号组配法,供有关单位选择使用。但也有些类似类目,如"O368应用流体力学"等未做规定,用户单位也可依据需要仿照使用。例:

《应用力学最新进展》,美国机械工程师协会编,郭仲衡译,分类号为O39。

《力学及其在土木工程中的应用:杨德品教授七十寿辰庆贺文集》,郑泉水主编,分类号为TU311-53,或为O39:TU311-53。

《概率论基础及其应用》，王梓坤著，分类号为 O211.9。

《经济数学：概率论与数理统计》，于卓熙、李辉主编，分类号为 F224。

《应用流体力学》，刘树红、吴玉林主编，分类号为 O368。

《高等工程流体力学（少学时）》，张鸣远编著，分类号为 TB126，或 O368：TB126。

4. 数学文献的分类

（1）"O11 古典数学"收录各国古典数学文献和有关数学史的文献。例：

《阿拉伯数学的兴衰》，包芳勋，孙庆华著，分类号为 O113.71。

《中国传统数学教学概论》，肖学平著，分类号为 O112。

（2）"O12 初等数学"及其所属的几个专类，是以中等学校教育程度为立类标准的，除个别类目可收研究性论著外，一般只收相当于中等教育水平的有关文献（但中学数学教学法，教科书、参考书应入 G62/G63 有关类目）。"O13 高等数学"只收总论性文献，凡属数学各分支学科一律入有关各类。例：

《初等数学》，吕保献等主编，分类号为 O12。

《大学数学》，燕列雅主编，分类号为 O13。

《同调代数》，林子炳编著，分类号为 O154.2。

《模糊（Fuzzy）数学及其应用》，彭祖赠、孙韫玉编著，分类号为 O159。

《非线性动力系统的动态分析》，张伟江、杨升荣编，分类号为 O194。

《大系统控制论》，涂序彦、王枞、郭燕慧著，分类号为 O231。

《MATLAB 数值分析》，周品、何正风等编著，分类号为 O241。

5. 力学文献的分类

有关力学的原理方法入 O30 有关各类；理论力学入 O31；各种专门的力学，如连续介质力学、固体力学、流体力学、流变学、爆炸力学等入 O33—O38 有关各类；应用力学入 O39。例：

《计算力学教程：有限单元法、边界单元法、加权残数法》，殷家驹、张元冲主编，分类号为 O302。

《经典力学要义》，钱尚武著，分类号为 O31。

《理性力学》，陈至达著，分类号为 O331。

《实验力学》，戴福隆、沈观林、谢惠民主编，分类号为 O348。

《多相流体力学理论及其应用》，周云龙等著，分类号为 O359。

《流变学进展》，杨挺青等主编，分类号为 O37。

6. 物理学文献的分类

（1）研究宏观现象的物理学综合性文献入"O4 物理学类"；专门研究声、光、电、磁、半导体以及等离子体物理学及其分支学科的文献分别各入其类；总论凝聚态物理的文献入 O469；研究分子物理、原子物理、原子核物理的文献入 O56/57 有关各类。例：

《现代物理导论》，王尚武、王一博编著，分类号为 O4。

《宏观场论》，施国良、张国雄编，分类号为 O412.3。

《从量子力学到量子光学：数理进展》，范洪义著，分类号为 O413.1，互见分类号为 O431.2。

《非线性声学》，钱祖文著，分类号为 O422.7。

《凝聚态物理专题》,编著徐慧,分类号为 O469。

《介观物理》,阎守胜、甘子钊主编,分类号为 O488。

《半导体表面与界面物理》,丘思畴,分类号为 O485。

《核反应理论》,王书暖编著,分类号为 O571.4。

《粒子物理和场论:李政道讲义》,李政道著,分类号为 O572.2,互见分类号为:O412.3。

《半导体薄膜技术与物理》,叶志镇等编著,分类号为 TN304.055。

《磁共振成像鉴别诊断学》,(美)Francis A. Burgener 等主编,分类号为 R445.2。

《无线电计量》,彭黎迎主编,分类号为 TB973。

(2)在"O415 非线性物理学"类下编列了一组综合性很强的学科,这些学科同时也在"N94 系统科学"类下以交替类目的形式列出,各用户单位可根据这些学科文献原来归入的类,决定集中于 O415 还是集中于 N94 类。例:

《从混沌到有序:协同学简介》,王贵友编著,分类号为 O415.2 或为 N941.7。

《信息与自组织:复杂系统的宏观方法》,(德)H. 哈肯著,本书翻译组译,分类号为 O415.2 或为 N941。

《耗散结构论》,沈小峰等编著,分类号为 O415.3 或为 N941.91。

《分形物理学》,杨展如编著,分类号为 O415.5。

(3)关于"时间"文献的分类。涉及"时间"的文献由于论述的角度不同,归类方法也有很大的不同,必须认真分析文献的内容和论述的角度,以确定如何归类。凡从哲学角度论述时间与空间关系的文献入"B016.9 时空论";凡从相对论角度研究时间属性的文献入"O412.1 相对论";凡研究时间计量、测量的文献入"P127.1 授时";凡从计年、历法、历书角度研究时间的文献入"P19 时间、历法"下属类目;有关时间的利用、管理的文献入"C935 管理计划和控制";有关生物的时间调节、生物钟方面的文献入"Q811.213 动植物机理仿生"等。例:

《时间现象学的基本概念》,(德)克劳斯·黑尔德著,靳希平等译,分类号为 B016.9。

《懂一点相对论:空间和时间的故事》,邓乃平著,分类号为 O412.1-49。

《古代天文历法讲座》,张闻玉著,分类号为 P194.3。

《打造时间管理高手》,李时秋著,分类号为 C935。

《时间:人类对它的认识与测量》,漆贯荣编著,分类号为 P127.1。

《人体生物钟使用手册》,(美)珍妮弗·爱克曼著,温雅等译,分类号为 Q811.213。

7. 化学文献的分类

(1)凡有关化学元素、化合物的性质、化学反应原理等方面的文献入本类;凡有关各种化学元素、化合物的化工过程、生产工艺、生产过程、化工产品的文献入 TQ 化学工业有关各类。

(2)总论无机化合物的文献,如酸、碱、盐等入 O611.6;专论各个元素无机化合物的文献入 O613/616 各种元素及其化合物。例:

《无机酸的性质》,冯国强著,分类号为 O611.63。

《硫酸》,萧童心编,分类号为 O613.51。

(3)凡按元素族系撰写的文献入"O612 周期系统各族元素";论述某族个别元素的文献分别归入 O613/616 有关各类;各种金属的无机化合物入 O614 各类。例:

《碳、硅、锗分族》,郝润蓉等著,分类号为O612.4。

《碳》,廖长明著,分类号为O613.71。

《过渡元素化学》,陈智主编,分类号为O614.8。

《稀土元素》,刁国平著,分类号为O614.33。

(4)与无机化学文献处理方法相同,在有机化学类目中,凡总论不同结构的各族有机化合物的文献,如烃、醇、醛等入"O622各类有机化合物",专论某族中的某一种有机化合物的文献,分别入O623/629有关各类;非金属有机化合物(氧、氮、硫、氟、氯、溴、碘除外)、金属有机化合物入O627各类。例:

《烃类的相互转变反应》,苏贻勋编,分类号为O622.1。

《含氮的有机化合物概论》,(日)大本道则等编,分类号为O622.6。

《有机铝化合物》,袁履冰等编著,分类号为O627.31。

《碳水化合物化学》,张力田编著,分类号为O629.1。

(5)"O613非金属元素及其化合物"、"O62有机化学"中的化合物,均采用"最后编号法"标引,即各种化合物(含多种元素)应分别归入O613/614、O623/626类目中后出现的那种元素(无机化学)或化合物(有机化学)中。如:二氧化碳入"O613.71碳C"、溴化钾入"O614.113钾K"、脂肪芳香酮入"O625.42芳酮及其衍生物"、酸的含硫功能衍生物入"O623.627含硫、磷功能衍生物"。但有关氧化物、氯化物或溴化物的总论性文献分别入"O613.3氧O"、"O613.42氯Cl"或"O613.43溴Br"等元素类目。必要时,可作互见分类。

8. 晶体学文献的分类

凡是宏观研究具体的生成、外形、性质、结构以及检验等方面的文献,无论总论或专论,均入"O7晶体学"有关类目。凡是专门研究某一物质晶体学各方面问题的文献,无论总论或专论,均依该物质所属学科归入各类。凡是属于研究生产人造晶体的文献应入"TQ164人造宝石、合成宝石的生产"。例:

《结晶学与矿物学》,李胜荣等编著,分类号为O7,互见分类为P57。

《X射线晶体学基础》,梁栋材著,分类号为O72。

《结晶化学导论》,钱逸泰编著,分类号为O74。

《材料的晶体结构原理》,毛卫民编著,分类号为O76。

《飞秒激光诱导晶体形成及其机理的研究》,陈彬著,分类号为O78。

《合成金刚石的研究与应用》,方啸虎编著,分类号为TQ164.8。

《人造金刚石在地质勘探钻进中的应用》,(苏)布加耶夫等著,李孔兴、唐华生译,分类号为P634.4。

《金属的晶体缺陷与力学性质》,赖祖涵主编,分类号为TG111.2,互见分类TG113.25。

第十四节　P天文学、地球科学

一、本类体系结构说明

本类是以研究天体物质及运动和大地物质及运动为对象的学科类组。包括天文学、测绘

195

学、地球物理学、大气科学、地质学、海洋学和自然地理学。天文学、地球科学类目序列为：

P1　天文学

P2　测绘学

P3　地球物理学

P4　大气科学（气象学）

P5　地质学

P7　海洋学

P9　自然地理学

二、本类修订要点

1. 扩充部分类目的体系。对"P208 测绘数据库与信息系统"、"P228.4 全球定位系统"、"P315.2 地震与地球构造"、"P315.9 地震工程与震害防御、应急救援"等作了较全面的扩充，如在"P208 测绘数据库与信息系统"下新增"测绘数据库"和"地理信息系统"两个下位类；在"P228.4 全球定位系统"下新增 4 个下位类；将"P315.2 地震与地球构造"扩展了一级资料法类号；"P315.9 地震工程与震害防御、应急救援"新增了 8 个下位类，其中 6 个为正式类目，两个为交替类目，如"[P315.92]工程结构抗震"宜入 TU352.1，"[P315.93]岩土工程抗震"宜入 TU435、TU753.7 等有关各类；"P542 构造运动"的下位类资料法第五级类目改为正式类目。

2. 新增类目。"P317.8 火山与地震"、"P319.1＋3 地电暴"、"P462.6 高原气候"等。

3. 新增类目注释。"P111.3 天体观测仪器"、"P111.4 天体物理仪器"、"P286 制图仪器与设备"、"P315.4 地球的震动与脉动"、"P421.3 大气结构"、"P539.7 化学地层学"等。

4. 修订、规范类名。如将"P202 测量用表"改为"测绘用表"、"P312.4 地球的体潮、重力的时间变化"改为"地球的体潮、重力场的时间变化"、"P429 气象灾害"改为"气象灾害及其防治"、"P534.3 元古代（界）"改为"元古宙（宇）"等。

5. 调整类目关系。将"P315.01 数理地震学"与"P315.02 物理地震学"归并为类组"P315.01 数理地震学、物理地震学"；"P315.08 统计地震学"类目停用，改入"P315.01 数理地震学"类目下；"P315.69 计算机应用"停用，改入"P315.6-39 计算机应用"。

6. 调整类目交替方向。将"P128.15 人造卫星在大地测量中的应用"改为交替类目。

7. 厘清了"P901 景观学、区域论"文献的归类问题。总论景观学、区域论和景观生态学、景观美学的文献入此，专论入有关各类。

8. 订正类目名称和类目注释，扩大类目的外延，以便容纳更多的知识范畴。如：将"P941 世界自然地理学"类目名称改为"世界自然地理"；将"P941.71 干燥区"、"P941.73 沙漠区"的类名分别改为"干燥区、干旱地区"、"沙漠区、荒漠区"；增加了 P931.1（河口、三角洲地貌学等入此）、P931.3（风沙地貌等入此）、P931.4（兼论冰川与寒冻作用形成的地貌入此）、P931.7（水库库岸地貌等入此）的类目注释。

9. 停用正式类目和增加交替类目。为调整解决类目交叉、类目划分模糊，停用了四版"P96"下的"P964 资源评价"、"P966.1/.7 地理分布"、"P966.8 地带分布"、"P966.9 地文分布"等 4 个正式类目；在"[P933]水文地理学"下增加了交替类目"[P933.9]海洋地理学"。

三、本类分类要点

1. 天文学文献的分类

"P1 天文学"是研究天体的位置、分布、运动、形态、结构、化学组成、物理状态及其演化等方面的科学,按天文学学科体系序列类目。

(1)"P11 天文观测设备与观测资料"收总论天文仪器构造、使用、观测技术方面的文献;专论使用某种仪器观测星体方法的文献入各有关星体;专论天文仪器制造的文献入 TH7 各类。例:

《天文微光探测器》,埃克尔斯(Eccles, M. J)等著,王传晋、韩正忠译,分类号为 P111.3。

《探测行星彗星》,牛玉石等编著,分类号为 P185-49。

《光学系统设计》,(美)莱金(Laikin, Milton)著,周海宪、程云芳译,分类号为 TH740.2。

(2)"P12 天体测量学"是对天体位置、自行和基本常数进行测量的天文学分支科学,主要包括球面天文学、照相天体测量学、子午天体测量学和实用天体测量学,有关天体测量在各方面应用的文献入有关各类。例:

《天体测量学导论》,赵铭著,分类号为 P12。

《恒星方位天文学》,(美)艾科恩著,分类号为 P152.2

《船舶定位与导航》,龚少军主编,分类号为 U675.6。

(3)有关宇宙问题的研究,不仅是天文学的课题,而且也是自然哲学的研究课题。应根据文献不同的写作角度和写作目的分别归类。凡属从天文学角度观察、研究宇宙起源、演化的文献入"P159 宇宙学"。例:

《引力论和宇宙论》,王永久著,分类号为 P159.1。

《大爆炸之后:宇宙由来及人类文明与宗教简史》,智扬著,分类号为 B016.8。

《破解中国太极图中的宇宙奥秘》,毛郁生著,分类号为 B221。

《现代宇宙学哲学问题》,孙显元著,分类号为 B016.8。

(4)关于把地球作为一个天体研究的文献,入 P183 各类;有关地球本身物理性质、化学成分、地质、地貌、水文、气象、矿物、地理,以及测绘等方面的文献分别入 P2/9 各有关类目。例:

《地球科学精要》,沙润主编,分类号为 P183。

《非线性地球自转动力学》,王文均、张捍卫著,分类号为 P183.3。

《地球演化》,盖保民著,分类号为 P311。

《地球化学动力学》,张有学原著,倪怀玮译,分类号为 P59。

《中国房山岩溶地貌研究》,赵逊等编著,分类号为 P931.5。

2. 测绘学文献的分类

"P2 测绘学"是研究大地测量和地图绘制的科学,大体按测量对象和测量手段序列类目。

(1)"P25 专业测绘"只收总论性文献,凡属专论某专业测绘的文献一律入有关各类。如地质测量入 P623、农业工程测量入 S29。如愿将专业测绘技术的文献集中于此,可采取冒号组配编号法。如:水利工程地形测量为 P25:TV221.1,隧道施工测量为P25:U452.13。例:

《高等应用测量》,陈永奇等编著,分类号为 P25。

《天体测量方法：历史、现状和未来》，李东明著，分类号为 P12。

《误差理论与测量平差》，林洪桦编著，分类号为 P207。

《大地测量学基础》，吕志平编著，分类号为 P22。

（2）"P228 卫星大地测量与空间大地测量"、"P236 卫星摄影测量与空间摄影测量"、"P231 航空摄影测量"、"P237 测绘遥感技术"有一定的关联，文献分类时要根据测量的对象和手段决定类属。例：

《GPS 原理及应用》，李天文编著，分类号为 P228.4。

《矿产卫星摄影测量》，黄才勋著，分类号为 P623.2。

《遥感测绘学术论文选集》，王玉玮著，分类号为 P237。

（3）"P27 地籍学"包括地籍测量、地籍调查和管理方面的文献。例：

《房产测量知识问答》，李和气主编，分类号为 P271。

《地籍管理》，叶公强主编，分类号为 P273。

（4）"P28 地图制图学"只收有关地图绘制理论与方法的文献，具体地图均入有关各类。例：

《地形学与3S技术》，李星照编著，分类号为 P28。

《地图学与地图绘制》，王琴主编，分类号为 P28。

《中国分省地图集》，江永欣等编，分类号为 K992.2。

《长江三峡生态与环境地图集》，三峡生态与环境项目组编，分类号为 P982.71。

3. 地球物理学文献的分类

"P3 地球物理学"是研究地球及其岩石界、水界和大气圈与高层空间物理现象的科学。大体按从地面到高空的次序序列类目。

（1）应用物理学理论与方法，研究地球的地壳构造、成分、性质、状态的文献入"P313 大地构造物理学、岩组学"类；研究地球动力、地球构造运动、大地构造分区等有关问题的文献入"P54 构造地质学"和"P55 地质力学"类。例：

《大地物理》，（俄）K. Ф. 贾普金主编，俞康胤、李国都译，分类号为 P313。

《海啸地震与地壳运动》，孙广来、张娟主编，分类号为 P315.4。

《中国地震构造运动》，李祥根著，分类号为 P548.2。

《板块内部动力学》，（美）巴利（A. W. Bally）等编，贺明静等译，分类号为 P551。

（2）水文科学是研究水在地球表面和地壳内部存在与运动规律的科学。"P33 水文科学"主要收水文调查、观测（测验）、水文记录、水文预报，以及陆地水文学、水文地理学等方面的文献。有关水、河流、湖泊、沼泽、河口、冰川研究的综合性文献入本类；专论水的化学分析的文献入 O661.1，专论水文地质学的文献入 P641 有关各类，专论农业水文学的文献入 S271，专论工程水文学和水力学的文献分别入 TV12/13。例：

《水文科技研究与发展》，王春泽主编，分类号为 P33。

《水文测验学》，赵志贡等编著，分类号为 P332。

《国家水文数据库建设技术研究》，张建新、曹国荣编著，分类号为 P337。

《水分析化学》，黄君礼编著，分类号为 O661.1。

《中国水文地质环境地质问题研究》，陈梦熊著，分类号为 P641.62。

《农业水文学》，施成熙、粟宗嵩主编，分类号为 S271。

《工程水文学》，詹道江、徐向阳、陈元芳主编，分类号为 TV12。

(3)"P35 空间物理"收有关电离层物理、外层空间日地关系物理、空间等离子体物理方面的文献。总论高层大气与空间物理学的文献入本类，专论高层大气的文献入"P4 大气科学"；从大气结构角度研究电离层的文献入 P421.34，专论电离层结构的文献入 P352.1。例：

《电离层物理概论》，熊年禄等编著，分类号为 P352。

《日地空间物理学：行星际与磁层》，涂传诒等编著，分类号为 P353。

《高层大气动力学》，(日)加藤进著，马淑英、李钧译，分类号为 P355。

《大气臭氧层和臭氧洞》，王庚辰编著。分类号为 P421.33。

《电离层及其研究》，(苏)Н. Д. 迪莫维奇著，王椿年译，分类号为 P421.34。

4. 大气科学(气象学)文献的分类

"P4 大气科学"是以地球大气圈的物理现象为研究对象，研究地球大气中各种现象的形成原因、时间、空间分布和演变规律以及如何利用这些规律为人类服务的一门科学，按理论与方法、大气探测、气象基本要素、天文学、气候学的次序序列类目。

(1)研究大气科学(气象学)的一般理论与方法、大气探测、气象基本要素、动力气象学、天气学、天气预报、气候学，以及人工影响天气方面的文献入"P4 大气科学(气象学)"；论述大气科学在其他学科应用或影响的文献，分别入有关各学科。如农业气象学入 S16、森林气象学入 S716、畜牧气象学入 S811.1、水产气象学入 S915、航海气象学入 U675.12、环境气象学入 X16 等。例：

《卫星气象学》，陈渭民著，分类号为 P405。

《卫星遥感监测大气与环境科学原理和技术：2002 年度卫星遥感监测与分析》，张文建等著，分类号为 P407，互见分类号为 X87。

《大气边界层高阶闭合的有限元模式》，郭振海著，分类号为 P421.3。

《大气臭氧层和臭氧洞》，王庚辰著，分类号为 P421.33。

《航海气象学与海洋学》，陈家辉等著，分类号为 U675.12，互见分类号为 P7。

《大气环境和污染控制基础》，吴忠标著，分类号为 X16。

《热带作物气象学》，何春生著，分类号为 S162.5。

(2)总论气象灾害的文献入"P429 气象灾害及其防治"；专论某种气象灾害的文献入 P4 有关各类，如风灾入 P425.6^{+}1；水灾、旱灾入 P426.616；专论气象灾害对其他领域影响及防治的文献入有关各类，如农业水灾入 S422、农业风灾入 S424 等。例：

《我国气象灾害的预测预警与科学防灾减灾对策》，黄荣辉等著，分类号为 P429。

《2003 年江西特大高温干旱灾害研究》，陈双溪主编，分类号为 P426.616。

《水旱灾害与湖北农业可持续发展》，罗小锋著，分类号为 S422。

《沙害防治技术》，陈广庭编著，分类号为 S424。

(3)有关各种大气物理现象，如辐射、气温、风、云、雨、雷、光等方面的文献入"P42 气象基本要素、大气现象"有关各类，但有关台风、龙卷风、雷暴方面的文献入"P44 天气学"有关各类。例：

《大气中的风》，张克家等编著，分类号为 P425。

《雾的数值模拟研究》，张利民等著，分类号为 P426.4。

《大气辐射学》,石广玉编著,分类号为 P422。

《北上热带气旋分析与预报》,王达文著,分类号为 P444。

(4)总论天气预报的文献入"P45 天气预报",总论各种预报方法的文献入 P456.1/.9,专论某种气象要素和天气现象预报的文献集中归入 P457 各类,专论农业气象预报和天气谚语的文献入 S165;专论天气过程的分析和天气资料分别入 P458 和 P459。例:

《现代天气工程学》,王继志、杨元琴著,分类号为 P45。

《现代数值天气预报》,周毅等编著,分类号为 P456.7。

《强雷暴预报》,孔燕燕、沈建国编著,分类号为 P457.9。

《农业气象预报》,王建林等编著,分类号为 S165。

《中尺度天气原理和预报》,陆汉城主编,分类号为 P458.2。

《农业气象谚语 280》,严光华,分类号为 S165。

(5)专论高原气象学入"P462.6 高原气候"。例:

《青藏高原气象学研究文集》,分类号 P462.6-53。

5. 地质学文献的分类

"P5 地质学"是研究地壳上部结构、地质作用、地球形成与发展等问题的科学,按地质学理论、矿物学、岩石学、矿床学、地质矿产普查与勘探、水文地质与工程地质学的次序序列类目。

(1)"P535 区域地层学"、"P536 地层与成矿"、"P539 各类地层学"均是总论性类目,凡涉及某一时代地层的文献均入 P534 各类。例:

《北京地区早前寒武纪结晶基底》,金文山等著,分类号为 P534.1。

《辽河断陷元古宙及古生代潜山地层研究》,王仁厚等著,分类号为 P534.3。

《贵州的上新生界》,树基等编著,分类号为 P534.62。

《中国地层信息系统(CSIS)》,李超岭等著,分类号为 P535.2。

《造山带地层学》,吴根耀著,分类号为 P539。

《许家窑遗址磁性地层学研究》,苏朴、樊行昭著,分类号为 P539.3。

(2)"P57 矿物学"只收从矿物元素及其化合物角度研究的文献,有关具体矿物的文献均入"P61 矿床学"。例:

《硫化物表面矿物学》,贾建业等著,分类号为 P578.2。

《硼酸盐矿物物理学》,谢先德等编著,分类号为 P578.93。

《煤田地质学》,邹常玺、张培础编,分类号为 P618.11。

《石油与天然气地质概论》,蒋裕强、陆廷清编,分类号为 P618.130.2。

(3)总论地质、矿物普查与勘探的文献入 P62 有关类,凡专论某一类或某一种矿产的地质普查、勘探的文献入 P618/619。例:

《矿产勘查理论与方法》,赵鹏大等编著,分类号为 P62。

《遥感地质学》朱亮璞主编,分类号为 P627。

《铀矿物学》,张成江等编著,分类号为 P619.14。

《辽吉硼矿床矿物学》,黄作良等著,分类号为 P619.2。

6. 海洋学文献的分类

"P7 海洋学"是一门对海洋进行综合研究的科学,主要包括海洋调查与观测、区域海洋学、海洋基础科学、海洋资源与开发和海洋工程等。

（1）有关海洋调查与观测的组织、方法、设备、仪器集中归入 P71 各类，专论各区域海洋调查与观测及其资料的入 P717。"P72 区域海洋学"只收总论性文献。例：

《海洋水文观测》，陆天用著，分类号为 P714.1。

《海洋调查方法导论》，侍茂崇等编著，分类号为 P714。

《太平洋的故事》，（美）房龙著，分类号为 P721。

《南海中部海域环境资源综合调查报告》，国家海洋局编，分类号 P717。

《西沙群岛海区调查报告》，南海海洋研究所编，分类号 P717.270.4。

（2）有关海洋水文、海洋气象、海洋物理学、海洋地质学等海洋基础科学的文献入"P73 海洋基础科学"类。总论海洋古生物的文献入 P736.22 + 1，专论某种海洋生物的文献入 Q91；总论海洋矿产的文献入 P736.3，专论某种海洋矿产的文献入 P61。例：

《潮汐浅说》，叶可松编，分类号为 P731.23。

《大陆边缘构造与地球动力学》，周祖冀著，分类号为 P736.15。

《海洋气象灾害》，许小峰主编，分类号为 P732。

《厄尔尼诺：来自天道的警告》，张丽欣编著，分类号为 P732。

（3）"P75 海洋工程"中凡属"水下××"的类目，如"P756.1 水下电缆"等类，不仅包括海下作业，也包括江河、湖泊的水下作业。例：

《水下焊接修复技术》，（英）尼克松著，分类号为 TG456.5。

《海下焊接的电源》，张宏凯著，分类号为 P755.1。

《河底电缆敷设》，员之方著，分类号为 P756.1。

7. 自然地理学文献的分类

"P9 自然地理学"是研究自然环境及其组成部分的科学。本类包括地貌学、区域地理学、自然资源学及自然地理图。

（1）景观生态学是一门新兴的交叉学科，主要研究空间格局和生态过程的相互作用，包括研究景观生态系统结构、功能、演化与管理的科学，属于生态学与地理学的交叉学科。凡总论景观生态学的文献入 P901，专论入有关各类。如：人文景观学入 K901；旅游景观学入 K901.7。

《景观生态学》，肖笃宁著，分类号为 P901。

《西拉雅国家风景区生态导览手册》，陈东瑶等编，分类号为 K928.958。

（2）地貌学是研究地球表面的形态及其形成、发育的科学，除火山地貌入 P317、海洋地貌入 P737 外，其他地貌学均集中编列在自然地理类。"P931 地貌学"是总论性的，凡属总论河口、三角洲地貌，沙漠、干燥地貌，冻土地貌等方面的文献分别归入"P931.1 流水地貌学、湿润地貌学"、"P931.3 沙漠地貌学、干燥地貌学"、"P931.8 冻土地貌学"等，凡有关世界及各国各种地貌研究的文献入 P94 等有关各类。例：

《河流地貌学概论》，沈玉昌，分类号为 P931.1。

《沙漠地貌的起源及研究方法》，费多罗维奇著，分类号为 P931.3。

《岩溶学概论》，任美锷等编，分类号为 P642.25。

《西北黄土地貌》，顾泽奋著，分类号为 P942.407.4。

《塔克拉玛干沙漠风沙地貌研究》，朱震达著，分类号为 P942.450.73。

《北极冻土带》,斯多布尼科夫著,分类号为 P941.62,互见分类号为 P931.8。

《长江河口动力过程和地貌演变》,陈吉余等著,分类号为 TV148。

(3)"P941 世界自然地理学"按地带和地形两种标准列类,涉及多重分类标准的文献,归入最后编列的类目。中国及各国自然地理,在依地区表分后,还可仿 P941 分。例:

《极地地理学》,(美)赫尔姆斯著,分类号为 P941.6。

《北温带河流分布的特征》,姜栗全著,分类号为 P941.77。

《安第斯山脉的断层与峡谷》,(美)克拉格著,分类号为 P947.127.6。

(4)"P96 自然资源学"收总论各种资源调查、评价、分布和资源开发与利用等方面的文献。从环境保护角度论述自然资源合理开发与利用的文献入 X37。凡属专论某种自然资源的调查、分布、开发、利用与保护问题的文献入有关各类,如水利资源入 TV213、动力能源入 TK01、矿产资源入 TD8、土地资源入 F301.24、海洋资源入 P74、生物资源入 Q-9。但如愿集中,可启用交替类目"[P968]各种自然资源的开发与利用",采用冒号组配编号法。"P966 资源分布"可依地区表细分,区分出地理、地带、地文的分布情况。例:

《煤炭资源及其开发利用》,马学昌编,分类号为 P618.11 或为 P968:P618.11。

《凝析气藏开发工程》,杨宝善编著,分类号为 P618.13。

《山东自然资源评价》,分类号为 P966.252。

第十五节　Q 生物科学

一、本类体系结构说明

生物科学是研究微生物、植物、动物的生命物质结构、功能和发生、发展规律,生物之间以及生物与环境之间相互关系的科学。本类将生物科学的内容分为 4 个部分,按照从总到分、由低级到高级的次序序列:

Q1/89 普通生物学和生物学的基础学科,是以整个生物界为研究对象的总论性类目。按研究的方面划分为细胞生物学、遗传学、生理学、生物化学、生物物理学、分子生物学、生物工程学等。

Q91 古生物学,以古代生物为研究对象的分支学科。

Q93/96 以具体生物为研究对象的微生物学、植物学、动物学和昆虫学。

Q98 人类学,以人类的起源和发展为研究对象的分支学科。

二、本类修订要点

1. 删除类目。笔石和三叶虫是已灭绝古生物,删除原类目"Q959.131$^+$.4 笔石目",改入古生物学的"Q915.813$^+$.1 水螅纲";删除原类目"Q959.222 三叶虫纲",改入古生物学的"Q915.819$^+$.1 三叶虫纲"。

2. 增加类目。增加"Q949-65 植物命名法"、"Q959-65 动物命名法"两类目,同时将类目"Q91-03 古生物学命名法"改为"Q91-65 古生物命名法"。

3. 修改类号。将原类号"Q959.123$^+$.5"修改为"Q959.124",以规范类号的级别。修改后该类的基本框架是：

Q959.12　　多孔动物门、海绵动物门

Q959.121　　钙质海绵纲

Q959.122　　六放海绵纲(砂质海绵纲)

Q959.123　　寻常海绵纲

Q959.124　　硬骨海绵纲

4. 修改类名。将原类名"Q10$^+$1 生活物质"改为"生命物质"，原类名"Q21 细胞的形成及演化"改为"细胞的起源及演化"，原类名"Q949.66$^+$3 南美杉科"改为"南洋杉科"，原类名"Q949.773 报春目"改为"报春花目"，原类名"Q949.773.2 报春科"改为"报春花科"，以规范类名专业术语。

三、本类分类要点

1. 凡总论生物的生命起源、演化与发展，以及生物形态学、生物生态学、生物地理分布和生物分类学等的文献入"Q1 普通生物学"类。凡属专论某一类或某一种微生物、植物、动物和昆虫的普通生物学方面的文献分别入 Q93/96 有关类目。"Q15 生物分布与生物地理学"、"Q178.2 水生生物分布与水生生物地理学"使用多重列类法编列类目，凡涉及多重分类标准的文献，使用"最后编号法"标引，其他标准的文献可视情况，选择互见分类。例：

《现代生物学的进化论》，(英)爱德华兹著，分类号为 Q111。

《物种起源》，(英)达尔文著，分类号为 Q111.2。

《放线菌的分类和鉴定》，阎逊初编著，分类号为 Q939.130.9。

《病毒的分类和命名》，劳纳著，分类号为 Q939.409。

《海洋鸟类》，别洛波利斯著，分类号为 Q959.708。

《中国高寒地动物》，来庆才著，分类号为 Q958.52。

《贡嘎山高山生态环境研究》，陈富斌、罗辑主编，分类号为 Q152.71，互见分类号为 Q151.93。

2. "Q189 神经科学"是集神经的基础科学、神经行为学、心理学、生物控制论以及数学、信息科学等为一体的综合性学科。该类只收总论性文献。专论某一类或某一种生物的神经科学文献，分别入 Q93/96 和 R 有关类；专论神经解剖学、神经生理学的文献入 Q42；专论神经生物化学的文献入 Q593$^+$.2。例：

《神经科学前沿》，曹天钦等著，分类号为 Q189。

《走向 21 世纪——MIMH 发展神经科学研究的机遇》，吴奇久译，分类号为 Q189。

《人工神经网络系统理论》，焦李成著，分类号为 TP183。

《人类触突神经生理》，潘荣祥著，分类号为 R338.1。

《神经系统生理学》，(瑞典)奥托森著，分类号为 Q42。

《视觉的神经机制》，杨雄里著，分类号为 Q429。

《神经生物化学》，翟森编，分类号为 Q593。

3. "Q3 遗传学"主要收论述与研究有关生物性状的遗传和变异、细胞质遗传、染色体遗传、群体与进化遗传等方面的文献。凡属从分子水平研究遗传信息的传递、基因作用的机

理、基因的结构和突变的分子原理等文献应入"Q75 分子遗传学"。例：

《遗传与变异》，郭文明著，分类号为 Q31。

《染色体遗传学基础》，曾中平编，分类号为 Q343.2。

《核外遗传学》，比尔著，分类号为 Q343.3。

《群体遗传学导论》，郭平仲编著，分类号为 Q347。

《基因的分子生物学》，(美)沃森著，分类号为 Q753。

《基因的结构和功能》，尼科利尼著，分类号为 Q754。

《突变的分子基础》，德雷克著，分类号为 Q754。

《动物遗传学》，雷万春著，分类号为 Q953。

4. "Q4 生理学"收普通生理学文献和总论动物生理学、脊椎动物生理学文献。有关微生物生理学、植物生理学、昆虫生理学的文献分别入 Q93、Q94 和 Q96 有关类；专论某类或某种动物生理学的文献入 Q95 各类；专论人体生理学的文献入 R33；专论家畜生理学的文献入 S852.21。例：

《动物生理学原理》，(英)伍德著，分类号为 Q4。

《生理学方法和技术》，周衍椒等编，分类号为 Q4-33。

《微生物生理学》，程皆能等编著，分类号为 Q935。

《细菌的呼吸和光合作用》，(英)琼斯著，分类号为 Q939.105。

《植物生长和发育》，(美)利奥波德著，分类号为 Q945.3。

《爬行动物生理学》，宋文丰著，分类号为 Q959.605。

《昆虫生理学》，(英)W. 莫尔迪尤等著，分类号为 Q965。

《内分泌生理学》，程治平主编，分类号为 R335。

5. "Q5 生物化学"收普通生物化学、总论动物和人体的生物化学文献。有关微生物、植物、昆虫的生物化学文献分别入 Q93、Q94、Q96 各类。专论某类或某种动物的生物化学文献入 Q95 有关类。"Q6 生物物理学"分类方法与生物化学相同。例：

《医用生物化学》，上海第一医学院编，分类号为 Q5。

《PCR 技术操作和应用指南》，林万明等编著，分类号为 Q503。

《蛋白质的结构与功能》，(美)莱特著，分类号为 Q510.1。

《现代生物物理学问题》，(苏)弗兰克等著，分类号为 Q6。

《生物磁学及其应用》，李国栋编著，分类号为 Q64。

《植物氨基酸》，蒋云淦著，分类号为 Q946.17。

《河马呼吸的生化机理》，赵德义著，分类号为 Q959.842.06。

6. 基因工程(遗传工程)是通过人工转移重组脱氧核糖核酸 DNA 分子，以实现增加生命体的基因种类，重新设计和安排生命的学科。总论基因工程，以及动物(包括人)基因工程的文献入本类。专论微生物、植物、昆虫基因工程的文献分别入 Q93、Q94、Q96 有关各类。凡属采用细胞融合或核移植等方法，直接把外来基因转移到受体细胞内，培养生物新品种的文献入"Q813 细胞工程"。例：

《遗传工程》，方宗熙著，分类号为 Q78。

《克隆》，金柏利等著，分类号为 Q785。

《基因及其表达》，童克中著，分类号为 Q786。

《病毒的基因工程原理与方法》，侯云得主编，分类号为 Q939.403。

《植物基因工程研究》，陈章良主编，分类号为 Q943.2。

《克隆技术的法律和道德问题》，(美)杰克逊著，分类号为 Q785-05。

7.“Q81 生物工程学(生物技术)”只收总论性文献，专论性文献入有关各类。如医用仿生学入 R314，工程仿生学入 TB17，人体工程学入 TB18 等。例：

《生物工程新进展》，(美)吴瑞著，分类号为 Q81。

《生物技术》，中国科学技术协会主编，分类号为 Q81。

《仿生化学》，郭奇珍等编著，分类号为 Q811.7。

《细胞培养工程》，陈因良著，分类号为 Q813.11。

《酶和酶工程》，罗九甫编，分类号为 Q814。

8. 古生物学文献的分类

(1)“Q91 古生物学”分为 Q911、Q913/915 两大部分，前者收总论古生物学各方面的文献，后者集中各类古生物各方面的文献。每类古生物又各自分为两个部分，以“Q914 古植物学”为例，Q914.1/.7 是总论性类目，收总论古植物某方面问题的文献；Q914.8 是专论性类目，集中某种古植物各方面的文献(演化、化石、形态、分布等)。例：

《化石知识》，刘关箕编，分类号为 Q911.2。

《植物化石采集与加工》，范良运著，分类号为 Q914.2。

《化石藻类学导论》，刘志礼编著，分类号为 Q914.82。

《中国脊椎动物化石手册》，古脊椎动物与古人类研究所编，分类号为 Q915.86。

《白垩纪恐龙化石分布的特点》，周为民著，分类号为 Q915.864。

(2)各种古生物的地层分布，都可以仿 P534 分；各种古生物的地区分布，都可以依世界地区表和中国地区表分。凡文献内容同时涉及地层分布和地区分布的，一律归入各地层分布。例：

《中国古生物分布概况》，秦可霖著，分类号为 Q911.72。

《松辽盆地古动物》，姚树勋编，分类号为 Q915.723。

《燕山地区泥盆纪古动物》，匡启明编，分类号为 Q915.644。

《塔里木盆地白垩世双壳类动物群》，魏景明等著，分类号为 Q915.817。

9. 微生物学、植物学、动物学、昆虫学文献的分类

(1)这些以某类生物为研究对象的生物学分支学科，类目编列的结构是相同的，即首先编列某类生物的演化、细胞、形态、生理、生态等方面问题的总论性类目，容纳该类生物共性问题的文献；其次编列“××分类学”的专论性类目，集中各种生物各方面的文献(包括演化、细胞、形态、生理、分布等)，并使用 Q939 类下的专类复分表细分。例：

《中国禾本科植物锈菌分类研究》，王云章等著，分类号为 Q949.329.309。

《中国植物志》，本书编写组编，分类号为 Q948.52。

《云南高山植物分布》，江同琏编，分类号为 Q948.527.4。

《大熊猫解剖》，北京动物园著，分类号为 Q959.838.04。

《海洋鸟类》，别洛波利斯基著，分类号为 Q959.708。

《中国蚜虫分类概要》，杨平澜著，分类号为 Q969.368.109。

(2)Q93/96 类下分别编列的应用微生物学、应用植物学、应用动物学和应用昆虫学等

类目,只收总论性文献,凡属专论性文献均入有关各类。例:

《微生物在矿业上的应用》,施安辉著,分类号为 Q939.99。

《微生物快速诊检新技术》,程知义等编著,分类号为 R446.5。

《野生药用植物》,张继凯编,分类号为 Q949.95。

《药用植物栽培学》,姚文淑编,分类号为 S567。

《常见药用动物》,高士贤编,分类号为 S865.4。

10."Q98 人类学"收总论人类学和有关古人类学、人种学、体质人类学、人体测量学、人类遗传学、人类生态学的文献。凡属人类学理论应用到其他学科形成的人类学分支学科,均入有关各类。例:

《人类学研究》,中国人类学会编,分类号为 Q98。

《中国女性头骨》,蔡均仪编,分类号为 Q983。

《人类遗传学》,詹金斯著,分类号为 Q987。

《人类生化遗传学原理》,哈里斯著,分类号为 Q987.2。

《医学遗传学基础》,杜传书主编,分类号为 R394。

《当代文化人类学概要》,北晨编译,分类号为 C958。

《哲学人类学》,(英)詹姆斯著,分类号为 B089.3。

《法医人类学》,华刚著,分类号为 D919.6。

11."Q 生物科学"与"S 农业科学"的关系。前者是研究生物本身发生、发展、形态、生理等理论的科学,属自然科学范畴;后者是关于植物种植、动物养殖的技术科学。凡"农业科学"大类中所列出的各种农作物、园艺作物、树木、家畜、家禽、蚕、蜂等的生物学方面的文献,要集中归入 S 大类中的有关类,但有关鱼类等水产生物的生物学文献仍入 Q 大类中的有关类。例:

《水稻遗传育种学》,王永锐编,分类号为 S511.032。

《园林植物育种学》,何启谦等编著,分类号为 S688.03。

《中国家畜生态》,郑丕留主编,分类号为 S811.5。

《鱼类学》,大连水产学院编,分类号为 Q959.4。

《鱼类血液与循环生理》,(日)尾崎久雄著,分类号为 Q959.405。

《树木生理学》,(美)克累默尔著,分类号为 S718.43。

第十六节　R 医药、卫生

一、本类体系结构说明

医药、卫生科学是预防与诊治人类疾病、加强与保障人类健康的科学与技术。主要研究人类生命的过程、人类生命活动与外界环境的相互关系、人类疾病的发生及其防治规律。R 类在保留 4 版结构及基本类目的基础上,通过新增类目、注释及专类复分表,合并或停用类目,更新类名、注释等方法,增强 R 类的科学性与实用性。本大类分三部分编列类目:

1. "R1 预防医学、卫生学",包括 3 个部分:

R11/17　　卫生学

R18　　　流行病与防疫

R19　　　保健组织与事业

2. R2/8 医学,包括 5 个部分:

R2　　　中国医学,集中中医、中药各方面的文献。

R3　　　基础医学,收总论基础医学的文献。

R4　　　临床医学,收总论临床医学的文献。

R5/79　医学各科和外国民族医学,集中各科疾病的文献。

R8　　　特种医学,集中有关放射医学、军事医学等特种医学的文献。

3. "R9 药学",按药学的方面列类。

二、本类修订要点

1. 新增部分新主题类目,如"R1-9卫生经济学"、"R393 医学分子生物学"、"R512.93 严重急性呼吸系统综合症(SARS)"、"R616.5 内镜术"、"R393 医学分子生物学"、"R499 临床医学的其他分支学科"等;新增医学与其他科学产生交叉领域的类目,如"R-058 医学信息学"、"R2-05 中医学与其他学科的关系"、"R47-05 护理学与其他学科的关系"、"R9-39 计算机在药学中的应用";增设专类复分表如"中国少数民族医学"专类复分表,增设"〔R217〕性卫生"交替类目等。

2. 修订类名,以增强类名的规范性、涵义的明确性以及类目的包容性,如"R13 劳动卫生"更名为"职业卫生"、"R364.1$^+$2 组织的贫血"更名为"组织缺血","R459.5 透析疗法"更名为"血液净化疗法"等。

3. 正式类目改为交替类目,如"〔R730.52〕中草药疗法"。

4. 扩展"R289.5 验方与单方"下位类。

5. 调整部分类目的隶属关系或类号,如"R322.1$^+$3 毛细血管"改入"R322.1$^+$24","R730.45 免疫诊断"改入 R730.43,"〔R994.2〕放射性毒理学"类号改为"〔R994.8〕"等。

6. 更新注释内容,以明确常见主题,扩展新主题,指明类目变化及说明类目含义,如在"R711 妇科学"类下增注释"儿童及青少年妇科学入此",在"｛R599.2｝地方性钡中毒"类目下增注释:"停用;5 版改入 R599.1"。

三、本类分类要点

1. 医学交叉学科的分类

总论医学哲学、医学社会学、医学人才学、医学伦理学、医学行为学等方面的信息分别归入 R02、R05 有关各类,专论入有关各类,如护理伦理学入 R47-05。R-058 医学信息学,可汇集数字医疗、医学专家系统、远程医学以及医学情报学、医学信息资源检索和利用等信息内容。

2. 预防医学、卫生学文献的分类

预防医学、卫生学是以人群为研究对象,从战略的高度考虑人类的疾病和健康问题,以预防疾病为主。预防医学卫生学类增加了卫生经济学、医院信息管理、分子流行病学方法等类目。调整了部分类目名称,如炊事员卫生更名为餐饮业卫生,计划生育与卫生更名为生殖健康与卫生,疾病预防更名为疾病预防控制。

(1)总论环境医学,以及总论气候卫生、大气卫生、水与给水卫生、土壤卫生、居住卫生、交通卫生、灾害医学的文献入 R12 有关类目;专论环境污染对人体的危害及其防治的文献入 X5 有关各类。例:

《我国灾害医学救援体系建设》(期刊论文),樊代明,分类号为 R129。

《环境医学》,蔡宏道、鲁业生主编,分类号为 R12。

《我国环境卫生学研究的进展》(会议论文),陈学敏、鲁文清著,分类号为 R12。

《环境污染与人体健康》,石碧清、赵育、闫振华编著,分类号为 X503.1。

(2)总论职业卫生、职业性疾病预防及兼论职业性疾病治疗及职业安全卫生防护措施的文献入 R13;关于职业(劳动)安全卫生、劳动卫生工程等方面的文献入"X9 安全科学";专论职业性疾病治疗的文献归入医学有关各类,其中属于全身性疾病的文献入 R598 并仿 R135.1/.6 分,属于皮肤病、五官疾病的文献分别入 R75/78 有关各类。有关厂矿各论的文献宜入有关各类,但如愿集中者,可启用交替类目"[R137]厂矿卫生各论",并采用冒号组配编号法。例:

《中国职业卫生发展现状》(期刊论文),李涛等著,分类号为 R13。

《法定职业病预防与控制指南》,张永伟主编,分类号为 R135-62。

《有机溶剂职业病危害防护实用指南》,张维森主编,分类号为 R136.3-62。

《职业病临床指南》,王培安等主编,分类号为 R598-62。

《矿山卫生》,徐振东编,分类号为 TD78,或为 R137∶TD78。

(3)"R167 性卫生"汇集有关性知识、性医学、性心理学等文献,其他有关性科学方面的文献分别入有关各类,如性教育入 G479,性社会学入 C913.14,各国性社会问题入 D5/7 各国政治,性道德入 B823.4,性生理入 R339.2,总论性腺疾病的入 R588,男科学入 R697,男子性机能障碍 R698,妇科学入 R711,性病学入 R759,中医房中术入 R217 等。

(4)有关人体生命控制技术的文献应依其内容归入有关各类。如计划生育方法入 R169.4,人工授精与试管婴儿入 R321-33,器官移植术总论入 R617,各部位器官移植术入 R65 有关各类,人工器官入 R318.1,人的克隆问题入 Q785。

(5)有关戒烟、戒酒、戒毒信息依内容各入其类。

①戒烟入 R163.2,戒酒入 R163.3。

②关于戒毒,总论戒毒的文献入 R163.4 戒毒,专论药物戒毒的文献入"R595.5 麻醉剂中毒",专论毒品的文献入"R996 有机毒物"。

③总论吸毒、酗酒社会问题的文献入"C913.8 社会特殊问题",专论各国吸毒、酗酒社会问题的文献入 D5/7 各类。

④总论国际缉毒活动的文献入"D815.5 国际安全问题、国际反恐怖、缉毒活动",专论各国缉毒活动的文献入 D73/77 各国政治"公安"类。

⑤总论毒品走私及查缉的文献入"F745 海关及关税",专论中国毒品走私及查缉的文献入"F752.57 查缉走私、违禁品",专论各国毒品走私及查缉的文献入"F753/757 各国对外贸易"相关类目。

⑥有关毒品犯罪、禁毒法律的文献入 D91/97 类的"行政法"。

（6）总论地方病和兼论地方病预防与治疗的文献入"R599 地方病学"，各种地方病治疗的文献按发病部位或器官分别入有关各类，如大骨节病入"R684.1 大骨节病"、克山病入"R542.3 克山病"。卫生地理学、病理地理学等及地方病预防等文献入"R188 医学地理学"。

3. 中医学文献的分类

中国医学是以中医药理论与实践经验为主体，研究人类生命活动中健康与疾病转化规律及其预防、诊断、治疗、康复和保健的综合性科学。广义的中医，指的是中国境内所有的民族医学，如汉医、藏医、蒙医、苗医等。

（1）采用现代科学理论与技术研究中医的总论性文献，中医系统论入"R2-03 中医现代化研究"，专论入中医学各科。总论中西医结合的理论文献入"R2-031 中西医结合"，专论入中医各科。关于中医治疗各种疾病的专门文献入 R24/278，有关中西医结合治疗各种疾病的文献入 R4/78。例：

《中医科学性研究》（学位论文），杨鹏著，分类号为 R2。

《中医现代化》，贝润浦编著，分类号为 R2-03。

《中西医结合导论》，赵春妮、吕志平主编，分类号为 R2-031。

《内科疾病针灸治疗学》，陈少宗、巩昌靖主编，分类号为 R246.1。

（2）中医与其他学科的相关研究归入"R2-05 中医学与其他学科的关系"。例：

《中医工程学研究现状与思考》（期刊论文），王益民著，分类号为 R2-05。

（3）有关现代医学疾病的中医理论和治疗的文献分别入中医各科类的"现代医学××科疾病"，如"R259 现代医学内科疾病"、"R269 现代医学外科疾病"、"R271.9 现代医学妇产科疾病"等，再仿相应的现代医学类分。例：

《高血压病中医独特疗法》，楚健子等主编，分类号为 R259.441。

《慢性骨炎靶位论治与问答》，王贻青、王贻涛主编，分类号为 R274.91。

（4）总论气功以及气功学、气功功法、气功健身等文献入"R214 气功"类，有关气功疗法的文献入 R247.4，有关武术气功的文献入 G852.6。例：

《中国气功探秘》，吉良晨著，分类号为 R214。

《气功疗法治疗机理研究进展》（会议论文），臧佩林等著，分类号为 R247.4。

《少林金刚硬气功》，杨维编著，分类号为 G852.6。

（5）有关养生的综合性文献入 R212，专论入中医各类。例：

《中医养生》，张印生、沈宁、王燕平编著，分类号为 R212。

《膳食养生》，刘秉昭、刘鹏编著，分类号为 R247.1。

《八段锦养生系列之一：两手托天理三焦》（期刊论文），彭鑫著，分类号为 R247.4。

（6）中医诸家医案分类汇编和合刻均入 R249.1；个人综合性医案、医话汇编入 R249.2/.7，并依中国时代表分；凡属专科医案、医话，无论个人或诸家均入"R25/278 中医临床各科"，但如愿集中，亦可启用交替类目"［R249.8］专科医案、医话"，并仿 R25/278 细分。例：

《中国名医医案要略》，任何主编，分类号为 R249.1。

《薛氏医案》，（明）薛己等撰，张慧芳、伊广谦校注，分类号为 R249.48。

《儿科临证医案》，林晓峰主编，分类号为 R272，或为 R249.872。

（7）综合性本草入 R281 各类，本草各论入 R282.7；中药品入 R286/287，并可仿 R97、

R98 细分。例:

《本草学》,陈重明、黄胜白编著,分类号为 R281。

《本草纲目》,(明)李时珍编,分类号为 R281.3。

《海洋药物导论》,易杨华主编,分类号为 R282.77。

4. 现代医学文献的分类

(1)R3 基础医学是现代医学的基础,研究人的生命和疾病现象的本质及其规律。R3 汇集人体形态、人体生理、病理学、医学微生物学、医学免疫学、医学分子生物学、医学遗传学等一般理论以及其他科学技术在医学领域应用的文献。各种疾病的病理、免疫方面的文献入 R4/8 各类。例:

《生物医学工程导论》,高才等主编,分类号为 R318。

《人工器官》,李宗明等编著,分类号为 R318.1。

《医学计算机与信息技术实用教程》,童隆正主编,分类号为 R319。

《人体发生发育学》,余鸿主编,分类号为 R321。

《人干细胞培养》,(英)R. I. 弗雷谢尼等著,章静波等译,分类号为 R329.2。

《医用生物物理学》,刘骥等主编,分类号为 Q6。

《病理学:案例版》,刘红、钟学仪主编,分类号为 R36。

《心血管病理学》,谷伯起主编,张筠庭等编著,分类号为 R540.2。

《医学免疫学》,刘永琦、谢小冬主编,分类号为 R392。

《内科免疫学》沈迪、邹萍主编,分类号为 R503。

《医学分子生物学》,德伟、欧芹主编,分类号为 R393。

(2)R4 临床医学是研究人类疾病发生的病因、诊断、治疗和预后,促进人体健康的科学。R4 汇集总论临床医学、护理学、康复医学的文献。除专科护理学文献分别入 R473.1/.78 外,有关某一种疾病诊断、治疗、康复的文献分别入 R5/8 各类。例:

《现代医院诊疗常规》,刘世明、李旭、郭晓东主编,分类号为 R41。

《消化内科诊疗常规——北京协和医院医疗诊疗常规》,麦灿荣主编,分类号为 R57。

《医疗事故解析与防范》,李惠薪著,分类号为 R417。

《基因诊断》,吴冠芸、王申五主编,分类号为 R446.7。

《误诊学》,刘振华、陈晓红主编,分类号为 R447。

《基因治疗学》,(瑞士)杰恩(K. K. Jain)著,任斌译,分类号为 R456。

《浅谈造血干细胞移植》,金哈斯编著,分类号为 R457.7。

《现代血液净化疗法》,于宗周著,分类号为 R459.5

《急救医学》,许铁、张劲松主编,分类号为 R459.7。

《循证护理研究与实践》,蔡文智主编,分类号为 R47。

《护理社会学》,朱丹主编,分类号为 R47-05。

《护理心理学》,刘晓虹主编,分类号为 R471。

《危重病人监护手册》,(美)伯克(J. L. Berk)主编,钱肇鄂等译,分类号为R473-62。

《传染病护理》,王美芝主编,分类号为 R473.51。

《老年病护理》,徐玉梅、陈武玲主编,分类号为 R473.59。

《中医传统康复疗法》,周世民主编,分类号为 R247.9。

（3）R5/79 汇集内科学、外科学、妇产科学、儿科学、肿瘤学、神经病学与精神病学、耳鼻咽喉科学、眼科学、口腔科学、外国民族医学等各科疾病的文献。一般情况下，文献先归入有关疾病，再依临床医学专类复分表分。有的医科编列了"一般性问题"（如 R73）类目，有的医科编列了部分复分的类目（如 R749），增加了细分的程度。例：

《人禽流感》，周伯平、黎毅敏、陆普选主编，分类号为 R511.7。

《SARS 的诊断与治疗》，刘又宁主编，分类号为 R512.93。

《实用内镜检查与治疗学》，张小勇等编著，分类号为 R616.5。

《实用美容手术》，高景恒主编，分类号为 R625。

《儿童及青少年妇科学》，郎景和、向阳主译，分类号为 R711。

《美容牙科技术》，张秀华主编，分类号为 R783。

需要注意的是，医学是以人类作为研究对象，以人类疾病、健康为主要研究内容，关于人畜共患疾病，若偏重对人类患者的诊治与治疗归入本类，若研究畜类疾病宜入 S855.99。

（4）各科疾病类目由于划分标准不同，或依病变部位、或依病变机理、或依诊治手段，各类之间不免出现一些交叉现象。类分文献时首先要辨析类目涵义，其次要注意并认真阅读类目注释。例如：

R576　胰腺疾病

　　　　　　胰腺炎入此。

　　　　　　参见 R657.5。

R657.5　胰腺

　　　　　　参见 R576。

R657.5^{+1}　胰腺炎

论述胰腺炎疾病的内科治疗归入 R576，若讨论胰腺炎疾病的外科治疗则归入 R657.5^{+1}。

此外，某些疾病的类目设置保持了文献的相对集中，比如，R82 军事医学、R83 航海医学、R84 潜水医学、R85 航空航天医学等。有些类目为部分集中，例"R47 护理学"集中普通护理研究与实践文献，但中医护理与军队护理除外。"R73 肿瘤学"集中肿瘤学研究与实践文献，但肿瘤的护理与军事医学肿瘤除外。例：

《野战外科学》，王正国主编，分类号为 R826。

《肿瘤专科护理》，谌永毅主编，分类号为 R473.73。

《肺部肿瘤学》，廖美琳主编，分类号为 R734.2。

《失重生理学基础与进展》，沈羡云主编，分类号为 R852.22。

（5）"R69 泌尿科学（泌尿生殖系疾病）"兼收含有内科学和外科学的文献。若属于结核性疾病或肿瘤疾病的诊断与治疗方面的文献则分别入"R527 泌尿生殖器结核"和"R737 泌尿生殖器肿瘤"。专论女性生殖系疾病的文献入"R711 妇科学"相关类目。例：

《实用下尿路梗阻诊疗学》，夏同礼、梁德江主编，分类号为 R691.2。

《肾脏病》，谌贻璞主编，分类号为 R692。

《泌尿系肿瘤》，郭应禄主编，分类号为 R737。

《专家解答女性生殖道炎症》，孙廷慰主编，分类号为 R711.3。

（6）特种医学汇集放射医学、军事医学等特种医学的文献。

5. 药学文献的分类

"R9 药学"汇集与药品理论研究与实际应用相关文献以及毒物学相关文献,包括药物设计、分析、制剂、医疗应用方面等,按药学的方面列类。

总论计算机在药学中的应用入 R9-39,各种药品的药物分析、药理入"R97 药品";各种药物的临床应用入有关各科。同时涉及"R98 各科药物"和"R97 药品"内容的文献,入"R97 药品"类。有关生药材的文献宜入"R28 中药学";关于医用药材,用于医疗入 R 相关类目,有关药用植物种植、药用动物饲养方面的文献入农业科学各类,如药用植物引种、栽培等宜入 S567,药用动物的饲养、驯育宜入 S865.4。专论药品生产的文献入"TQ46 制药化学工业"。例:

《药学文献技术基础》,蒋宏民主编,分类号为 R9-39。

《计算机辅助药物设计导论》,叶德泳编著,分类号为 R918-39。

《药事管理概论》,孟锐主编,分类号为 R95。

《临床药理学系列——妊娠临床药理学》,郭瑞臣主编,分类号为 R96。

《实用药剂学》,凌春生主编,分类号为 R94。

《中药药剂学》,杨明主编,分类号为 R283。

《药用植物栽培与气象》,李艾莲编著,分类号为 S567。

《制剂工艺与技术》,周小雅主编,分类号为 TQ460.6。

"R99 毒物学"集中毒理学文献,分子毒理学归入 R994.2,药物毒理学入 R994.39。但有关军事毒气毒理学则入 R827.12、卫生毒理学入 R114、放射性毒理学入 R818.03。例:

《分子毒理学基础》,夏世钧、吴中亮主编,分类号为 R994.2。

《药物毒理学研究新进展》(论文),王全军等著,分类号为 R994.39。

《战时舰船的军事毒理学问题及其防护对策》(期刊论文),朱炳钗著,分类号为 R836。

《放射毒理学》,朱寿彭、李章主编,分类号为 R818.03。

第十七节　S 农业科学

一、本类体系结构说明

农业科学是研究农业生产理论与实践的科学,按生产的对象和产品划分为农、林、牧、渔四种生产技术,按类目的性质本类分为 S1/4 及 S5/9 两大部分:

(1)S1/4 农业科学的总论部分,序列农业科学的共性问题,包括:

S1 农业基础科学:包括农业数学、农业物理学、农业化学、肥料学、土壤学、农业气象学、农业生物学等农业基础科学的内容。

S2 农业工程:是将现代工程技术的理论和方法应用于农业的一门综合性学科,涉及的领域主要包括农村能源、农业机械化、农业电气化与自动化、农业航空、农业建筑与农业生物环境工程、农田水利、农田基本建设、农业工程勘测等内容。

S3 农学(农艺学):包括总论大田作物和园艺作物的栽培学、农学基础理论等相关内容。

S4 植物保护:是研究有害生物的生物学、发生规律与预测预报以及防治措施的学科。

此类还包括专论大田作物和园艺作物的植物保护。

（2）S5/9 农业科学的专论部分，按生产对象序列类目，包括：

S5 农作物：包括农业上栽培的除园艺作物以外的各种作物，如粮食作物、饲料作物、绿肥作物、经济作物等的生物学、遗传育种、栽培技术、收获、初加工及贮藏等内容。

S6 园艺：包括果树、蔬菜和观赏植物的生物学、遗传育种、栽培技术、收获、初加工及贮藏等内容。

S7 林业：是研究森林资源的培育保护、经营管理和综合开发利用的科学，包括林业基础科学，造林学、林木育种、绿化建设、森林经营学、森林保护学、森林工程、森林采运等内容。

S8 畜牧：包括普通畜牧学、家畜、家禽、动物医学、狩猎、野生动物驯养、蚕、桑、蜂及益虫饲养等内容。

S9 水产：包括水产基础科学、水产地区分布、水产资源、水产保护学、水产工程、水产养殖技术、水产捕捞及水产物运输、保鲜、贮藏、加工等内容。

二、本类修订要点

1. 常见主题或新概念在相关类增补注释。如绿色农业、白色农业、节水灌溉、无公害栽培、纳米肥料、外来入侵动物的防治、外来入侵植物的防治、转基因育种法、航天育种法、动物福利等。

2. 增加类目。增加了"S-058 农业信息学"，容纳农业信息资源管理、农业情报学、农业信息分析等主题内容；新增"S5-39 新技术在农作物生产上的应用"、"S6-39 新技术在园艺作物生产上的应用"、"S435.124 小黑麦病虫害"、"S436.37 芥菜类病虫害"、"S684 观赏树木（总论）"、"S763.36 同翅目害虫"等类目。

3. 修改类名，增强类目的容纳性。对一些类目概念过时、类名陈旧、类名限定过窄造成类目缺乏容纳性的，通过修改类名，容纳新的主题，如 S127 3S 技术在农业上的应用（4 版类名：遥感技术在农业上的应用）、S44 动物危害及其防治（4 版类名：鸟兽害及其防治）、S731 国土绿化（4 版类名：大地园林）。

4. 扩展了一些类目，如扩展"农业生态学"类，新增下位类 S181.1/.6；扩展"农业生物工程"类，新增下位类 S188$^+$.1/$^+$.4；扩展"观赏鱼类"类，新增下位类 S965.81/.89。

5. 合并、停用了一些使用频率过低的类目。如停用了 S932.9 水产资源调查设备的下位类 S932.9$^+$1/9$^+$23 类，合并至 S932.9；停用 S951.4$^+$1/.4$^+$9。

三、本类分类要点

1. 宏观论述农业科学及农业生产技术的关系

凡宏观论述农业科学及生产技术的总论性文献，入"S 农业科学"及"S-0 一般性理论"等类目。总论农、林、牧、副、渔各业一般理论、政策、农业技术等方面的文献入 S1/9 有关各类目。如总论农业绿色革命、农业现代化以及科技兴农和农科教结合等文献均入"S-01 农业科学技术研究方针、政策及其阐述"，但专论农业机械化的文献则入 S23。论述农业信息学的文献入 S-058，论述农业信息技术的文献，入 S126。例：

《有机农业原理和技术》，杜相革主编，分类号为 S-0。

《农业信息学》，曹卫星主编，分类号为 S-058。

《农业系统分析与棋手》，刘铁梅等主编，分类号为 S126。

《现代农业机械化新技术》，秦贵编著，分类号为 S23。

2. 农作物与生物的关系

凡属本大类列出的各种农作物、园艺作物、树种、家畜、家禽、蚕、蜂等动植的生物学文献，均随各该动植物入本大类有关类目，不入"Q 生物科学"大类。但有关各种鱼的水产生物文献仍入"Q 生物科学"有关类目。总论野生植物的文献入 Q949.9，专论野生植物、野生动物、野生益虫种植、饲养的文献分别入 S567、S646、S759.8、S899 等类。例：

《大豆高光效育种》，杜维广等编著，分类号为 S565.103。

《大兴安岭林木病害》，张立志等主编，分类号为 S763.1。

《水貂 狐 貉饲养和疾病防治技术》，陈庆莲主编，分类号为 S865.2。

《罗非鱼健康养殖技术》，阮世玲编著，分类号为 S965.125。

《鱼类的演化和分类》，中国科学院南海海洋研究所编，分类号为 Q959.401。

3. 大田作物、园艺文献的分类

凡总论农业生产各领域（包括总论大田农作物和园艺作物）基础科学、农业工程、农艺学、植物保护的文献入 S1/4 各类。有关大田农作物、园艺作物各方面的文献（除病虫害及其防治的文献入 S4 外），均入 S5/6 有关类目，再仿 S50 或 S60 分。例：

《地理信息系统及其在农业上的应用》，吕新主编，分类号为 S127。

《土壤微生物生态学及其实验技术》，姚槐应等编著，分类号为 S154.36。

《中国亚热带山区农业气候资源研究》，张养才等著，分类号为 S162.3。

《农产品贮藏与加工》，杨先芬等主编，分类号为 S37。

《比较植物病毒学：导读版》，（美）赫尔等编著，分类号为 S432.4。

《苹果树腐烂病发生规律和防治研究》，陈策主编，分类号为 S436.611.1。

《小麦矮秆基因》，李杏普等著，分类号为 S512.103。

《葡萄整形修剪和设架》，罗国光编著，分类号为 S663.105。

《果品采后处理及贮藏保鲜》，王文辉等主编，分类号为 S660.9。

《家庭养花技巧与禁忌》，于志水等编著，分类号为 S68-49。

《新编观赏树木栽培手册》，毛龙生等主编，分类号 S686。

4. 林业文献的分类

（1）"S71 林业基础科学"（S717 森林地理学、S718 森林生物学除外）、"S73 绿化建设"、"S76 森林保护学"、"S77 森林工程、林业机械"是集中编列的，总论性文献与专论性文献均入上述各类。例：

《森林保持水土机理及功能调控技术》，吴钦孝著，分类号为 S714.7。

《几种森林资源调查方法与实践》，熊奎山主编，分类号为 S757.2。

《苏铁病虫害防治》，蔡申达编，分类号为 S763.711.1。

《中国名优行道树生产技术》，严学兵等主编，分类号为 S731.8。

《当代林木机械博览.2007/2008》，马启升主编，分类号为 S776。

（2）"S79 森林树种"集中各树种有关生物、生态、地理、育种、造林、经营、利用等方面的文献。其中的"造林"，既包括造林的一般技术，也包括各林种，如防护林、经济林的造林技

术。有些树种也是观赏园艺研究的对象,应根据文献侧重的角度决定类属。例:

《日本落叶松育种》,王景章等编著,分类号 S791.223.04。

《杨树抗寒速生新品种与栽培技术》,王胜东等主编,分类号 S792.11。

《松柏盆景培育造型与养护》,马文其主编,分类号 S688.1。

5. 畜牧、兽医文献的分类

(1)"S81 普通畜牧学"收有关家畜、家禽以及其他养殖类一般理论与方法的文献(不包括畜牧机械),有关家畜、家禽及其他养殖类的专论性文献分别入 S82/89。例:

《动物饲料及产品分析检测方法》,邹兴准主编,分类号为 S816.17。

《牛人工授精技术》,宋洛文主编,分类号为 S823.3。

《当代引种鸡种手册》,周勤宣主编,分类号 S831.2。

(2)总论人畜共患病及侧重于人类所患该种疾病诊治的文献,入"R535 人畜共患病",侧重于从家畜角度研究人畜共患病的文献入"S855.9+9 人畜共患病",必要时,可增加互见分类。

6. 水产、渔业文献的分类

本类文献分类方法与"S7 林业"基本相同。在"S96 水产养殖技术"中,S961/964 是总论性类目,不收具体养殖对象的文献;S965/968 是专论性类目,各种养殖类的繁殖、育种、营养、养殖方式等方面的文献均入此;"S969 水产养殖设备"集中各种养殖设备的文献。

《养殖鱼类人工繁殖技术》,周汉书编著,分类号 S961.2。

《青蛤人工育苗及养殖实用技术》,于业绍等编著,S968.31。

《藻类育种设备》,何云娟著,分类号为 S969.24。

7. 本类与工业技术的关系

(1)肥料学入 S14,专论化学肥料的使用入 S143,有关化学肥料制造的文献入 TQ44。关于农药配制及其使用,以及害虫的化学绝育等问题的文献入 S48 有关各类,关于农药制造的文献入 TQ45。无论化学肥料或化学农药,凡属兼论使用与制造的文献,均应依据作者写作目的及全书重点内容归类,必要时可对另一主题作互见分类。

《化肥科学使用指南》,褚天铎等编著,分类号为 S143。

《高效有机磷农药替代品种安全使用问答》,耿继光主编,分类号为 S482.33。

《氮肥生产安全操作技术》,李万春主编,分类号为 TQ441。

《从天然产物到新农药创制:原理·方法》,吴文君主编,分类号为 TQ450。

(2)有关各种能源在农业上的应用,以及农业动力开发的文献入 S21 有关各类。总论农业机械化或兼论机械化与电气化的文献入 S23。总论农业电气化的文献入 S24,专论入有关各类。有关拖拉机与农业机械制造与使用的文献入 S219 和 S22,专论农业机械与拖拉机配套使用的文献入 S232,兼论汽车与拖拉机理论、设计、结构、制造、检测等方面的文献入 U46 有关各类。例:

《农业机械修理学》,杨秋苏编著,分类号为 S232.8。

《山区水稻生产机械化技术与装备》,苏爱华等编著,分类号 S233.71。

《水电站运行规程与设备管理》,刘洪林等编著,分类号 TV742。

《汽车拖拉机发动机原理》,辛喆主编,分类号 U464。

（3）有关国土绿化、城乡绿化，以及各国绿化建设的文献入 S73 有关类目，有关绿化建设规划、园林规划与设计的文献入 TU985/986 有关类目。例：

《中国园林绿化树种区域规划》，陈有民主编，分类号为 S732。

《云南绿化造林手册》，昆明植物研究所编，分类号为 S732.74。

《城市绿地系统规划与景观设计》，李仲信编著，分类号为 TU985。

《园林规划设计》，赵建明主编，分类号为 TU986。

（4）凡属农业水利化、农田灌溉制度与管理、地面水与地下水的农业利用等方面的文献入"S27 农田水利"类。有关水资源调查与水利规划、水工勘测、水工设计、水利工程施工、治河工程等方面的文献入"TV 水利工程"有关类目。例：

《农业节水灌溉技术及应用实例》，崔毅主编，分类号 S275。

《地下排灌工程》，羊锦忠编著，分类号 S277.5。

《黄河口治理实践与研究》，徐洪增等主编，分类号 TV882.1。

《洞庭湖水利规划文集》，卢承志著，分类号 TV212.2-53。

第十八节　T 工业技术

一、本类体系结构说明

本类所编列的各门学科、专业，均属于将数理科学及化学等自然科学基础理论应用于自然资源采掘、生产资料和生活资料制造而形成的有关应用理论和应用技术。依据从总到分、从一般到具体的原则，结合文献的实际，大体按照矿产资源开采、金属材料冶炼、各种产品制造的序列划分编列了 16 个二级类目，它们分别是：

TB	一般工业技术
TD	矿业工程
TE	石油、天然气工业
TF	冶金工业
TG	金属学与金属工艺
TH	机械、仪表工业
TJ	武器工业
TK	能源与动力工程
TL	原子能技术
TM	电工技术
TN	电子技术、通信技术
TP	自动化技术、计算机技术
TQ	化学工业
TS	轻工业、手工业、生活服务业
TU	建筑科学
TV	水利工程

在上列 16 个二级类目之前,还依据总论复分表的类目编制体例,设置了若干总论工业技术的类目,如:工业技术理论,工业技术发展史,工业技术现状与发展,工业技术机构、团体、会议,工程技术人员,以及工业技术参考工具书等。

工业技术各类的类目编列,一般都分成总论和专论两大部分,总论部分编列各类产品共性问题的类目,并按照统一的分类系统编列,即:

理论

设计、计算、制图

结构、零部件

制造用材料

制造用设备

制造工艺

产品分析、检验

运行维修

工厂、车间

综合利用

专论部分按产品类型(如材料、器件、设备、工程、交通工具等)列类,通常的情况下,有关某种产品的各方面的文献都随该产品集中,仿"一般性问题"分或依专类复分表分,这是类分工业技术文献的一个基本规律。

二、本类分类要点

1. 本类只收工业技术总论性文献(包括交通运输、航空航天技术、环境科学)。除主表已经依据总论复分表编列出的类目外,根据文献分类的需要,还可以使用总论复分表其他子目复分编号。例:

《当代工程技术发展的五大特点》,朱光亚著,分类号为 T-1。

《中国技术政策》,国家科学技术委员会编,分类号为 T-012。

《工业试验全书》,马国凡主编,分类号为 T-33。

《工业哲学》,刘怀度著,分类号为 T-02。

2. T-18"专利",只收工业技术专利综合汇编、专利索引等出版物。凡属某一项专利或某一专题性、专业性专利的汇编本及索引等出版物,均依据其内容的学科属性归入有关类目。例:

《中国最新高精专利技术 2000 项》,中外实用专利技术精选编辑委员会编,分类号为 T-18。

《钢铁专利文献索引》,鞍钢技术图书馆编,分类号为 TF-18。

3. T-65"工业规程与标准",只收工业技术规程、标准的综合汇编,凡属各工业技术部门的专业技术规程、标准均应依据其内容的学科属性归入有关各类。但如愿集中于此,亦可根据其属于国际标准或者属于某一国家的规程、标准分别归入 T-651 或 T-652/657 各类,同时应在有关学科的类下作互见。例:

《化工产品目录》,化工情报站编,分类号为 TQ-63。

《民用建筑设计通则》(JGJ37-87),分类号为 TU24-65,或为 T-652.2。

《美国工业标准汇编》，分类号为 T -657.12。

《谈企业标准的复审》，张纯义著，分类号为 G307.3。

第十九节　TB 一般工业技术

一、本类体系结构说明

本类所列类目，属于通用工业技术，包括 3 个方面的内容："TB1 工程基础科学"，属于自然科学基础理论应用于工程技术而形成的技术科学；TB2/3 工业技术的总论性问题，如工程设计与测绘、工程材料等；TB4/9 广泛应用于工业技术各部门的通用技术与设备，如密封技术、工业设计、声学工程、制冷工程、真空技术、摄影技术、计量学等。

二、本类修订说明

1. 规范、订正了类名。例如将"TB114.3 可靠性理论"更改类名为"可靠性理论与技术"，"TB302 工程材料实验"更改类名为"工程材料试验与分析"，"TB302.1 物理试验法"更改类名为"物理试验"，"TB302.2 化学试验法"更改类名为"化学试验"，"TB302.3 机械试验法"更改类名为"机械试验"，"TB302.4 加工性试验法"更改类名为"工艺性能试验"，"TB476 产品模型制作"更改类名为"产品设计表现技法与模型制作"。

2. 增加类目注释，例如"TB302.5 组织检查法、非破坏性试验法"增加类目注释"无损检测等入此"，"TB33 复合材料"增加类目注释"先进复合材料等入此"，"TB331 金属复合材料"增加类目注释"两种或两种以上金属的复合材料入此"，"TB332 非金属复合材料"增加类目注释"两种或两种以上非金属的复合材料入此"，"TB383 特种结构材料"增加注释"特种结构的复合材料入 TB334"，"TB484 包装材料"增加类目注释"复合包装材料入此"，"TB64 制冷材料"增加类目注释"制冷剂、载冷剂"，"TB854$^+$.23 缩放印片机"增加类目注释"数码冲印机入此"。

3. 增加新的类目。例如新增了"TB334 各种结构复合材料"、"TB36 耐磨材料"、"TB484.6 环保包装材料"、"TB485.6 抗菌包装"、"TB876 传真摄影"等类目。

4. 扩充子目。例如在"TB114.3 可靠性理论与技术"下细分出可靠性设计，结构、系统可靠性，设备、产品可靠性，可靠性试验与评估，可靠性理论与技术的应用 5 个下位类；"TB115 计算数学的应用"增加了有限元法、数值方法的应用，数学模拟、近似计算的应用，工程计算软件 3 个下位类；"TB301 工程材料力学"增加静力学、动力学、热力学 3 个下位类；"TB333 金属—非金属复合材料"增加金属基复合材料、非金属基复合材料等 9 个下位类；"TB472 产品设计"下细分出造型设计、色彩设计等 3 个下位类。

三、本类分类要点

1. "TB1 工程基础科学"只收各门自然科学基础理论在工程技术上应用形成的专门学科，凡属自然科学基本原理应用于某一具体工业技术领域形成的专门理论，分别归入有关工程技术类目。例：

《现代工程数学及应用》,丘昌涛主编,分类号为 TB11。

《优选法在金属切削中的应用》,刘光明编著,分类号为 TG501。

《工程弹性力学》,李兆霞、郭力编著,分类号为 TB125。

《人机工程》,袁修干、庄达民编著,分类号为 TB18。

《塑性力学》,杨桂通、树学锋编著,分类号是 O344。

《电工电子材料物性理论》,杨嘉祥,池晓春编著,分类号是 TM201.4。

2. "TB2 工程技术与测绘"收总论工程设计、工程测量、工程制图和工程模拟等方面的文献,凡属专论某一工业技术部门或某一专项工程,或某一专项产品的上述问题的有关文献,均入各有关工业技术部门、工程和产品。例:

《中文版 AutoCAD 2005 工程绘图标准教程》,胡韬编著,分类号为 TB237。

《AutoCAD 2009 建筑制图实例图解》,陈德业等编著,分类号为 TU204。

3. "TB3 工程材料学"收总论材料科学和总论工程材料学的文献,亦收总论材料学的文献,TB301/305 收总论工程材料共享问题的文献,TB31/39 收总论各类工程材料的文献,并可仿 TB30 分。专论某类或者某种材料某一方面(如冶金、热处理),以及在某方面、某工程、某产品应用的文献,均入各有关学科。例:

《无机抗菌材料及应用》,金宗哲主编,分类号为 TB34。

《泡沫铝及其复合材料力学行为与应用》,于英华著,分类号为 TB333.1。

《表面活性剂与纳米技术》,李玲编著,分类号为 TB383。

《装饰材料与构造》,王淮梁著,分类号为 TU56。

《薄膜材料在育种中的应用》,安辛楚编,分类号为 S33。

4. TB48 收总论包装工程和包装工艺学文献。总论各类产品包装的综合性文献入 TB489;专论某种产品包装的文献入有关各类,如商品包装入 F760.3,药品包装入 R954,食品包装入 TS206。但如愿集中于 TB489 类下,可采用组配编号法,如金属加工机械产品的包装为 TB489:TG96,酒的包装为 TB489:TS261.48。关于包装工艺美术的文献入 J524.2。

5. "TB49 工厂、车间"收总论工厂、车间有关规划与设计、设备安装与运行,以及技术管理等方面的文献。凡属专论某一特定工业部分的工厂、车间的文献入有关各类,如仪器仪表厂入 TH708,化工厂入 TQ08,硅酸盐厂入 TQ170.8。

6. TB41/TB47 及 TB5/8 所列各种通用技术,只收总论性文献,这些技术在各工业技术部门应用的文献,均入有关各类。如:总论爆破技术入 TB41,专论矿山爆破技术入 TD235.4;总论密封技术入 TB42,专论真空密封技术入 TB79;总论薄膜技术入 TB43,专论薄膜混合集成电路入 TN451;总论交通运输工具的振动与噪声入 $TB533^{+}.2$,专论汽车噪声入 $U467.4^{+}93$;总论空调器入 TB657.2,专论家用空调器入 TM925.12;总论真空技术入 TB7,专论真空电子技术入 TN1;总论摄影技术的应用入 TB89,专论凸版印刷的照相制版技术如 TS813.3 等。例:

《爆破安全技术》,郭兴明编,分类号为 TB41。

《注剂式带压密封技术》,胡忆沩著,分类号为 TB42。

《工业造型设计基础教程》,陈仲琛编著,分类号为 TB472.2。

《汽车发动机密封技术》,尚育江著,分类号为 U464。

7. "TB8 摄影技术"收录摄影理论、摄影技术、摄影机具、洗印技术等方面的文献。专论艺术摄影和一般摄影常识的文献入 J4,专论摄影技术在各领域应用的文献入有关各类,专论感光材料生产的文献如 TQ57;专论电影拍摄技术的文献如 J9。例:

《完美 DC:数码相机选购与使用技巧》,叶林主编,分类号为 TB852.12。

《数码相机摄影技巧》,李继强著,分类号为 J41。

《暗房实用手册》,高天慈著,分类号为 TB88-62。

《公路航空摄影测量与遥感》,符锌砂编著,分类号为 U412.24。

8."TB9 计量学"收计量单位和计量方法的总论性文献,总论计量管理、测试的文献也入本类。各种专业计量、测量、测试均入有关各类,如大地测量入 P2,矿山测量入 TD17,机器测量入 TG8,武器测试入 TJ06,热工测量入 TK3,电气测量及仪器入 TM93,建筑勘测入 TU19 等,有关计量与测试仪器仪表制造文献入 TH7。例:

《电学计量》,郑福成等编,分类号为 TB971。

《光学测量技术与应用》,冯其波主编,分类号为 TB96。

《千分尺的检定与修理问答》,谢振江等编,分类号是 TH711.4。

《示波器的使用与检测技巧》,李玮主编,分类号是 TM935.3。

第二十节　TD 矿业工程

一、本类体系结构说明

本类包括矿山地质与测量、矿山设计与建设,各种矿山的开采和选矿,以及矿山机械的制造与使用,矿山安全与劳动保护、矿山开采、选矿和矿山资源的综合利用,大体按矿山工程的生产程序设置和序列类目。其中 TD1/7 是矿业工程的共性问题,没有按矿种展开;"TD8 矿山开采"、"TD9 选矿"、"TD98 矿产资源的综合利用",鉴于各种矿物的性质、形态及开采、选矿方法有所不同,故分别依照矿种区分,按可燃矿物、金属矿物和非金属矿物编列类目并展开下位类目。石油天然气地质与测量、油气田的开发与开采等虽然也属于矿业工程范畴,但由于它更与石油天然气的炼制、加工、储运等关系密切,因此将其从矿业工程中抽取出来,归入"TE 石油、天然气工业"类。

二、本类修订要点

1. 通过对类目使用频率的调研,对类目使用频率过低的类目予以合并和删除;对使用频率过高的类目进行了扩充。

(1)将有资料保障而无图书保障的类分图书的类目改为类分资料类目。例如将 4 版 TD853.21 $^+$1/.21 $^+$3 改为 TD853.2 $^+$1,将 4 版 TD856.1/.4 改为 TD856 $^+$.1/ $^+$.4,将 4 版 TD925.2/.9 类分图书馆的类目,改为 TD925 $^+$.2/ $^+$.9 类分资料的类目。

(2)将一组无文献保障的类目删除,将删除类目的内容合并到上位类。例如,停用 4 版类目 TD177.1/.3,归入"TD177 矿体几何学";停用 4 版类目 TD235.21 $^+$1/.21 $^+$4,归入"TD235.2 $^+$1 工业炸药"。停用 4 版类目 TD54 $^+$1/54 $^+$4,归入"TD54 井口设备";停用 4 版类目 TD842.1/.2,归入"TD842 开拓与准备工作"。

（3）将个别使用频率过低的类目删除，将删除类目的内容合并到与之并列的"其他"类或上位类。例如，原 4 版"TD235.31 抛掷爆破"、"TD235.38 气体爆破"停用，均改入"TD235.39 其他"。删除 4 版"TD534⁺4 内燃提升机"，归入上位类"TD534 提升机"。

（4）修改或取消了部分类目的仿分。例如，取消 4 版"TD216 露天矿设计""仿 TD214分"；将 4 版 TD951/953 类目图书仿 TD861/863 分，改为资料仿分，并取消"如有必要再仿TD92 分"。

（5）对部分使用频率高的类目进行扩充。例如，"TD45 破碎机"、"TD453 磨矿机"、"TD823.4⁺9 放顶煤采煤法"、"TD926.4 尾矿处理与综合利用"等分别进行扩充，以容纳上述主题文献的增长。

2. 将一组使用频率低的类目合并为一个具有概括性的类目，扩大类目的容纳范围而不提升类目的级次。例如，4 版 TD352⁺.1/⁺.4 分别列出木材井壁、砖石井壁、混凝土及钢筋混凝土井壁及砌筑，混凝土预制件级金属装配式弧版井壁及安装，5 版归为 TD352⁺.3 并将其类名改为"各种材料井壁及砌筑"。再如，将 4 版"TD235.4⁺2 炮眼数目及布置"和"TD235.4⁺3 炮眼直径及深度"合并为"TD235.4⁺2 炮眼"。

3. 调整个别类目、类目注释的隶属关系，使类目结构更加科学。例如，4 版"TD263.3⁺3全断面掘进机掘进"，5 版将其改入"TD263.3⁺2 掘进机掘进"。

三、本类分类要点

1. 注意矿业工程与其他工业部门之间的区别与联系。TD 矿业工程是自地壳内或地表开采矿产资源的技术，一般指金属或非金属矿床的开采。采矿工业是一种重要的原料采掘工业，所采掘出的金属矿石是冶金工业的主要原料，非金属矿石是化学工业和建筑材料的原料；TE 石油、天然气工业是矿业工程的单列类目；TF 冶金工业是将矿业工程开采出来的金属矿石进行冶炼、加工成为金属的工程技术；TG 金属学与金属工艺是研究冶金工业冶炼出的金属材料的成分、结构、性能，并对金属材料进行铸造、压力加工、切削等加工处理的工艺；TH 机械、仪表工业是利用金属加工工业生产的金属材料生产出机械零件，并制造机械设备的生产部门；矿山经济入 F4 有关各类。类分 TD/TH 类文献，要掌握类目的体系和文献的学科属性，判别同主题文献所属的工业部门，正确归类。例：

《铁矿石选矿》，（苏）П. Е. 奥斯塔平科著，分类号为 TD951.1。

《铁合金生产知识问答》，许传才主编，分类号为 TF6。

《铁矿石取制样及物理检验》，应海松编著，分类号为 TF521。

《大红山铁矿浅部熔岩露天境界圈定及优化研究》，曾以和著，分类号为 TD861.14。

《钢铁材料学》，孔见主编，分类号为 TG141。

《煤化工生产基础知识》，郑智宏主编，分类号为 TQ53。

"巴西铁矿业现状与发展趋势"（期刊论文），方宗旺著，分类号为 F477.761。

2. TD1 矿山地质与测量的分类。本类只收矿山和矿井地质勘测的文献，专论矿床学、矿山水文地质学与矿山工程地质学、矿物普查与勘探的文献入 P61/694 有关各类。例：

"青海赛什塘铜矿矿床地质特征及找矿标志浅析"（期刊论文），王小丹著，分类号为 TD163.2。

《邯邢地区符山铁矿床地质特征及成因探讨》，金妮著，分类号为 P618.31。

《有色金属矿矿井水文地质》,秦海编,分类号为 TD163。

3. "TD2 矿山设计与建设"、"TD3 矿山压力与支护"、"TD4 矿山机械"、"TD5 矿山运输与设备"、"TD6 矿山电工"、"TD7 矿山安全与劳动保护"属于矿业工程的共性问题,不按矿种分,有关各种矿上述各方面的文献均归入以上各类。例:

《煤矿地面建设实用技术》,张检身等编,分类号为 TD22。

《煤巷锚杆支护施工指南》,薛顺勋等编,分类号为 TD353-62。

《煤自然发火预测理论及技术》,邓军著,分类号为 TD75。

《马坑铁矿采矿工程三维巷道建模研究》,苏成哲著,分类号为 TD263-39。

"多转折煤巷掘进机械化技术研究"(期刊论文),彭学东著,分类号为 TD263.32。

4. 关于"TD2 矿山设计与建设"的分类。总论矿山设计的文献入"TD21 矿山设计",总论矿山建设的文献入"TD22 矿山地面建设",总论矿山建设过程中凿岩爆破工程的文献入"TD23 凿岩爆破工程"。专论井巷工程、井巷及各种井巷设计、规划、建设的文献入"TD26 井巷工程"及其所属类目。例:

《矿山设计》,邹光华、吴健斌主编,分类号为 TD21。

《煤炭工业露天矿设计规范》,中国煤炭建设协会主编,分类号为 TD216-65。

《煤炭建设地面建筑工程基础定额统一基价》,国家煤炭工业局规划司编制,分类号为 TU723.3,互见分类号为 TD22。

《射流变频冲击破岩的混沌调制技术》,段雄著,分类号为 TD231.6。

《矿山工程爆破》,邓飞编,分类号为 TD235.4。

5. 关于矿山机械的分类。关于矿山开采专用机械的设计、制造、养护与使用的文献入 TD4,矿山运输专用机械与设备入 TD5 有关各类;矿山机械配套的专用电力设备入 TD6 有关各类,通用性的机械、运输设备、电工技术与设备入有关各类。例:

《矿山机械液压系统的构建》,彭伦天主编,分类号为 TD403。

《矿山流体机械的操作与维护》,黄文建主编,分类号为 TD44。

《矿山固定机械与运输设备》,王志甫主编,分类号为 TD5。

《矿井通风机故障诊断系统推理引擎设计》,李蒙著,分类号为 TH43。

《煤矿井下机车运输信号设计规范》,中国煤炭建设协会主编,分类号为 TD65-65。

《矿山无线技术研究与发展》,宋文著,分类号为 TD655。

6. 有关矿山开采文献的分类。总论矿山开采的文献入 TD80 下有关各类,有关某种矿物开采的文献入 TD82/87 有关各类。例:

《地层空间应力场的开采扰动与模拟》,刘长武、翟才旺编著,分类号为 TD803。

《现代金属矿床开采科学技术》,古德生等著,分类号为 TD85。

《露天煤矿高效开采新技术》,才庆祥主编,分类号为 TD824。

《油页岩原位开采技术发展方向及趋势》,方朝合著,分类号为 TD83。

《非均质岩体热力耦合理论与煤炭地下气化通道稳定性》,万志军著,分类号为 TD841,互见分类号为 P584。

《现代铀矿床开采科学技术》,杨仕教主编,分类号为 TD868。

《矿泉水水井成井工艺》,秦正洋著,分类号为 TD879.02。

7. 有关矿区复田的文献集中归入 TD88,不按矿种分。例:

《铁矿废弃地植被恢复技术与效应研究》，赵方莹著，分类号为 TD88。

《矿区复垦土地利用结构优化研究》，赵淑芹著，分类号为 TD88。

《采煤沉陷区土地复垦与生态恢复》，李枝荣主编，分类号为 TD88，互见分类号为 X322.225。

8. "TD9 选矿"类的使用。"TD91 选矿理论"、"TD92 选矿流程与方法"、"TD928 选矿厂"是选矿工业的总论性类目。TD94/97 是各种矿物的选矿，按矿种分。其中"TD94 选煤"可仿"TD91/92 细分"，"TD95 金属矿选矿"的资料可仿 TD861/868 分，"TD97 非金属矿选矿"资料可仿 TD87 分。例：

《选矿数学模型》，陈炳辰编著，分类号为 TD91。

《碎矿与磨矿技术问答》，肖庆飞主编，分类号为 TD921。

《太原选煤厂入洗原煤的配比实践》，董秀珍著，分类号为 TD942.11。

《铁矿选矿新技术与新设备》，印万忠编著，分类号为 TD95。

《非金属矿加工工艺与设备》，郑水林编著，分类号为 TD97。

《太原选煤厂快速定量装车系统配灰的应用》，韩永兴著，分类号为 TD928.9。

《庙沟铁矿精矿再选研究》，李新著，分类号为 TD951.1，互见 TD861.1。

9. 有关矿产资源综合利用的文献入 TD98，并按矿种分，但在燃料矿产中煤的综合利用入 TQ53，石油、天然气的综合利用入 TE6，矿业工程废物利用的文献归入 X75 有关各类。例：

《煤炭加工利用概论》，解京选主编，分类号为 TQ536。

《我国矿产资源综合利用现状及对策分析》，普红著，分类号为 TD98。

《浅析重钢对超贫铁矿资源的综合利用及发展方向》，付冠文著，分类号为 TD981。

第二十一节　TE 石油、天然气工业

一、本类体系结构说明

"TE 石油、天然气工业"采用集中列类的方法编列。有关石油、天然气的工业经济、地质、地质勘探、石油、天然气的开采、炼制、加工、储运及其机械设备与自动化、环境保护与综合利用方面的著作均集中在本类。其中石油天然气工业经济、石油、天然气的地质与勘探、石油、天然气工业环境保护与综合利用，以交替类目形式列出，供专业单位选用。以石油、天然气为原料的石油化学工业，在本类设置总论性类目，有关专论性内容归入 TQ 化学工业各类。本类按石油、天然气地质与勘探，油气田钻采开发，油气加工，油气储存与运输，机械设备，环保与综合利用的次序编列类目。

二、本类修订要点

1. 通过对类目使用频率的调研，对类目使用频率过低的类目予以合并和删除，对使用频率过高的类目进行了扩充。

（1）将有资料保障而无图书保障的类分图书的类目改为类分资料类目。例如将原

TE271/273 改为 TE27$^+$1/$^+$3,将原 TE321/TE329 改为 TE32$^+$1/32$^+$9。

（2）将一组无文献保障的类目删除,将删除类目的内容合并到上位类。例如,四版类目 TE242.2/.9 停用,原类目内容归入"TE242 钻井技术",四版类目 TE252$^+$.1/$^+$.9 停用,原类目内容归入"TE252 洗井方法、洗井液"。

（3）将个别使用频率过低的类目删除,将删除类目的内容合并到与之并列的"其他"类。例如,原四版"TE342 弹性驱动与重力驱动油田开发"在5版中停用,类目内容改入"TE349 其他类型油田开发"。删除了四版"TE357.28 油层高能气体压裂"、"TE357.29 油层泡沫压裂"两类,并将两类内容归入"TE357.3 其他压裂法"。

（4）取消了部分类目的仿分。例四版 TE973.91/.99 各种管道施工和维修设备"仿 TE973.1/.8 分",五版改为"TE973.9$^+$1/.9$^+$9 各种管道施工和维修设备",并取消了"仿 TE973.1/.8 分"。四版规定资料分类时,TE357.2/.29 油层各种压裂,"可仿 TE357.1 分",五版取消了仿分并停用部分类目。

（5）对本大类涉及劳动安全和新技术的类目进行了扩充。例如,"TE28 钻井安全生产与复杂情况处理"、"TE687 生产技术安全与卫生"、"TE88 油气储运安全技术"、"TE319 模拟理论与计算机技术在开发中的应用"等分别进行了扩充,以容纳此类文献的增长。

2. 调整个别类目、类目注释的隶属关系,使类目结构更加科学。例如,四版"TE357.8 油井、注水井测试与管理",五版将"油井测试与管理"改入"TE538 井下作业、油井维护与管理",将"注水井测试与管理"改入"TE357.6$^+$2 注水井的管理"。将四版 TE357.3 类名"油井井底处理法"改为"其他压裂法",并将各种井底处理方法改入"TE357.1$^+$4 压裂后油井管理及压裂效果分析";将 TE311 注释"微观渗流机理"改入"TE312 油气水渗流力学"。

3. 增加类目注释,明确类目的使用方法。在五版中,"TE991 石油天然气工业环境污染与防治"所属类目均增加注释"宜入 X74 有关各类"。

三、本类分类要点

1. "TE0 能源与节能"只收总论石油、天然气的能源计算、能源调查、节能、能源综合利用方面的文献,专论节能技术在石油天然气工业某一方面应用的文献入有关各类;总论能源的文献入 TK01 有关各类。例:

《炼油化工节能技术的新进展》,钱伯章、朱建芳编,分类号为 TE683。

《油田注水能耗监测分析系统研究及试验应用》,周世刚著,分类号为 TE357.6。

《能源工程概论》,刘柏谦编著,分类号为 TK01。

2. "TE1 石油、天然气地质与勘探"主要包括油气田勘探组织与管理、油矿地质、油气田测量及储量计算、油气田分布等方面的著作。关于石油、天然气地质与勘探的著作入地质学 P618.13;石油、天然气专业单位也可在此集中该类文献,启用［TE12］、［TE13］,分入已展开的交替类目。石油、天然气勘探用仪器仪表入 P62 有关各类。例:

《油气勘探工程》,张一伟编著,分类号为 TE1。

《油气田地质》,邹恒春著,分类号为 P618.130.2,石油单位也可分入 TE122。

《岩石测量探油技术》,黄石台著,分类号为 P618.130.8,石油单位也可分入 TE132.42。

3. "TE14 油矿地质"是为正确评价油气田的开采价值,为选用提高石油采收率方法提供地质依据;"P61 矿床学"是成矿预测、找矿和勘探的理论基础,应注意两者的区分及论述重点。例：

《海相地层水文地球化学与油气保存条件评价》,楼章华著,分类号为TE144。

《新疆塔河油田水文地质调查研究》,胡江春等著,分类号为P641.4。

《定向井的地质录井服务技术探讨》,孙珠元著,分类号为TE142。

4. 石油矿产地质储量与计算（未开发）,入P618.130.9；油田储量与计算（计划开发）,入TE15；油气开采量（开发中）,入TE32⁺8。三者之间有交叉,可通过互见分类揭示交叉的内容。例：

《储量研究中油藏边界的确定方法》,赵文智著,分类号为P618.130.9。

《油田储量评估计算探讨》,孙焕泉等著,分类号为TE155。

"油田可采储量计算方法",陈元千著,分类号为TE328。

5. TE17油气田区域分布与P618.130.6（石油天然气）地区分布的区别。前者指的是已开发油气田矿区内的油气分布情况,而后者指的是区域范围内地下油气矿物的分布,例：

《中东主要产油国油气田情况》,周贤文著,分类号为TE173.7。

《地壳运动与油气田分布》,彭威著,分类号为TE14。

《南沙海域沉积盆地及油气资源分布》,姚伯初著,分类号为P618.130.62。

6. "TE2钻井工程"收专论石油、天然气钻井工程的文献,总论钻探工程的文献入P634。例：

《钻探工程技术》,马锁柱主编,分类号为P634。

《油气井工程》,胡湘炯编著,分类号为TE2。

《弯曲段钻柱的受力分析》,陈祖锡著,分类号为TE22。

《激光衍射法检测钻井用泥浆中的颗粒分布》,唐永伦著,分类号为TE254.1。

《利用易斜地层井眼轨迹漂移规律防止井斜》,杜志勇著,分类号为TE26。

7. "TE3油气田开发与开采"划分为TE31/33总论油气田理论、开发设计、动态分析,TE34/35油田开发与开采,TE37气田开发与开采,TE38安全技术等部分。油气田建设与规划入TE4油气田建设工程。总论压裂液、支撑剂及化学剂（包括原理、使用、制造）的入TE357.12,专论某种具体化学剂制造的入TQ有关各类。有关油气田开发开采安全技术的文献集中归入TE38。例：

《加强油气藏经营管理、提高油气田开发水平》,刘宝和著,分类号为TE3。

《油田基础化学》,张玉平主编,分类号为TE31。

《油田开发规划与优化决策方法》,刘德华编著,分类号为TE32。

《低渗透油田的开发方式》,李道品著,分类号为TE348。

《氧对压裂液的影响》,Walk. M. L著,分类号为TE357.12。

《凝析气藏的注水开采》,Fish. T. P著,分类号为TE372。

8. "TE4油气田建设工程",收总论油气田工程规划、设计、建设、安全与卫生等方面的文献。油气田的经营管理入F4有关各类；专论海上油气田建设工程的入TE54；专论油气加工厂的（包括规划布局）入TE68；专论各种设备及安装、各生产部门的安全与卫生等入有关各类。例：

《油田开发规划模型》,张在旭著,分类号为TE32。

《模糊数学层次权重决策分析法在炼油厂改扩建工程规划方案安排中的应用》,王庆彪著,分类号为TE681。

《油田给排水工程》，陈绍前著，分类号为 TE45。

"海洋石油 161 采油平台建造技术探讨"，桑运水著，分类号为 TE54。

"浅谈油田地面工程项目质量管理"，罗成琳著，分类号为 F407.226.3。

9. "TE5 海上油气田勘探与开发"列出 TE51/58 海上油气田勘探与开发的基本类目，各类如需细分，可分别仿 TEl/TE4 分；油气的海上运输和海上油气田用各种设备入 TE8 和 TE9 有关各类。例：

《中国近海典型油田开发实践》，周守为等著，分类号为 TE5。

《海洋石油钻井工程力学研究与实践》，姜伟著，分类号为 TE521。

"海上沉箱结构地基的瞬时沉降试验研究"，谢斌著，分类号为 TE542。

"海上平台废弃后的处置问题"，柯明祥著，分类号为 TE535.89。

10. "TE6 石油、天然气加工工业"收石油、天然气的炼制、加工、人造石油技术、石油化学工业（总论）和油气加工厂方面的文献。总论石油化学工业的文献入本类，专论某种石油化学加工产品的文献入"TQ2 基本有机化学工业"的有关类目。TE621/624 是石油炼制的总论性类目，TE626 是石油产品的专论性类目，各种石油产品的基础理论、组成及性质、炼制工艺均入 TE626 有关各类；但 TE626.8/.9 添加剂、催化剂集中归类，不分散到 TE626 有关各类；有关石油产品在各工业部门应用的文献入有关各类。例：

《现代石油化学》，黄鹤麟著，分类号为 TE621。

《石油化工常识》，陈江雨著，分类号为 TE65。

《单烯烃的化学与工艺学》，阿辛格尔著，分类号为 TQ221.21。

《用蒸馏法和卡尔费休法测量原油含水率》，Poyn. W. G 著，分类号为 TE622.5。

《催化裂化——加氢裂化组合工艺》，张涛著，分类号为 TE624.4。

《加铅汽油中铅含量的 AAS 测定》，辛晓芳著，分类号为 TE626.21。

《从火炬气中回收凝析液》，张军著，分类号为 TE646。

11. "TE8 石油、天然气储存与运输"，主要包括油气储存、油气运输、矿场油气集输、油气储运安全四方面的内容。总论油气储运过程中油气性质及组分测定的文献入 TE81，专论各种储运方式中油气性质及组分测定的文献入有关各类，如油气集输过程中油气性质及组分测定的文献入 TE866.1。有关加温和保温的文献，分别归入相应储运方式中的"加温输送工艺"。例：

《油气储运工程施工》，何利民编著，分类号为 TE8。

《天然气地下储气库技术及数值模拟》，谭羽非编，TE822。

《降凝、降粘输送技术》，付亚荣著，分类号为 TE832.3。

《大落差管道中原油流动规律的研究》，刘天佑著，分类号为 TE832.31。

《重油流量计计量误差分析》，范为革著，分类号为 TE863.1。

《用流量传感器实现控制粘度加热输送工艺》，徐长安著，分类号为 TE866.4。

12. "TE9 石油机械设备与自动化"的分类。有关石油、天然气机械设备及其自动化设计、制造的文献集中归入 TE9 有关各类；专论石油、天然气机械设备及其自动化在石油工业中应用的文献入有关各类，不入本类；有关石油、天然气勘探用仪器仪表制造的文献入 TH763.5，应用的文献入 P618.130.8；石油天然气钻井用仪器仪表入 TE927；总论钻探机械设备的文献入 P634.2；专论石油钻井机械设备的文献入 TE92。总论油气加工厂设备安装与施工的文献入 TE682。例：

《石油化工厂设备常见故障处理手册》,胡安定主编,分类号为 TE682-62。

《检测技术及勘察工程仪表》,鄢泰宁编著,分类号为 TH763.5。

13. "TE97 油气储运机械设备"划分为油气库、油气管道、泵站、油轮、油气集输设备、油气储运自动化;TE973 是油气管道的总论性类目,论述油气管道各方面的文献分别入 TE973.1/.8;专论某种油气管道的文献入 TE973.9⁺1/.9⁺9;专论油气储运设备用材料的文献入相应材料类。总论油船、油轮制造与使用的文献入 TE975,专论油船、油轮制造的文献入 U674.13,有关油船、油轮运输的文献入 TE835。例:

《石油化工管道安装设计便查手册》,王怀义主编,分类号为 TE973-62。

《层次分析法在油气储运工程中的应用综述》,陈营著,分类号为 TE978。

《油气储运工程焊接与施工》,王树立主编,分类号为 TE970.6。

"埋地管道传热计算",吴国忠著,分类号为 TE973.910.2。

《西气东输管道工程地质灾害危险性研究》,侯金武著,分类号为 TE832,互见分类号为 P694。

《液化石油气(LPG)运输船的建造与修理》,韩景宝编著,分类号为 U674.13。

《大型油船货物操作管理实务》,赵金文主编,分类号为 TE835。

14. "[TE99]石油、天然气工业环境保护与综合利用"为交替类目,该类文献应集中归入 X5/7 有关各类。石油、天然气专业单位如有需要,可启用[TE99],将该类文献集中于此。[TE991/992]的类目编列与 X5/7 大体相同。属于石油、天然气工业对环境污染及防治的文献入 TE991,属于石油、天然气工业三废处理的文献入 TE992。该类设置了专供交替类目细分的专类复分表,TE991.1/9 可用此表复分。

第二十二节　TF 冶金工业

一、本类体系结构说明

冶金工业是开采和处理(选矿、烧结)金属矿石以及冶炼、加工成材的工业部门。本类内容包括冶金理论、冶炼原料及矿石预处理、冶金燃料与燃烧、冶金炉、冶金工厂、冶金技术、冶金机械、冶金生产自动化及各种金属冶炼。放射性元素冶炼和半导体元素冶炼,分别入 TL2 和 TN304,本类只设置了交替类目。冶金工业类目序列为:

TF0	一般性问题
TF1	冶金技术
TF3	冶金机械、冶金生产自动化
TF4	钢铁冶炼(黑色金属冶炼)(总论)
TF5	炼铁
TF6	铁合金冶炼
TF7	炼钢
TF79	其他黑色金属冶炼
TF8	有色金属冶炼

二、本类修订要点

1. 对无文献保障、过时、重复或过细的类目删除停用与合并约 194 个类。如：{TF044⁺.1}酸性熔剂、{TF111.12⁺1}水化物分解、{TF355.3⁺2}电炉生产自动控制、{TF535.2⁺1}炉渣脱硫、{TF734.31}熔化期操作、{TF803.11⁺1}吹炼法等。

2. 修订仿分及专类复分表：TF748.2/.94 各种炼钢炉取消仿分。删除 TF806.1/.9 各种有色冶金炉专类复分表。

3. 将使用频率过低的图书用类改为资料用类，如：TF061.2⁺1 热的传导，TF122⁺.1 物理性能，TF355⁺.1 回转窑自动控制约 114 个类。

三、本类分类要点

1. 本类只收有关金属冶炼技术与设备等方面的文献，关于金属本身及其合金的研究，如各种金属的成分、组织、性能和分析试验等方面的文献应入"TG1 金属学"。例：

《高炉炼铁 500 问》，郝素菊等编著，分类号为 TF53。

《有色金属冶金原理》，傅崇说编，分类号为 TF801。

《高温合金痕量元素分析》，王海舟主编，分类号为 TG132.3。

《现代锗冶金》，王吉坤，何蔼平编著，分类号为 TN304.1。

《铀的提取冶金学》，梅里特著，分类号为 TL212。

2. "TF0 一般性问题"、"TF1 冶金技术"只收冶金理论、冶金炉、冶金技术等方面的总论性文献，有关各种金属的冶炼理论、冶金炉、冶金技术的文献归入有关金属冶炼类。例：

《冶金过程动力学导论》，华一新编著，分类号为 TF01。

《冶金热工基础》，王华主编，分类号为 TF061.2。

《冶金炉喷补》，薛启文编译，分类号为 TF065.6。

《电磁冶金原理与工艺》，贾光霖，庞维成编著，分类号为 TF19。

《氧气顶吹转炉炼钢工艺与设备》，王雅贞、张岩、张红文编著，分类号为 TF724。

《湿法炼锌学》，梅光贵编著，分类号为 TF813.032。

3. "TF3 冶金机械、冶金生产自动化"只收有关的总文献，同时还集中收有关各种金属，诸如铁、铁合金、钢、有色金属等的冶金机械与生产自动化方面的文献，有关粉末冶金机械与生产自动化方面的文献也入此类。例：

《钢铁工业自动化·炼铁卷》，马竹梧等编著，分类号为 TF31。

《高炉热风炉燃烧 CBR 智能控制技术》，孙进生著，分类号为 TF325.4。

《热法炼镁厂真空过滤器设计》，宿忠旺著，分类号为 TF351.302。

《冶金生产热工过程自动调节》，柯特罗夫斯基等著，分类号为 TF325。

4. TF4/8 各种金属的冶炼，均分为总论与专论两部分，TF59 炼铁产品、TF76 各种钢的冶炼、TF81/89 各种有色金属冶炼属专论性类目，凡专论某类或某种金属冶炼的文献均入相应的产品或金属类下。例：

《钢铁冶金原理》，黄希祜编，分类号为 TF4。

《电弧炉炼钢用氧量分析》，韩建淮著，分类号为 TF741.5。

《用高磷生铁生产中锰球铁的工艺》，刘景生著，分类号为 TF593.2。

《高炉仪表》,金永嘉主编,分类号为 TF57。

《锰冶金学》,谭柱中等编著,分类号为 TF792。

《铂族金属冶金化学》,陈景著,分类号为 TF830.13。

第二十三节　TG 金属学与金属工艺

一、本类体系结构说明

本类包括对金属材料本身的研究及对金属材料、零件进行各种加工两大部分内容,金属学与热处理、金属腐蚀与保护的关系密切,故合并为一个类组。本类序列为:

TG1　　金属学与热处理

TG2　　铸造

TG3　　金属压力加工

TG4　　焊接、金属切割及金属粘接

TG5　　金属切削加工及机床

TG7　　刀具、磨料、磨具、夹具、模具和手工具

TG8　　公差与技术测量及机械量仪

TG9　　钳工工艺与装配工艺

二、本类修订要点

1. 新增 TG178.1 黑色金属材料,TG178.2 有色金属及其合金,TG241.1 压铸模,TG241.4 木模等类。同时还扩充资料用下位类,如 TG142.33^{+}1 低合金钢、TG142.33^{+}2 高合金钢、TG174.442^{+}1 等离子喷涂、TG174.442^{+}2 粉末喷涂、TG249.2^{+}1 真空压铸、TG249.2^{+}3 精速密压铸(双冲头压铸)、TG659.022 数控编程与操作等。

2. 对无文献保障、过时、重复或过细的类目删除停用约 260 多个,如:｛TG115.21^{+}1.2｝磨片、试样制备,｛TG115.3^{+}31｝光源,｛TG115.5^{+}9｝光弹试验,｛TG132.1^{+}1｝低膨胀性质合金,｛TG231.2^{+}1｝干燥设备,｛TG334.11｝行星轧机,｛TG435^{+}.3｝乙炔发生器,｛TG529.1｝多轴钻床,｛TG74^{+}6｝砂瓦等,并将 70 多个类转为资料用类,如:TG162.4^{+}1 热锻压模具热处理,TG162.8^{+}5 钢丝热处理,TG175^{+}.3 有色金属及其合金,TG231.6^{+}4 抛砂机,TG233^{+}.7 熔模铸造用机械,TG251^{+}.4 耐蚀铸铁铸件等。

3. 修改了一些类的类名,如 TG142.74 低温钢(耐寒钢)、TG142.79 其他等。

三、本类分类要点

1. 金属学文献的分类。

(1)"TG11 金属学"收总论金属物理、金相学、金属分析试验的文献。总论合金的金属学文献入 TG13;专论各种金属及其合金的金属学文献入 TG15。例:

《金属塑性变形的实验方法》,林治平等编著,分类号为 TG111.7。

《高温合金痕量元素分析》,王海舟主编,分类号为 TG132.3。

《钢材质量检验》,刘天佑主编,分类号为 TG142。

《金属表面磷化技术》，唐春华编著，分类号为TG156.8。

(2)"TG13 合金学与各种性质合金"是总论性类目，只收总论各类合金的文献(包括合金的金属物理、金相、试验等)，专论各种具体合金的文献入TG14各类。"TG14 金属材料"是专论性类目，凡某种金属及其合金的成分、组织、结构、性能及用途的文献，均入本类各有关子目。金属材料在某一工程或部门中具体应用的文献则入有关学科类目。例：

《合金定向凝固》，徐瑞编著，分类号为TG13。

《合金的形状记忆效应与超弹性》，赵连城等著，分类号为TG139。

《金属材料结构与性能》，毛卫民等著，分类号为TG14。

《低合金耐蚀钢：开发、发展及研究》，(日)松岛岩著，分类号为TG142.71。

《机械工程基础金属学》，(英)亚历山大等著，分类号为TH142。

《金属及金属复合装饰材料检测技术》，蒋荃、刘元新主编，分类号为TU510.2。

2. 热处理、金属腐蚀与保护文献的分类

(1)总论金属热处理理论、设备、工艺的文献入TG151/158，专论各种金属及其零件热处理的文献入TG161/166各类，其中TG161、TG163、TG166均可仿TG156分。例：

《奥氏体形成与珠光体转变》，刘宗昌、任慧平、王海燕著，分类号为TG151。

《热处理实用淬火介质精选》，李书常主编，分类号为TG154.4。

《现代感应热处理技术》，沈庆通，梁文林编著，分类号为TG156.99。

《现代模具强化新技术新工艺》，黄拿灿编著，分类号为TG162.4。

(2)关于金属腐蚀与保护的文献入TG17，专论电镀技术的文献入TQ153，一般工程材料腐蚀与保护入TB304，各种设备的腐蚀与保护分别入有关各类。例：

《金属腐蚀与控制》，孙跃、胡津编著，分类号为TG17。

《化学镀技术》，伍学高等编著，分类号为TG174.44。

《防护与装饰性电镀》，沈亚光编著，分类号为TQ153。

《中国腐蚀调查报告》，柯伟主编，分类号为TB304。

《清洗剂、除锈剂与防锈剂》，李金桂编著，分类号为TQ649.6。

3. 金属工艺学、金属加工文献的分类

(1)总论金属工艺学的文献入TG，专论铸造、金属压力加工(锻造、轧制、拉制、拉拔、挤压、冷冲压、高能成型等)，以及焊接、金属切割及金属粘接、金属切削加工等工艺的文献分别入TG2/6有关各类。总论机械制造工艺的文献入TH16，专论各种机械制造工艺的文献入有关各类。例：

《金属工艺学实验及习题》，铁路金工课程编写组编，分类号为TG-33。

《电泳涂装技术》，宋华主编，分类号为TG174.44。

《感应炉冶炼》，王振东、曹孔健、何纪龙著，分类号为TG232.3。

《金属塑性加工有限元模拟技术与应用》，刘建生等著，分类号为TG302。

(2)TG2/6各种金属加工类，均包括某种加工工艺，以及相关加工机械的设计、制造与使用等方面的文献。例：

《铝压铸成型及质量控制》，杨裕国编著，分类号为TG292。

《锥辊辗轧理论》，罗守靖、霍文灿著，分类号为TG333.17。

《热挤压工艺与模具设计》贾宪安、胡九锡编著,分类号为 TG376.2。

《特殊及难焊材料的焊接》,李亚江著,分类号为 TG44。

《车工工艺学》,唐大鹏主编,分类号为 TG510.6。

《组合机床设计》,姜永武、刘薇娜主编,分类号为 TG650.21。

(3)总论金属切削原理、机床设计与制造、金属切削工艺,以及机床厂等方面的文献入 TG501/508 有关各类;专论车削、钻削、镗削、铣削、刨削、锯削、拉削、磨削等金属切削工艺、机床设计与制造等方面的文献分别入 TG51/669 各类;总论机床自动控制设备的文献入 TG502.35;总论数控机床和程控机床的文献入 TG659;专论各种程控机床和数控机床的文献入有关各类。例:

《机床电气控制技术》,曹祥主编,分类号为 TG502.35。

《现代磨削技术》,李伯民、赵波主编,分类号为 TG580.6。

《数控机床及其使用与维修》,李峻勤、费仁元主编,分类号为 TG659.027。

《数控机床编程与操作实训》,罗学科、张超英编,分类号为 TG659.022。

第二十四节 TH 机械、仪表工业

一、本类体系结构说明

本类包括两部分内容:机械工程共性问题和各种机械设备,类目序列为:

TH 11/18 机械工程的共性问题

2/7 各种机械设备

2/4 通用机械设备

6 专用机械与设备

7 仪器、仪表

TH2/6 各类可仿本类的专类复分表细分,凡涉及它们共性问题的文献入 TH11/18;TH71/89 可仿 TH70 细分,凡涉及它们共性问题的文献入 TH70 有关各类。

二、本类分类要点

1. 有关机电工程的综合性文献入 TH,有关机电一体化方面的文献入 TH -39。总论机械制造工艺的文献入 TH16,专论某种机械制造工艺的文献分别入有关各类,专论某种金属加工工艺的文献入 TG 各类。例:

《机械工程师手册》,机械工程师手册编委会编,分类号为 TH -62。

《机械制造工艺学》,王先逵主编,分类号为 TH16。

《成组技术》,蔡建国编著,分类号为 TH163。

《建筑机械设计》,张庆生著,分类号为 TU602。

2. "TH13 机械零件及传动装置" 只收总论传动装置的文献,各工业技术部门的专用机械零件及传动装置,分别入有关各类。金属机械零件的加工工艺入 TG 各类,非金属机械零件的加工工艺按材料的性质入有关各类。例:

《液压传动与控制》,刘卓夫主编,分类号为 TH137。

《机床液压传动与控制》,卢光贤主编,分类号为 TG502. 32。

《塑料机械液压传动》,北京化工学院等编,分类号为 TQ320. 5。

《电气传动技术原理与应用》,娄国焕等编著,分类号为 TM921。

《近代齿轮制造工艺》,江甫炎编著,分类号是 TG610. 6。

3. 通用机械的总论性文献入本类,这些机械在各具体部门或者工程中应用的文献,随应用到的部门或者工程归类。如:总论离心泵的文献入 TH311,专论化工用离心泵的文献入 TQ051. 21;总论水轮泵的文献入 TH318,专论农业灌溉用水轮泵的文献入 S277. 9^{+}2。

4. "TH6 专用机械与设备"只收总论性文献,各种专用机械入有关各类。如农业机械入 S22、林业机械入 S77、化工机械入 TQ05 等。如愿将专用机械集中于此,亦可用组配编号法处理,如建筑施工机械与设备为 TH6:TU6、水利施工机械设备为 TH6:TV53。另外,本类也编列了三种专业机械与设备,即"TH691 邮政用机械与设备"、"TH692 商业用机械与设备"、"TH693 金融用机械与设备"。除类目注明"总论入此"的之外,上述三种专用机械与设备均集中于此。有关邮政、商业、金融自动化的文献,分别入各类的"XX 管理设备"。例:

《邮政机械设计》,时良平编著,分类号为 TH691. 06。

《柜式自动化立体仓库》,章昌南著,分类号为 TH692. 3。

《银行自动化系统》,杨来顺著,分类号为 TH693. 2。

5. 仪器、仪表具有通用性,故其设计、制造等方面的文献集中归入 TH7。专论各种仪器、仪表在各方面应用的文献,随应用到的部门或者工程入有关各类;兼论制造和使用的文献,应视写作宗旨归类。另外,有关原子能工业、电工技术、电子技术、通信技术、化工、交通运输,以及航空航天工业所用仪器、仪表,已在各类设置了专类,不再归入本类。例:

《仪器制造工艺学》,郑志达主编,分类号为 TH706。

《飞机电源智能监控系统》,朱新宇编著,分类号为 V242. 2。

《电能计量与电测仪表》,郑州市电业局编,分类号为 TM933. 4。

6. 关于波普仪、波普学等文献的分类。总论波谱仪、能谱仪、质谱仪、光谱仪等制造与使用的文献入有关各类。总论波普分析、能谱分析、质谱分析、光谱分析的文献如 O657 各类;专论对某种设备、产品分析的文献入有关各类。属于波谱、能谱、光谱等理论的文献,依学科性质入有关各类。例:

《核磁共振波谱仪与实验技术》,王金山编,分类号为 TH834。

《有机波谱及性能分析法》,朱为宏等编,分类号为 O657. 61。

《波谱学》,吕鲲鹏著,分类号为 O581。

《波谱分析在精细化工中的应用》,彭勤纪、王璧人编著,分类号为 TQ075。

《色谱仪器维护与故障排除》,吴方迪、张庆合编著,分类号为 TH833. 07。

《气相色谱—质谱联用在大气污染监测中的应用》,张莘民著,分类号为 X831。

《电子能谱学》,周清编著,分类号为 O46。

《近距离枪弹创身入口残留物能谱测定》,廖志钢著,分类号为 D919. 4。

第二十五节 TJ 武器工业

一、本类体系结构说明

本类包括战争中使用的常规武器和非常规武器,按武器的种类由简单到复杂序列。首选编列各种武器的共性类目"TJ0 一般性问题",然后编列各类武器。在各类武器下,又分别以"一般性问题"为总论,再编列各种具体武器、军用器材。战舰、战机又分别隶属于船舶和飞机,其设计与制造与造船和飞机制造更为密切,故在本类设置交替类目。

二、本类修订要点

1. 对类名做规范化处理,以实现前后统一。如:原各类武器"一般性问题"类下的子目类名"制造工艺及设备"、"制造工艺设备"、"测试技术及设施"、"制造厂"、"机械制造厂"、"火炮工厂"、"设计、计算"等统一规范化为"制造工艺与设备"、"测试技术与设备"、"工厂"、"设计、计算、制图"等。

2. 完善部分类目体系,新增类目及其注释。如:各类武器下,新增交替类目"保养与维修"及其交替分类注释;将"TJ5 爆破器材、烟火器材、火炸药"改为"TJ5 爆破器材、烟火器材、火炸药、军用器材",并新增"TJ56 军用侦察器材"、"TJ57 军用指挥仪器和设备"、"TJ58 军用训练器材"、"TJ589 警用器材"、"TJ59 其他军用器材"等类目及其注释。在"TJ711 火箭筒"下新增"TJ711.0 一般性问题"及其下位类目。"TJ76 导弹"下增加类目"TJ760.3$^+$7 安全自毁系统"、新增"TJ761.1$^+$6 反辐射导弹"、"TJ761.8 反卫星导弹"、"TJ762.5 天基型"。新增仿分条目"TJ761/762 各种导弹"、"TJ811/819 各种坦克、装甲车、其他军用车辆、自行火炮及其注释"。增加类目注释的有"TJ67 反潜武器"、"TJ861 武装卫星、反卫星武器(拦截卫星)"、"TJ86 航天武器(太空武器)"等。

三、本类分类要点

1. 凡各种武器、军用器材的理论、设计、结构、材料、制造、测试、工厂,以及储运、销毁等方面的文献均入本类有关类目。凡属总论武器、军用器材装备、维护、保管的文献入 E 类世界各国军事后方勤务有关类目;凡属有关某种武器的、军用器材的使用、操作、维护、保养以及技能训练等一般性介绍的文献入"E92 武器、军用器材"类。例:

《自动武器制造工艺学》,唐庆源等编著,分类号为 TJ205。

《功能材料在兵器上的应用》,赵慧敏著,分类号为 TJ04。

《论火炮零部件通用化》,葛强著,分类号为 TJ303。

"反卫星导弹的弹道设计和制导方法研究"(硕士论文),王高鹏著,分类号为 TJ761.802。

《步兵轻武器射击问答》,程金陵等编,分类号为 E922。

2. 总论弹道学的文献入 O315,有关枪炮、火箭、导弹和航弹等弹道学的文献分别入 TJ012/014 各类。例:

《现代枪炮内弹道学》,(美)克里尔主编,分类号为 TJ012.1。

《火箭外弹道学》,徐明文编著,分类号为 TJ013.2。

《水下弹道研究》,(日)矶部孝著,分类号为 TJ012.3。

3."TJ412 炮弹:按配用火炮分"与"TJ413 炮弹:按用途和构造分"属多重列类。凡涉及多重分类标准的文献,归入编列在前的类;凡属总论炮弹的文献一律归入 TJ412 类。

4. 有关军用爆破器材和烟火器材的文献分别入 TJ51 和 TJ53 有关类目,总论爆破技术的文献入 TB41 类。关于民用爆破器材和烟火器材的各类文献,属于生产、制造方面的文献入 TQ56 有关类目;属于在各个方面应用的文献入有关各类,如:矿山用爆破器材入 TD235.2,建筑施工爆破入 TU751.9,建筑拆毁爆破入 TU746.5,水利工程施工爆破入 TV542,电影、电视拍摄用烟火器材入 J916.3,消防灭火器材入 TU998.13$^+$2。例:

《探雷仪灵敏度检测》,高良域著,分类号为 TJ510.6。

《硝铵炸药储运安全》,李任广编,分类号为 TQ564.4。

《建筑定向爆破》,万期民著,分类号为 TU746.5。

5."TJ45 火工品"只收专论军用火工品的文献,总论火工品的文献入 TQ565 有关各类,论述其在各方面应用的文献入有关各类,如:矿山爆破用雷管入 TD235.22$^+$2、桥梁施工凿岩爆破用火工品入 U445.53。凡专用火工品无专门类目者,均可入相应的爆破技术类。

第二十六节　TK 能源与动力工程

一、本类体系结构说明

本类主要包括能源和动力工程两大部分。其序列为:

TK0 一般性问题(包括能源及动力总论方面的内容)

TK1 热能、热力工程

TK2/4 动力工程(包括蒸汽动力工程、热工量测和热工自动控制、内燃机)

TK5/91 新能源及其利用(包括 TK5 特殊热能及其机械、TK51 太阳能及其利用、TK52 地下热能、地下热能机械、TK6 生物能及其利用、TK7 水能、水力机械、TK8 风能、风力机械、TK9 氢能及其利用)

本类除首先序列能源及动力总论性内容外,基本按能源类型序列类目,重点编列了热能、太阳能、生物能、水能、风能、氢能及其动力机械。核能、电能已成为独立的学科,不包括在本类中。

二、本类修订要点

本类修订重点是 TK51 太阳能及其利用、TK6 生物能及其利用、TK9 氢能及其利用。通过增设新类目,使原类目细分展开,修订类名扩大外延,增加类目含义注释、使用注释等方法,明确新的主题内容以及类目使用方法。

"TK511.2 能与通风采暖",修订类名为"能与通风采暖、能与干燥";"TK515 太阳能加热装置"增加类目注释"太阳能热水器、太阳灶、太阳能干燥器等入此。太阳能海水淡化装置入 P747;太阳能炼钢炉的加热装置入 TF748.92"。

"TK6 生物能及其利用"增设下位类目,分别是"TK61 生物质能"、"TK62 生物质的燃烧与转化"、"TK63 各种生物质燃料"、"TK64 生物质能机械和设备"、"[TK65]生物质发电"、"TK69 生物质能的利用",从能源技术角度将生物质能源转化利用技术及其机械设备、生物质燃料的动力学研究等方面的文献予以聚类。

"TK91 氢能及其利用"增设下位类目,分别是"TK911 氢能"、"TK912 氢能的存储、输送"、TK919"氢能利用"。

三、本类分类要点

1. 总论能源的文献入 TK01,包括能源技术、能源动力、能源利用、新能源、可再生能源、节能等;从宏观管理角度论述能源的入 F206,能源工业经济入 F407.2;能源法入 D912.6;从环境角度论述能源的入 X24;论述清洁无污染能源的入 X382。例:

《新能源概述》,徐炜、陈甫林主编,分类号为 TK01。

《节能与能效管理》,杨志荣著,分类号为 TK018。

《能源管理体系构成与实证分析》,陈志田主编,分类号为 F206-3。

《能源经济学》,黄素逸、龙妍编著,分类号为 F407.2。

《中华人民共和国可再生能源法》,分类号为 D922.67。

《清洁能源材料导论》,梁彤祥等编著,分类号为 X382。

《能源与环境》,周乃君主编,分类号为 X24。

2. 动力机械总论入 TK05,在各领域的应用入有关各类,如汽车发动机入 U464,航空发动机入 V23,火箭发动机入 V43,舰船发动机入 U664.1。例:

《发动机测试技术》,吴克刚,曹建明编著,分类号为 TK05。

《汽车发动机原理》,徐兆坤主编,分类号为 U464.01。

《固体火箭发动机使用工程》,邢耀国等编著,分类号为 V435。

3. 总论热能的文献入 TK11,有关热力工程理论的文献入 TK12。总论热力学的文献入 O414.1,专论热力学在各方面应用的文献入有关各类,如海洋热力学入 P733.4、化工热力学入 TQ013.1、航空发动机热力学入 V231.1。总论热工设备的文献入 TK17,专论各种工业热工设备的文献入有关各类。例:

《工程热力学》,庞麓鸣等编,分类号为 TK123。

《热力学》,(美)法莱斯著,分类号为 O414.1。

《金属换热器的结构特点》,田黎著,分类号为 TK172。

"蒸汽机过热装置"(期刊论文),童开虹著,分类号为 U261.13。

4. 从动力能源方面论述燃料与燃烧、燃烧空气动力学等方面的文献入 TK16。总论燃料与燃烧的文献入 TQ038.1;专论燃烧理论的文献入 O643.2⁺1;专论机车燃料与燃烧的文献入 U260.15。例:

《燃烧空气动力学》,华自强编,分类号为 TK16。

《燃烧理论基础》,张斌全编著,分类号为 O643.2。

《燃烧工学》,(日)水谷幸夫著,分类号为 TQ038.1。

5. 凡有关通用蒸汽机、蒸汽轮机、内燃机的文献分别入 TK2、TK4 各类,凡属装置于某设备或专门用途的蒸汽机、蒸汽轮机、内燃机方面的文献入有关各类,如:有关机车用蒸汽机的文献入 U261.2、有关船舶蒸汽动力装置的文献入 U664.11、有关汽车汽油机的文献入 U464.171、有关船用柴油机的文献入 U664.121、有关拖拉机用柴油机的文献入 S219.031、有关农用内燃机的文献入 S218.5 等。

6. 各种热机类下如列出"XX 类型"的类目,都是属于按热机类型集中有关文献的专论性类目,有关文献不入总论性类目。例:

《内燃机噪声测量》,舒歌群著,分类号为 TK407。

"柴油机燃油系统油泵"(期刊论文),陈之君著,分类号为 TK423.83。

"柴油机调速器"(期刊论文),沈迪崇著,分类号为 TK424.31。

《YC-203 型柴油机调速器维修》,周利群编,分类号为 TK429。

7. 总论热工仪表使用的文献入 TK31,其设计、制造方面的文献入 TH81。关于热工量测技术及热工仪表在某一方面应用的论著宜入有关各类,如化工用热工仪表入 TQ056.1、航空发动机热工仪表入 V241.7 等。

8. 总论太阳能技术、设备及其利用的文献入 TK51,太阳能综合利用入 TK519,在各方面的应用入有关各类,如太阳能发电入 TM615、太阳能技术在建筑中的应用入 TU18、太阳能住宅入 TU241.91、太阳能在农业方面的应用入 S214。例:

《太阳能技术与应用》,钱伯章编,分类号为 TK51。

《太阳能热水系统手册》,袁家普主编,分类号为 TK515-62。

《太阳能热利用》,何梓年编著,分类号为 TK519。

《太阳能光伏发电应用技术》,杨金焕等编著,分类号为 TM615。

《农村太阳能开发与利用》,张曰林、成冰主编,分类号为 S214。

《太阳能电池基础与应用》,熊绍珍、朱美芳主编,分类号为 TM914.4。

《太阳房:太阳能建筑设计手册》,(英)TerryGalloway 著,林涛译,分类号为 TU241.91。

9. 总论地下热能的原理、机械设备和利用技术的文献入 TK52,地热学理论及有关地热资源开发、地热勘探等方面的文献入 P314 有关各类。总论地下热能利用的文献入 TK529,在各方面的应用入有关各类,如在农业方面的应用入 S215、地热发电入 TM616。例:

《地热学基础》,徐世光、郭远生编著,分类号为 P314。

《地热能源手册》,(美)爱德华(Edwards,L. M.)等著,分类号为 TK521。

《地热利用技术》,汪集旸、马伟斌、龚宇烈等编著,分类号为 TK529。

《中国地热资源及开发利用》,田廷山、李明朗、白冶编著,分类号为 P314。

《地热农业利用手册》,初滨主编,分类号为 S215。

10. 总论生物质能及其利用的文献入 TK6。"TK62 生物质的燃烧与转化"与"TK63 各种生物质燃料",只收从能源方面论述燃料与燃烧、燃烧动力学等方面著作。生物柴油、生物燃料乙醇,生物质产生的天然气、甲醇、甲烷、丁醇等能源燃料及利用入 TK63。TK69 生物质能的利用只收总论性著作,在各方面的应用入有关各类,如在农村的利用入相关类目"S216 生物能(生物质能)的应用"。另外,分类时需注意本类目与"Q611 生物能力学"、"Q77 生物能的转换"、"R318.03 生物的能量传递"等类目的区分。例:

《生物能源与可持续发展》,冯长根主编,分类号为 TK6。

《生物质能源转化技术》,刘广青、董仁杰、李秀金主编,分类号为 TK62。

《生物柴油》,吴谋成主编,分类号为 TK63。

11. TK7 是关于狭义的水能概念,即河流能总论性文献的类目,广义的水能还包括海流能、波浪能、潮汐能等海洋能源,海洋动力能源入 P743。水能的综合利用入 TK79,水能在各方面的应用入有关各类,水能资源开发及利用方面的文献入 TV7 有关各类。如水力发电入 TM612、水能在农业方面的应用入 S212、水电站工程入 TV7 等。例:

《水能利用技术》,周振和主编,分类号为 TK79。

《水力发电基本知识》,(日)永濑直昭著,吴晓光等译,分类号为 TM612。

12. TK8/91 风能、风力机械,氢能及其利用,均收总论性方面的文献,专论各入其类,如风力发电装置、风力发电系统入 TM614,风力发电机入 TM315,风力提水装置入 S27 7.9$^+$1,氢气汽车入 U469.7,贮氢电池入 TM911 等。例:

《风能概论》,原鲲、王希麟编著,分类号为 TK81。

《风力机控制系统原理、建模及增益调度设计》,(阿根廷)Fernando D. Bianchi 著,刘光德译,分类号为 TK83。

《风力发电机组工作原理和技术基础》,任清晨主编,分类号为 TM315。

《氢能——21 世纪的绿色能源》,毛宗强编著,分类号为 TK911。

第二十七节　TL 原子能技术

一、本类体系结构说明

本类主要包括 TL1 核技术基础理论,TL2 核燃料及其生产,TL3/6 核反应堆、加速器、受控热核反应,TL7 辐射防护,TL8 粒子和辐射探测技术与核仪器仪表,TL92 放射性同位素的生产与制备,TL94 放射性废物管理及综合利用等内容,大体按核燃料、核反应工程与设备、辐射防护与探测、放射性物质管理与利用的次序列类。

二、本类修订要点

原子能技术类第五版在体系结构方面未作大的修订,主要修订如下两个类名:将"TL241 铀、钍、锆、超钚和裂变产物的分离方法和设备"改为"TL241 铀、钍、锆、超钚和裂变产物的分离和设备";将"TL25 铀和其他稳定同位素的分离"和"TL25$^+$1/25$^+$9 铀和其他稳定同位素的各种分离法"分别改为"TL25 铀同位素、稳定同位素的分离"和"TL25$^+$1/25$^+$9 铀同位素、稳定同位素的各种分离法",并分别修改其注释。

三、本类分类要点

1. "TL1 基础理论"只收关于原子能理论的总论性文献,有关原子核物理学、放射化学、辐射化学的文献分别入 O571、O615 和 O644.2,但如愿入本类,可启用交替类目[TL11/13]。例:

《原子核与化学环境》,梅镇岳编著,分类号为 O571。

《放射化学实验》,余影东著,分类号为 O615。

《核能原理与应用》,(美)墨里编,分类号为 TL1。

2. 有关核燃料生产,包括提取、冶炼、加工、后处理等方面的文献入 TL2 有关类目。如愿将有关文献集中归入冶金工业类,可启用交替类目"[TF88]放射性元素冶炼"。例:

《用微胶囊萃取铀》,倪佩红等著,分类号为 TL212.3。

"超钚元素质谱分析"(论文资料),雷又静著,分类号为 TL276.8。

3. 总论核反应堆理论、设计、建造、运行的文献入 TL3,专论各种核反应堆的文献入 TL4,并可仿 TL3 细分。涉及多重分类标准的文献,采用"最前编号法"。例:

《核级阀门电动装置》(论文资料),王晓红著,分类号为 TL353.11。

《受扰动核反应堆系统的最优控制》,全润杰著,分类号为 TL361。

"钚在压水堆中借助非转换基体燃烧"(论文资料),Lomba C. 著,分类号为 TL421.1。

《船舶核动力装置人机系统研究》,彭敏俊著,分类号为 U664.151。

《气冷增殖堆屏蔽问题》,夏若兰著,分类号为 TL415.757。

4. 有关粒子探测、辐射探测等核工业专用仪器、仪表方面的文献入 TL8 各类;核工业用普通仪器、仪表方面的文献入 TH7 有关类。例:

《核仪表的原理及其防护》,黄丽毓著,分类号为 TL81。

《中能 EELS 电子光学系统》,王永纲等著,分类号为 TL817。

"用雷姆计测量高能中子的修正因子"(论文资料),李桂生等著,分类号为 TL818.1。

5. 总论核爆炸及其和平利用问题的文献入 TL91;专论核武器设计、制造和核武器试验,以及各种核武器及防护设备的文献入 TJ91 有关各类。关于核战争问题的文献入 E861,关于禁止和销毁核武器问题的文献入 D815.2。例:

《原子核能及其和平用途》,温德著,分类号为 TL91。

《原子武器研制秘密角逐记》,(苏)奥夫钦尼科夫著,分类号为 TJ91。

《核战争的演变》,(英)弗里德曼著,分类号为 E861。

《核扩散的危险与防止》,朱明权著,分类号为 D815.2。

第二十八节　TM 电工技术

一、本类体系结构说明

电工技术是研究电磁现象在工程技术中应用的一门科学。它包括电磁能量产生、传输、控制、应用过程中所涉及的各种技术手段和活动。类目序列为:

TM0　　一般性问题

TM1　　电工基础理论

TM2　　电工材料

TM3　　电机

TM4　　变压器、变流器及电抗器

TM5　　电器

TM6　　发电、发电厂

TM7　　输配电工程、电力网及电力系统

TM8	高电压技术
TM91	独立电源技术(直接发电)
TM92	电气化、电能应用
TM93	电气测量技术及仪器

二、本类修订要点

《中图法》第五版对电工技术进行了部分修订,现分述如下:

增补新学科、新概念。如新增"TM925.09 各类型家用电器"、"TM925.7 视听娱乐用电器",在"TM925.21 电冰箱"类下通过注释增加变频冰箱、智能冰箱、网络冰箱等。

修订类名,使类名更科学、规范。如"TM431 音频变压器、成音变压器"改为"TM431 音频变压器、低频变压器","TM727.2 城市网络、地方网络"改为"TM727.2 城市网络、地区网络","TM755 线路检修"改为"架空线路检修","TM933.4 电能测量、电度表"改为"电能测量、电度表(电能表)"等。

局部扩充类目体系,如在"TM621.2 锅炉及燃烧系统"类下增加 9 个方面问题的下位类:TM621.21/.29。调整部分类目体系、类目隶属关系和类目级别,把"TM771 保护原理"类下的"过电流保护"改入 TM773$^+$.1,"高频保护"改入 TM773$^+$.4,"瓦斯保护"改入 TM774$^+$.1。

增加、修改类目注释,明确或变动类目的内容范围。如"TM55 电感器、线圈、扼流圈"增加"电抗器入 TM47"的注释,"TM53/59"的注释改为"如有必要按高压电器、低压电器区分时,可用组配方法","TM215.91 蜡状绝缘材料"删除了下位类,将其内容归入上位类并增加类目注释。

三、本类分类要点

1. 有关研究电工技术及电工基础理论的文献入 TM0/1,研究电磁现象基本规律的文献入"O441 电磁学";总论以电能传输为研究对象的电工电路理论、网络理论、电磁场理论、磁路应用的文献入"TM1 电工基础理论";总论电路及其理论的文献入 TM13 有关各类,电子电路文献入 TN710 有关各类,数字逻辑电路入 TN79,逻辑集成电路入 TN431.2,电子网络方面的文献入 TN711,通信网络方面的文献入 TN91。例:

《电工基础》,张巍立主编,分类号为 TM1。

《新编实用电工电路 300 例》,任致程主编,分类号为 TM13。

《电磁悬念》,(日)福岛肇著,分类号为 O441-49。

《教你看懂模拟实用电路》,孙余凯等编著,分类号为 TN710。

《数字逻辑电路》,郭斌等编著,分类号为 TN79。

《巧学巧用数字集成电路实用技术》,孙余凯等编著,分类号为 TN431.2。

2. 有关电工材料的文献全部集中入"TM2 电工材料",关于无线电电子及电信专用材料的文献入"TN804 材料",但通用的电工材料仍入本类,如一般通信电缆入 TM248。例:

"改性钛酸铅压电陶瓷的制备及其大各向异性机理的研究"(论文),张源伟著,分类号为 TM282.1。

《无线电材料与元件》,朱余钊著,分类号为 TN804。

《电信材料之大气腐蚀及其防治研究》,洪耀宗著,分类号为 TN804。

3. 有关各种电机、电器理论和技术等方面的文献入 TM3/5 各类,各种电机、电器、电工技术的应用则分入有关各类。如建筑机电设备入 TU85,船舶机电设备入 U66,航空用电设备入 V242。例:

《电机安装维护与故障处理》,张桂金编著,分类号为 TM307。

《微型水轮发电机组》,天津电气传动设计研究所编,分类号为 TM312.2-64。

《装饰装修电工快速入门》,王翠玲主编,分类号为 TU85。

《矿用电动机工作可靠性分析及绕组故障处理工艺》,许广银著,分类号为 TD614。

《船舶机电常识》,南京海运学校等编,分类号为 U665.11。

4. 有关各种发电、输配电工程、高电压技术等方面的文献入 TM6/7 有关各类,原 TM771 保护原理下的过电流保护改入 TM773$^+$.1,高频保护改入 TM773$^+$.4,瓦斯保护改入 TM774$^+$.1,关于水力发电厂、水电站工程与设备方面的文献入 TV7 有关各类,关于核反应堆设计与制造方面的文献入 TL 有关各类。例:

《发电厂动力部分》,李文胜主编,分类号为 TM62。

《电力系统分析》,李梅兰、卢文鹏主编,分类号为 TM711.2

《水电站》,侯才水、胡天舒主编,分类号为 TV7。

《核反应堆漫话》,陈福根著,分类号为 TL3-49。

"基于故障暂态信息的高压输电线路相差高频保护的研究"(论文),杨赢著,分类号为 TM773.4。

5. 关于总论电炉以及专论各类型电炉的文献,如电阻炉、电弧炉、感应电炉均入"TM924 电热"的有关各类,各学科部门的专用电炉入有关各类。例:

《远红外辐射加热技术》,卢为开编著,分类号为 TM924.76。

《电阻炉设计》,北京建中机器厂主编,分类号为 TM924.302。

《模糊控制在半导体氧化扩散炉中的应用》,吴润著,分类号为 TQ052.6,互见分类号为 TN305。

《冶金炉热工基础辅导教程》,王厚山主编,分类号为 TF061.2。

《铸造用感应电炉》,李恩琪等编著,分类号为 TG232.3。

6. "TM925 家用电器及其他电器设备"概括了八种类型的电器,并新增了网络家电、信息家电、智能家电的概念,使家用电器类目更加完整。本类包括家庭日常生活所用电器和各类民用电器(如机关、学校、服务业使用的电器),但各工业专用的电器及照明电器、影视设备、通信电器等均入有关各类。如电声设备:录音机、播放器等入 TN912.2,家用摄像机入 TN948.41,家用电视机入 TN949.1。例:

《电磁炉维修一线资料速查速用》,张新德等编著,分类号为 TM925.510.7。

《海信空调器电路图集》,汪韬主编,分类号为 TM925.120.2。

《中央空调系统设计》,余跃进主编,分类号为 TB657.2。

《数字变频空调智能控制系统的研究与设计》,沈兆军著,分类号为 TM925.120.2。

《智能家电控制技术》,牛俊英、宋玉宏主编,分类号为 TM925.09。

7. 电工仪表和电子仪表都属于电磁的测量技术和仪器的范围,具有通用性,因此,将两类测量技术及仪器方面的文献并入"TM93 电气测量技术及仪器"类,同时在 TN98 类设交替类目。TM933.4 电能测量、电度表类下可进一步细分。例：

《电气测量技术实验教程》，胡福年主编，分类号为 TM93-33。

《电子测量技术》，刘世安、田瑞利主编，分类号为 TM93。

《图解示波器使用方法与应用技巧》，韩广兴主编，分类号为 TM935.3。

《复费率电能表技术》，毛善国、朱新建编著，分类号为 TM933.45。

第二十九节　TN 电子技术、通信技术

一、本类体系结构说明

本类可概括为 TN0/7 电子技术和 TN8/99 通信技术两大部分。电子技术包括真空电子技术、光电子技术、半导体技术、微电子技术、电子元器件、基本电子电路等；通信技术是利用电子技术传递声音、文字、图像、数据等信息的技术，包括通信理论、通信设备、无线通信、广播技术、电视技术、雷达技术、电子对抗技术等。本类类目序列为：

TN0　　一般性问题

TN1　　真空电子技术

TN2　　光电子技术、激光技术

TN3　　半导体技术

TN4　　微电子学、集成电路（IC）

TN6　　电子元件、组件

TN7　　基本电子电路

TN8　　无线电设备、电信设备

TN91　通信

TN92　无线通信

TN93　广播

TN94　电视

TN95　雷达

TN96　无线电导航

TN97　电子对抗（干扰及抗干扰）

［TN98］无线电、电信测量技术及仪器

TN99　无线电电子学的应用

二、本类修订要点

《中图法》第五版将 TN 大类类名由"无线电电子学、电信技术"改为"电子技术、通信技术"。对通信技术部分进行了重点修订，调整了通信技术部分的类目体系结构，现分述如下：

根据科学技术发展和文献保障原则，调整类目体系，并对某些类目的下位类或停用，以类目注释的方法改入上位类；或改为资料用类；或将资料用类改为图书用类。例：第四版

TN926 散射通信,包括下位类 TN926 ⁺.2/ ⁺.6 全部改入第五版 TN929.2,第五版 TN926 包括其下位类 TN926 ⁺.2/ ⁺.5 改为无线接入技术与无线通信网,该内容停用,第四版 TN925 ⁺.93 移入此类,以便满足图书资料的分类需求。同时调整交替类改为使用类,以容纳新主题。例:将四版"[TN921]无线电话",改为"TN921 无线电通信基础"并为使用类目,包括无线信道、各波段的无线通信等内容。

对某些科学技术发展较快的类目进行重点扩充,以新增类目(包括资料法类目)、增改类目注释、修订类名等方式扩充类目的外延。在 TN 类中修订最多的类目为 TN91 通信和 TN92 无线通信,在 TN94 等类也有类似修订,例:将第四版中的 TN948.4"电视节目制作设备"、TN948.6"电视中心管理系统"分别改为"视频制作设备""视频管理系统",并在类目下增加注释。

三、本类分类要点

1. 注意区分从物理学角度研究无线电物理学、电子物理学等理论的文献,和从应用技术角度研究电子学技术的文献。本类中的"TN011 电波传播、传播机理"、"TN1 真空电子技术"、"TN3 半导体技术"、"TN701 基本电子半导体物理学"与自然科学类的"O45 无线电物理学"、"O46 真空电子学"、"O47 半导体物理学"等在内容上有一定的交叉,类分文献时应注意文献论述的重点和写作意图。一般来说,凡是侧重于物理现象研究的文献,应归入物理学相关类目,凡是侧重于研究无线电电子器件理论、设计、制造的文献,应归入本类。另外,不同单位(如基础研究单位和应用研究单位)也可以根据各自的性质和业务特点,决定有关文献的归属。例:

《半导体物理基础》,王长安主编,分类号为 O47。

《电子线路设计基础》,高平编,分类号为 TN710. 02。

《电真空技术》,赵本森著,分类号为 TN1。

2. 总论无线电技术的文献入 TN014,总论无线电设备、电信设备的文献入 TN8,包括有线通讯设备及无线通讯设备等。凡属专论性文献均入有关各类,如:无线通信入 TN92、无线广播入 TN934、电视入 TN94、雷达入 TN95、无线电导航入 TN96、船舶无线导航系统入 U666. 14、航空无线电导航仪入 V241. 62 ⁺4 等。例:

《无线通信安全技术》,杨义先编著,分类号为 TN92。

《信号与系统》,杨忠根编著,分类号为 TN911. 6。

《通用分组无线业务》,文志成编著,分类号为 TN929. 53。

3. 总论显示技术的文献入 TN27,有关显示材料的文献入 TN104. 3;总论终端显示设备的文献入 TN873,专论计算机终端显示设备的文献入 TP334. 1,有关各种显示器件的文献集中入 TN141。显示技术在各方面应用的文献分别入有关各类。如关于电视显像管的文献入 TN141. 3、关于电视接收显示设备的文献入 TN948. 57、关于雷达显示设备的文献入 TN957. 7 等。

4. 关于 TN91 通信类的分类。总论信号处理与识别的文献入 TN911,专论各入其类。例:

《信号处理》,酒井英昭编著,分类号为 TN911. 72。

《无线射频识别系统安全指南》,游战清译,分类号为 TP391. 45。

《红外图像处理、分析与融合》,李俊山著,分类号为 TN911.73。

《视频图像编码技术及国际标准》,刘峰编著,分类号为 TN919.81。

5. 注意通信网与计算机网的文献归类。通信网是使用交换设备和传输设备,将地理位置不同的分散用户终端设备互联起来,实现通信和信息交换的系统,是计算技术和通信技术的融合。计算机网络是指将地理位置不同的具有独立功能的多台计算机及其外部设备,通过通信线路连接起来,在网络操作系统、网络管理软件及网络通信协议的管理与协调下,实现资源共享和信息传递的计算机系统。有关通信网的总论性文献和国家信息技术设施(国家信息高速公路)的文献入 TN915 通信网,各种类型的通信网,如电话网、电报网、数据通信网、图像通信网等均入有关各类。凡属通信网理论、结构、设计、网络规程、协议、网络管理与安全等问题的总论性文献均集中归入"TN915.0 一般性问题"所属有关各类。凡属计算机通信网络的上述问题的文献则集中归入"TP393.0 一般性问题"所属相关类目。例如:

《通信网络的自愈能力》,卞佳丽著,分类号为 TN915.01。

《接入网与接入技术》,李征等编著,分类号为 TN915.6。

《TNTERNERT 宝典》,吕越京编,分类号为 TP393.4。

《网络协议与接口》,(美)Microsoft 公司编著,分类号为 TN915.04。

6. 有关无线用户环路(无线接入网)文献的分类。第五版将第四版中的交替类目[TN915.65]无线环路用户(无线接入网)改入 TN926,并修改为图书用类,并为资料类分增加了下位类,将无线通信系统的大量文献都集中于此,同时占用了原来的第四版类号 TN926,将原第四版 TN926 散射通信改入 TN929.2。这样原来只有分入上位类的文献可以进一步细分。例如:

《无线通信与网络》,禹帆编著,分类号为 TN926。

《多载波宽带无线通信技术》,尹长川编著,分类号为 TN926。

《无线局域网构建及应用》,麻信洛编著,分类号为 TN926。

7. 有关移动通信类文献的分类。第五版通过增类和增加类目注释的方式明确了类目的内涵,对于相关移动通信新技术概念的文献的归类指明了方向。例:

《3G/B3G 网络核心技术与应用》,赵晓秋等编著,分类号为 TN929.536。

《基于 OFDM 的无线宽带网络设计与优化》,任品毅译,分类号为 TN929.537。

8. 总论广播、电视工作组织与管理的文献入 G22 广播电视、事业,专论电影电视艺术的文献入 J9,专论广播、电视技术的文献入 TN93/94。

9. 普通家用电器归入 TM925。电声设备如录音机、播放器等入 TN912.2,家用摄像机入 TN948.41,家用电视机入 TN949.1。

第三十节　TP 自动化技术、计算机技术

一、本类体系结构说明

本类包括自动化理论、自动化技术和设备、射流、遥感、远动技术的相关理论。类目序列为:

TP1	自动化基础理论
TP2	自动化技术及设备
TP3	计算技术、计算机技术
TP6	射流技术(流控技术)
TP7	遥感技术
TP8	远动技术

二、本类修订要点

《中图法》第五版对 TP 类进行了较大幅度的修订,通过调整类目体系,规范类名、细分类目、更新术语、改进注释、停用过时类目等技术手段,实现了类目的深度控制。修订要点如下:

1. 将 TP2、TP7 进行了一般修订,对"TP212 发送器(变换器)、传感器","TP242 机器人"、"TP277 监视、报警、故障诊断系统","TP732 遥感传感器"4 个类进行了适度扩充、修改注释和改为资料类目等相关修订。

2. 由于计算机技术和应用的发展迅速,尤其是基于网络环境的各种软件的快速增长,导致文献量激增。四版 TP 大类的问题也主要集中于此。因此,对"TP3 计算技术、计算机技术",进行了重点修订:

首先在"TP311.52 软件开发"类下新增"TP311.521 系统分析与设计、TP311.522 软件开发安全技术、TP311.523 软件组构与互操作技术"等子目。

其次是对"TP311.56 软件工具、工具软件"进行了类目扩充,增设子目 12 个。

"TP316 操作系统"在保持多重列类的基础上,对"TP316.6/.8 操作系统:按名称分"进行了类目调整,增加了相关注释,以及 Linux 操作系统的类目。

在"TP317 应用软件(程序包)"类下新增"TP317.5 多媒体软件、TP317.6 游戏软件"两个类目,并划分出"TP317.52 音频软件、TP317.68 游戏辅助软件"等 10 个子目。

将四版"TP317.4 图像处理软件"更名为"TP317.4 图形图像处理软件",类下扩充动画制作软件等子目,并对新增子目给以注释。

除此之外,TP32/38 各类,还订正类名、增加新概念、补充注释等。如:将"TP333.96 虚拟存贮器"改名为"虚拟存贮器、缓冲存贮器",将"TP334.2$^+$4 语音输入设备"改名为"音频输入设备";补充了 TP334.2$^+$5 类目注释中的"摄像头(电脑眼、电脑相机)、监控摄像机(CCD 摄像机)",TP334.3 类目注释中的"触摸屏",TP368.33 类目注释中的"眼镜式、植入人体式等可穿戴计算机"等新概念,解决了类目概念过时、类名陈旧、类名限定过窄、缺乏容纳性的问题。

扩充了"TP391.41 图形图像识别"、"TP391.9 计算机仿真"、"TP393.02 计算机网络结构与设计"、"TP393.09 计算机网络应用"、"TP393.4 国际互联网"等类目的下位类,划分出新的子目;在 TP393.08 计算机网络安全类目下新增子目。

修改类名 TP391.2"翻译机"为"翻译系统"、TP391.3"检索机"为"检索系统",TP391.4"模式识别与装置"为"模式识别、射频识别"、TP391.7"计算机辅助技术"为"计算机辅助技术"并将其下位类中的"机器"改为"计算机"。

三、本类分类要点

1. 总论自动学与远动学基础理论方面的文献入"TP1 自动化基础理论",专论远动学理论的文献入 TP801。涉及自动化技术方面的文献入"TP2 自动化技术及设备"。涉及智能模拟、智能控制理论方面的文献入"TP18 人工智能理论"。凡属智能语言、智能程序设计、数据结构方面的文献入 TP31 有关各类;有关智能机器人方面的文献入 TP242.6 总论传感技术、灵敏元件、接收元件、测量元件及多功能传感器的著作入 TP212 有关各类,凡属关于传感器在某一具体方面应用的文献具体归入有关各类,如遥感传感器的文献入 TP732,例:

《系统模拟理论与应用》,林则孟著,分类号为 TP15。

《知识工程语言学》,鲁川著,分类号为 TP182。

《仿人机器人理论与技术》,陈恳、付成龙著,分类号为 TP242.6。

《半导体传感器原理及其应用》,牛德芳等编著,分类号为 TP212.4。

《红外线、热释电与超声波遥控电路》肖景和、赵健编著,分类号为 TP732。

2. 凡论述射流技术(流控技术)、气动技术、遥感技术、远动技术理论、技术与设备的文献均入 TP6、TP7、TP8 有关各类。总论射流技术(流控技术)、气动技术、遥感技术、远动技术应用的文献也入 TP69、TP79、TP89,专论在各领域的应用入有关各类。例:

《山西省雁门关生态畜牧经济区生态环境遥感监测草地资源评价及卫星遥感图集》,分类号为 S812-64。

3. 计算机基础理论方面的文献入 TP3,包括计算机原理、性能、结构、材料、维护、计算机安全等。例:

《计算机文化基础教程》,范红铭主编,分类号为 TP3。

4. 计算机软件方面的文献入 TP31。其中"TP311.138 数据库系统:按系统名称分"和"TP312 程序语言、算法语言"按数据库及语言系统名称的前两个字符(以英文名称开始)区分,按字母序列排。若系统名称的前两个字符相同,则再取第三个。

论述 Windows 3X、Windows 9X、Windows ME、Windows XP、Windows Vista、Windows CE 等 Windows 操作系统的文献入 TP316.7;有关 Windows NT、Windows Server 等介绍专为网络配置的操作系统的文献入"TP316.86 Windows 网络操作系统"。

软件工具是用来高效率开发、维护和管理系统软件(包括数据库管理系统、语言处理程序、操作系统)和应用软件(包括通用应用软件、专用应用软件的软件或软件群)。有关软件工具和工具软件方面的文献入 TP311.56 有关各类。

某些专用工具软件,如 Internet 上常用的文件传输工具 FTP(文件传送程序)、Telnet(远程登录),实际上是网络应用程序,分别归入 TP393.093 和 TP393.094。例:

《WindowsCE 系统开发基础与实例》,张欢、钮文良编著,分类号为 TP316.7。

《Windows Server 2008 服务器配置及管理实战详解》,刘晓辉、陈洪彬编著,分类号为 TP316.86。

《多媒体技术与 Director 应用教程》,刘秀伟主编,分类号为 TP311.562。

《软件测试方法和技术》,朱少民主编,分类号为 TP311.562。

《RSS and Atom in Action 中文版》,(美)Dava Johnson 著,分类号为 TP393.094。

《Informix 向导:数据库及数据仓库设计》,(美)Informix Software 编著,张光业等译,分类号为 TP311.138IN。

  《Visual dBASE 5.5 for Windows 95 & 3.1 中文版入门》,李启志著,分类号为 TP312dBA。

  《C++多核高级编程》(美)Cameron Hughes 著,齐宁译,分类号为 TP312C++。

  《Visual C++与面向对象程序设计教程》,冯博琴主编,分类号为 TP312VC。

  5. 总论计算机硬件的文献入 TP33,各种计算机入 TP32/38 各类。

  6. 计算机网络方面的文献入 TP393。包括计算机网络理论、结构与设计、网络互联技术、网络测试运行、网络管理、网络安全、网络应用等。注意与 TN 类的交叉。网络通信协议与网络通信设备均入 TN915 有关各类。"TP393.08 计算机网络安全"收计算机网络安全理论、黑客恶意代码等攻击与防御、安全评估、网络安全软件应用方面的文献。网络安全软件的开发,如木马防护、杀病毒软件、数据恢复、数据备份软件的研发入 TP311.563。"TP393.092 网站、网页、网络浏览器"各类收网页设计与制作、网站建设与管理、网络浏览器的相关文献。网址资源管理的相关文献入 TP393.071 网络管理理论与技术。例:

  《计算机恶意代码分析与防范技术》,李锦编著,分类号为 TP393.081。

  《防火墙的选型、配置、安装和维护》,黄允聪、严望佳编著,分类号为 TP393.082。

  《计算机密码学:计算机网络中的数据保密与安全》,卢开澄编著,分类号为 TP393.083。

  《拯救数字信息——数据安全存储与读取策略研究》,分类号为 TP311.563。

  《新编 Dreamweaver CS3 动态网页设计与制作教程》,万钢主编,分类号为 TP393.092.2。

  《基于 IIS 和 ASP 的网站系统的安全问题研究》,隋涛著,分类号为 TP393.092.1。

  《Netscape 浏览器使用指南》,杨叶鸣编著,分类号为 TP393.092.4。

  《基于 Windows 的支持 IPv6 的浏览器设计与实现》,刘春雷著,分类号为 TP393.092.4。

  《网址收藏夹 Favorite web site best version 2009 精华版》,申江婴主编,分类号为 TP393.071。

  7. 计算机应用方面的文献入 TP391。

  总论检索系统、网络搜索引擎的构建原理和技术、检索机的相关文献入"TP391.3 检索系统",论述信息检索技术及系统应用的著作入 G254.9 有关各类。

  模式识别装置以及有关模式识别技术、软件应用、自动读版装置的文献入"TP391.4 模式识别与装置、射频识别",模式识别理论入 O235,可参见 TN919.8 类目的相关主题范围。

  总论图形图像识别及其装置、生物识别(身份识别)技术以及图形图像处理软件的应用的文献入"TP391.41 图形图像识别及其装置";内容涉及计算机图形学、计算机绘图、三维动画制作文献入 TP391.41 各类;图形图像处理软件的开发研制入 TP317.4;计算机辅助制图入 TP391.72。注意与 TN919.8 图像通信、多媒体通信类目的区别。例:

  《Flash 影视动画短片设计与制作》,付一君主编,分类号为 TP391.414。

  《指纹识别技术创新与应用》,张华主编,分类号为 TP391.413。

  《生物识别技术基础 Automatic identify technology》,张铎编著,分类号为 TP391.4。

  《指纹自动识别系统工作原理与系统建设》,刘潞生主编,分类号为 TP391.4。

  《Maya 三维动画设计与制作技能基础教程》,何清超等编著,分类号为 TP391.414。

  《面向刺绣行业的图形中间件技术的研究》,宋锦明著,分类号为 TP317.4。

  《AutoCAD 2009 计算机绘图实用教程》,侯洪生主编,分类号为 TP391.72。

第三十一节 TQ 化学工业

一、本类体系结构说明

化学工业是利用化学原理、化学反应和化学方法生产化学产品的工业。化学工业的内容十分庞杂,本类概括了 35 个基本类,大体分为 3 个部分:

TQ0　　　　化工技术一般性问题

TQ11/17　无机化学工业

TQ2/9　　有机化学工业

制盐、造纸、制革、石油化工等,既属于化学工业,也属于制造业,《中图法》将它们归入轻工业、石油工业类。

二、本类修订要点

1. 新增设了"TQ39 精细与专用化学品工业"类,并展开 9 个下位类目。

TQ 39-09　　　工业史

　　 -1　　　　现状及发展

　　391　　　　基础理论

　　394　　　　原料与辅助物料

　　395　　　　机械与设备

　　396　　　　生产过程与生产工艺

　　397　　　　产品

　　398　　　　工厂

　[TQ399]　　三废处理与综合利用

2. 调整了"TQ458 微生物农药"类,调整后类目名称为"生物农药、无公害农药",并展开 5 个下位类目:

TQ458 . 1　微生物农药

　　　. 2　植物源农药

　　　. 3　动物源农药

　　　. 6　腐植酸类农药

　　　. 7　转基因生物农药

3. 重新组织了"TQ 涂料工业"的类目体系:

第五版体系		第四版体系	
TQ 63	涂料工业	TQ 63	涂料工业
630	一般性问题	630	一般性问题
631	油基漆	631	油基漆
633	天然树脂漆、合成树脂漆	633	天然树脂漆、合成树脂漆
634	硝基漆	634	硝基漆

635	各种用途涂料	635	腻子
636	稀料	636	稀料
637	各种功能涂料	637	专用涂料
638	其他涂料	638	其他
639	涂料的施工	639	涂料的施工

原 TQ635 腻子改入 TQ638 其他涂料。占号修改的"TQ635 各种用途涂料"类目展开了7 个下位类目：

TQ635 .1 海洋涂料

.2 防腐涂料

.3 木器涂料

.4 轻工、电器涂料

.5 建筑用涂料

.6 航空、航天涂料

.9 其他专用涂料

变更类名，以扩大涵盖面，修改为"TQ637 各种功能涂料"类目展开了 14 个下位类：

TQ637 .1 电、磁功能涂料

.2 机械物理功能涂料

.3 生物功能涂料

.4 光学功能涂料

.5 防辐射涂料

.6 热功能涂料

.7 伪装涂料

.8 环境友好型涂料

.81 水性涂料

.82 粉末涂料

.83 光固化涂料

.84 无溶剂涂料

.85 高固体分涂料

.9 其他

原 TQ637 所属的防毒杀虫漆、夜光漆、高温漆仍入原类号，只是绝缘漆入 TQ637.1、防水漆入 TQ635.55、纤维漆入 TQ637.9、船舶漆入 TQ635.1、变色漆（感热性漆）入 TQ637.6、触变漆入 TQ637.9、防火漆入 TQ637.6、罐头漆入 TQ635.4。

三、本类分类要点

1. 化学工业类与"O6 化学"类关系密切，本类只收化学工业生产技术及其产品方面的文献，凡属研究各种化学元素及其组成、结构、性质和化学变化规律基本原理的文献入 O6 有关类目。例：

《化工原理》，张弓主编，分类号为 TQ02。

《高分子的制造》，（日）井本立也编，分类号为 TQ316。

《化学原理》,(美)马斯特顿著,分类号为 O6-0。

《高分子化学》,李群等编,分类号为 O63。

2. 总论化学工业、工业化学、化学工艺学、工业合成化学、工业应用化学,以及精细化工等方面的文献均入 TQ;有关化学工业技术的共性问题,如:化工基础理论、化工过程、化工机械与设备、化工厂等方面的文献入 TQ01/09 有关各类;凡专论某种化工技术及化工产品的文献分别入有关各类。例:

"液体加压输送",李宏廉著,分类号为 TQ022.123。

《化工流体输送机械》,郭凯民著,分类号为 TQ051.21。

"水泥熟料煅烧",阎兴康著,分类号为 TQl72.621.1。

"斗式水泥输送机",王立军编,分类号为 TQ172.687。

《生物反应去之放大》,尤检安著,分类号为 TQ018。

《弱酸溶液近似计算条件》,韩广英著,分类号为 TQ015。

《渗透汽化分离水—乙醇混合物》,孙柄乾著,分类号为 TQ028.8。

3. 基本无机化学工业文献的分类。

(1)有关无机化学工业、无机化学工艺学的总论性文献入 TQ11,无机化学工业共性问题的文献分别入 TQ110 各类。

(2)有关无机酸、氨和铵盐、氯碱、无机盐(总论)生产技术方面的文献入 TQ111/115 有关各类。有关氧、氮、氢、二氧化碳及惰性气体等工业气体生产方面的文献集中归入 TQ116,其他气体的生产入有关各类。

(3)各种非金属元素及其化合物生产的文献入 TQ12。总论氢化物、氧化物和氢氧化物的文献,分别入 TQ122.3 和 TQ123.4;有关个别氢化物、氧化物和氢氧化物的文献,分别入有关各类。凡属两种非金属元素组成的化合物,均归入分类表后面编列的元素类;凡属多种非金属元素组成的无机化合物入 TQ129。

(4)有关金属元素与非金属元素组成的化合物入 TQ13 有关各类,凡属于肥料、颜料产品的分别入有关各类。例:

《硫酸生产技术》,南京氮肥厂编,分类号为 TQ111.16。

《氨合成催化剂》,厦门大学化学系编著,分类号为 TQ426.7。

《氨压缩机转速波动引起机组跳闸原因剖析》,王振著,分类号为 TQ113.251。

《二氧化碳生产工艺》,张霞岭著,分类号为 TQ116.3。

《氢化物氢同位素分离》,王新华著,分类号为 TQ122.1。

《氮化硼合成工艺》,陈美兰著,分类号为 TQ128。

"氧化钨微量杂质测定",连辉茵著,分类号为 TQ136.13。

"铁铬盐生产过程",姜水生编著,分类号为 TQ138.11。

"纳米二氧化钛的制备",高荣杰著,分类号为 TQ134.11。

《氮化碳晶体的热生长》,何孟兵著,分类号为 TQ163。

《铬铁渣对水泥性能的影响》,贾绍华著,分类号为 TQ172.12。

4. "TQ2 基本有机化学工业"类,按碳架分类和功能团分类相结合的方法编列类目。本类主要收各种有机化工原料生产的文献,总论石油化学工业的文献入 TE65,专论各种石油化工原料生产的入本类。各种单体有机化合物的生产入本类,凡以染料、化纤、橡胶等整体

为对象的有机化合物生产,分别入 TQ 有关各类。凡涉及几个类的有机化合物,归入分类表后编列的类中。例:

"甘氨酸合成工艺",嘉豪著,分类号为 TQ246.37。

《大豆甾醇提取工艺的研究》,胡于鲁著,分类号为 TQ243.4。

"苯酐生产技术的变迁",包文滁著,分类号为 TQ245.23。

"二硝基十二烷基苯制备",郜宝君著,分类号为 TQ246.12。

《使用液氯生产环氧丙烷时丙烯降耗分析》,徐学勤著,分类号为 TQ231.11。

《丙烯腈反应器流出物 GC 分析方法》,程新民著,分类号为 TQ226.61。

《高纯一氯乙酸的一步法制备》,周勇学著,分类号为 TQ216。

"利用硫铁矿渣生产聚合硫酸铁",郑林著,分类号为 TQ268.4。

5. 树脂分天然与合成两类,一般为无定形的半固体或固体的有机物质。合成树脂可由各种单体聚合或由天然高分子化合物经化学加工而成。塑料多以合成树脂为基础生产,故将合成树脂与塑料合并为一个类组"TQ32 合成树脂与塑料工业"。总论合成树脂、塑料、橡胶工业的文献入本类;专论橡胶工业的文献入 TQ33;总论天然树脂的文献入 TQ351.47$^+$3;总论合成树脂的文献入 TQ322.4;总论塑料生产的文献入 TQ322.2;总论工程塑料生产的文献入 TQ322.3。分类时应注意这些不同。例:

《VE 理论在硬质聚氨酯泡沫塑料开发中的应用》,李世宏著,分类号为 TQ328.3。

《热固性树脂固化过程》,王百鸣著,分类号为 TQ323。

《低熔点芳香胺环氧固化剂》,陈红宇著,图书分类号为 TQ314.24,资料分类号为 TQ314.256。

《含羧基聚氨酯树脂微粒的制备》,马建明著,分类号为 TQ323.8。

《聚醛树脂》,马惠江著,分类号为 TQ326.51。

"国外不饱和聚酯树脂的现状和进展",王年谷著,分类号为 TQ323.42。

"塑料零件滚镀",张建民著,分类号为 TQ320.673。

《阻燃、抗漏电、耐热工程塑料》,陈龙才著,分类号为 TQ322.3。

《丙烯酸共聚物中凝胶含量的控制》,潘广勤著,分类号为 TQ334。

《丁苯胶乳的包覆凝聚粉末化》,赵保卫著,分类号为 TQ330.55。

6. 化学纤维文献的分类。总论化学纤维理论、原材料、生产工艺等方面的文献入 TQ340.1/.9;有关各种再生纤维、合成纤维、无机纤维的理论、生产、产品的文献分别入 TQ341/343 各类;玻璃纤维入 TQ171.77。专论化学纤维在纺织工业上应用的文献入 TS102 各类,有关化学纤维纺织技术的文献入 TS15。化学纤维在其他方面应用的文献均归入有关学科。例:

《涤纶细旦丝的变形加工条件的最优化》,王雨民著,图书分类号为 TQ342.06,资料分类号为 TQ342.206。

"硅氧烷整理剂",黄汉生著,分类号为 TQ340.472。

《化学纤维精纺技术》,李成林著,图书分类号为 TS154.2,资料分类号为 TS154.31。

7. 有关木材化学加工的一般理论和原材料的文献入 TQ351.0 各类;各种木材化学加工及其产品,均入 TQ351.2/.4 各类。有关纤维素化学加工的共性文献分入 TQ352.1/.6 以及 TQ352.8 各类;各种纤维素的生产工艺及产品,均集中归入 TQ352.7 有关各类。例:

"木质压缩燃料的生产",李华富著,分类号为 TQ351.277。

"山槐心材提取物中有效抗菌成分",于文喜著,分类号为 TQ351.015。

《甲壳胺复合物固定化酶的催化反应机理》,张长德著,分类号为 TQ352.78。

《乙基纤维素液晶的螺旋性质》,赵春田著,分类号为 TQ352.721。

《纤维素及其衍生物的应用》,黄宁著,分类号为 TQ352.79。

《纤维素酶的综合利用》,康秋莲著,分类号为 TQ352.79。

8. 涂料文献的分类。总论涂料理论、原材料、生产工艺和设备等方面的文献入 TQ630.1/.9,有关各种涂料产品的文献分别入 TQ631/634、TQ636 各类,有关各种用途的涂料入 TQ635,有关各种功能的涂料入 TQ637,有关涂料的使用技术入 TQ639。漆画、涂料画入 J233.9,漆器工艺入 TS959.3。例：

《涂料助剂》,林宣益主编,分类号为 TQ630.4。

《海洋环境下抗阴极剥离重防腐涂层的研究》,方健君等著,分类号为 TQ635.1。

《洞室环境钢结构防腐涂层起泡分析》,楼淼等著,分类号为 TQ635.2。

《水性木器漆》,朱万章编著,分类号为 TQ635.3。

《环保型水性建筑保温隔热涂料的研制》,陈立军著,分类号为 TQ635.55。

《功能涂料及其应用》,童忠良著,分类号为 TQ637。

《紫外光固化绝缘漆的配方设计与性能研究》,韩见龙等著,分类号为 TQ637.1。

《太阳热反射隔热涂料的研制》,孙明杰等著,分类号为 TQ637.4。

《水性树脂与水性涂料》,闫福安著,分类号为 TQ637.81。

《粉末涂料与涂装工艺学》,张俊智主编,分类号为 TQ637.82。

《纳米锑掺杂氧化锡的制备、表面改性及其在透明隔热涂料中的应用》,龚圣著,分类号为 TQ637.6。

《多联复写票据专用热熔油墨的研究》,杨利营著,分类号为 TQ638。

《无机颜填料对抛光腻子性能的影响》,毕春波著,分类号为 TQ638。

《一种新型机械厂用多功能喷漆室的设计》,王明磊著,分类号为 TQ639.6。

9. 本类列出的 TQ41/65 溶剂、试剂、胶粘剂、化肥、农药、制药、燃料、爆炸物、香料等工业,只收这些化学产品理论、原料、生产工艺及设备等方面的文献,凡有关这些产品在各方面应用的文献,均入有关各类。例：

《聚合型耐热环保增塑剂二甘醇双环己烷-1,3-二羧酸二异辛酯的合成》,方猷泉著,分类号为 TQ414.6。

"双烷基双硫酸酯钠表面活性剂的合成",刘平等著,分类号为 TQ423.113。

"造纸废液改性酚醛树脂胶粘剂的研究",许守强等著,分类号为 TQ433.431。

《示波滴定法测定复混肥料中钾和氮》,陆为林著,分类号为 TQ444.1。

《尿素施用量控制》,钱起辉著,分类号为 S143.1。

《氮肥与小麦根系发育》,蔡厚康编著,分类号为 S512.106.2。

《植物源物质—仿生农药的重要资源》,张一宾著,分类号为 TQ458.2。

《用梅山硫酸渣生产氧化铁红的试验研究》,包永明著,分类号为 TQ622.15。

《米糠油化学酯化脱酸的研究》,马传国等著,分类号为 TQ644.41。

"植物性天然香料提取新技术研究进展",穆旻等著,分类号为 TQ654.2。

第三十二节　TS 轻工业、手工业、生活服务业

一、本类体系结构说明

本类组包括轻工业、手工业和生活服务业,是《中图法》唯一按行业划分和编列的大类,内容十分广泛。本大类首先列出轻工业、手工业、生活服务业的一般性问题,借以容纳总论性的文献;其次按原料和产品的类型列出纺织工业和染整工业、食品工业、制盐工业、烟草工业、皮革工业、木材加工工业和家具制造工业、造纸工业、印刷工业、五金制品工业、工艺美术制品工业、服装工业和制鞋工业以及包括文教用品、体育器具、乐器、放音器和录音片、舞台道具、装饰用品和实物模特、灯具、玩具、毛发和羽毛制品、竹藤棕草制品、漆器、纸料工、制伞制扇、眼镜制造、制镜等在内的其他轻工业、手工业等 12 个同位类目;最后编列综合性较强的生活服务技术。

本类内容与"TH 机械、仪表工业"、"TM 电工技术"、"TQ 化学工业"等类内容多有交叉。如:照相机、度量衡器具、自行车以及火柴、肥皂和香料、化妆品等制造业,通常习惯按照我国工业生产的管理体制,也将其划归轻工业、手工业的范畴;但是《中图法》将其分别划归到"TB8 摄影技术"类、"TH7 仪器、仪表"类、"U48 其他道路运输工具"类以及"TQ 化学工业"类的"TQ56 爆炸物工业、火柴工业"、"TQ64 油脂和腊的化学加工工业、肥皂工业"、"TQ65 香料及化妆品工业"等类。

另外,在纺织、食品、木材加工、印刷、服装等各类中,既包括各种产品的原材料、生产工艺等内容,也包括相应的机械设备的设计与制造。但是,"TS97 生活服务技术"类除外。有关生活服务技术方面的机械、电气设备的类目,只收有关应用的文献,其设计、制造的文献入有关各类。

二、本类修订要点

本类的类组类名增补为"TS 轻工业、手工业、生活服务业",以全面揭示本类的基本内容。

在《中图法》(第四版)的修订中本类属局部调整大类。本类删除停用的类目数量多达740 个。主要是合并使用频率过低、过时或过细的类目,其中有些类目转为资料用类。另外,调整完善和补充了生活服务业的类目体系。本类修改类名、注释、等级关系共 425 个类,新增类 62 个,为类表补充了大量新的主题。

1. TS1 纺织工业、染整工业的修订

本类修订一方面通过较大幅度地删除停用了文献保障不足的过细类目 464 个,压缩了类表的篇幅;另一方面又通过增加新的类目,补充类组类名,特别是补充和增加类目注释,增加了新的主题,以适应纺织、染整工业的技术进步与概念的更新。例如:

(1)在 TS182"原料(针织用纱)"类,增加了"TS182$^+$.9 其他"以收纳 TS182$^+$.1/$^+$.7未列出的新型针织原料。

(2)各类非织造布的 TS176$^+$.5"工业用品",增加为类组"工业、农业用品"。

（3）TS103.84$^+$7纺织"浆料助剂"类停用了"分解剂、柔软剂、减摩剂、防腐剂、吸湿剂、其他"等6个文献保障不足的细小下位类，在将停用概念收入"浆料助剂"类目注释的同时，增加了"新型环保助剂"的主题概念。

（4）在一些类目的下位类"其他"，通过增加类目注释，使得类目能够容纳新的技术概念：在染色机械与设备的TS193.39"其他"类增加了类目注释"气流染色机入此"，在印花机械与设备的TS194.39"其他"类增加了类目注释"喷射印花机入此"，在各类非织造布的TS176$^+$.9"其他"类增加了类目注释"纺粘、熔喷、纺粘熔喷复合、湿法、干法等非织造布入此"。

2. TS2 食品工业的修订

（1）为了解决近年来食品生物技术在食品工业领域应用文献激增带来的归类问题，TS201.1"食品工程学、食品工艺学"类增加了类目注释"食品生物技术（工程）入此"。

（2）"TS201.6 食品安全与卫生"与"R155 饮食卫生与食品检查"两个类目之间有密切联系，四版曾在TS201.6类作了参见注释，指向R155。本次修订在R155类补充了指向TS201.6的参见注释。

（3）在食品工业的"粮食加工"、"食用油脂加工"、"制糖"、"乳品加工"、"酿造"、"饮料冷食制造"、"罐头"等下位类增补新主题较多。

3. TS21 粮食加工工业的修订

在粮食加工工业的文献中，保健食品方面的文献增长迅速。本次修订将TS218"保健食品"扩展为类组"保健食品、功能性食品"，增设2个下位类：

（1）TS218$^+$.1"保健食品"，类目注释："青少年、中老年等各年龄段保健食品入此。"

（2）TS218$^+$.2"特种功能性食品"，类目注释收入了不少新的主题，"减肥、美容、降血脂（压）、调节血糖、改善营养性贫血、增强免疫力、辅助抑制肿瘤、调节肠道菌群、缓解体力（视力）疲劳、改善记忆（睡眠、生长发育）、延缓衰老等功能性食品入此"。

4. TS22 食用油脂加工工业的修订

（1）随着生活水平的提高，我国消费者对食用油的需求呈现多样化趋势，具有营养性、保健性、功能性、方便化的特种营养食用油脂产品不断开发出来，大大丰富了食用油脂品种。本次修订除了在TS225.1"植物油"类目下增加了TS225.1$^+$7"橄榄油"和TS225.1$^+$8"玉米油"类以外，还在TS225.1$^+$9"其他"的类目注释中增加了"核桃油"、"红花油"、"米糠油"、"紫苏油"、"棉籽油"、"腰果油"、"椰子油"、"棕榈油"等新型食用植物油的主题。

（2）低热量油脂替代物的问世被认为是近代食品工业的重大突破，在TS225.6"特种油"类增加了类目注释"脂肪替代品、油脂代用品等入此"。

（3）氢化油分为食用氢化油和工业氢化油。原TS225.6$^+$4"氢化油"，概念外延过大。本次修订限定为：TS225.6$^+$4"食用氢化油"。

5. TS24 制糖工业的修订

（1）随着以淀粉为原料的制糖工业的兴起，玉米将成为21世纪的主要制糖原料。本次修订增设了与玉米制糖有关的新主题：TS242.3"玉米"（制糖原料）、TS243.13"玉米"（制糖机械与设备）和TS244$^+$.13"玉米"（制糖工艺）。

（2）生态制糖是制糖工业科学发展的必然要求，本次修订在TS249"制糖工业副产品加工与利用"类增加了类目注释"有关生态制糖的著作入此"，明确了生态制糖的归类。

6. TS252 乳品加工工业的修订

（1）订正了原类表中一些不够准确的概念。TS252.1 乳品加工工业"基础科学"的类目注释删除了"化学分析"，增加了"乳品物理学"和"化学"。将"酪清"订正为"乳清"，与"酪乳"一起归入 TS252.9"乳品工业副产品加工与利用"的类目注释。

（2）在 TS252.51"奶粉"的类目注释中增加了新的主题"配方奶粉"。

7. TS26 酿造工业的修订

（1）"糖化、发酵"是酿酒工艺"酿造"的主要内容。本次修订停用了 TS261.4$^+$2 类，改为 TS261.4$^+$3"酿造"，类目注释"糖化、发酵等入此"。

（2）"白酒"特指中国的蒸馏酒，而外国的蒸馏酒，如白兰地、威士忌等都是有色酒。本次修订将 TS262.3"白酒"的类名订正为"白酒（蒸馏酒）"，将 TS262.3$^+$8"外国白酒"的类名订正为"外国蒸馏酒（白酒）"。

（3）"鸡精"作为一种调味品，使用越来越普遍，本次修订将 TS264.2$^+$3 增补为类组"味精、鸡精"。

（4）将 TS264.2$^+$4 的类名扩展为"调味酱"，以涵盖各种口味的酱类品种。

8. TS27 饮料冷食制造工业的修订

（1）参考饮料冷食相关国家标准，将 TS275 的类名改为"软饮料"，类目注释"清凉饮料入此"；将 TS277 的类名改为"冷冻饮品"。

（2）在有关饮料类目的类名和类目注释中增加了近年来出现的新型饮料（饮品）的主题。TS275.5 的类名扩展为"果汁、蔬菜汁及其饮料"；TS275.4"功能饮料"的类目注释增加了"保健饮料（果醋等）"、"营养素饮料"、"运动饮料"、"植物蛋白饮料（豆乳、椰子乳、杏仁乳饮料）"。

9. TS29 罐头工业的修订

近年来，除了传统的肉、禽、水产、乳品、蔬菜、水果和糖果类罐头之外，新品罐头不断涌现。本次修订通过增加类组类名、补充类目注释的方法，增加了不少新品罐头的主题，如：TS295$^+$.5 类名补充了"饮料罐头"；TS295$^+$.7 增加了类目注释"食用菌罐头等入此"；TS295$^+$.9 的类目注释补充为"谷物罐头（玉米罐头、八宝粥罐头、面点罐头）、烹饪罐头（菜肴罐头）等入此"。

10. TS3 制盐工业的修订

（1）将"制盐基础科学"下位类 TS311 的类名调整为"海水、卤水、盐的物理化学"以突出学科属性，并增加了类目注释"海水、卤水体系相平衡规律及热力学过程等入此"。

（2）在"原盐加工技术及盐产品"类列增加了 TS368"其他盐"，类目注释收入了一些新主题，"畜牧盐、电解制钠用盐、液体盐等入此"。

（3）在 TS396.6"盐井天然气的利用"类下增加一条互见类目注释"参见 X798"。X798 类是"其他轻工业"污染、废物处理与综合利用。

11. TS4 烟草工业的修订

在"烟草加工工艺及制品"的 TS458"安全烟"的类目注释增加了新主题"戒烟的烟（如电子烟）等入此"。

12. TS6 木材加工工业、家具制造工业的修订

（1）红木家具在款式、加工工艺方面积淀了中国古典家具文化，成为高档家具的代表产

品,近年来炙手可热,有关红木家具文化的文献不断面市。本次修订在 TS664.1"木家具"补充了类目注释"总论……硬木家具等入此"。

(2)增设了新主题 TS664.7"玻璃家具"。

(3)因为竹和藤两种材料往往同时用于一件家具的制造,在 TS664.2"竹家具"增加了类目注释"兼论藤家具的著作入此"。

(4)旅游业的发展刺激了对酒店家具的需求,在按用途和功能分的家具的 TS665.9"其他"类,补充了类目注释:"总论酒店家具……入此"。

13. TS7 造纸工业的修订

(1)本次修订理顺了各种造纸用助剂概念的关系;TS727 造纸"辅助物料"增加了类目注释"总论造纸用助剂入此";TS727$^+$.2 类名订正为"增白剂、消泡剂";TS727$^+$.3 的类名改为"渗透剂、减粘剂、助溶剂",类目注释为"总论涂布用助剂入此"。

(2)鉴于造纸自动化设备的"自动控制系统"中包括"自动调节系统",本次修订将 TS736$^+$.3 的类名订正为"自动控制系统",类目注释为"自动调节系统入此"。

(3)TS761 原类名"各种纸"外延大,根据其下位类的内容,将类名订正为"各种用途的纸"。本类文献比较拥挤,还增加了 TS761.9"其他用途的纸"。同时,TS762 原"各种加工纸"的类名,相应调整为"各种加工工艺的纸"。

(4)"手工造纸"专指造纸工艺,TS756"其他方法造纸"的类目注释中即有"手工造纸等入此"。TS766 是纸"产品"的下位类,本次修订将其类名订正为"手工造的纸"。

14. TS8 印刷工业的修订

(1)TS801.4"印刷工艺设计"的类目注释调整为"印刷美学、印刷工艺学、印刷工艺编排设计入此"。

(2)由于数字化和网络化印刷技术的迅速发展,本次修订将"数字印刷"与"凸版印刷"、"平版印刷"、"凹版印刷"、"特种印刷"并列设类,为 TS86"数字印刷"作了进一步细分。

(3)鉴于各种产品包装印刷的需要,在"印刷技术的应用"的下位类 TS896"标签印刷、条形码印刷"的类目注释补充了"标牌和吊牌等印刷入此"。

15. TS91 五金制品工业的修订

(1)本类修订较大幅度地删除停用了文献保障不足的过细类目 31 个,压缩了类表篇幅的近 1/3。例如:

①删除了 TS914.24"炊具"的全部 7 个下位类,增加类目注释"铁锅、钢锅、铝锅、铜锅、压力锅、炊壶、蒸笼、食物搅拌器、打蛋器等入此。沙锅入 TQ174.73,搪瓷锅入 TQ173.795,电热锅、电饭锅入 TM925.52"。

②删除了 TS914.51"钳工、装配工具"的全部 9 个下位类,增加类目注释"锤、砧、扳手、钳铗、钳锉、钢锯、手电钻、攻丝机等入此。木工钻入 TS914.54"。

(2)将"智能锁、生物信息锁"等新型高科技锁具增加在"TS914.221$^+$.7 特种锁"类的类目注释中。

(3)"太阳能热水器"虽然是热水器具,可它属于太阳能转换装置和设备,本次修订在 TS914.252"热水器"增加了一条类目注释"太阳能热水器入 TK515"。

16. TS94 服装工业、制鞋工业的修订

（1）将 TS941.12 的类名，改为"服饰文化"，扩大了类目的内涵。相应的类目注释补充为"服饰文化学、服装心理学、服装社会学、服装符号学等入此"。

（2）本类修订较大幅度地删除停用了文献保障不足的过细类目 103 个，压缩了类表篇幅。例如：

①删除了女装类 TS941.717$^+$.8"裙装、旗袍"的 6 个下位类，增加类目注释"套裙、西服裙、连衣裙、短裙、长裙、裙裤等入此"。

②删除了鞋类 TS943.6"制鞋工艺"的 12 个下位类，增加类目注释"缝条、透缝、压条、胶粘、模压、注塑、粘合、制鞋新工艺（激光裁断、高压水束裁断、鞋帮真空成形与气压成型、超声波滚边、打空、加固）等入此"。

（3）删除 TS942.1、TS942.3，将服装表演相关内容集中到 TS942.2"服装表演"类，类目注释为"服装表演艺术、技巧、场地、灯光、音响等入此"。

（4）增补了新的主题。例如：

①TS941.26"服装计算机辅助设计"通过增加类目注释，增补了"服装 CAD 原理与应用"、"数字化服装设计"、"服装 CAD 图集"等新技术主题。

②TS971.7-64 服装"图册"在类目注释增补了"中外服装设计师作品集"、"品牌服装宣传册"、"服装媒体与广告宣传册"等时尚主题。

③TS943.74 类名增补了结合时尚元素和舒适功能的靴鞋类新主题"休闲鞋"。

17. TS95 其他轻工业、手工业的修订

（1）通过删除停用文献保障不足的过细类目压缩了 TS951"文教用品制造工业"类的篇幅，将新产品的主题增加到保留类目的类名或类目注释中去。例如：

①删除停用了 TS951.11"毛笔"的 5 个下位类，类目注释增加了"自来水毛笔"；删除停用了 TS951.47"复印机"的 5 个下位类，类目注释增加了"红外、紫外等复印机"。

②TS951.48"装订机具"在类目注释增加了"胶圈装订机"、"热融装订机"、"铁圈装订机"、"钉条装订机"、"财务用装订机"等手工装订机具的新主题。

③TS951.5$^+$3 类名扩展为"收藏品簿册"，类目注释除了原先的类名的"相册、集邮册"，增加了"火花册、票证册"。

④TS951.5$^+$4"信纸、信封"，类目注释除了原先的"明信片"，增加了"贺卡、请柬"。

⑤TS951.5$^+$7"活页夹、文件夹"，增加的类目注释收入了"文件袋、文件套"。

⑥TS951.5$^+$8"卡片"，类目注释增加了"名片印刷"。

⑦增设 TS951.6"专用办公机具"类，类目注释"考勤机、碎纸机等入此"。

⑧TS951.7$^+$1"黑板"的类目注释增加了"教学白版"。

⑨TS951.7$^+$6"投影机"，增加类目注释"投影屏幕入此"。

（2）全面删除停用了"TS952 体育用品制造工业"带"＋"的过细下位类，并将删除停用类目的概念增加到保留类目的类目注释中去。

（3）将"其他体育器具"的 TS952.93"裁判用器具"扩展为类组"裁判、教练用器具"。

（4）TS952.91"群众体育器具"类目注释增加了新的主题概念"毽子"和"少数民族体育器具"。

（5）TS956"灯具制造"，删除了"TS956.2 日用灯具"带"＋"的过细下位类 10 个，并将大

部分删除停用类目的概念增加到类目注释中去。

（6）将原作为"日用灯具"下位概念的"医疗卫生用灯（如消毒灯、理疗灯等）"调整归入TS956.4"特种灯具"，收入该类的类目注释。

（7）根据玩具工业的发展，TS958"玩具制造工业"通过增类、补充类名和类目注释增加了一些新的主题概念。例如：

①TS958.07 类名增加了玩具的"修理"，类目注释补充了玩具的"选用"。

②在 TS958.4$^+$2"纸玩具、花玩具"下增加类目注释："游戏卡片类玩具入此。"

③在 TS958.5"各种玩具：按使用人分"的下位类中增加了"TS958.5$^+$8 成人玩具"。

④在 TS958.6$^+$3"智益性玩具"的类目注释中，增加了"早教机"、"科教玩具"。

⑤在 TS958.6"各种玩具：按用途分"下增加了 TS958.6$^+$7"装饰玩具"。

（8）电动玩具属机动玩具的范畴，本次修订删去了原"TS958.2$^+$6 机动玩具"类，将原TS958.2$^+$7"电动玩具"的类名增补为"电动玩具、机动玩具"。类目注释合并为"以发条、惯性轮、电池为动力的玩具入此"。

（9）TS959.2"竹、藤、棕、草等加工及制品"的类目注释删除了属 TS664.3"藤家具"范畴的"藤椅"。

（10）鉴于涂料工业的 TQ639"涂料的施工"涵盖了油漆工艺（因为油漆是涂料的下位概念），本次修订将 TS959.3 改为"漆器及其制造"类。

（11）TS959.75"交通用镜"的原注释有"汽车反光镜……入此"，"汽车反光镜"也称为"后视镜"，属汽车"驾驶室及车身的附件"在"U463.85$^+$6"有专类，本次修订从类目注释中删除。

18. TS971 饮食科学的修订

（1）TS971 的类名由"美食学"调整为"饮食科学"，设置 3 个下位类 TS971.1"美食学"、TS971-62"餐饮指南"和 TS971.2"饮食文化"。

（2）TS971.2"饮食文化"细分为 4 个下位类，以收入茶文化、酒文化、咖啡文化等新的主题概念。

①TS971.21"茶文化与茶艺"，包括"茶道、茶礼、茶俗、品茶、茶馆文化"等。

②TS971.22"酒文化与酒艺"，包括"酒道、酒礼、酒令、品酒"等。

③TS971.23"咖啡文化"。

④包括"快餐文化"的 TS971.29"其他"。

19. TS972 饮食烹饪技术及设备的修订

（1）TS972.11"烹调技术"的类名修订为"烹饪技术"，类目内容经过调整主要包括基本烹饪技术（原料、辅料及加工，调味原料及调味法，各种烹调技术、冷拼雕饰技艺）和中餐、西餐及其他（日本料理、韩国烧烤等）烹饪法两大部分。删除了具体的凉菜制作、甜菜、汤菜、羹的制作和主食制作，将它们并入 TS972.12 的相关类目。

（2）TS972.12"各类菜谱"的类名调整扩充为"各种菜烹饪法及菜谱"，既包括烹饪法，也包括菜谱，并通过增加类组类名、扩充下位类、补充类目注释新增了不少新的主题概念。

①TS972.121 扩充为类组"冷菜、凉菜"，类目注释增加了家庭"自制酱菜、泡菜"。

②TS972.122 在类组类名中增加了"煲"，并且细分为"甜菜"、"保健、滋补类"、"禽类"、"肉类"、"海鲜类"、"素菜、食用菌类"和"其他"等 7 个下位类。

③TS972.123"素菜"通过增加下位类的类目注释,补充了"茄果类、瓜类、根菜类、笋类、花卉菜"、"豆芽"、"豆腐"、"花生米"等新主题。

④TS972.125"荤菜"增设了TS972.125.9"其他"类,类目注释中收入了TS972.127原"野味菜"⁺.1/⁺.7所涉及的主题"野兽类、野禽类、蛇类、蛙类、虫类等"。

⑤TS972.127的原类名"野味菜"修订为"家常菜、宴会菜",类目注释"四季菜入此。宫廷菜入TS972.179"。

⑥增设了TS972.128"按各种烹饪法编制的菜谱"。

⑦保留交替类[TS972.116],将"主食制作"的具体内容并入TS972.13"主食类食谱",类名修订为"主食类制作与食谱",其中TS972.132"面食"增加了类目注释,收入"馒头、饺子、包子、面条、面饼"等新主题。

⑧TS972.14的类名修订为"风味小吃制作与食谱",在其下位类"中国风味小吃"所增加的类目注释中补充了"烧麦、米线、汤圆、粽糕、面皮、泡馍"等新主题。

⑨TS972.15的类名修订为"自助餐、快餐制作与食谱"。

⑩删除TS972.161"保健食谱、菜谱"类目注释中的"医院食谱",将其归入"R459.3饮食疗法、临床营养学",增加了"美容塑身、营养餐"食谱、菜谱。

(3)TS972.3的类名从"饮食管理"限定为"饮食业技术管理",下位类除了"餐厅管理"、"厨师"、"餐饮服务人员"和"饮食卫生管理"以外,增加了TS972.35"厨房业务管理"。

20. 其他生活服务技术类目的修订

改革开放20多年,人民群众逐步享受到了经济发展带来的生活水平的迅速提高,相关主题文献的数量也越来越多,本次修订从适应时代的需要出发,通过补充类组类名、扩充加细类目、增加或补充类目注释,在其他生活服务技术类增添了大量新的主题。

(1)TS973的类从"洗染、缝补"扩展为"衣着、日用纺织品、装饰品服务",增设了TS973.2"储藏、打理"和TS973.4"选择、搭配"。

(2)家居条件的改善,提高了人们美化居室的品位,市场上室内小陈设品、装饰品琳琅满目,TS973.5"室内小陈设品、装饰品"的文献保障率较高。本次修订按饰物制作的材质区分,扩充增加了5个下位类:TS973.51"布艺制品"、TS973.52"编结、串制品"、TS973.53"金属材料制品"、TS973.54"纸料制品"和TS973.59"其他"。

(3)TS974.1类作了较大幅度的扩展,以适应当代人们对生活美的追求。原类名"美容"补充为类组类名"美容、美体",类目注释调整补充为"中医美容、保健美容、美容按摩、总论化妆及护肤品使用等入此"。其下位概念展开为6个下位类:TS974.11"生活美容、护肤"、TS974.12"生活化妆"、TS974.13"面部美容"、TS974.14"美体"(下面又按照身体的不同部位分为3个小类)、TS974.15"美甲"和TS974.16"文身"。

(4)TS974.21"发型设计与制作"增加了类目注释"烫发入此"。

(5)TS974.25"假发"的类目注释增加了新主题假发的"护理"。

(6)TS974.3"沐浴"的类目注释增加了新主题"足浴"和"修脚"。

(7)TS975增加为类组"居住、住宿管理"。原4个下位交替类目中的TS975.2"住宅选择"和类名经过修订补充的TS975.3"住宅美化、装饰"改为使用类目;新增的下位类TS975.1"住宿服务",收入"宾馆旅社的前厅服务"、"客房服务技术"等文献;另一个新增的下位类TS975.7"保洁服务",收入"家居保洁"、"楼宇保洁"、"居室环境保护"等新的主题。

(8)TS976 的类名调整为"生活知识、家政服务",类目注释增加了"家政学"的新主题。TS976.14"居室卫生"改为交替类,相关内容宜入 TS975.7;TS976.33 调整为"女性、男性、个人生活";原"中年人生活"并入 TS976.34,类名改为"中、老年人生活";TS976.4"穿着"改为交替类目,相关内容宜入 TS973;TS976.9"家庭自动化"的类目注释增加了"家庭管理系统入此"。

(9)在 TS97"生活服务技术"的最后,增设了 TS979"其他"类,类目注释"婚介、婚庆、丧葬、殡仪、摄影冲印等服务技术入此"。

三、本类分类要点

1. TS1"纺织工业、染整工业"主要依纺织原料划分为棉纺织、麻纺织、毛纺织、丝纺织、化纤纺织、非织造布,最后列出针织和染整。有关纺织工业的共性问题,诸如基础科学、原材料、机械与设备、纺织工艺、标准与检验、纺织工厂、纺织副产品加工与利用等,编列在 TS10 "一般性问题"中。各种材料纺织的文献入 TS11/17 有关各类,其中有些类目可按照类目注释的指示仿 TS10 细分。

总论某类纺织中新技术应用的文献归入各类下的"新技术的应用",专论某种新技术在具体工艺、设备方面应用的文献归入有关各类。例:

《纺织科学中的纳米技术》,刘吉平、田军编著,分类号为 TS101.3。

《生态纺织工程》,张世源编,分类号为 TS101.8。

《染整节能》,徐谷仓、陈立秋编,分类号为 TS198.3。

2. 有关食品工业的总论性文献入 TS2,其他各种共性问题的专论性文献分别入 TS201/209 各类。有关粮食、食用油脂、淀粉、糖类、肉类、乳品、蛋品、水产品、水果蔬菜坚果、酿造、饮料冷食、罐头等加工工艺、机械设备方面的文献分别入 TS21/29 各类。例:

《天然食品防腐剂研究》,张倩著,分类号为 TS202.3。

"米糠榨油生产",刘淑新著,分类号为 TS225.19。

工业化食品的感官评定方面的文献应入 TS207.3,但是美食品尝、品茶、品酒应入 TS971 "饮食科学"相关各类。例如:

《食品感官评定》,张晓鸣主编,分类号为 TS207.3。

《普洱品鉴手册》,醉陶轩著,分类号为 TS971.21。

饮食烹饪技术、食谱、菜谱等方面的文献入 TS972 各类。例如:

《新手做西餐》,董孟修著,分类号为 TS972.118。

食品工业所涉及的食品营养、食品安全与卫生的专论性文献入 TS2 有关类目,但从营养学角度论述食物营养和从公共卫生角度论述饮食卫生与食品检查的文献应入"预防医学、卫生学"类的 R15"营养卫生、饮食卫生"有关类目。例如:

《转基因食品生物技术及其安全评价》,赵兴绪编著,分类号为 TS201.6。

《食品卫生与安全控制学》,曲径主编,分类号为 R155。

3. TS6"木材加工工业、家具制造工业"类将家具工业集中列类,凡专门论述某种家具的文献入 TS664.1/665.9 各类。例:

《玻璃·塑料家具》,许柏鸣主编,分类号为 TS664.7,互见分类号为 TS664.5。

《名家名椅》,(西)Patricia Bueno 著,分类号为 TS665.4-64。

凡按国家和地区编写的有关家具的综合性文献入 TS666,其中关于中国家具的文献又可分别按时代、地区和不同民族细分。例:

《当代国外精品家具图集》,康海飞主编,分类号为 TS664-64。

《中国古家具鉴赏与收藏》,路玉章著,分类号为 TS666.202。

TS664.1/665 类对分类组号的顺序作了规定,请仔细研究类目表的有关注释说明。例如:

《竹藤家具选材》,段津玉著,分类号为 TS664.200.2。(文献并非论述具有特定用途和功能的竹藤家具,直接论述竹藤家具一般性问题的"材料"选用。所以,先入 TS664.2"竹家具",类目注释"兼论藤家具的著作入此",跨过仿 TS665 分,直接仿 TS664.0"一般性问题"的".02 材料与辅料"分。)

《为坐而设计》,江黎编著,分类号为 TS665.401。(文献论述坐具的设计,先分入 TS665.4,再仿 TS664.0"一般性问题"的".01 理论、设计"分。)

4. TS8"印刷工业"类包括 4 个部分,即:TS80"一般性问题",收入印刷工业各种共性问题的文献,其中 TS802"材料及辅助材料"集中有关方面的文献,不分散到印刷形式各类"。例:

《印刷化学》,李霞、张桂珍主编,分类号为 TS801.1。

《设计与印刷》,史树秋主编,分类号为 TS801.3。

《油墨研发新技术》,周振、凌云星、赵诗华编著,分类号为 TS802.3。

《平版印刷材料》,北京印刷技术研究所编,分类号为 TS802。

TS81/87 为各种形式的印刷,按照凸版印刷、平版印刷、凹版印刷、特种印刷及其他印刷形式集中了有关排版、制版、工艺、设备等方面的文献。第五版为集中数字印刷各方面文献曾设类 TS86,但由于四版已在 TS80 分散设 TS805.4、TS803.8 等类,因此,出版第五版后已通过"修订快讯"等形式删除 TS86 重复设类,包括下位类,在此重申。例:

《卷筒纸胶印机》,张海燕编,分类号为 TS827。

"塑料薄膜的印刷与复合",陈昌杰著,分类号为 TS851.1。

《数字印刷及应用》,杨静编著,分类号为 TS805.4。

《柔性版印刷》,金银河著,分类号为 TS873。

TS88"装订技术、装帧技术"集中了印后加工方面的文献。例:

《最新印刷品表面整饰技术》,曹华、曹园编著,分类号为 TS88。

《书籍装帧创意设计》,邓中和著,分类号为 TS881。

TS89"印刷技术的应用"按印刷品的形式列类。但是,文化用品的印刷入 TS951.5 有关各类。例:

《现代标签印刷技术》,张逸新编著,分类号为 TS896。

"信封印刷的新工艺与新设备",分类号为 TS951.54。

5. TS91"五金制品工业"类,主要包括五金制品工业具有共性的基础理论、原材料及辅料、加工工艺及设备以及各种材料的五金制品、各种用途的五金制品(包括日用五金、建筑五金、农具五金和工具五金),最后编列了金属编结及制品、五金制品的产品标准检验和五金工厂。

TS913"加工工艺及设备"与 TG 有关类有交叉,此处之首五金制品生产的专用设备,凡属通用性的设备,均入 TG 有关各类。例:

《小五金件的生产》,(苏)菲拉列托夫,谢列日尼柯夫著,分类号为 TS913。

《热处理炉的安装、调试与维修》,张伟编著,分类号为 TG155.1。

TS914.2"日用五金制品"只收非电能型的制品,电动理发工具、电炊具、电热水器具等方面的文献均入 TM 有关各类。例:

《真空不锈钢保温容器旋压成型工艺》,夏琴香著,分类号为 TS914.25。

《不粘涂料在电饭煲上的应用》,冯维光著,分类号为 TM925.52。

《整理发型用的旋转发夹》,董威著,分类号为 TS914.215。

6. TS93"工艺美术制品工业"类只收工艺美术制品的生产技术和设备方面的文献,有关工艺美术的研究及工艺品图案设计、欣赏、图集等文献均入 J5 有关类目。例:

《风筝制作工艺》,冯国良著,分类号为 TS938.91。

《曹雪芹风筝艺术》,孔祥泽等供稿,分类号为 J528.6。

《现代首饰工艺与设计》邹宁馨、伏永和、高伟编著,分类号为 TS934.3。

《银饰珍赏志:中国民间银饰艺术的美丽典藏》,唐绪祥主编,分类号为 J526.1。

7. TS941.7"各种服装制品"类集中收入关于各种服装的理论、设计、原料、配件、工艺、标准与检验等方面的文献,有关服装生产设备的文献集中归入 TS941.5。例:

《CorelDRAW 牛仔装款式设计案例精选》,马仲岭编著,分类号 TS941.714。

《缝纫机使用和维修技术》,王文博主编,分类号为 TS941.56。

TS941.7-9"流行装、时装"只收入总论性文献,专论服装流行理论的文献分入 TS941.13;具体各类流行装、时装的文献分入 TS941.71/.77 各类。例:

《服装流行的实质》,冯伟一著,分类号位 TS941.13。

《97 流行服装》,雨生编,分类号为 TS941.7-9。

《时尚休闲裤》,意大利 STYL -TIME s.r.l. 著,分类号 TS941.714。

各种服装采用了按式样、按年龄、按性别、按用途、按国家、按工艺、按材料等多重列类法编列,其中 TS941.717/.718"按性别分的服装"资料分类可以仿 TS941.711/.715 式样细分。例:

《大衣》,娄明朗编著,分类号为 TS941.714.1。

"经典童装工业制板",吴清萍著,分类号为 TS941.716.1。

《香港高级女装技术教程》,袁良著,分类号为 TS941.717。

《魅力纱巾系情结》,胥佩娜著,分类号为 TS941.722。

《保安文员物业制服》,胡光华著,分类号为 TS941.732。

《少数民族服饰材料与时装设计》,李洁著,分类号为 TS941.742.8。

《毛皮与毛皮服装创新设计》,刁梅编著,分类号为 TS941.776。

TS941.76"各种服装:按工艺分"的 TS941.763"编织服装"和 TS941.764"刺绣服装"提供了文献按工艺集中与按具体品种分散的两种方式,用户可根据需要进行选择。例如:

《毛衣编织 1580·儿童篇》,阿瑛编,按工艺集中方式分类号为 TS941.763.1,按具体品种分散方式分类号为 TS941.716.1。

8."制鞋工业"的 TS943.7"各种靴鞋"类,前边 TS943.71/73 采用了按材料、按使用对象和用途、按式样等多重列类法编列。类目注释说明"涉及多重列类标准的文献,按论述的重点分,不易区分的,使用最前列的类"。例:高跟女鞋为 TS943.722,后边 TS943.74/78 依次编列了"运动鞋、旅游鞋、休闲鞋"、"工艺靴鞋、戏剧靴鞋"、"民族靴鞋"、"保健鞋"、"军用靴鞋"、"劳保靴鞋、特殊用途的靴鞋"等各种具有特别功能的靴鞋。

9. TS95"其他轻工业、手工业"类文献的分类。

本类主要包括文教用品、体育器具、乐器、放音器和录音片、舞台道具、装饰用品和实物模特、灯具、玩具、毛发与羽毛加工、竹藤棕草加工、漆器、纸料工、制扇制伞、眼镜、制镜等。

(1)凡有关前述产品制造与维修工艺方面的文献,大多入本类所属各有关子目;凡属有关产品应用方面的文献大多依应用到的方面入有关学科类目。例:

《小提琴制作》,乐声编著,分类号为 TS953.33。

《小提琴入门与提高》,王皓著,分类号为 J622.16。

(2)TS951.4"誊印机具"类不仅收入各种誊印机具的制造、维修方面的文献,同时也收入这些机具应用方面的文献。但是,TS951.47"复印机"类只收各类复印机(包括:热敏、重氮、静电、彩色、红外、紫外复印机等)制造与维修方面的文献,属于摄影机具与设备的图书资料复制设备制造的文献入 TB852.2,缩微复制机制造方面的文献就归入 TB852.2^{+}6。有关文献复印技术的文献入 G258.94。例:

《数码速印机使用与维修》,张志荣等编著,分类号为 TS951.45。

《最新数码复印机、一体化速印机维修手册》,王帮新、邸玉良、王登鹏编著,分类号为 TS951.47-62。

《复印技术 300 题》,张晓敏、杨清汉编著,分类号为 G258.94。

《缩微复制技术》,刘凤志等编译,分类号为 G258.94。

(3)体育器具的制造入 TS952"体育器具制造工业",使用与维护入 G8 有关各类。例如:

《篮足排球生产工艺》,杨维政编著,分类号为 TS952.3。

《篮球进攻技术训练》,(日)仓石平著,分类号为 G841.19。

(4)有关各种电子游戏机的制造、使用、维修的文献入 TS952.83,游戏软件的程序设计、软件开发入 TP317.61,游戏软件的使用入 G898.3。例如:

《"任天堂"游戏机维修》,晓阳编,分类号为 TS952.83。

《Visual C/C ++ 图形图像与游戏编程典型实例解析》,《电脑编程技巧与维护》杂志社编著,分类号为 TP317.6。

《单机、联机、在线、网络游戏完全手册:新人类玩出位》,陈伟编著,分类号为 G898.3。

(5)各种电动游乐器具入 TS952.81,非电动的儿童体育器具入 TS952.92,电动玩具、电子玩具入 TS958.2 有关各类。例:

《过山车:运动和加速度》,(英)梅森著,分类号为 TS952.81。

《电子玩具设计与制作》,于子明、李朝青主编,分类号为 TS958.2。

(6)TS956"灯具制造"收入总论性文献,专论灯泡、灯管制造的文献入 TM923.3,建筑照明的理论、技术和器材入 TU113 有关各类。例:

《灯具与照明》,建筑工业出版社编,分类号为 TS956。

《电子节能灯与电子镇流器设计与制造》,陈传虞编著,分类号为 TM923.302。

《建筑灯具与装饰照明手册》,陈小丰编著,分类号为 TU113.667。

(7)TS958"玩具制造工业"类分为两大部分,TS958.0"一般性问题"收入总论性文献,TS958.1/.7"各种玩具"收入专论性文献。专论性文献部分采用了多重列类法编列,凡涉及多重区分标准的文献,按论述的重点分类;不易区分的,使用最前编列的类。按不同区分标准编列的各种玩具,有的属总论性的(如 TS958.4),有的属专论性的(如 TS958.2),要注意根据类目注释确定它们的外延。例:

《中国传统玩具》,张堵著,分类号为 TS958。

《玩具材料中有害元素的 ICP 光谱法测定》,徐思华著,分类号为 TS958.04。

"音响不倒翁式乳幼儿玩具",马佐著,分类号为 TS958.11。

"机动玩具中的齿差机构",靳桂芳著,分类号为 TS958.27。

"水流气泡喷射玩具",谭培英著,分类号为 TS958.29。

"布绒玩具的设计与制作",张友明、陈桃女编著,分类号为 TS958.41。

《童车撞击试验技术》,徐锡林著,分类号为 TS958.707。

10. TS97"生活服务技术"类文献的分类。

(1)该类兼有自然科学和社会科学的属性,涉及方面很广,包括饮食科学,饮食烹饪技术及设备,衣着、日用纺织品及装饰品服务,美容、美发及沐浴,居住和住宿管理,生活知识和家政服务,还有婚介、婚庆、丧葬、殡仪、摄影冲印等其他各类生活服务。分类时应当根据文献论述的范围及角度确定类属。例:

《生活科学与艺术》,程锦川著,分类号为 TS97。

《蒙古民族饮食文化》,冯雪琴、阿拉坦宝力格编著,分类号为 TS971.2(2)"212"。

《烟、酒、茶趣话》,黄高藤著,分类号为 TS971.2。

《茶文化概论与茶艺实训》,贾红文、赵艳红主编,分类号为 TS971.21。

《生活美学》,姚海钧著,分类号为 B834.3。

《家庭与社会》,蓝思良著,分类号为 C913.11。

《家政哲学》,王小雄著,分类号为 TS976。

《家庭生活 300 忌》,俞秋安著,分类号为 TS976.3。

(2)TS972"饮食烹饪技术及设备"类着重于从食品与菜肴烹饪技术、饮食设备、饮食管理三方面编列类目。TS972.1"烹饪法、食谱、菜谱"划分为 3 个层次,各自的内容范围是:

①TS972.11 收基本烹饪技术和总论中、西餐烹饪法,包括日本料理、韩国烧烤等的文献,不收具体的食品、菜肴的烹饪技术和菜谱。例:

《烹饪火候》,单守庆著,分类号为 TS972.113。

《西菜烹饪大全》,麦志城编著,分类号为 TS972.118。

《时尚韩国料理》,孟爽主编,分类号为 TS972.119。

②TS972.12/15 收各类菜肴、主食、风味小吃和自助餐、快餐的烹制法与菜谱。例:

《豆腐家常菜》,庄佩柔著,分类号为 TS972.123.3。

《养生粥》,张莹编著,分类号为 TS972.137。

《中华风味小吃传说与烹饪》,周旺主编,分类号为 TS972.142。

《时尚比萨》,孟爽主编,分类号为 TS972.158。

③TS972. 16/. 18 收各种用途、清真、宫廷和世界各国的食谱、菜谱和总论性、综合性的烹饪著作,不收具体食品和菜肴的烹制技术。TS972. 19 收调酒技术的文献。例:

《食在宫廷》,爱新觉罗·浩著,分类号为 TS972. 179。

《上海旺店招牌菜》,钱以斌编著,分类号为 TS972. 182. 51。

《鸡尾酒制作大全》,陈健主编,分类号为 TS972. 19。

(3)TS972"饮食烹饪技术及设备"类的 TS972. 1"烹饪法、食谱、菜谱"不包括工业化食品生产制作的文献,有关工业食品生产方面的著作入 TS2"食品工业"有关各类。例:

《家常主食 1000 例》,金版文化主编,分类号为 TS972. 13。

《焙烤食品生产技术》,巩汉坤主编,分类号为 TS213. 2。

(4)TS972. 2"饮食设备与管理"类只收炊事工具、炊事用具、厨房设备的使用与管理方面的文献,有关炊事、厨房设备制造的文献入有关各类。例:

《现代厨房设计与管理》,马开良编著,分类号为 TS972. 26。

《实用节能炉灶》,郝芳洲等编著,分类号为 TS914. 23。

(5)TS972. 3"饮食业技术管理"类是从餐厅服务、厨师及餐饮人员业务技术操作与管理角度设置的,不包括餐饮经营管理方面的内容,但兼论餐饮经营和餐饮技术与业务管理的文献分入本类。例:

《餐馆厨师实用手册》,于保政编著,分类号为 TS972. 36。

《餐厅成功经营诀窍》,后东升编,分类号为 F719. 3。

《宴会设计与餐饮经营管理》,梭伦主编,分类号为 TS972. 32。

(6)TS974"美容、美发、沐浴"类包括美容与美体、理发与美发、沐浴及浴室服务技术,以及相关用品、设备使用方面的文献。从第三产业的角度论述美容院、理发店、浴室经营管理方面的文献入 F719. 9 商业服务业的"其他"类。例:

《减肥美体 500 个为什么》,陈其福等主编,分类号为 TS974. 14。

《美甲集锦 A to Z》,(日)山田佳奈著,分类号为 TS974. 15。

《头发养护与脱发防治 160 问》,张君坦、郑霄阳、林忠豪主编,分类号为 TS974. 22。

《沐浴按摩出美人》,张静编著,分类号为 TS974. 3。

《美发店经营管理实务》,邓创、陈桂森编著,分类号为 F719. 9。

《长春市美容行业现状》,陈继革著,分类号为 F726. 99。

(7)有关生活美容(非手术性的)、美体、护肤方面的文献分入 TS974. 1"美容、美体"类;医学美容术入 R625 及有关各类;并应注意分辨从不同学科角度论述美容、美体、护肤论题的文献。例:

《化妆与护肤》,刘梦飞著,分类号为 TS974. 11。

《国人眼型的美学分类与美容》,张威著,分类号为 TS974. 11。

《CO_2 激光治疗文身》,董保娟著,分类号为 R625。

《乳房缩小成形术应用几何法设计乳晕》,杨定文著,分类号 R655. 8。

《600 例隆鼻术临床分析》,熊德成著,分类号为 R765. 9。

《双眼皮和眼袋术》,聂昌预著,分类号为 R779. 6。

《人体美的科学研究》,何伦著,分类号为 J064。

"日本口红研究开发新动向",李卫江著,分类号为 TQ658. 53。

《高频美容器》,潘世民著,分类号为 TM925.4。

(8)TS975"居住、住宿管理"类收入有关宾馆、旅社住宿服务,住宅选择、总论住宅美化、装饰以及家居保洁、楼宇保洁、居室环境保护等方面的文献。属于居住建筑设计、住宅建筑设施维护的文献分别入 TU241 和 TU8 等有关各类。属于房屋安全设备、家庭生活安全方面的文献分别入 TU89 和 X956 等有关各类。例如:

《饭店客房服务指南》,贾春跃著,分类号为 TS975.1。

《别选错房子:关键词检索幸福村》,分类号为 TS975.2。

《居家的艺术》,梁晶著,分类号为 TS975.3。

《家庭保洁大全》,卢益中主编,分类号为 TS975.7。

《家居装饰设计》,骆中钊、张仪彬、胡文贤编著,分类号为 TU241.02。

《民用建筑空调设计》,马最良、姚杨主编,分类号为 TU831。

《建筑防火安全技术》,王学谦主编,分类号为 TU892。

《居民安全防范手册》,张继先主编,分类号为 X956。

(9)TS976"生活知识、家政服务"类主要收有关家政学、家庭管理和家庭生活知识的综合性著作,家政服务,以及家庭用具与配备、家庭自动化的总论性著作。本类与社会学、心理学、医学、教育类有一定的交叉,应注意分析文献论述的角度。归入本类的文献一是具有综合性,分入哪一个学科都不合适;二是侧重于实务和操作,理论方面的论述应归入有关各类。例:

《现代家政学》,金双秋主编,分类号为 TS976。

《家庭节约小窍门》,丛林编著,分类号为 TS976.11。

《最新家庭理财投资手册》,高学庆主编,分类号为 TS976.15。

《生活中来:居家妙招》,翡翠著,分类号为 TS976.3。

《科学育儿大全》,王玉学编著,分类号为 TS976.31。

《夫妻生活实用百经》,刘意榕著,分类号为 TS976.32。

《中老年夫妻百事通》,金锋著,分类号为 TS976.34。

《特色小宠物饲养 200 答》,李群、李金宝编著,分类号为 TS976.38。

《家庭保姆》,范隆保著,分类号为 TS976.7。

《家庭消费实用指南》,马愚著,分类号为 TS976.8。

《中国数字家庭发展研究报告》,王颖主编,分类号为 TS976.9。

《中高档衣物的洗涤与熨烫》,张一鸣著,分类号为 TS973.1。

《如何打理你的衣物》,邢声远主编,分类号为 TS973.2。

《男性穿着艺术》,林海著,分类号为 TS973.4。

《家庭娱乐大全》,卢群著,分类号为 G89。

《新编老年学词典》,李旭初、刘兴策主编,分类号为 C913.6-61。

《心理育儿》,(英)赫伯尔特著,分类号为 B844.1。

《女性一生保健方略》,兰政文编著,分类号为 R173。

《科学胎教 10 个月》,赵素芬、王新良主编,分类号为 G61。

第三十三节 TU 建筑科学

一、本类体系结构说明

建筑科学是有关建筑物及其环境的学科,包括建筑工程的理论与历史、建筑设计及其理论、建筑技术科学、城市规划与设计以及市政工程等。

本类组主要包括 5 个部分的内容:

TU1 建筑基础科学。包括建筑理论、建筑基础科学、建筑史以及建筑勘测等。

TU2 建筑设计。包括各类建筑物的设计。

TU3/97 土木工程各类。包括建筑结构、土力学、地基基础工程、建筑材料、建筑施工、房屋建筑设备、地下建筑及高层建筑等。

TU98 区域规划、城乡规划。包括区域规划、城市规划、绿化规划及园林规划与建设等。

TU99 市政工程。包括管线工程、给排水工程、公共卫生工程以及城市供电与通信规划配置、集中供热、燃气供应等。

有关城市道路、桥梁工程的文献归入"U 交通运输"有关各类;有关水利工程的文献归入"TV 水利工程"。

二、本类修订要点

1. 新增及加细类目

对于文献量过大、使用频次较高的类目进行适当的扩充加细,增设子目或增加使用相关复分表的说明等。针对有一定文献保障的新学科、新概念等增设了新类。

本类中新增的类目主要有:"TU983 景观规划设计",使总论景观规划设计的文献有专类可入。扩充细化的类目主要有:"TU204 制图、绘图技术","TU238.2 室内装饰设计","TU241 居住建筑","TU714 安全管理","TU723.3 造价管理、工程定额","TU984.18 特殊分区规划"等类目。

另外,为使类目体系更加完整,理顺类目体系,在相关类目下增加"一般性问题"及其下位类目,如:"TU767 建筑装饰、装修工程","TU8 房屋建筑设备","TU99 市政工程"等。

2. 修改类目名称

通过类目名称的修改,使类目含义更加规范准确,并且增加了类目的容纳性。如下表举例:

分类号	5 版类名	4 版类名
TU-856	与城市规划的关系	与城市规划、环境布置的关系
TU204.1	建筑绘画	建筑画技法
TU241.91	绿色住宅	新能源住宅
TU311	建筑结构力学	结构力学
TU311.41	计算机辅助结构分析	计算机辅助结构设计与市场繁荣

分类号	5 版类名	4 版类名
TU352	抗震结构、防灾结构	抗震动结构
TU712	项目管理、技术管理	技术管理
TU712.1	项目管理	施工调度管理
TU712.3	质量管理	质量检查
TU991.01	勘探、规划、预算	勘探、规划

3. 修改和增加注释

TU 类共修改、增加各种注释约 80 处(停用类目的沿革注释未计算在内)。通过增加新的注释和修改原有的注释,解释和明确了类目涵义或类目之间关系,对原来不易归类的新概念或容易混淆的问题通过注释以及增加必要的分类举例加以说明,有助于类目的理解和使用,如:"TU -023 建筑环境理论","TU -09 建筑史","TU -856 与城市规划的关系","TU -88建筑艺术图集","TU201.4 电子计算机辅助设计","TU241.9 绿色住宅","TU7 建筑施工","TU723.34 建筑工程定额","TU983 景观规划设计"。

增加必要的参见,如"TU247 商业和服务性行业建筑"参见"TU268 村镇商业、旅游业用建筑物","TU252 宗教建筑"参见"TU -885 宗教建筑艺术图集","TU993 公共卫生工程"参见"R126.4 公共场所卫生"。

另外,通过在注释增加依复分表复分的说明,也使类目得以扩充,文献的分类可以更为细化,如"TU -091 世界建筑史"增加了"依国际时代表分"等。

4. 合并、停用删除类目

对于四版中列类不当或重复的类目采取停用和删除,如停用"TU243.3 会议厅",相关文献入"TU243 行政建筑、办公建筑",停用重复类目"TU33⁺7 刚架结构",相关文献入"TU328 刚架结构"。对类目中使用频率为 0 或很低的类目进行合并、停用,一般采用并入上位类或合并为"其他"类的方式,对于停用的类目均做沿革注释,并在其相应的上位类增加了含义注释。TU 类共停用类目 75 个,如:TU -091.1,TU111.19⁺5.1/⁺5.9,TU111.3⁺1/.3⁺9,TU112.2⁺1/.2⁺8,TU112.59⁺1/⁺9,TU113.19⁺2.1/⁺2.3,TU113.2⁺1/.2⁺3,TU113.4⁺1/.4⁺3,TU113.5⁺41/⁺49,TU113.6¹41/¹49,TU113.6⁺51/⁺56,TU113.9⁺1/⁺9,TU57⁺3.1/.4,TU58⁺1.1/.3 等。

5. 调整图书、资料分类号

参考类目使用频率,将用于资料分类的类目改为用于图书分类,反之,将图书分类号变为资料分类号。在 TU 大类中,图书分类号改为资料分类号的类目有 46 个,如:TU204.1 和 TU204.2 原为资料分类号,五版不仅将其改为图书分类号,还分别扩充加细了下位类。又如 TU238.1/.9、TU352.11/.13、TU712.1/.5、TU721.1/.4、TU767.1/.9、TU986.41/.49 等。资料分类号改为图书分类号的类目约 120 个,如:TU274⁺.1/⁺.9,TU276⁺.1/⁺.99,TU522⁺.0/⁺.09,TU623⁺.1/⁺.9,TU753.6⁺1/6⁺7 等。另外,还有 90 余个类目是将原资料分类移至其上位类或反之,如 TU973.1⁺1/1⁺9,原类号 TU973⁺.11/⁺.19,TU471⁺.11/⁺.16 的原类号为 TU471.1⁺1/.1⁺6。

三、本类分类要点

1. 建筑学、建筑工程与土木工程的区分

建筑学是研究建筑物及其环境的学科,旨在总结人类建筑活动的经验用以指导建筑设计创作,创造某种体形环境。从广义上来说,建筑学是研究建筑及其环境的学科。

建筑工程指通过对各类房屋建筑及其附属设施的建造和与其配套的线路、管道、设备的安装活动所形成的工程实体。

土木工程是建造各类工程设施的科学技术的统称。广义的土木工程指一切和水、土、文化有关的基础建设的计划、建造和维修;狭义的土木工程就等于建筑工程。例:

《土木工程概论》,江见鲸、叶志明主编,分类号为 TU。

《建筑工程概论》,商如斌主编,分类号为 TU。

《建筑科学基础》,夏云、夏葵编著,分类号为 TU。

2. 建筑理论与建筑基础科学文献的分类

(1)总论土木工程的文献入"TU 建筑科学"。有关建筑哲学理论、建筑功能、建筑环境理论及建筑空间理论的文献入"TU -0建筑理论"及其下位类。"TU -05 建筑与其他学科的关系"只收录建筑与人口学、民族学等人文社会科学关系的文献,建筑与绘画、雕塑等艺术、文学和音乐的关系入"TU -85 建筑艺术与其他艺术和科学和关系",建筑与科学技术的关系入"TU1 建筑基础科学"。例:

《现代建筑理论》,刘先觉主编,分类号为 TU -0。

《建筑的伦理功能》,卡斯腾·哈里斯著,分类号为 TU -021。

《功能主义建筑》,高峰著,分类号为 TU -022。

《绿色建筑》,爱德华兹主编,分类号为 TU -023。

《资源、能源与建筑》,日本建筑学会编,分类号为 TU -023。

《建筑空间解析》,王群编著,分类号为 TU -024。

《现代建筑与民族文化》,崔世昌著,分类号为 TU -05。

《中国古建筑与绘画艺术》,赵德举编著,分类号为 TU -851。

(2)有关建筑文化、建筑史、建筑艺术史的文献入"TU -09 建筑史"。TU -091/-097 按世界及各国建筑史列类,其中中国建筑史又可按时代、民族及地区细分,同时涉及时代和民族的文献入"TU -092.8 各民族建筑史"。有关城市、宗教、园林等建筑专史方面的文献入"TU -098 专史"各类。例:

《西洋建筑发展史话》,傅朝卿著,分类号为 TU -091。

《世界现代建筑史》,王受之著,分类号为 TU -091.5。

《华夏营造:中国古代建筑史》,王其钧编著,分类号为 TU -092。

《明代官式建筑大木作》,郭华瑜著,分类号为 TU -092.48。

《侗族聚居区的传统村落与建筑》,蔡凌著,分类号为 TU -092.872。

《消逝的上海老建筑》,娄承浩、薛顺生编著,分类号为 TU -098.125.1。

《中国传统建筑艺术》,姜晓萍编著,分类号为 TU -092。

《台湾古建筑图解事典》,李乾朗著,分类号为 TU -092.958。

《世界城市建筑简史》,西隐著,分类号为 TU -098.1。

《巴黎城市建设史》,钟纪刚编著,分类号为 TU -098. 156. 5。

《巴洛克建筑》,舒尔茨著,分类号为 TU -098. 2。

《岭南近代教会建筑》,董黎著,分类号为 TU -098. 3。

《北京园林史话》,赵兴华编著,分类号为 TU -098. 4。

《西方造园变迁史》,针之谷钟吉著,分类号为 TU -098. 4。

(3)有关建筑艺术理论、建筑风格流派以及建筑艺术图集的文献入"TU -8 建筑艺术"。有关建筑艺术史的文献入"TU -09 建筑史"。有关建筑艺术设计和建筑装饰图案、装饰艺术设计等方面的文献入"TU2 建筑设计",总论建筑装饰艺术设计方面的文献入"TU238 建筑装饰",专论各种建筑的装饰艺术设计方面的文献入 TU24/29 有关各类,论述建筑装饰技术、装修工程的文献入"TU767 建筑装饰、装修工程"。例:

《建筑艺术欣赏》,时天光编著,分类号为 TU -8。

《建筑视觉造型》,余卓群著,分类号为 TU -80。

《中西建筑美学比较论纲》,刘月著,分类号为 TU -80。

《古建筑砖瓦雕塑艺术》,路玉章编著,分类号为 TU -852。

《城市公共艺术景观》,鲍诗度等著,分类号为 TU -856。

《后现代主义建筑 20 讲》,许力主编,分类号为 TU -86。

《古建筑木结构与木质文物保护》,陈允适主编,分类号为 TU -87。

《北京老宅门图例》,王彬、徐秀珊著,分类号为 TU -881. 21。

《云南名城建筑特色集锦》,程政宁主编,分类号为 TU -882。

《中国传统建筑门窗、隔扇装饰艺术》,朱广宇编著,分类号为 TU -883。

《古代建筑雕刻纹饰》,刘运峰撰文,分类号为 TU -884。

(4)有关建筑物理学以及建筑与数学、力学、气象学等科学技术各学科关系的文献入"TU1 建筑基础科学"相关类目。例:

《建筑热工及环境测试技术》,丁力行等编,分类号为 TU111。

《建筑声环境》,车世光等编著,分类号为 TU112。

《新农村建设建筑节能技术》,北京土木建筑学会等编,分类号为 TU111. 4。

《室内声环境质量测量评价方法探讨与实践》,卢庆普编著,分类号为 TU112. 2。

《动态自然采光建筑原理与应用》,赫尔穆特·考斯特著,分类号为 TU113. 1。

《建筑的色彩造型》,罗文媛著,分类号为 TU115。

《应变建筑》,吕爱民著,分类号为 TU119。

《建筑工程系统仿真》,谢行皓编著,分类号为 TU17。

3. 建筑设计文献的分类

总论建筑设计与施工的文献入"TU2 建筑设计",专论建筑施工的文献入"TU7 建筑施工"有关类目;总论建筑设计共性问题的文献分别入 TU201/209 有关各类;总论建筑细部构造设计的文献入 TU222/235 有关各类;专论各种建筑总体与细部构造设计的文献入 TU24/29有关各类。例:

《生态设计:建筑·景观·室内·区域可持续设计与规划》,斯迪特主编,分类号为 TU2。

《环境行为与空间设计》,高桥鹰志编著,分类号为 TU201。

《AutoCAD 2008 建筑设计典型案例详解》，曹屹立等编著，分类号为 TU201.4。

《电脑建筑画高级技巧》，刘敏、刘蓉编，分类号为 TU204.1。

《夏克梁麦克笔建筑表现与探析》，夏克梁著，分类号为 TU204.119。

《建筑宽笔表现》，许祥华著，分类号为 TU204.11。

《全国高等院校室内外建筑画作品集》，陈学文等主编，分类号为 TU204.13。

《现代新建筑设计实录》，刘师生等编，分类号为 TU206。

《世界典型建筑细部设计》，欧内斯特·伯登著，分类号为 TU22。

《圆弧旋楼梯设计与施工手册》，朱保良编著，分类号为 TU229。

《现代建筑屋顶、墙角设计精选》，方于升等编著，分类号为 TU231。

《居室墙壁装饰指南》，秦春雨等编著，分类号为 TU238.2。

《室内陈设艺术设计》，潘吾华编著，分类号为 TU238.25。

《民用房屋设计与施工》，江景波主编，分类号为 TU24。

《中国居住实态与小康住宅设计》，李耀培主编，分类号为 TU241。

《起居室设计》，翁熙宇等编著，分类号为 TU241.041。

《绿色住宅设计方法与实例》，伍兹著，分类号为 TU241.91。

《商业空间装饰设计》，韩国产业图书出版公社编，分类号为 TU247。

"生物工程工厂设计概论"，吴思方著，分类号为 TU276.99。

4. 建筑工程技术文献的分类

(1)有关建筑结构理论的文献入"TU31 结构理论、计算"；有关各种类型和材料的建筑结构的文献入 TU32/399 各类，如果文献同时涉及结构类型和结构材料，入编列在后的类目。兼论建筑结构与施工的文献入"TU31 结构理论、计算"有关类目，专论各类建筑结构施工技术的文献入 TU 有关各类。例：

《建筑力学与结构》，李永光主编，分类号为 TU311。

《建筑结构设计常用规范条文解读》，张敬书编著，分类号为 TU318.4。

《砌体的设计与构造细部》，克里斯丁·比尔著，分类号为 TU36。

《钢筋混凝土抗震结构非线性分析》，张新培编著，分类号为 TU375.02。

《钢与混凝土组合结构》，赵鸿铁著，分类号为 TU398。

(2)有关土力学、地基基础工程的文献入"TU4 土力学、地基基础工程"有关各类。例：

《土力学与地基基础》，董建国等著，分类号为 TU4。

《结构面与工程岩体稳定性》，杜时贵著，分类号为 TU45。

《地基基础处理技术与实例》，刘福臣等编著，分类号为 TU47。

《国内外桥梁基础工程现状和发展》，铁道部科技情报所编辑，分类号为 U445.55。

(3)有关建筑材料在建筑工程中应用的文献入"TU5 建筑材料"，包括各种建筑用金属材料、非金属材料以及各种建筑用有机材料、化工材料、耐高温材料、隔热材料等，也包括各种建筑涂料、防水密封材料、粘结料等。有关各种建筑材料生产技术的文献分别入有关各类。例：

《绿色建材与建材绿色化》，中国建筑材料科学研究院编，分类号为 TU5。

《混凝土空心砌块与混凝土砖实用手册》，张万仓主编，分类号为 TU522.3-62。

《墙体屋面绝热材料》，邹宁宇编著，分类号为 TU55。

《家庭装饰材料及其应用》,朱宝安编,分类号为 TU56。

《混凝土砌块生产与应用》,严理宽等编著,分类号为 TU528.7。

《水泥工业耐火材料》,隋良志等编著,分类号为 TQ172.76。

(4)有关建筑施工机械和设备的文献入"TU6 建筑施工机械和设备"有关各类;论述建筑施工组织和管理、施工技术以及各项工程与工种的文献入"TU7 建筑施工"有关各类。例:

《建筑工程项目管理》,邓淑文主编,分类号为 TU712.1。

《工程监理质量控制》,顾慰慈编著,分类号为 TU712.2。

《建筑施工安全生产技术交底手册》,冯琪主编,分类号为 TU714.2-62。

《建筑施工组织与进度控制》,蔡红新主编,分类号为 TU721.2。

《建筑工程定额预算与工程量清单计价》,褚振文主编,分类号为 TU723.34。

《中式隔墙装饰元素图集》,赵子夫著,分类号为 TU767.4-64。

《家庭居室装修》,朱维益编,分类号为 TU767.7。

(5)有关各种房屋建筑设备的文献入"TU8 房屋建筑设备"有关各类,包括管道设备、房屋卫生技术设备、空调及采暖通风设备、机电设备、安全设备等。例:

《建筑设备安装技术与实例》,张振迎主编,分类号为 TU806。

《建筑给水排水工程》,马金等编著,分类号为 TU821。

(6)有关各种用途的地下建筑的文献入"TU9/96 地下建筑"有关各类;有关高层建筑的理论、结构、施工及设备的文献入"TU97 高层建筑"有关各类。例:

《城市地下空间设计》,吉迪恩.S.格兰尼等著,分类号为 TU92。

《地下商业街规划与设计》,童林旭著,分类号为 TU922。

《高层建筑钢结构设计》,陈富生编著,分类号为 TU973。

《水坡:一种新型的过船建筑物》,韩祥瑞编著,分类号为 U643。

《港工建筑物》,邱驹主编,分类号为 U656。

《机场混凝土道面建筑》,伏尔科夫等著,分类号为 V351.1。

《航道整治建筑物水毁理论及模拟技术》,王平义等著,分类号为 U617.9。

《隧道建筑》,奥森道尔夫(C. Aussendorf)著,分类号为 U453。

5. 区域规划、城乡规划文献的分类

有关规划理论及方法、区域规划、景观规划、城市规划、绿化规划、园林规划与建筑等的文献入"TU98 区域规划、城乡规划"有关各类。例:

《中国近现代区域规划》,武廷海著,分类号为 TU982.2。

《现代景观规划设计》,刘滨谊著,分类号为 TU983。

《城市景观规划的理论和方法》,宗跃光编著,分类号为 TU984。

《欧洲城市广场设计理念与艺术表现》,郝维刚著,分类号为 TU984.182。

《现代城市水景设计与营建》,金涛等主编,分类号为 TU986.43。

《住宅区环境设计及景观细部构造图集》,彭应运主编,TU984.12。

《中央商务区(CBD)城市规划设计与实践》,陈一新著,TU984.13。

6. 市政工程类文献的分类

有关城市管线工程、给排水工程、公共卫生工程、城市供电和通信配置、集中供热、燃气供应等基础设施建设的文献入"TU99 市政工程"有关各类。例：

《综合性市政工程施工组织设计》，龙正兴著，分类号为 TU990.05。

《城市与村镇给水工程》，张启海编著，分类号为 TU991。

《城市供热工程》，刘学来主编，分类号为 TU995。

《建筑自动消防工程》，郎禄平主编，分类号为 TU998.13。

7. 建筑工程与建筑经济文献的区分

建筑工程指通过对各类房屋建筑及其附属设施的建造和与其配套的线路、管道、设备的安装活动所形成的工程实体。而建筑经济是建设领域内关于建设项目的经济方面的预测、决策、实施、分析、评估等活动。有关建筑经济的文献归入 F4 有关各类，如："F407.9 建筑、水利工程"、"F416.9 建筑、水利工程"等。例：

《建筑经济管理与工业化施工》，续晓春编著，F407.9。

《国际建筑工程承包指南》，雷胜强等编著，F416.9。

《大型国有建筑企业的激励问题》，杜波著，F426.9。

《日本建筑工业经营营业问答》，日本建筑工业经营营业研究会著，F431.369。

第三十四节 TV 水利工程

一、本类体系结构说明

水利工程是为了控制、调节、利用和保护自然界地表及地下的水资源与环境而修建的各项工程，按其服务对象可以分为堤防、水库、蓄滞分洪区、涵闸、排水工程等防洪工程、农田水利工程(灌溉工程)、水力发电工程、航运及城市供水、排水工程等。本类主要包括与水利工程相关的六方面内容：

1. TV1 水利工程基础科学。包括工程水文学、水力学、泥沙动力学、河流动力学等水利工程的基础科学。

2. TV21 水资源调查与水利规划。包括水利、水资源调查、水利、水电规划以及水资源开发、管理和利用。

3. TV22/5 水利工程项目。包括水利工程项目的水工勘测、水工设计、水工结构、水工材料等以及水利工程施工计划和管理、施工技术、施工机械与设备、各种水利工程和工种等。

4. TV6 水利枢纽、水工建筑物。分为三部分：世界和各国的水利枢纽、水库工程，各种类型的挡水坝、泄水建筑物、水闸以及取水、引水工程、调水工程，水库及水工建筑物的管理。

5. TV7 水能利用、水电站工程。包括水能勘测与设计、水电站建筑与设备以及各种类型的水电站等。

6. TV8 治河工程与防洪工程。包括河工学、治河勘测和规划、河工材料以及各种治河方法、整治建筑、防洪工程等。

有关海岸工程的文献入"P7 海洋学"相关类目，有关农业水利工程的文献入"S27 农业水利"相关类目，有关给排水工程的文献入"TU99 市政工程"相关类目，有关运河、渠道、航道工程的文献入"U61 航道工程"相关类目,有关港湾工程的文献入"U65 港口工程"相关类目。

二、本类修订要点

TV"水利工程"修订调整幅度较小,主要包括两方面内容。

1. 参考数据库分类使用频率统计数据,对类目中使用频率为 0 或很低的类目进行合并、停用或改为资料分类号。对于合并、停用的类目,采用并入上位类的方式,对停用的类目做沿革注释,并在其相应的上位类增加了含义注释。共停用无文献保障或使用频次很低的类目 48 条,如 TV131.61$^+$1/.61$^+$9、TV132$^+$.11+./13、TV642.3$^+$1/$^+$3 等。对使用频次较低的类目将原来的图书分类号改为资料分类号,共修改约 48 条,如 TV332$^+$.1/$^+$.9、TV547$^+$.1/$^+$.9、TV731$^+$.2/$^+$.9 等。

2. 修改类名。如"TV213.4 水资源的管理、保护",4 版类名为"水利资源的管理、保护与改造","TV213.9 水资源综合利用",4 版类名为"水利资源综合利用"。

三、本类分类要点

1. 水利工程基础科学文献的分类

有关工程水文学、水力学、泥沙动力学、河流动力学等水利工程的基础科学文献入"TV1 水利工程基础科学"相关类目。有关水文学的文献入"P33 水文科学(水界物理学)"有关类目,地下水动力学的文献入"P641.2 地下水动力学",海洋动力学的文献入"P731.2 海洋动力学",流体力学的文献入"O35 流体力学",工程流体力学的文献入"TB126 工程流体力学",水能与水力机械方面的文献入"TK7 水能、水力机械"。例:

《长江三峡花岗岩地区优先流运动及其模拟》,洪江著,分类号为 TV12。

《中国河流的枯水研究》,李秀云等著,分类号为 TV121。

《黄河流域暴雨与洪水》,史辅成等主编,分类号为 TV122。

《明渠挟沙水流运动的力学和统计规律》,胡春宏著,分类号为 TV133。

《溃坝水力学》,谢任之编著,分类号为 TV135。

《砂卵石地基大型渠道的渗流与抗浮》,谢兴华编著,分类号为 TV139.1。

《三门峡水库淤积与潼关高程》,胡春宏等,分类号为 TV145。

《水文测验误差分析与评定》,钱学伟等编著,分类号为 P332。

《地下水动态预测方法及其应用》,束龙仓等编著,分类号为 P641.2。

《近海环境流体动力学数值模型》,孙文心等编著,分类号为 P731.2。

《水力机械装置过渡过程》,常近时著,分类号为 TK72。

2. 水资源调查与水利规划文献的分类

有关水利、水资源调查、水利、水电规划以及水资源开发、管理和利用的文献入"TV2 水资源调查与水利规划"。有关水文调查的文献入"P331 水文调查",有关水文地质学的文献入 P64"水文地质学与工程地质学",有关海洋水利开发的文献入"P743 海洋动力资源及开发"。例:

《松嫩盆地地下水资源与可持续发展研究》,林学钰等编,分类号为 TV21。

《国外流域综合规划技术》,李原园编译,分类号为 TV212.4。

《区域水资源优化配置与利用》，杜守建编著，分类号为 TV213.4。

《三北地区淡水资源可持续利用研究》，袁嘉祖编著，分类号为 TV213.9。

《中国地下水开发利用及存在问题研究》，齐学斌等主编，分类号为 P641.8。

《农业水资源生产配置效率研究》，王学渊著，分类号为 F323.213。

3. 水利工程项目的文献分类

(1)总论水利工程设计和施工、水工勘测、水工设计以及地基基础及其加固的文献入"TV22 水工勘测、水工设计"。工程地质和水文地质勘探的文献入"P64 水文地质学与工程地质学"，专论某一水利工程设计和施工的文献入有关各类。例：

《水利水电测绘与勘察新技术应用研究》，王庆玉主编，分类号为 TV221。

《小型水利水电工程设计》，分类号为 TV222.1。

《混凝土面板堆石坝设计与施工》，蒋颂涛等著，分类号为 TV641.4。

《水工渗流研究与应用进展》，段祥宝主编，分类号为 TV223.4。

(2)有关水工结构的理论、计算以及结构试验、各种类型水工结构的文献入 TV3"水工结构"。例：

《水工结构流激振动水弹性模型研究及应用实例》，吴杰芳编著，分类号为 TU32。

《水工钢筋混凝土结构实验和理论》，陈进著，分类号为 TV332。

(3)各种水利工程专用材料以及一般性建筑材料在水利工程中的应用入"TV4 水工材料"，一般建筑材料入"TU5 建筑材料"。例：

《水利工程土工合成材料应用技术》，徐又建编著，分类号为 TV4。

《水工混凝土研究与应用》，杨华全著，分类号为 TV431。

《水工沥青与防渗技术》，陕西机械学院水利水电科研所，分类号为 TV44。

(4)有关水利工程施工计划、管理、施工技术、施工机械与设备以及各种工程、工种的文献入"TV5 水利工程施工"。专论各种水工建筑物的施工入 TV6、TV7 有关各类；一般性建筑施工机械设备的文献入"TU6 建筑施工机械和设备"；专论水利施工爆破技术的文献入"TV542 爆破工程"，总论工业爆破技术的文献入"TB41 爆破技术"。例：

《水利水电工程施工组织设计》，张守金主编，分类号为 TV51。

《水工围堰拆除爆破》，赵根编著，分类号为 TV542。

《水工建筑物水泥灌浆施工技术》，杨月林编著，分类号为 TV543。

《导流截流及围堰工程》，郑守仁编著，分类号为 TV551。

4. 水利枢纽、水工建筑物的文献分类

有关水利枢纽、水工建筑物的文献入 TV6 相关类目，其中，有关世界和各国的水利枢纽、水库工程的文献入"TV63 世界各国水利枢纽与水库"，有关各种类型的挡水坝、泄水建筑物、水闸以及取水、引水工程、调水工程的文献入 TV64/691 相关类目，有关水库及水工建筑物的管理的文献入 TV697/698 相关类目。例：

《水利枢纽河段模拟》，陈璧宏著，分类号为 TV6。

《黄河沙坡头水利枢纽》，宁夏沙坡头水利枢纽有限责任公司编著，分类号为 TV632.43。

《土石坝建设实用技术研究及应用》，郭庆国著，分类号为 TV641。

《寒冷地区修建混凝土坝的经验及教训》，宋恩来撰写，分类号为 TV642。

《泄水建筑物的体形设计》,张受天著,分类号为 TV65。

《水工钢闸门结构可靠度分析》,周建方著,分类号为 TV663。

《大型倒虹吸工程设计与施工》,石泉主编,分类号为 TV672。

《中、小型水库的防护与抢险技术措施》,陕西省科学技术学会编,分类号为 TV697。

"大坝对河流生态系统的环境影响分析"(期刊),祁继英、阮晓红著,分类号为 TV64。

《随中国科考队走近埃及阿斯旺大坝》,孙丹平著,分类号为 TV634.11。

5. 水能利用、水电站工程文献的分类

总论有电站建设工程的文献入"TV7 水能利用、水电站工程",有关水能勘测与设计、水电站建筑与设备的文献入 TV72/73 相关类目,有关各种类型水电站的文献入"TV74 各种水电站",有关水力发电问题的文献入"TM612 水力发电"。例:

《小型水电站的机组安装与运行管理》,分类号为 TV73。

《水电站机电设备运行与检修技术问答》,李启荣编著,分类号为 TV734。

《抽水蓄能电站输水系统施工技术》,李伟编著,分类号为 TV743。

"水力发电工程的生命周期分析",邹治平等著,分类号为 TV75,互见分类号为 TM612。

6. 治河工程与防洪工程文献的分类

有关河工学、治河勘测和规划、河工材料以及各种治河方法、整治建筑、防洪工程等的文献入"TV8 治河工程与防洪工程"相关类目。例:

《河道治理工程及其效用》,江恩惠著,分类号为 TV85。

《河道截流及流水中筑坝技术》,郑守仁著,分类号为 TV855。

《长管袋沉排潜坝技术研究与应用前景》,张柏山著,分类号为 TV865。

《海河流域平原区堤防工程地质研究》,杨计申等著,分类号为 TV871。

《黄河下游洪水灾害风险与后备流路》,刘燕华等著,分类号为 TV882.1。

《安庆城市防洪堤渗流控制》,段祥宝著,分类号为 TV871,互见分类号为 TU998.4。

《城市防洪规划方案的综合评价模型》,金菊良等著,分类号为 TU998.4,互见分类号为 TV87。

第三十五节 U 交通运输

一、本类体系结构说明

交通运输是载运工具在交通网上流动和载运工具人员与物资在两地之间位移这两种经济和社会活动的总称,是人类社会生产、经济、生活中不可缺少的重要环节。交通运输按运载工具可分为铁路运输、公路运输、水路运输、航空运输、管道运输、索道运输,各路运输经济交替到 F5 有关各类。本类按运载工具设置了 U2 铁路运输、U4 公路运输、U6 水路运输和交替类"[U8]航空运输"(在"V 航空、航天"大类列出),同时设置"U1 综合运输",并在其下编列"U17 管道运输"和"U18 索道运输"。

铁路运输、公路运输、水路运输均划分为运输工程、运输工具、运输管理 3 个部分:

	运输工程	运输工具	运输管理
铁路运输	U21/[25]	U26/27	U29
公路运输	U41/45	U46/48	U49
水路运输	U61/65	U66/67	U69

二、本类修订要点

1. 调整了 U1 综合运输体系。明确总论城市新交通系统入 U12 城市交通运输,专论入有关各类。过境交通运输、入境交通运输、离境交通运输改入 U141。U16 工商业运输改类名为"U16 特种货物运输"。

2. 调整了 U231 地下铁路体系。将其下位类的资料分类号改为图书分类号,并调整了U231/239.9 特种铁路的使用方法,如地铁旅客运输入 U293.6,地铁运输管理自动化入U29-39,地铁运营管理入 F530.7。

3. 调整了特种铁路运输与普通铁路运输分类体系,使其一致。如高速列车的旅客运输入 U293.6,专论城市轻轨电车旅客运输入 U492.4 $^+$ 33,总论城市轨道交通运输、轻轨运输、城市新交通系统入 U12 城市交通运输。

4. 对新增主题增补新类或注释,如:U463.67 $^+$ 1 汽车音响设备、U463.67 $^+$ 5 汽车导航、雷达系统等。

5. 删除停用了无频率类 160 多个,如:U213.2 $^+$ 15.1/ $^+$ 15.3、U279.3 $^+$ 31/ $^+$ 35、U412.313 $^+$ .1/ $^+$ .2,将使用频率较低的类号改为资料号,如:U227 $^+$ .1/ $^+$ .9,U260.35 $^+$ 1/ $^+$ 9,U260.7 $^+$ 1/ $^+$ 8,U261.1 $^+$ 1/ $^+$ 5,U263.1 $^+$ 1/ $^+$ 4。将使用频率增加的类号由资料号改为图书类号,如 U293.11/.13、U293.23/.29。

6. 规范修改了部分类名,如:U293.6 地铁旅客运输(四版类名:地铁过轨运输),U492 运输技术(四版类名:运营技术),U415.11 施工管理方法(四版类名:施工领导与工作方法),U668.5 复合材料(四版类名:组合材料)等。

三、本类分类要点

1. 总论交通运输科学和交通运输工程,总论旅客运输、货物运输的著作入 U 交通运输。涉及各类交通工具的行车组织、港口工作组织、旅客运输、货物运输等运输技术文献入 U29、U49、U69 有关类目;涉及各类交通工具的交通运输规划与管理体制、运输价格、成本与利润、运输企业组织与经营管理、运输史等交通运输经济与管理的文献入"F5 交通运输经济"。例:

《现代交通运输与载运工具》,李骏编著,分类号为 U。

《铁路旅客运输服务》,周平主编,分类号为 U293。

《铁路货物运输》,姚养心主编,分类号为 U294.1。

《道路旅客运输》,侯焕章主编,分类号为 U492.4。

《道路汽车货物运输》,道路运输行业从业人员培训教材编委会编,分类号为 U492.3。

《水路客运管理》,唐力帆编著,分类号为 U695.1。

《海上货物运输》,邱文昌、吴善刚主编,分类号为 U695.2。

《交通运输经济》,帅斌、霍娅敏主编,分类号为 F5。

《中国交通运输产业的改革与发展》,白雪洁、王燕著,分类号为 F512.3。

《青藏铁路建设研究》,李平等著,分类号为 F532.7。

2. 总论城市轨道交通运输、总论城市新交通系统入 U12 城市交通运输,专论轨道交通运输经济等入 F5 有关各类,专论轨道交通线路设计、车辆制造等文献各入专类。例:

《城市轨道交通概论》,王珏主编,分类号为 U12。

《城市轨道交通可持续发展研究及工程示范》,张雁等编著,分类号为 U12。

《城市有轨交通系统》,关宝树等编著,分类号为 U12。

《城市轨道交通车辆电气检修》,王艳荣主编,分类号为 U279.3。

《城市轨道交通线路与站场设计》,何静、司宝华、陈颖雪主编,分类号为 U291.1。

《城市轨道交通经济研究》,张晓莉等著,分类号为 F570.7。

3. "U16 特种货物运输"、"U169 集装箱运输"、"17 管道运输"和"U18 索道运输"均只收总论性文献,凡专论不同运输方式的特种货物运输、集装箱运输各入有关各类,凡专论管道运输、索道运输在某一方面应用的文献均入有关各类。如:石油天然气管道输送入 TE832,市政工程给水管道入 TU991.36;矿山索道运输 TD527,索道输送机入 TH235;城市公路索道运输入 U491.2$^+$28。例:

《特种货物运输管理》,关善勇主编,分类号为 U16。

《危险化学品运输综合监测系统研究》,吴志华著,分类号为 U16。

《铁路危险货物运输培训读本》,西安铁路局编,分类号为 U294.8。

《铁路鲜活货物运输》,朱昌锋主编,分类号为 U295.4。

《道路危险货物运输从业人员培训教材》,胡昌荣、陈红民主编,分类号为 U492.3。

《集装箱运输实务》,陈广、蔡佩林主编,分类号为 U169。

《管道运输工程》,王绍周编著,分类号为 U17。

《客运索道设计原理》,董希斌、付俊卿编著,分类号为 U18。

《长输管道储运技术》,杨占品著,分类号为 TE832。

《城市给水管道》,何维华编著,分类号为 TU991.36。

《架空索道理论与实践》,周新年著,分类号为 TH235.01。

4. 本类中的各交通运输工具,如机车、车辆、汽车、船舶等,其列类均按照以下顺序分三部分先后序列:工具生产(共性问题)、工具类型、工具使用(驾驶、维修、燃料等)。

交通运输工具类别	交通运输工具生产	交通运输工具类型	交通运输工具使用
U26 机车工程	U260	U261/U266	U268、U269
U27 车辆工程	U270	U271/273	U279
U46 汽车工程	U461/468	U469、U48	U471、U472、U473
U66 船舶工程	U661/673	U674	U675、U676、U677

各交通运输工具的专用机械、动力、电气设备入各类,通用型设备入有关类目。例:

《内燃机车总体》,李晓村主编,分类号为 U261。

《动车组设备》,刘志明主编,分类号为 U266。

《机车运用与安全工程》,谢利民编,分类号为 U268。

5. 各种交通运输工具的基本建设工程,均各入各类,只有桥涵工程集中归入公路运输 U448,并采用多重列类法,按用途分、按结构分、按材料分、按形式分、按桥面系位置分等,具体类分文献时,应选择其中一种为主要标准,或以分类法编列在最前的标准归类,其他可做互见分类。例:

《客运专线铁路施工项目管理手册》,卢朋主编,分类号为 U215。

《铁道线路工程施工》,韩峰主编,分类号为 U215。

《城市道路大修技术与施工管理》,刘恩德、王建华主编,分类号为 U415。

《高速铁路桥梁施工技术与装备》,张晓炜、智小慧编著,分类号为 U448.13。

《水运工程施工》,周福田、张贤明主编,分类号为 U615。

《港口与航道工程管理与实务》,张余庆主编,分类号为 U65。

《武汉天兴洲公铁两用长江大桥斜拉桥技术总结》,胡汉舟等编著,分类号为 U448.12。

《铁路钢筋混凝土桥》,何广汉等编,分类号为 U448.13,互见分类号为 U448.34。

6. 工程材料只在 U214 线路工程材料类下细分展开,其他各种交通运输工程的工程材料各入各类,再仿 U214 分。属于一般建筑工程方面的文献入 TU。例:

《港工材料》,蔡锐华编,分类号为 U654。

《铁路工程常用材料试验方法标准汇编》,铁道部基本建设总局,分类号为 U214.03。

《道路建筑材料试验》,黄成福主编,分类号为 U414.03。

《土木工程材料疑难释义》,苏达根等编著,分类号为 TU5。

7. 涉及特种铁路的文献,只在"U231 地下铁路"类展开细分,其他各特种铁路入 U232/239.9 各类,资料分类需要时仿 U231 分,但涉及旅客运输、货物运输的文献均入 U293、U294。例:

《地下铁道供电》,黄德胜、张巍著,分类号为 U231.8。

《城市轨道交通车站客运服务》,王伟雯主编,分类号为 F530.7。

"工作的开始——高速铁路施工新技术",李向国等著,分类号为 U238.3。

《高速铁路四电系统集成》,蒋先国著,分类号为 U238.8。

《重载铁路电务技术》,闻清良主编,分类号为 U239.47。

第三十六节 V 航空、航天

一、本类体系结构说明

航空科学技术是研究航空器及其在地球大气层内空间飞行的应用科学;航天科学技术是研究航天器及其在地球大气层以外的外层空间飞行的应用科学。"航空、航天"是现代物质生产相当发达和科学技术高度发展起来的科学,不仅仅用作交通工具,而且更为广泛地应用于其他各门科学技术。故把它们合并为一个类组,单独设立一个大类,排在"U 交通运输"之后。

本类包括 V1 航空、航天技术的研究与探索、V2 航空、V4 航天(宇宙航行)三部分,其中

V2 航空、V4 航天两部分根据研究的内容范围划分为:基础理论及试验、构造与设计、推进系统、飞行控制与导航、材料、制造工艺、飞行器类型、飞行术、系统工程等类目,各类再根据其特殊属性如分支学科、研究的内容范围、研究对象等进一步细分。

二、本类修订要点

1. 对新增主题增补新类或注释,如:新增"V211.8 飞行器计算机仿真"、"V416.7 飞行模拟试验"等类。新增"空间物理学的应用"入 V419.$^+$2 太空物理学,"航天心理学"入 V527 航天飞行员等注释。

2. 规范了部分类名,如:V416.5 环境模拟试验、V423.6 空间探测器、防护、V445 救生设备及其技术等。

三、本类分类要点

1. 总论空间科学的文献归入 V1 航空、航天技术的研究与探索,专论空间科学及其应用的文献则各入各类:空间物理学的应用入 V419.$^+$2,空间化学的应用入 V419.$^+$3,空间生命科学及其空间生物学的应用入 V419.$^+$6,空间电子学入 V443。例:

《空间科学学科发展报告 2008—2009》,中国空间科学学会编著,分类号为 V1。

《空间生物学》,江丕栋主编,分类号为 V419。

《航天气象学》,胡世祥主编,分类号为 V419。

《空间电子学名词辞典》,蔡淑娟主编,分类号为 V443。

2. 总论飞机构造与设计的文献入 V22,总论飞机制造的文献入 V262,涉及各类型飞机、航空器、航天器的构造、设计、制造的文献入 V27 有关各类。如:滑翔机的制造入 V277、模型飞机的制造入 V278$^+$1、飞艇的制造入 V274。例:

《实用飞机结构应力分析及尺寸设计》,牛春匀著,分类号为 V221。

《现代飞机制造技术》,范玉青编著,分类号为 V262。

《世界飞机生产和市场的前景分析》,汪亚卫著,分类号为 V262。

《海军飞机结构腐蚀控制及强度评估》,陈跃良等著,分类号为 V271.4。

《飞艇技术概论》,甘晓华、郭颖编著,分类号为 V274。

《直升机结构与设计》,路录祥主编,分类号为 V275。

《航空模型基础知识》,张培牛编著,分类号为 V278。

3. 涉及航运管理体制、航运企业管理、航运成本、航运建设与事业史等航空运输经济的文献入 F56 航空运输经济,涉及航空客运、货运业务的文献入 F56 航空运输经济,但涉及航运组织的文献归入 V352;涉及航空货物运输技术与设备、旅客运输技术与设备的文献分别入 V353、V354。例:

《航运市场营销》,刘敏文编著,分类号为 F562.6。

《民航服务心理学》,向莉、周科慧主编,分类号为 F560.9。

《民航国内客票销售》,王娟娟主编,分类号为 F562.5。

《航空公司运营管理方略》,耿淑香主编,分类号为 F562.6。

《航空货运管理概论》,谢春讯主编,分类号为 F560.84。

《民航危险品货物运输技术》,马丽珠、吴卫锋编著,分类号为 V353,互见分类号为 F560.84。

《美兰机场管理信息系统的开发与研究》,卡晓东著,分类号为 V352。

《航线网布局优化研究》,余立华著,分类号为 V352。

《实时航班查询与网上预订软件》,西安莫林数码科技有限公司制作,分类号为 V354。

《机场旅客处理系统 APPS 的设计与实现》,孙震宁著,分类号为 V354。

《航空行李运输 RFID 应用中的编码技术及射频安全风险研究》,刘俊著,分类号为 V354。

4. 涉及航空、航天医学文献,《中图法》在"R 医药、卫生"类下设有"R85 航空航天医学",其中涉及航空航天心理学的文献,设置了交替类[R853]航空航天心理学,并宜入 B845.66;专论航空心理学的文献入 V321.3,专论航天心理学的文献入 V527 航天飞行员。例:

《航空航天心理学》,皇甫恩著,分类号为 B845.66。

《航空心理测试法》,宋华淼主编,分类号为 V321.3。

《航空心理学》,斯坦利. N. 罗斯科主编,陈祖荣等译,分类号为 V321.3。

《航天心理学》,总装备部军事训练教材编辑工作委员会编,分类号为 V527。

《航天员必备心理素质的鉴别:航天员心理选拔》,帕特里夏·桑蒂著,分类号为 V527。

第三十七节　X 环境科学、安全科学

一、本类体系结构说明

环境科学与安全科学,是现代社会经济生活与现代科学技术发展过程中形成的两门综合性科学。环境科学研究人类与自然环境和社会环境相互关系,保护环境,防止和治理环境污染及灾害。安全科学研究如何保障安全生产和安全生活,防止损害人体健康。这两门科学性质相近,都是保护生态环境、维护人类健康的科学,为此把二者编列为一个类组。其中,环境科学分为 4 个部分,安全科学分为 3 个部分:

X 1	环境科学基础理论
2/3	社会与环境及环境保护管理
4/7	灾害和环境污染及其防治,行业污染、废物处理与综合利用
8	环境质量评价与环境监测
91	安全科学基础理论
92	安全管理
93/96	安全工程与劳动卫生工程

二、本类修订要点

1. 调整类目结构。重点对"X93 安全工程"进行了修订,根据"T 工业技术"的类目结构,相应调整了 X933/948 有关工业技术安全类目的类号和相应词串,如将"X933 锅炉、压力容器安全"改入"X944",原"X942 武器工业安全"则调整到"X942",原"X943 起重及搬运安全"改号为"X952"等。

2. 修订、规范类名。原"X7 废物处理与综合利用"改名为"X7 行业污染、废物处理与综合利用",并对其下位类的类名相应增加"污染"这一概念,如原"X71 农业废物处理与综合利用"改名为"X71 农业污染、废物处理与综合利用",原"X73 交通运输业废物处理与综合利用"改名为"X73 交通运输业污染、废物处理与综合利用"等。

3. 扩充部分类目体系。原"X830.7 应急监测"扩充为"X830.7 各类型监测",包括应急监测、污染源监测、污染物总量监测等。新增了"X-0 环境科学理论"、"X-2 环境保护组织、机构、会议"、"X2-1 现状与综合调查"等类目。

三、本类分类要点

1. "X1 环境科学基础理论"主要收录运用数理科学、化学、地球科学、生物学、系统科学、经济学,以及法学等学科,对人类自然环境和社会环境进行研究方面的文献。例:

《大气环境工程师实用手册》,王玉彬主编,分类号为 X16-62。

《环境医学概论》,郭新彪主编,分类号为 R12。

《环境毒理学基础》,孟紫强主编,分类号为 R994.6。

《生态环境心理研究》,朱建军、吴建平主编,分类号为 B845.65。

《公害经济》,韩威、孙承泳著,分类号为 X196。

《环境权研究:公法学的视角》,吴卫星著,分类号为 D912.604。

2. "X17 环境生物学"主要收录有关研究生物与污染环境之间相互作用的规律和机理方面的文献,凡属于环境对生物影响的生物生态学方面的文献应入"Q 生物科学"、"S 农业科学"等有关各类。例:

《生态农业标准体系及循环农业发展全国学术研讨会论文集》,邱建军等主编,分类号为 S181-53。

《恢复生态学通论》,赵哈林等主编,分类号为 X171.4。

《动物与环境》,李印僧编,分类号为 Q958.11。

《生物多样性保护与区域可持续发展》,陈宜瑜主编,分类号为 X176-53。

3. "X2 社会与环境"主要收录关于全球、区域、城市环境和聚落环境等方面的综合性研究文献,以及人类、资源、能源与环境关系方面的文献。例:

《地球危机》,(美)格雷姆·泰勒著,赵娟娟译,分类号为 X21。

《可持续创新指标体系》,(德)Jens Horbach 编,孙磊等译,分类号为 X22。

《人类生态学理论与实证》,侯均生著,分类号为 Q988。

4. "X3 环境保护管理"主要收录有关环境管理学,以及自然资源合理开发与环境保护、环境与清洁生产(无污染技术)等方面的总论性文献。专论入有关各类。如水利资源入 TV213,无污染农药的生产入 TQ45。有关环境卫生以及诸如放射卫生等方面的论著应入"R 医药、卫生"有关各类。例:

《环境管理体系最新标准应用实例》,王蕾等主编,分类号为 X32-65。

《城市绿地系统规划》,孔祥锋主编,分类号为 TU985。

《旅游生态与环境管理》,谢芳等编著,分类号为 F590.3。

《居室环境卫生指南》,刘开军等主编,分类号为 R126.8。

《环境、学校与放射卫生标准汇编1991》，中国预防医学科学院标准处编，分类号为R12-65。

《轻工重点行业清洁生产及污染控制技术》，程言君等编著，分类号为X79，互见分类号为TS05。

5. 凡总论自然灾害或认为灾害及其对环境影响和灾害管理的文献入X4有关类目，专论各种灾害的文献入有关各类，如地震灾害入P315.9，森林的人为灾害入S766等。例：

《灾害管理与构建和谐社会》，蒋树声主编，分类号为X4-53。

《中国自然灾害管理体制和政策》，国家减灾委员会办公室编，分类号为X43。

《林业生物灾害管理》，闫峻著，分类号为S763。

《治安灾害事故社会防范研究》，郭太生主编，分类号为X45。

6. "X5 环境污染及其防治"重点收录从环境要素角度论述有关各种环境污染及其防治的文献。例：

《环境污染成本评估理论与方法》，过孝民等著，分类号为X5。

《室内植物可以挽救人的生命》，(韩)孙基哲著，吴祺译，分类号为X51。

"南海渔业生态环境与生物资源的污染效应研究"，贾晓平等著，分类号为S922.95，互见分类号为X550.32。

《固体放射性废物处置的辐射防护原则》，袁良本译，分类号为X591.6。

7. 凡从行业角度总论污染、废物处理及其综合利用的文献入X7有关类目。论述各工业生产部门的副产品利用，以及为消除污染和安全生产而采用的灭毒工艺等方面的文献，分别入X71/799有关各类，可仿X70分。例：

《轨道碎片：一项技术评估》，(美)国家研究委员会空间碎片专门委员会编著，夏益霖译，分类号为X738。

《洁净煤技术与矿区大气污染防治》，任守政等编写，分类号为X752.01。

《城市生活垃圾智能管理》，王华等著，分类号为X799.305。

8. "X8 环境质量评价与环境监测"主要收录各种环境要素的质量评价和监测及其相关监测技术和系统设备。凡有关某一区域多种环境要素质量评价的文献入X821；凡关于某一种环境要素质量评价的文献均入X823/827，并仿X820分。各种环境监测均可仿X830分。例：

《世界环境与生态系统监测和研究网络》，曹月华等主编，分类号为X84。

《核电厂大气扩散及其环境影响评价》，胡二邦等著，分类号为X823.03。

《长江中下游典型水域水体环境背景值研究》，佘中盛编，分类号为X824.01。

《太湖水体环境遥感监测实验及其软件实现》，王桥等著，分类号为X832.03，互见分类号为X87。

9. "X93 安全工程"只收录总论劳动安全科学技术、劳动安全卫生、劳动保护方面的文献，凡各生产部门、各行业劳动安全方面的文献，除"X928 事故调查与分析"外，均入有关各类。劳动安全专业部门如愿集中于本类，亦可启用本类下所设置的交替类目。例：

《矿山安全评价》，刘子龙等主编，分类号为TD7。

《建筑施工安全生产条件评价操作实务》，李钢强等编著，分类号为TU714。

《中国铁路运输安全探索与实践》，王成林编著，分类号为U298。

《林业安全系统工程》,王述洋主编,分类号为 X954。

《工业通风与防尘》,马中飞编著,分类号为 TU834.6。

第三十八节 Z 综合性图书

一、本类体系结构说明

本类是按照文献内容的综合性特点设置的大类,依文献的类型特点分为七大部分,序列为:

Z1　丛书

　2　百科全书、类书

　3　辞典

　4　论文集、全集、选集、杂著

　5　年鉴、年刊

　6　期刊、连续性出版物

　8　图书目录、文摘、索引

Z1/6 各类型文献,均首先按国家分,其中"中国"再按中国时代表或中国地区表分。Z8 图书目录,首先分为国家总书目、图书馆藏书目录、各类型目录、私家藏书目录、个人著作目录,以及 Z87/89 期刊目录、专科目录、文摘索引等类型。除 Z83、Z87/89 外,均按国家区分。

二、本类修订要点

将"群书索引"由"Z83 各类型目录"中移出,改类号为 Z891;还对个别类目增加了注释,如在"Z3 辞典"类下,增加注释"语言辞典入 H 有关各类"。

三、本类分类要点

1. 本大类中的正式类目,除 Z88/89 外,均按出版物的类型、国家、时代划分,只收内容跨越哲学、社会科学和自然科学三大类的综合性文献。凡属专科性内容的出版物,应按其内容的学科属性归入有关各类。或启用本大类所设置的交替类目,如"[Z28]专科百科全书"、"[Z38]专科辞典"、"[Z58]专科年鉴、年刊"、"[Z68]专科期刊、连续出版物"。例:

《退休生活百科全书》,王纪华等主编,分类号为 Z228.3。

《常用百科辞典》,湖北辞书出版社编,分类号为 Z32。

《中国百科年鉴》,中国大百科全书出版社编,分类号为 Z52。

《中药学大辞典》,金有豫主编,分类号为 R28-61 或 Z38: R28。

《中国报业年鉴》,中国政法大学传媒与文化产业研究中心组织编纂,分类号为 G219.2-54 或 Z58: G219.2。

2. 凡类分综合性内容的出版物时,均依出版物编辑者的国家分,如遇个别文献的简编本、续编本的编辑者属不同国家时,应随原书归类。例:

《简明不列颠百科全书》,中国大百科全书出版社编译,分类号为 Z256.1。

《辞海》,上海辞书出版社编,分类号为 Z32。

3. "Z12 中国丛书"、"Z22 中国百科全书、类书"、"Z429 中国杂著"等类规定依中国时代表分,以适应中国古籍分类的需要。有些古籍的内容虽属人文科学范畴,但仍集中归入本类。例:

《玉函山房辑佚丛书》,分类号为 Z125。

《艺文类聚》,(唐)欧阳询撰,分类号为 Z221。

《太平御览》,(宋)李昉等撰,分类号为 Z222。

《古今图书集成》,(清)陈梦雷编纂,分类号为 Z225。

4. 在"Z12 中国丛书"类下,将丛书分为 5 类:"Z121 普通丛书"、"Z122 地方丛书"、"Z123 族性丛书"、"Z124 自著丛书"、"Z125 辑佚丛书",最后序列"Z126 旧经籍",主要收四库分类法中"经部"著作的汇编本(群经合辑)和综合论述经籍及对经籍进行解析、评论研究的著作,"Z126.27 研究、评论、考证"依研究者的时代区分。关于某一种经籍及其研究的著作,分别入有关各学科。例:

《岭南丛书》,(清)吴兰修辑,分类号为 Z122.65。

《孔子家族全书》,孔德懋主编,分类号为 Z123。

《十三经注疏》,(清)阮元校刻,分类号为 Z126.2。

《国学经典速读》,贾岚生主编,分类号为 Z126。

《国学要籍研读法四种》,梁启超著,分类号为 Z126.275。

《国学丛考》,姜亮夫著,分类号为 Z126.277。

《周易评注》,唐明邦主编,分类号为 B221.2。

5. "Z3 辞典"收综合性科学文化知识辞典、名词术语等。凡属于供学习语言文字用的字典、词典等应入"H 语言、文字"有关类目。例:

《多功能字典》,于敏、李阳主编,分类号为 H163。

《百科知识辞典》,黄咏主编,分类号为 Z32。

《牛津—杜登英汉图解词典》,德国杜登出版社编,分类号为 H316。

6. "Z4 论文集、全集、选集、杂著"除收内容包括哲学、社会科学和自然科学的综合性文献外,也收属于人文科学范畴的中国古籍文集、杂著,凡属专科或专题性文献均入有关各类。例:

《曾国藩全集》,(清)曾国藩著,分类号为 Z425.2。

《听讲座在北大》,刘国生主编,分类号为 Z427。

《科学的贫乏》,(美)布什著,分类号为 Z471.2。

7. 有关综合性期刊和连续出版物可入 Z6 有关类目,专业性期刊宜入有关各类。但如愿集中于此,亦可启用交替类目"[Z68]专科期刊、连续出版物",或使用《中图法·期刊分类表》分类。例:

《世界之窗》,上海译文出版社编,分类号为 Z62。

《当代》,本刊编辑部编,分类号为 I2-55 或 Z68:I2。

8. 凡属国家或地方的出版总目录,各图书馆所编辑的综合性藏书目录,以及内容属综合性的各类型书目、家藏书目录、出版发行目录、个人著作目录、报刊目录等分别入 Z81/87 有关类目。图书馆馆藏的各种类型的书目,分别入 Z83/88 各类。凡属专科或专题目录、文摘、索引入 Z88/89 有关类目,并采用冒号组配编号法。如愿依其内容的学科属性归入有关各类,可用总论复分号"-7"分。专书的目录、索引,一般随原书归类,但分类法另有规定的除外。例:

《中国丛书综录》,上海图书馆编,分类号为 Z833。

《黎锦熙著述目录》,黎泽渝编,分类号为 Z862.7。

《贩书偶记》,孙殿起录,分类号为 Z812.5。

《河南省图书馆古籍善本书目》,刘中朝主编,分类号为 Z838。

《世界历代禁书大全》,肖峰、(美)玛丽·斯帕恩(M. Spaan)主编,分类号为 Z839.9。

《中国现代文学期刊目录汇编》,舒欣等编,分类号为 Z88:I2。

《新四军研究资料索引》,魏蒲等编,分类号为 Z89:E297.32。

《毛泽东著作学习论文索引》,本书编辑小组,分类号为 A843(不入 A4)。

《华东理工大学图书馆外文期刊目录》,本馆编,分类号为 Z87。

9. 群书索引,即汇集各书的索引,入 Z891。例:

《二十五史人名索引》,二十五史刊行委员会编,分类号为 Z891。

第七章 《中图法》用于计算机检索系统的分类标引

本章论述《中图法》用于计算机检索系统分类标引的规定,仅供有关图书情报单位标引文献时参考使用,特别针对非分类排架的论文资料、数字资源等类型文献分类参考。

第一节 机检数据标引与用于排架及编制手工检索工具标引的差异

用于文献排架的分类标引,为满足固定文献的位置和文献单线排列的需要,一种文献只能取一个唯一的排架分类号,并且排架分类号应尽可能的简短。用于编制手工检索工具(卡片式或书本式的)的分类标引,每一种文献除必须标引一个主分类号用于编制主要分类款目外,还可以根据文献的实际内容标引互见分类号、分析分类号和综合分类号,用于编制附加分类款目、分析分类款目和综合分类款目。但由于手工检索工具的分类款目是进行单线排列的,以达到与分类法类目相同的排列顺序,使文献按分类法设计的知识体系得以揭示,因此目录分类号必须严格按分类标引规则进行选择类属和组号。在编制手工检索工具时,受到目录体积和工作量的制约,互见分类号、分析分类号不可能大量使用,使用多个主类号用冒号组配而成的目录分类号也不可能进行全面的轮排。正因为这些物质技术条件的限制,所以在手工检索条件下不能进行深度标引,不但文献的情报内容难以得到充分的揭示,也难以提供多种检索途径。

在建立机读数据库进行分类标引时,用以检索的分类号置于主题分析块的分类号字段,如在 CNMARC 格式中 690 字段为《中图法》类号;而索书号中的排架分类号则置于国内使用块的馆藏信息 905 字段中的 $d 子字段或 090、096 的 $a 字段,这两种功能不同的分类号被严格地区分开来。

由于计算机有巨大的存储能力和高速的运算能力,文献著录的分类号在机编系统中将自动生成倒排档文件,检索时可以按不同的类号长度和不同的逻辑组合输出满足检索条件的文献集合。分类号的数量、长度以及轮排是制约手工检索工具编制的重要因素,而在机读数据库用于机检标引时则可以不予考虑,因此可以根据需要选择标引深度,充分揭示文献的情报内容。由于检索分类号与排架分类号分属不同的字段,用以检索的分类号可进行多途径的细密分类,提高分类标引的专指度,不必考虑类号长度对文献组织的影响。

第二节 机检数据分类标引规则

如果在机读数据标引中完全遵循编制手工检索工具时的标引规则,那么机读目录在分类检索中的特殊功能就难以充分发挥。为此,在遵守文献主题分析与标引基本规则的基础上,有必要做若干有别于手工标引规则的变通。其基本着眼点是:

①尽量为用户提供新的检索入口,增强多途径检索的性能;

②将部分凝固的先组类号(即类目中固定的主题要素组合)加以分拆,以形成独立的检索点;

③提高文献标引深度和标引专指度;

④利用通用复分号前置区分符号的区分功能,使通用复分要素成为能与主类号实现后组配检索的独立类号;

⑤尽可能为发挥计算机检索系统的后组配检索功能提供条件;

⑥缓解或局部消除体系分类法的"集中与分散"的矛盾。

以下规则中举例均以 CNMARC 为例。

一、排架分类号与手工目录标引相同

机读目录中的排架分类号,应遵循本手册其他各章的标引规则进行标引,但可以比检索用的分类号更加概括一些。实行文献粗排架有利于减少分类法修订对藏书组织的影响,提高藏书排架的稳定性,同时也可以提高排架工作效率。排架用的分类号著录于 905 字段 $d 子字段或 090、096 的 $a 字段等。

二、检索用分类号与排架用分类号相分离

用于检索的分类号和用于排架的分类号,在手工编目中通常都是一致的(尽管应有所区分),但在机读文献标引时应相分离。有关文献情报单位应分别根据各自的性质、规模、专业特点等,制订相应的规则,适当提高文献标引深度和标引专指度,充分利用附加分类、分析分类等手段揭示文献的整体主题、局部主题、专业主题,增加检索点的数量。检索用的《中图法》分类号,著录于 690 字段。

如果一个单位机读目录和手检目录仍是并行使用的,那么应以一个符合手检工具标引规则的类号作为主要分类款目的类号。鉴于我国多采用排架分类号兼作款目分类号的实际情况,那么处于手检目录和机读目录并行阶段,排架分类号不应使用概括分类,而应保持原有的标引专指度,以适应编制手工检索工具的需要。

集中编目机构或联机编目机构,也宜采用同时满足编制手工检索工具和机读目录需要的标引方法,并将用于编制主要分类款目和排架的分类号著录于第一个 690 字段,以便有关用户识别、选用。

三、专类性类目仿总论性类目细分的标引

1. 凡属专论性类目、具体事物及问题,可通过仿总论(通论)性类目、"一般性问题"、理论性类目细分展开的,如果仿分后不再依其他标准细分,不管分类法是否有仿分注释,均可改为采用主类号与相关的总论性类目、"一般性问题"、理论性类目的子目进行后组标引,主类号与被仿分的类号分别著录于 690 字段。例如:

K2 中国史

20 通史

201 革命史

205 历史事件

……………

K21/27　　中国各代史

　　　　　均可仿 K20 分,仿分时一律冠"0"……

K 21　　　上古史(约 170 万年前~约公元前 2070 年)⑨

　23　　　古代史中期(公元前 475~公元 581 年)⑨

　232　　　秦、汉(公元前 221~公元前 220 年)⑨

　233　　　　秦(公元前 221~公元前 207 年)⑨

《秦代历史事件》,排架类号为 K233.05。检索类号为:

690　　$aK233

690　　$aK205

2. 如果被仿分的总论性类目有几个层次,应选择注释指示或与文献主题最临近、关系最直接的总论性类目进行后组配标引。但当不同层次的总论性类目是按不同的分类标准划分时,可分别选择不同的类目组配标引。

例1(相同的复分内容,不同的复分层次):

TG 5　　金属切削加工及机床

　50　　　一般性问题

　502　　　机床设计、制造与维修

　.3　　　　机床结构

　.34　　　　电气设备————————不用此号组配

……………………

　58　　磨削加工与磨床

　580　　　一般性问题

　.2　　　　磨床设计、制造与维修

　.23　　　　结构————————————使用此号组配

　581　　圆磨床

　582　　平面磨床

………………………

《平面磨床电气系统设计》,排架类号为 TG582 或 TG582.023。检索类号为:

690　　$aTG582

690　　$aTG580.23

例2(相同的复分内容,不同的复分层次):

R 44　　诊断学

　445　　　影像诊断学

　.1　　　超声波诊断————————不使用此号组配

　73　　肿瘤学

　730.1　　预防与控制

　.4　　肿瘤诊断学

　.41　　超声波诊断————————使用此号组配

　735　　消化系肿瘤

　.2　　胃肿瘤

《胃肿瘤超声波诊断》，排架类号为 R735.205（使用 R5/7 的专类复分表）。检索类号为：

690　$aR735.2

690　$aR730.41

例3（不同划分标准的总论性类目）：

TF　冶金工业

　0　　一般性问题

　06　　冶金炉

　061　　　冶金炉理论　┐

　063　　　冶金炉构造　├──按方面划分

　+.1　　　　炉基　　　│

　068　　　冶金炉热工操作　┘

　　.2　　　　热工测量及仪表　┘

　　　………………………

TF8　有色金属冶练

　80　　一般性问题

　806　　有色冶金炉

　　.1　　煅烧炉、焙烧炉、烧结用炉　┐

　　.2　　熔炼炉、精炼炉　　　　　├──按类型划分

　　.3　　火焰式熔化炉　　　　　┘

　　　……………………………………

——————————

TF 81/89　各种有色金属冶炼

　　　　　　可仿 TF80 分。

　81　　重金属冶炼

　811　　　铜

　82　　轻金属冶炼

　　………………………

《铜精炼炉的热工操作》，排架类号为 TF811.06（仿 TF80 分）。检索类号为：

690　$aTF811

690　$aTF806.2

690　$aTF068

3. 属于以相同分类标准展开的"临近类目仿分"，仍需按原规则标引。一个类目如规定在仿总论性类目分之前先进行"临近类目仿分"，则应先按常规标引规则仿分，之后再进行后组标引。

例1：《锌矿化学选矿法》

TD862　有色金属选矿

　　.1　铜

　　.2　铅

　　.3　锌

TD 9　选矿

　　92　选矿流程与方法

　　925　特殊选矿

　　　+.6　化学选矿

　　……………………

　　95　金属矿选矿

　　952　有色金属矿选矿

　　　　　　仿 TD862 分。

可使用 TD952 做排架号。TD952 仿 TD862 分的 TD952.3 以及 TD925.6 为检索类号：

690　　$aTD952.3

690　　$aTD925.6

例 2：《微机外部设备的电源系统》

TP 3　计算技术、计算机技术

　　30　一般性问题

　　301　理论、方法

　　303　总体构造、系统结构

　　　+.3　电源系统

　　……………………

　　33　电子数字计算机

　　331　基本电路

　　333　存贮器

　　334　外部设备

　　……………………

　　36　微型计算机

　　　　　　仿 TP331/337 分，必要时再仿 TP30 分。

排架类号为：TP364.033。检索类号为：

690　　$aTP364.033

690　　$aTP303.3

690　　$aTP334

　　4. 当被仿分的总论性类目不包含相关的主题要素时，可选择相关的其他类目组配标引。例如：

F 27　企业经济

　　273　企业生产管理

　　　.4　企业资产管理

　　40　工业经济理论

　　406　工业企业组织与管理

　　　.4　固定资产管理

　　42　中国工业经济

　　423　工业计划与管理

.3 行业管理与组织

426 工业部门经济

仿 F416 分。

《探索我国国有纺织企业的行业管理与固定资产管理》,排架类号为:F426.81。检索类号为:

690 $aF426.81

690 $aF406.4

690 $aF423.3

5. 被仿分的子目如注释再依某地区表分,则地区子目号加上地区区分号单独著录于 690 字段(参见本节通用复分表的标引)。例如:

P61 矿床学

617 区域矿产、矿产分布

依世界地区表分,中国再依中国地区表分。

618 矿床分类

.4 有色金属

.44 锡

P62 地质普查与勘探

624.7 储量计算

《甘肃锡矿分布及储量》,排架类号为:P618.44。检索类号为:

690 $aP618.44

690 $aP618.440.624.2

690 $aP618.440.9

690 $aP617.242

690 $aP624.7

690 $a(242)

四、多重列类类目的标引

凡属多重列类的类目,均可根据文献的主题内容,选取相关的类号进行后组标引,各分类号分别著录于 690 字段。

例1:《梁式立交桥抗震设计》

U44 桥涵工程

442 勘探、设计

.5 桥涵设计

.5⁺5 抗震设计

448 各种桥梁

.1 各种用途桥梁

.17 跨线桥(立交桥)

.2 各种结构桥梁

.21 梁式桥

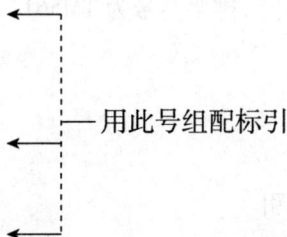

用此号组配标引

排架类号为：U448.17(或 U448.172.55)。检索类号为：

690　　$aU448.17

690　　$aU448.21

690　　$aU442.55

例2：《脂肪芳香醛异构化》

TQ20　一般性问题(有机化学工业)

　　203　　化学反应

　　　.4　　异构化过程　←━━━┐

　　22　脂肪族化合物　　　　　┆━━ 用此号组配标引

　　224.1　　脂肪族醛　←━━┤

　　24　芳香族化合物　　　　┆

　　244.1　　芳醛及其衍生物 ←┘

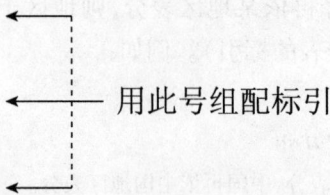

排架类号为 TQ244.1(使用最后编号法)。检索类号为：

690　　$aTQ244.1

690　　$aTQ224.1

690　　$aTQ203.4

五、分类法规定可用组配编号法组号的类目的标引

凡属分类法注释"可用组配编号法"的类目,均可根据文献的主题内容,选取相关的类号进行后组标引,各分类号分别著录于 690 字段。例如：

TM5　电器

　　50　　一般性问题

　　503　　结构

　　 +.5　　插接件

　　51　　高压电器

　　52　　低压电器

――――――――――――

　　TM53/59　各种电器

　　　　　　　如有必要按高压电器、低压电器区分时,可用组配方法。

　　56　　开关电器

　　561　　断路器

《高压断路器插接件设计》,排架类号为 TM561(或 TM561.035)。检索类号为：

690　　$aTM561

690　　$aTM503.5

690　　$aTM51

六、新学科、新主题的标引

凡属分类法中没有列类的新学科、新主题,或描述复杂主题,均可使用相关的类号进行

后组标引。组配标引时,应选取最专指的类号进行组配。例如:

《国际工程市场学》,排架类号为 F746.18。检索类号为:

690 $aF746.18

690 $aF740.2

905 $dF746.18

《艺术文化学》,排架类号为 J0-05。检索类号为:

690 $aJ0-05

690 $aG0

905 $dJ0-05

七、总论复分号的标引

1. 凡需使用总论复分表进行复分的类目,可用主类号与相关的总论复分号后组标引,总论复分号可重复使用。主类号与总论复分号分别著录于 690 字段。例如:

《高分子化学实验手册》,排架类号为 O63-33。检索类号为:

690 $aO63

690 $a-33

690 $a-62

2. 总论复分表子目下注释"依世界地区表分"(可扩展为"再依中国地区表分")的,改用地区子目号加上地区区分号单独著录于一个 690 字段。例如:

《上海信息技术研究机构名录》,排架类号为 G202(或 G202-242.51)。检索类号为:

690 $aG202

690 $a-24

690 $a(251)

690 $a-62

3. "-1 现状及发展",规定依世界地区表分,中国再依中国地区表分,如果有必要再依专类复分表分。排架类号应按规定的复分次序进行组号,检索类号可将地区号单独著录于 690 字段。例如:

《美国超导研究进展》,排架类号为 TM26-1(或 TM26-171.203)。检索类号为:

690 $aTM26

690 $a-1

690 $a(712)

905 $dTM26-1

4. 凡主表中已列举的按总论复分表复分的子目,均应按列举的类号标引;但其下如果还注释有"依××地区(时代)表分"的,如有必要,则将地区或时代要素改用相关的通用复分表子目号加相关的区分号单独标引,著录于 690 字段。例如:

G40-09 教育学史、教育思想史

　　　　　依世界地区表分;中国再依中国时代表分。

《孔子教育思想》排架类号为 G40-09(或 G40-092.25)。检索类号为:

690　　$aG40-09

690　　$a -092. 25

690　　$a(2)

690　　$a = 25

八、地区、时代、民族、种族、通用时间地点复分号的标引

1. 凡需用国家及地区因素对主题进行限定的(不包括哲学、社会科学类中注释可依"世界地区表"、"中国地区表"分的),可用主类号与相关的地区复分号进行后组标引,主类号与地区复分号分别著录于 690 字段。

例 1:《新加坡电化教育考察》

排架类号为 G43。检索类号为:

690　　$aG43

690　　$a(339)

例 2:《法国制油工业标准》

排架类号为 TS224(或 TS224-65)。检索类号为:

690　　$aTS224

690　　$a -65

690　　$a(565)

2. 中国各省区规定可依中国地区表中的专类复分表细分,可将复分后的号码一并加上地区区分号,著录于 690 字段。当使用"中国地区表"子目号标引时,不管类目是否具有"中国"属性,应一律在地区号冠以"2"。例如:《四川广安地区小麦杂交育种成果》,排架类号为 S512. 103. 51(271. 2GA)。检索类号为:

690　　$aS512. 103. 51

690　　$aS334

690　　$a(271. 2GA)

3. 凡需用国际时代、中国时代对主题进行限定的(不包括主表类目注释可依"国际时代表分"、"中国时代表分"的),可用主类号与相关的时代复分号进行后组标引,主类号与时代复分号分别著录于 690 字段。

凡属具有"中国"属性的类目或文献主题具有"中国时代"要素的,应使用"中国时代表"的子目号组配标引,应同时标引中国国家复分号;其他类目均使用"国际时代表"的子目号组配标引。文献主题如包含国家或地区要素,还应同时标引国家复分号。地质年代因未设通用复分表,可使用"P543 各时代地史及其地层"下的类目组配标引。

例 1:《埃及近代哲学》

排架类号为 B441。检索类号为:

690　　$aB441

690　　$a = 4

例 2:《唐代计时仪器》

排架类号为 TH714. 16。检索类号为:

690　　$aTH714. 16

690　　$a = 42

690　　$a（2）

例3：《松辽盆地寒武纪地衣植物》

排架类号为 Q914. 84。检索类号为：

690　　$aQ914. 84

690　　$aQ914. 6

690　　$aQ914. 7

690　　$aP534. 41

690　　$a（23）

4. 凡需用民族、种族因素对主题进行限定的（如有必要，包括分类法注释可依"中国民族表"或"世界种族与民族表"分的），可用主类号与相关的民族复分号、种族复分号进行后组标引，其中中国民族号前一律加上中国代号"2"。主类号与民族、种族复分号分别著录于690字段。

例1：《高山族服饰习俗》

排架类号为 K892. 23。检索类号为：

690　　$aK892. 23

690　　$a"284"

905　　$dK892. 23

例2：《高棉人的竹编》

排架类号为 TS959. 2。检索类号为：

690　　$aTS959. 2

690　　$a"325"

5. 凡需要使用通用时间、地点对文献主题进行限定的，可用主类号与通用时间地点复分号组配标引，主类号与通用时间地点复分号分别著录于690字段。例如：

《广东北部消费结构》，排架类号为 F126. 1。检索类号为：

690　　$aF126. 1

690　　$a（265）

690　　$a〈317〉

九、交替类目的标引

专业性文献情报单位，如果已选择了某交替类目作为使用类目，建议增加标引原正式类目的类号，以增加检索途径；综合性文献情报单位，也可以增标正式类目相对应的交替类号，以增加检索途径。标引时应去掉类号前的"［　］"号。

例1：《青少年心理学》

排架类号为 B844. 2。检索类号为：

690　　$aB844. 2

690　　$aG445

例2：《天体生物学》排架类号为 Q693。检索类号为：

690    $aQ693

690    $aP149

十、可以重复标引某些主题因素

为解决检索用户难以区分某些总论性类目与专论性类目的外延,易造成漏检的问题,如有必要,可以增加或重复标引某些主题因素,以增加机读目录检索途径,增强组配检索功能。例如:

F 326	农业部门经济	集中农业部门经济的全部主题
327	地方农业经济	不含专论各部门经济的主题,也不
	……	包含农业经济史的主题
	依中国地区表分。	
327.8	少数民族农业	不含专论各部门、地区、时代的主题
329	中国农业经济史	不含专论农业部门经济史的主题
329.0	各时代史	包含各地区农业经济史的主题,不包
	依中国时代表分。	含专论农业部门经济史的主题
329.1/.7	各地区史	不含专论某时代地区史的主题
	依中国地区表分。	
329.9	中国农业经济地理	不含专论各部门经济地理的主题
	依中国地区表分。	

这种复杂的类目外延划分规则,是检索用户极难掌握的,如果在机读目录中适当增加或重复标引某些相关的类号,将会显著提高机检的检索效率。例如:

《明清云南茶叶种植业考》排架类号为 F326.12-092.74。检索类号为:

690	$aF326.12	中国农业经济—经济作物(规定分入的类目)
690	$aF327	中国地方农业经济(补充标引的主题因素)
690	$aF329	中国农业经济史(补充标引的主题因素)
690	$a=48	明代
690	$a=49	清代
690	$a(274)	云南

注:该例中作为辅助标引,只标引 F329 即可,不必标引 F329.048、F329.74 和 F327.74 等,因为用 F329 和(274)组配检索,即可检全云南农业经济史的总论性文献。

十一、制订机读目录分类标引细则

由于机读数据的分类标引比编制手工检索工具的分类标引具有更大的灵活性,为保证标引的一致性,凡拟采用上述机读数据标引方法的各文献情报单位,应根据上述原则及各自的实际情况,如专业特点、标引的对象、是单纯编制机读目录还是同时编制手检目录或组织分类排架、是文献情报机构还是统一编目机构等,制定相应的机读目录分类标引细则,并将有关规定记载在"使用本"上。在使用分类号进行后组标引范围的选择上,掌握自然科学文献从宽、社会科学文献从严,资料标引从宽、普通图书标引从严的总原则。要处理好与已编文献的衔接问题。

十二、卡片式分类目录排检项的选取

当把通用复分表的主题要素与主分类号相分离,单独著录一个字段后,现有的编目软件在生成卡片式目录排检项时,也会将这些通用要素作为一个检索点输出,这对用户是无意义的。为了将这些无独立检索意义的通用复分要素在生成卡片目录时过滤掉,一是请软件开发商或研制者在原有的编目软件增加相关的功能,将 690 字段中非英文字母起首的类号过滤掉;二是启用 690 字段的 $x 子字段,著录通用复分要素的类号,这样就可以通过简单的参数配置,将 $x 子字段著录的内容排除在卡片排检项之外。

需要注意的是,有的检索系统将 -、=、(、〈等符号纳入非检索用字之中,如拟使用上述标引规则,应在有关的参数配置文件中将这些字符删除,否则,=3、(565)、"112"等不能作为独立的检索点使用。另外,凡是启用 $x 子字段的单位,应将 $x 加到检索点参数配置文件中,因为缺省的检索点配置文件均无 $x。

第三节　机读目录的检索

一、手工检索工具的局限性

在手工检索工具中,由于目录载体及款目组织的限制,同时也制约分类标引方法,所提供的检索途径是很有限的,主要表现在:

1. 分类法类目是层层划分的,用户必须按分类标准引用次序所规定的划分层次逐级查找。类目划分的层次越多(包括仿分、复分),用户的检索就越困难。

2. 具有多种学科属性的文献,必须按分类法选择的聚类方向所确定的检索入口进行查找,否则就产生漏检。

3. 虽然有很多类目是采用多重列类法编列的,但不管使用"最前编号法"还是"最后编号法"标引,都不能增加检索点,只能细化分类款目排列次序。

4. 尽管分类标引时大量运用了类目仿分、专类复分表复分、通用复分表复分以及主类号直接组配等手段合成了新的类号,但用于组配的主题因素代号都按严格的次序构成先组类号,只起到类目细分和细化款目排列次序的作用,不管类号中包含多少主题因素的组合,都不能增加新的检索点,也不能进行后组配检索。

5. 由于在实际分类标引中,通常仅标引一个主要类号,很少使用附加分类、分析分类,为用户提供的检索途径十分有限。

二、机读目录检索要点

采用上述方法标引后,一是增加了对文献多重学科或专业属性的揭示,二是使部分原来凝固在先组类号中的主题因素游离出来,成为独立的检索点,可进行组配检索。这在很大程度上缓解了体系分类法所固有的"集中与分散"的矛盾(特别是在自然科学领域),为扩大检索途径和控制检索途径创造了条件。由于在很大程度上实现了总论性主题与专论性主题交叉聚类,更有利于通过浏览产生特定情报需求的检索。因此,机读目录在检索方法上与手工

检索也有所不同。

1. 具有多重学科或专业属性的文献,由于实行了多属性标引,可以在不同的学科、专业检索到相关的文献。

2. 部分类目的仿分、专类复分表复分改为用相关的总论性类目组配标引后,原来加在主类号尾部、不具有独立检索意义的复分号,代之以一个有独立检索意义的主类号组配标引,这样用总论性类号也可以检索到相关的专论性主题,而使用具有总论性、方面性、理论性的类号与代表专论性、事物性的类号组配检索,则可实现精确检索。

例如,查找"银杏在东北地区分布"这一主题:

①用 Q949.64 检索,可以在"银杏纲"类下通过对银杏各方面文献的浏览中查到。这与手检目录相同,虽文献甄别量比手工目录大,但速度比手检要快。

②用 Q948.5 检索,可以在"植物地区分布"类下,通过浏览检索查到该主题的文献,这是在手工目录中查不到的,但文献甄别量较大。

③用 Q948.5 and (23)组配检索,效果同②,但检准率高得多。

④用 Q949.64 and Q948.5 组配检索,可以查到"银杏地区分布"主题的文献,检索效果与手检的 Q949.640.8 相同。

⑤用 Q949.64 and (23)组配检索,可以查到"既包含银杏也包含中国东北地区"主题的文献,与检索提问的主题基本相符。

⑥用 Q949.64 and Q948.5 and (23)组配检索,可以查到完全切题的文献。

3. 当文献主题具有多重学科属性,而分类法又编列了多重列类的类目时,由于采用了多主题因素组配标引,用户从事物的多个方面入手,都可检索到该主题。

例如,检索"短波相控阵测距天线"这一主题,用户从以下几个角度入手都可检索到该主题的文献,而在手工目录中只能从其中的一个类中查到:

TN821　按工作原理分的天线

TN822　按波段分的天线

TN827　按作用分的天线

而且,使用不同的类号组配检索,还可以灵活地限定检索范围。

4. 由于各通用复分表的子目号均作为独立的检索标识予以标引,所以通用复分表中所有的主题概念,都可以通过组配的方式对文献主题进行限定,利用这一特性,可在特定的学科或专业领域,检全包含某一主题因素的文献。例如:

用"TQ and -62"组配检索,可以检全化工类的手册、指南等工具书。

用"F3 and (261)"组配检索,可以基本检全有关四川省农业经济的文献,但不包括分类法规定依"中国地区表"分的类目所含的相关主题。

用"T and -11 and (711)"组配检索,可检全有关加拿大工业技术动态的文献。

5. 需要注意的是,机读目录提供的检索点是多种多样的,在查找文献时应根据情报需求的特点,灵活地把分类检索、主题检索、著者检索等结合起来,以提高检索效率。比如把分类法的族性检索与主题法的特性检索结合起来,用分类号限定检索的学科领域,用主题词限定检索的事物,可收到较好的效果。例如:

用"U6 and 齿轮"组配检索,可检全船舶工程类涉及齿轮的文献,这是单独使用分类检索或主题检索所不能完成的。

第八章　同类书区分与书次号的编制

依据《中图法》类分图书,可以按照《中图法》的分类体系,将主题内容相同的图书集中在一起,相关的图书联系在一起,将藏书组织成一个有机的分类系统,实现分类排架和编制分类检索工具。

但是,为了在分类排架中迅速、有序地排列同一分类号下汇集的不同图书,通常还需要进一步对同类书进行区分,并赋予相应号码,使得每一种图书的号码能实现个别化。这一表示同类书先后次序的号码,即为同类书区分号,亦称为书次号。书次号使得相同类号的每种图书在分类排架时有一明确的位置,提高取书归架的效率,同时也可以作为分类检索系统中同类书显示的依据。

根据类目的特点,《中图法》已对部分类目下书次号的取号方法作了规定。例:

A 大类:如马克思、恩格斯、列宁、斯大林、毛泽东、邓小平的单行著作,可按写作年代排。

D 大类:如第二国际、第三国际等的会议,按会议时期排;中国共产党的会议,按会议届次或年代排等。

F 大类:如中国经济发展年度计划,按年度依次编号排;中国个别企业经济,按企业名称排;中国铁路各线路概况,按线路名称排等。

G 大类:如各种综合性分类表、专业性分类表,按分类表名称排;中国地方体育运动组织,按地区区分后按名称字顺排;中国全国运动会,按年代排等。

K 大类:如中国石窟考古中,未列出的石窟寺,按寺名排等。

P 大类:如天文台(观象台),按世界地区区分后按台名排;气象观察记录,按年代排等。

R 大类:如各种植物、动物、矿物药材,按药材名称排等。

S 大类:如分类表中未列专类的森林树种,按拉丁学名的字顺排等。

T 大类:如 TV 类下中国各河流泥沙,按河流名称排等。

Z 大类:如中国期刊、连续性出版物,按刊名排,再按出版年代排等。

但是,任何一部分类法都难以对所有类目的同类书排列方法逐一加以规定。对于类表中众多未作规定的类目,图书馆一般必须选择一种通用性的书次号取号方法。书次号种类多样,可以采用的类型包括如:①以图书的固有序号为书次号。如专利文献的专利号、标准文献的标准号、技术报告的报告号等。②以图书的某些特征的编号为书次号。如,按图书的著者编号、书名编号、出版年编号、会议届次编号等。③以某些图书的内容特征的编号为书次号。④依据图书馆分编或处理图书的先后次序编制书次号,如种次号、登录号等。一般认为,就实际应用情况而言,图书馆中使用最多的书次号是种次号和著者号。

一、种次号及其编制方法

种次号是指根据图书分编时的先后次序,对同类书按种依次给予不同顺序号确定的号码。种次号的特点是,按种配置号码,不同时间到馆的同一种书的不同版本、卷次、复本均给予同一种次号,使同一类下同一种图书的不同版本、卷次、复本得以集中。

种次号一般著录在分类号的下一行。为避免编号时出现重号或跳号,传统图书馆实际操作中一般采用种次号记录卡的方法管理种次号的编制。

种次号记录卡为一张记录有类号、类名的卡片,其下留有01—100个号码。在该类图书标引时,根据当前已使用的种次号记录,使用下一个号码标注。这种方法适用于图书较少的单位。

与此类似的另一种取种次号的方法,是直接在公务分类目录中查核,同时在编目过程中插入一空白卡片表示已取的号码,称为代号卡。此卡在该书编目完成后撤销。

在目前计算机编目的情况下,种次号的获取,不必再采用上述两种方法。通常通过计算机程序的控制,自动完成,十分方便。

种次号编制时一般应注意下述问题:

1. 明确"种"的范围。藏书较多的图书馆,一般将一书的不同版本、译本、改动较大的修订本、增订本、不同的卷次等,作为同一种书,以增加同种书的集中度。也有一些藏书较少的图书馆,采用将各种不同版本、译本分别取种次号的做法。

2. 规定种下区分方法。通常应对一种书中包括的成分规定进一步区分和配号的方法。同一种书包括不同版本、卷次时,一般应予以区分,并配以相应的辅助区分号。

3. 规定种次号的取号起点。应明确种次号的取号的起点,是以较大级别的类为单位,如前5级类号下进行,还是按照完整的分类号取种次号。前者可以使得排架分类号简短,方便排架,但种次号数量比较多,类目排架时与具体的类目不相对应;后者类号较长,但类下种次号数量比较少。

4. 确定类下有书次号取号注释类目的做法。在《中图法》某些类下有书次号取号规定时,一般可以按类表规定取号;但也可以根据情况,不按注释规定的方法,一律用种次号。两种情况,均应予以明确,以便前后一致。

种次号号码简短,简便易行,尤其是可以在计算机编目中自动实现,因此在国内受到普遍欢迎,为许多图书馆采用。种次号的不足是,不能集中同类同著者的著作;号码由分编先后确定,缺乏规律性,无法于在版编目和集中编目中统一进行规范化配号。

二、著者号及其编制方法

著者号是根据图书责任者的姓名的拼音或汉字的特点获取的号码。

著者号按照取号方式,有拼号法与查号法两类:拼号法无需编制著者号码表,依据确定的规则取号,如依据外文或汉语拼音的首字母取号,依据四角号码规则取号等。但往往重号过多,故一般较少采用。查号法依据事先编制好的著者号码表取号,可以根据著者出现的频率配置号码,有较好的规范控制能力,有利于实现书次号标准化和资源的共建共享,适合于集中编目和在版编目使用,因此采用较多。美国的《克特著者号码表》、俄国的《哈芙金娜著者号码表》、日本的《植村长三郎著者号码表》、我国的《通用汉语著者号码表》等均为典型的著者号码表。

著者号码表编制中的一个突出要求是,能够为不同著者分配不同的号码。我国的《通用著者号码表》基本上采用一位字母与三位数字配置号码,在规则中规定了一字著者、二字著者、三字著者、四字以上著者的编号与取号方法;不同名称的同一著者,多著者图书,无责任者图书、外国著者中译名、团体著者等的编号与取号;同一类内,重号著者再区分编号与取号；未收录表中的著者取号等。除在主体表中根据著者出现频率合理分配号码外，并辅之于进一步细分的规则，以减少号码重复的可能。

著者号的特点，是能够集中同一著者的同类著作，其集中度高于种次号；如果使用统一的著者号码表，可以实现统一、规范的书次号编制。因此，不少国家的图书馆，均将著者号作为书次号的基本选择。不足是，著者号的编制需要分析著者的各种情况，目前未实现著者编号的自动化。但随着计算机应用的发展，著者号的自动化并不是难不可及的。就图书馆长期发展和应用而言，著者号也应该是我国图书馆书次号编制的一个基本选项。应根据图书馆使用的需要和技术发展做好书次号的选择。

目前国内推荐使用的著者号码表为《通用汉语著者号码表》，此表由中国图书馆学会编目与标引研究委员会、全国情报与文献标准化技术委员会第五分会和《中图法》编委会共同研究编制，特点是：区分性强，重号少；规律性强，一致性好；便于取号，方便查检；容量大，号码长度适中。图书馆书次号编制中如确定使用著者号，一般可选择《通用著者号码表》作为取号工具。

三、种次号、著者号后的再区分及其应用

分类排架号，亦称为分类索书号，通常由分类号、书次号、辅助区分号组成。在同一类图书下使用种次号或著者号作为书次号配置号码后，虽然划分到了著者或著作的层面，但不少著者下还存在着不同著作、同一著作下还存在不同的版本、译本、卷次等，此外，还存在集中分类的丛书或多卷书等，因此要实现号码的个别化，仍然有必要进一步区分，配置辅助区分号。

采用著者号时，再区分的层次一般包括：同一著者的不同著作，可用著作种次号区分；同一著作的不同版本、译本，按版本号或译本号区分；同一著作的不同卷次、册次，按卷次号、册次号区分；不同复本则按复本号区分等。每一种区分均可根据需要设置相应区分符号，如："－"、"＝"、"："、"（ ）"等，并应规定好不同号码之间的排列顺序。其中，由于相同图书可以按图书登录号区分，因此，在上述的处理中，复本号的编制也可以省略。

使用种次号时，再区分的层次一般可包括除著者种次号以外的各种区分。如果种次号编号时各种版本分别使用了不同种次号，则可以使用上面提到的除版本区分号以外的区分。

书次号主要用以排架，同时也可以在检索工具中作为类下排列的依据。由于两者的特点和要求不同，它们的应用可以一致，也可以不同。可能的不同情况包括：（1）采用分类目录细分，分类排架粗分的方式时；（2）分类款目为附加款目与分析款目时；（3）分类目录按一种分类法分类，分类排架按另一种分类法分类时，或分类目录按新版分类，分类排架继续沿用旧版分类时等；（4）分类目录与分类排架的书次号依据标准不同时，例如分类排架目录用种次号，分类检索目录用著者号时等。

此外，在数字环境下，为了满足用户的不同需要，分类检索系统中的类下排列往往同时设置多种形式，供用户选择。如：可以同时提供按著者姓名字顺排、按出版年代排、按种次号排、按图书名称排、按使用频率排等，一般可以默认其中的一种，同时提供多种排列形式供用户选择。

第九章　改用新版及文献改编

科学技术的发展，新学科、新事物的涌现，图书资料的增长以及对分类规律认识的深化，要求文献分类法必须周期性更新，才能适应实践的需要。但新版分类法的出版，同时也给图书馆带来了如何在旧版分类法过渡到新版分类法的过程中，保持分类排架和分类检索工具连续性的问题，亦即如何以适合的方式使用新版或图书改编的问题。

一、做好改用新版的规划

改用新版可以使分类法更有效地类分图书，但必然涉及如何对类表变动部分原有分类图书的改编问题。为了科学合理、有效地组织图书的改编工作，在操作中必须妥善规划其步骤与方法，归纳起来有：

（1）充分了解修订情况，分析变动可能带来的影响。文献分类体系的修订一般包括：增补新类、对类目扩充加细、对部分类目体系进行调整、局部变动、调整交替类目、修改注释等多种类型，各种变动对改编的影响是不同的，应根据情况进行分析，了解变动的数量、特点。有关本版修订情况可以从出版前言或修订说明中的介绍，变动类目下的历史或沿革注释等进行了解，文献单位可通过它迅速了解类目修订的种类和程度，作为改编方案制订的依据。

（2）结合本馆的特点，制订适用的新版改用方案。各图书馆性质、任务、藏书数量和分布情况等的不同，以及人力设备条件方面的差异，对图书的改编均有直接影响。应在综合调研与平衡考虑各种因素的基础上，根据本馆的特点和可能，制订新版使用方案。一般应结合本馆原有文献收藏情况和使用需要进行分析，弄清有关变动类目的分类情况，包括涉及的文献数量，相应藏书在馆内的分布情况，及与开展各项工作的关系等，据此确定修订变动部分的改用方式，逐一确定改编的类目范围，并在此基础上确定新版在本馆的使用本，作为分类工具和改编的依据。

（3）应与图书馆的工作有机结合。包括：在新版分类法采用过程中，尽可能降低分类号改编对读者服务工作的影响，保证日常工作的正常进行；其次，应将图书馆改编与分类检索系统改进、藏书剔除等结合起来，改进和提高分类数据的质量，结合分类流通数据对图书收藏价值和应用价值进行分析，加强文献收藏质量管理。同时，在分类法新版改用的过程中，还应注意对各种实践问题加以归纳和分析，及时提出改进方案，以便进一步解决。

二、改用新版的方式

新版采用过程中的图书改编工作，在过去图书馆实践中作过许多探讨，发展了一系列的方法。下面是几种常见的新版改用方式：

1. 彻底改编。即将新版中号码发生变动部分的已分类图书，按新版彻底改编。这种做法最彻底。改编后，图书排架与分类检索工具完全按新版体系取得一致，使用效果最为理想。但这一方法，工作量大，花费的时间和经费最多，一般只适用于藏书不多的中小型图书馆，大型图书馆很难做到。

2. 一刀切。即原书不变,新书按《中图法》新版编目。这一方法最节省时间,但会在类表修改部分形成两个排列系统,造成在排架和分类检索工具中相同内容图书的分散,对开架借阅、检索和藏书管理造成不便。如果在同一系统中一再使用此方法,容易造成系统的混乱,降低使用效率。

3. 只改目录不改藏书。即只在书目数据中改动检索类号,不改藏书排架类号。采用这一方法,不统一排架,但可以在分类检索工具中统一按新版分类法浏览检索,在检出图书后,统一按索书号取书。由于改动图书上的分类数据的工作量大,只改供检索工具使用的分类数据比较方便,这一方式可以减少改编的工作量,不足是不调整排架,对开架借阅有影响。

4. 将改分类目录与部分藏书改编结合。这种方法是对修订的类目进行分析,根据类目变动情况,在改编分类目录的同时,确定彻底改编范围,使得改编能在减少工作量的同时尽可能保证藏书和目录体系的系统性。采用这一方式,就必须对类目的修订情况,结合使用现状和需要加以分析,制订详细改编方案,从而在文献单位人力物力容许的范围内,达到较好的使用效果。

可以看出,上述方法各有特点,各馆可结合自己的条件加以选择。中小图书馆在条件可能的情况下,可以考虑第一种方案;藏书量大的图书馆,则可尽量选择最后一种方案,即在改分类检索数据的同时,根据需要和可能适当对部分图书进行改编。

只改检索类号的做法,在机编情况下,只要在书目记录的 690 字段中加入变动类目的分类号,905 字段中原排架类号的数据不变,即可实现。使用时,系统可按新号检索或浏览显示,索书号仍采用原排架号。这一方法,改编的工作量小,易于操作,可以方便地使分类检索工具在新版的基础上取得一致,给用户检索带来便利。

由于统一按新版排架需要对修订变动部分图书上的分类数据加以改动,工作量大,且容易在其处理过程中对图书的使用产生影响,因此对图书的改编,通常应在分析类目修订情况的基础上进行,以便只对其中有迫切改编需要的图书进行处理,在可能的范围内减少图书改编的数量。

一般情况下,未涉及类目从属关系变动的修订,其排架号改编并不具有很大的迫切性。

从分类法修订情况看,可以考虑不改编排架号的修订类目,包括:对原类目进一步扩充加细增设的类目;不涉及主类号变动,仅复分、仿分发生变化的类目;仅限于注释的修订,未对类目位置造成变化的类目;删除的类目改入上位类,原类目未被新类目占用;属于交替类目与使用类目的变动或调整等。

应考虑变动的类目包括:隶属关系发生了变动的类目;因注释修订扩大或缩小了类目的范围,造成部分图书从属关系变化的类目,这种情况涉及部分图书的调整;新增类目如占用了原版类号,从而引起内容冲突的情况等。

此外,还涉及类表修订带来的同种书不同分类号是否处理问题。包括,同一种书的不同版本、卷次、复本,以及按集中处理方式的连续出版物的新的著作等。通常应根据情况,对处理方案明确加以规定。

一般情况下,就一个图书馆而言,分类检索系统应尽可能在新版的基础上加以统一,以确保图书馆能有一个完整、高质量的分类检索系统;开架部分尽可能在分类法新版的基础上达到一致,以方便读者的使用;闭架部分可区分情况,采用适合的方式处理,在可能的情况下保持排架系统的一致性和有效性。因此,各馆应根据本馆的条件,结合文献情况和使用需要,尽可能确定最佳改编方案。

三、从其他分类法改用《中图法》的改编问题

由于图书馆累积性的特点,分类法的使用通常具有较强稳定性。但如果原使用的分类体系落后,或长期缺乏修订,无法跟上时代的发展,仍然会出现改用分类法的需要。实际上,我国国内的许多大型图书馆,均先后出现过改用分类法的情况,例如,国家图书馆(原北京图书馆)就有从刘国钧的《中国图书分类法》改为《中图法》的做法。

文献单位改用分类法的一个突出问题,是如何妥善处理原有已分类的文献。总体情况下,对原来藏书量大的图书馆,可考虑一刀切的方式,即新旧图书两套目录,分别排架,对其中的丛书等,在可能的情况下,采用适当方式,统一处理;藏书比较少的图书馆,特别是原藏书分类目录质量不高的图书馆,可以考虑彻底改编的做法;介于两者之间的图书馆,也可考虑只改目录不改书的做法。在选用第一种和第三种做法时,也可以对其中的部分类或部分品种的图书,进行适当改编,以便取得更好的效果。

对于新采用《中图法》的用户,一般应先熟悉其体系结构、编制特点以及使用方法等。并应注意根据本馆特点和使用需要,确定好使用本。

所谓确定使用本,是指在选用《中图法》的同时,应根据本单位藏书情况和服务对象的使用要求,对类目体系适当调整,形成供本馆使用的分类法文本的过程。涉及的调整主要包括:

1. 规定类目的详略程度。根据藏书情况,确定有关学科专业是使用详细类目,或只使用到某一级,对原来规定的复分表是否使用加以确认。对不使用的类目,可在类表上明确注明,以便使用一致。对分类检索和图书排架是否采用相同的分类深度,如有需要,亦可作出规定。

2. 局部集中。指根据用户使用以及藏书组织需要等,对某些门类及涉及相关性揭示的处理适当调整。例如,对交替类目、选择处理的规定根据情况加以调整;对有关标引规则适当调整等,以便使其符合应用需要。

3. 增设新类。包括:根据局部扩充的需要,将某些类下注释中列举的小主题扩充为类目,配置号码;适当扩大复分、仿分、组配的使用范围,以及规定辅助符号的使用等,特别是在对文献标引时,往往更加需要。对于新类的补充,通常可向编辑部提出建议,由编辑部统一处理,必要时也可根据需要设置相应的临时性类目作为过渡。

4. 修改注释。对确定使用本过程中的调整和变动,均应以注释的形式加以记录;对于含义不明的类目或两义性的类目,可增加注释加以明确;对本单位的特殊分类规则,亦可以通过注释加以规范,以便保持标引的一致性。

第十章 《中图法》的系列版本及辅助工具书

《中图法》是我国建国后编制出版的一部具有代表性的大型综合性文献分类法。1971年成立了《中图法》编委会,最初称编辑组,历经七届编委会,走过四十年的历程,先后编辑出版了7个版本,包括1973年的试用版、1975年的第一版、1980年的第二版、1990年的第三版、1999年的第四版、2001年的电子版、2010年的第五版。出版了5版印刷版的正式版,1版电子版,2011年即将推出《中图法》第五版的Web版。

自1999年第四版起,《中国图书馆图书分类法》更名为《中国图书馆分类法》,包括《中国图书资料分类法》的全部内容,简称《中图法》不变,英文名称为Chinese Library Classification,英文缩写为CLC。目前,《中图法》已普遍应用于全国各类型的图书馆,应用于国内主要大型书目、检索刊物及其机读数据库检索系统以及图书在版编目等。1985年,《中图法》包括各种版本及辅助工具书一同荣获国家科学技术进步一等奖。

为适应不同类型图书馆、不同类型文献分类的需要,《中图法》编委会还成立了相应的分编委会和专业分类法编辑组,并对《中图法》专业分类法(表)及专门版本的编制作了详细规定,规定如下:

1. 凡在《中图法》的体系结构和标记制度基础上编制的专门版本和专业分类法(表),或以《中图法·××版本》、《中图法·××专业分类法(表)》名称出现的分类法(表),均属《中图法》系列产品范畴,必须事先将编制申请报告报《中图法》编委会,经《中图法》编委会常务委员会审批核准并书面批复后方可实施。

2. 编制专门版本和专业分类法(表)申请报告的主要内容:包括编制动因,编制原则,编制大纲,拟解决的重点问题和技术,组织机构和人员组成,工作计划等。

3. 编制专门版本和专业分类法(表)必须成立相应的编委会(组)。编委会(组)应挂靠在具有专业权威性的单位,并经该机构的上级行政主管部门批准。编委会(组)成员由挂靠单位与该学科或行业的相关单位协商产生,组成人员应具有学科或行业的代表性。编委会(组)成员报经《中图法》编委会同意后,由挂靠单位聘任。编委会(组)中如没有《中图法》编委,由《中图法》编委会指定一名委员参加编委会(组)的工作。

4. 专门版本和专业分类法(表)编委会(组)在编表或修订过程中,在编制原则和技术方面接受《中图法》编委会的指导,并应与《中图法》编委会保持经常联系。

5. 专门版本和专业分类法(表)的设计、编制,应遵循如下原则:

(1)应与《中图法》的体系结构、标记制度保持基本一致。

(2)在细分或扩充专业类目时,应充分考虑《中图法》已有类目,主要通过类目仿分、复分、主类号组配、设置交替类、增加注释、增加细目、增加专用或通用复分表等手段进行。

(3)专用分类表在修改《中图法》已有类目时,应持慎重态度。

(4)已编列在其他学科专业中的类目,专门版本和专业分类法(表)在纳入本表并作修改时,应保持该学科的基本框架与《中图法》相一致。

(5)编制非文献标引用的专门版本和专业分类法(表),可不受上述原则限制。

6. 专门版本和专业分类法（表）在出版前，必须经《中图法》编委会审定批准。

7. 专门版本和专业分类法（表）出版后，应一次性呈缴 30 册（套）给《中图法》编委会。

8. 专门版本和专业分类法（表）的知识产权归《中图法》编委会所有，其成果由该专门版本和专业分类法（表）编委会（组）和《中图法》编委会共享。

9. 专门版本和专业分类法（表）出版后的经济收益，主要归专门版本和专业分类法（表）编委会（组）所有，但有义务向编委会交纳一定比例的收益（个案协议）。

在此原则下编辑出版了《中图法》的不同版本和有关的辅助工具书，简单介绍如下。

一、《中图法》电子版

《中图法》电子版是 2001 年在《中图法》第四版机读数据库基础上，由《中图法》编委会和北京丹诚软件有限责任公司共同开发研制而成的一部利用计算机技术实现多功能检索和多窗口显示的电子分类法，它是我国自行研制、开发并正式出版的第一部大型综合性电子分类法，它的问世是我国分类法研究和应用的一个里程碑，标志着我国文献、信息分类法已经开始从传统的印刷型分类法迈向电子分类法的新阶段。这部电子分类法是基于 Windows 平台开发，既有单机版，也有局域网版。它的应用范围非常广泛，可适用于任何图书馆、档案馆、情报所、书店、电子网站等各种类型、各种载体形式的文献、信息的分类。它既适用于传统文献的分类标引，快速查找类目，又适用于电子信息的有序组织，为机助标引和自动标引的实现奠定了基础。

《中图法》电子版除了对第四版类目结构关系调整规范、机读化和修改勘误之外，还提供与印刷本的类目体系、层次结构非常相似的"类目树"浏览显示，提供了多视窗、多维显示和超文本显示，以及印刷排版格式的显示和类目 MARC 格式的显示等，与印刷本相比包括以下功能：

1. 从多途径快速精确检索类目。可实现从主题概念、类目短语或类号快速检索到专指类目和相关类目；也可解决从学科角度任意等级类目的检索，随时扩大和缩小检索范围，实时灵活地改变检索策略。便于用户选择最专指的类目，提高了文献标引效率。

2. 实现多窗口多维检索，打破了印刷本的线性检索体系，便于用户对类号类目的选择判断、甄别和组配，起到了辅助标引的作用，为文献选择分类标引方式提供了必要条件，提高了文献标引质量。

3. 实现类目任意概念、类号的模糊检索和全文检索，包括类号、类名的后方一致的检索，满足了新用户和对《中图法》类目体系、类目概念的学科属性不熟悉的用户的需求。

4. 实现了类目的多层面、多窗口、超文本的显示，特别是参照类号的超文本显示。类目的多维显示打破了印刷版的线性体系，大大加快对文献分类标引和检索的速度，起到智能辅助标引的作用。

5. 根据类目的属性，通过不同的符号、不同的颜色对类目进行多层面的等级显示，对类目概念及其使用起到注释的作用，降低了标引难度，用户界面更友好，通俗易懂。

6. 起到分类目录检索系统和分类目录主题索引的作用。作为读者可根据主题概念和主题因素查找到所需文献的类号，可根据类目树状显示了解学科范围，鸟瞰学科体系，选择合适的类号检索文献，因此它也是读者的必要检索工具。

7. 起到了分类规范文档的作用。在任意类目的固定窗口可增加标引员的注释，起到使用注释文档的作用,便于分类查重,也便于分类法修订,及时反馈使用信息。

二、《中国图书资料分类法》

《中国图书资料分类法》简称《资料法》。与《中图法》同时始编于 1971 年,1975 年刊行第一版,1982 年刊行第二版,1989 刊行第三版。1995 年《资料法》分编委会由《中图法》编委会分出,成立独立的编委会,负责《资料法》的修订、出版和管理。2000 年在《中图法》第四版的基础上,对《资料法》自然科学部类及组配方法进行修订,出版了第四版。

《资料法》曾是《中国图书馆图书分类法》的详编本,主要供各级情报部门类分图书资料、编制分类检索工具使用。它与《中图法》在体系结构、标记制度等方面是一致的,不同之处在于:

1. 类目设置详尽,如第三版已有类目约 5 万余条。

2. 辅助符号较多,共有 11 种。

3. 复分、仿分、组配的使用范围较广泛,第四版采用了联合组配、复分组配、关联组配等多种组配形式,以便为用户提供更多检索途径。

三、《中国图书馆分类法·简本》

《中国图书馆分类法简本》,简称《简本》,是根据中小型图书馆文献分类需要,在《中图法》基础上缩编而成。自 1975 年开始依据《中图法》第一版节编为"中小型馆试用本",一直与《中图法》同步修订、出版。受编委会的委托,黑龙江省图书馆先后于 1980 年、1991 年编制出版了《中图法》简本的第二版、第三版、第四版。第五版将由黑龙江省图书馆董绍杰委员和辽宁省图书馆杨鸣放委员共同负责编辑修订。

《中图法》简本主要适用于藏书为 20 万册以下的中小型图书馆,一般为县级及以下图书馆、市区级图书馆和与此规模相近的图书馆对文献分类排架和编制分类目录用。也可供网络资源分类导航以及大型图书馆新书分类排架阅览使用。

《简本》的编制原则、体系结构、标记制度以及各版修订的指导思想、原则与《中图法》基本一致。类目级别一般选用《中图法》的 3—4 级,各版类目数量不一,第二版为 2580 条,第三版为 4500 条,第四版为 4870 多条。《简本》有以下特点:

1. 简本体系构成与《中图法》基本相同,是由基本大类、简表、主表、通用复分表构成,但不同的是在四版之前简本每个大类前附有分类方法规定,第四版增加了类目索引,成为简本体系的一部分,以便对类目的理解和查找。

2. 类目划分层次较少。除了对《中图法》主表类目进行类级限定外,对《中图法》类目复分仿分也作了简化,复分仿分后类级一般控制在 4 级左右。因为复分、仿分类目范围小,后组类目少,类分方法简单,容易掌握。

3. 类目注释较多。为了帮助分类人员理解类目的内容范围和分类方法,以注释的形式对《中图法》4 级以下的类目进行了揭示。

4. 交替类目的设置与《中图法》不完全相同。为了照顾《简本》的实用性,对交替类目的交替方向作了一些改变,即《中图法》的正式类可能是《简本》的交替类,《简本》的交替类可能是《中图法》的正式类。

四、《中国图书馆分类法·期刊分类表》

《中国图书馆分类法·期刊分类表》简称《期刊表》,为适应中外文期刊分类排架和分类检索的需要,《中图法》编委会自 1985 年开始编辑《期刊表》,于 1987 年出版第一版。它是在《中图法》类目体系的基础上,参考了北京图书馆(前国家图书馆)、福建省图书馆和湖南省科技情报所等单位的期刊分类表草案,结合期刊综合性强等特点,对一些不适合期刊分类的类目进行了调整和删除而形成的。1993 年,在《中图法》第三版的基础上修订出版了《期刊表》第二版,1998 年编辑出版了《期刊表》实用指南。2011 年,编委会拟在《中图法》第五版基础上修订出版《期刊表》第三版。

期刊分类表与《中图法》的编制原则、体系结构和标记制度基本一致,分主表和通用复分表两部分。主表中一般列类至 3 级,个别列类至 4 级。期刊分类表的第二版共列类 1300 条左右,交替类 70 条左右。主表中只有港台政治、各国政治设有专类复分表,其他各类不再设有专类复分表。通用复分表只有形式复分表、世界地区表和中国地区表。《期刊表》第三版将在第二版的基础上,根据期刊实际出版情况扩展和删改类目,列类数量将维持在 2000 条左右。《期刊表》有以下特点:

1. 对"总论入此,专论入有关各类"的类目提供了两种选择的使用方法。对"专论"可集中也可分散,集中者可采用冒号组配法。

2.《期刊表》更多地考虑到期刊分类的实用性和文献保障原则,对主表尤其是对《中图法》"总论复分表"的类目进行了修改和增补。《中图法》"总论复分表"和《期刊表》"形式复分表"的类目对应可以看出这一点:

类号	《中图法》类名	《期刊表》类名
−0	理论与方法论	学术理论性刊物
−03	科学的方法论	学报
−031		大学学报
−09	历史	历史
−1	科学现状、概况	信息(情报)刊物
−18	专利	专利、专利工作
−66	统计资料	画报
−68		少数民族语文刊物

五、《中国图书馆分类法·未成年人图书馆版》(原《中国图书馆分类法·儿童图书馆、中小学图书馆版》)

《中国图书馆分类法·儿童图书馆、中小学图书馆版》(简称《少图版》)为满足更多类型未成年人图书馆需求,将在《中图法》第五版基础上修订并改名为《中国图书馆分类法·未成年人版》,该版是为适应中小学、儿童图书馆类分中小学藏书和青少年文献的需要而编制的《中图法》的另一版本。在 1990 年,由文化部社图司领导下的《中图法》编委会成立了《中图法(少图版)》分编辑委员会,该委员会在《中图法》第三版和第四版草稿的基础上,分别于 1991 年、1998 年组织编辑出版了《中图法(少图版)》第一版、第二版。2004 年,该委员会又在《中图法(少图版)》第二版的基础上编制完成《中国少年儿童文献分类主题词表》并对第二版部分类目调整,因此,该版也称《中图法(少图版)》第三版的代用版。每版都有与之相配套的使用手册,使用手册第二版附有类目主题索引。

《少图版》在编制、出版过程中,得到了文化部、教育部等各方面的支持。自出版后,被各级少年儿童图书馆(室)、中小学图书馆(室)、电化教育图书馆等广为使用。

《少图版》与《中图法》的主要区别是:

1. 主表类级一般控制在四级以下,基本大类及多数二级类的类目体系原则上与《中图法》保持一致。根据儿童馆、中小学馆文献特点,对部分二级类作了调整,如:军事、教育、文学、艺术等类,类目体系与《中图法》有较大的差异。

2. 在《中图法》原类目体系基础上,对4级以下类目压缩删减,并转化为类目注释,90%的类目都有类目注释。

3. 对《中图法》专类复分表和仿分注释做了大量删减,同时又增加了个别专类复分表。

4. 文学类的体系是先理论、作品,然后再按国家区分作品,与《中图法》先依国家地区分,然后再分理论、作品的体系全然不同。这种调整主要考虑到少儿读者的检索习惯。

5. 对各级各类教育、教学、教材等文献均作分散处理,入有关学科,不完全集中在G类。

6.《中图法》"一般性问题"类只起概括性作用,不分文献,但在《少图版》把原一般性问题的下位类全部概括归入该类,因此,它成为能类分文献的类目。

六、《中国图书馆分类法索引》

《中国图书馆分类法索引》,是按主题概念名称的字顺途径查找类号利用类目表的检索工具书。该索引首版由编委会委托武汉大学图书馆学系负责编制,是以《中图法》第二版(含《资料法》第二版)为基础,于1983年书目文献出版社出版。《中图法》第三版没有编制索引,由《中国分类主题词表》取代。《中图法》第四版出版后,编委会委托南京农业大学侯汉清委员负责编制《中国图书馆分类法(第四版)索引》,并于1999年由国家图书馆出版社出版。

该索引收录了《中图法》中已列出的全部有检索意义的概念,包括类名、类目注释、各种复分表的类名所表达的概念,以及个别由编制者增补的概念。二版索引款目按标题形式,区分主标题、副标题及其倒装形式等。四版索引采用了题内关键词轮排索引的形式,利用汉字字面成族原理查找含有某词素的全部类目。

该索引还编制索引款目首字汉语拼音检字表、笔画笔形检字表,二版还附有四角号码检字表,供用户查找主题概念时使用。

七、《中国分类主题词表》

《中国分类主题词表》(简称《中分表》,英文缩写:CCT)是《中图法》系列版本最重要的版本之一。为实现分类主题一体化标引,降低标引难度,提高检索效率和标引工作效率,同时为机助标引、自动标引提供条件,《中图法》编委会从1987年开始组织全国40多个图书情报单位共同参加编制,在《中图法》第三版(包括《资料法》第三版)和《汉语主题词表》(以下简称《汉表》)的基础上,于1994年出版完成分类检索语言和主题检索语言兼容互换的一体化标引工具书《中分表》初版。该书于1996年通过文化部鉴定,同年荣获由国家科委、国防科工委、中国科学院、中国科协、国家自然科学基金会五部门联合颁发的"国家优秀科技信息成果"二等奖。

随着计算机技术、网络技术在图书馆的广泛应用,联机编目、远程网络编目及网络信息检索快速发展,广大用户对《中国分类主题词表》的应用环境、适应各类型信息资源标引、与《中图法》第四版的对照以及对《汉语主题词表》全面修订等要求越来越迫切。2000 年 4 月,《中图法》第六届编委会成立,决定开始修订《中国分类主题词表》,并立项为"数字信息资源组织工具的研发与应用"的国家社科基金项目。2005 年 9 月修订完成《中国分类主题词表》第二版并研发电子版,由北京图书馆出版社出版。2009 年又发布了《中国分类主题词表》Web 版。

《中国分类主题词表》是从我国文献检索语言实践出发,选择了"分类法—叙词表对照索引式"的分类主题一体化检索语言体系结构,由两卷组成:第一卷为《分类号—主题词对应表》,是《中国分类主题词表》从分类到主题、从类号到叙词的对照索引体系,包含了《中图法》(含《资料法》)所有类目和注释对应的叙词款目、主题款目。该卷主要功能是通过文献分类标引进而实现主题标引。第二卷为《主题词—分类号对应表》,是《中国分类主题词表》从主题词到分类号,从标题到分类号的对照索引体系,它按叙词款目、主题款目的字顺排列。其主要功能是从文献主题标引进而实现分类标引。

修订后的《中国分类主题词表》扩充了词表的规模,使其更接近文献信息、数字信息实际组织需要,已经成为世界上规模最大、收词最多的分类主题一体化词表。对受控语言的自然语言化和语义关系进行了全面系统的修订,调整和完善了对应表的体系结构,叙词的等同率、类目对应标引深度与原版相比,分别提高了一倍多和近一倍,叙词的关联比、参照度数量有所提高,而且参照质量有较大提高,包括删除或修改了全文检索技术可实现的字面成族的参照关系。

《中国分类主题词表》电子版(以下简称电子版)是在《中国分类主题词表》第二版的基础上,研发可应用于网络环境下的分类—主题一体化标引和检索工具。首先建立了国际标准的机读格式数据库及其管理系统,其次通过软件技术把分类法—主题词表结构化的机读数据,以多文档、多窗体形式,用动态手段再现分类主题一体化的对应转换结构及其语义结构,从而真正实现一体化机助标引和基于分类主题一体化的文献信息检索等功能。电子版还从实现一体化标引和检索的功能要求出发,为不同用户设计个性化服务界面,克服印刷版的线性体系结构和手工查找效率低、查准率和查全率低等功能缺陷。《中国分类主题词表》电子版不仅是我国目前规模最大的分类—主题一体化的标引和检索的电子工具,而且也是我国第一部可用来组织综合性数字信息资源的电子化检索工具。

《中国分类主题词表》Web 版是通过互联网技术为《中图法》《汉语主题词表》《中分表》的广大用户(包括业界和读者)提供各类信息资源的知识组织、知识检索、学科导航和实时更新的一个通用的数字型知识组织系统服务平台,它同样是国内第一个综合性的面向全球的华文知识组织系统服务平台。具体包括以下服务功能:

(1)提供各类知识内容、主题词、分类号的在线浏览、互动显示和多途径检索术语服务。

(2)为广大读者和参考咨询人员、资源采集补藏人员提供文献检索服务,可与多个 Web OPAC(联机公共检索目录)连接,提供文献信息内容的多库实时检索和学科导航服务。

(3)为信息组织者提供分类和主题标引发送服务,把所需分类号或主题词的机读格式数据快速发送到剪贴板中,供标引系统使用。

（4）为广大读者等各类用户提供评论注释服务,针对知识款目或主题词或类目从增删改和使用方法等任意角度添加评注,方便用户建立个人书签。同时,我们可以通过评注快速了解读者及用户使用信息,及时维护更新数据,提高 CCT 的数据质量,更好地开展知识服务。

（5）为图书馆业界提供 CCT 第二版和数据实时更新服务,利用其网络更新系统、检索词统计系统和评注系统可实时更新 CCT 的数据。日常更新对 CCT 版本起到缩短修订周期的作用。刚发布的 CCT Web 版,在第二版基础上,将出版后发布的所有修订信息以及国家图书馆批量修改数据都呈现出来,共增补和修改 7000 多条学科主题、个人名称、地理名称、机构名称及对应标目等概念款目,并更新了所有数据的关系系统。

（6）提供其他特殊需求的数据服务,可为知识组织系统研究试验、用于应用系统开发提供通用格式数据。

八、《中国图书馆分类法》专业分类表系列

1.《中图法·教育专业分类法》

《中图法·教育专业分类法》是在《中图法》编委会的主持下,国家教委中央科学研究所组织领导,由教育系统的专家学者组成的编辑组在《中图法》第三版"G4 教育"类的基础上,扩充修订而成的一部《中图法》系列专业分类法,于 1993 年 12 月由教育科学出版社出版。

《中图法·教育专业分类法》与《中图法》第三版编制原则、体系结构、标记符号基本保持一致。由前言、编制说明、基本大类、详表及对照索引、辅助表构成。详表共设类 900 个,与《中图法》相比,主要扩展了 G4 和 G5 两类中教育理论、教育事业等范畴。对这两个类的扩展和加细,大大增强了 G6/7 类的组配能力。为了便于分类人员辨类和准确分类,除了对类名进行规范化处理外,还增加了大量类目注释。

《中图法·教育专业分类法》类目对照索引是该表的组成部分之一。为了实现分类主题一体化标引和检索,采取了与《中国分类主题词表》编制规则、编辑排版形式相同的对应表形式,也分左右两栏,左栏为类目,右栏为与类目概念相对应的《教育主题词表》的主题词或主题词串。

《中图法·教育专业分类法》是出版最早的一部《中图法》专业版本,它的编辑出版不仅对教育文献数据库的建立和网络化提供了必要的基础条件,得到了教育界、图书馆情报界的好评,而且为《中图法》专业版本的编制模式打下了基础,在专业分类法编制技术方面也提供了许多经验。

2.《中图法·测绘学专业分类表》

《中图法·测绘学专业分类表》是在《中图法》编委会主持下,由"全国测绘科技信息网"组织的编制组进行编辑的。编制组由武汉测绘科技大学、解放军测绘学院、国家测绘科技信息研究所、国家测绘局标准化研究所、解放军总参测绘科学研究所、海军海洋测绘研究所等单位组成。该表编制原则、体系结构、标记符号与《中图法》基本保持一致,以"P2 测绘学"为基础进行编制。

该表包括"编制修订说明"、"类目注释及其应用说明"、"测绘学专业主表"、"测绘学英文类名表"、"相关相邻学科类目表"、"辅助表"、"《中图法》测绘学类目表"等部分组成。主表共有 165 条类目,类目注释共有 81 条。测绘专业表除了增扩类目和类目注释之外,还规

范了类名,并编增了"相关相邻学科类目表"和"英文类名表"。

《中图法·测绘专业表》的出版,对测绘行业统一文献分类标准,建立文献数据库,实现文献资源共享起着重要作用。

3.《中图法·公安科学文献分类表》

《中图法·公安科学文献分类表》是在《中图法》编委会主持下,由中国警察学会组织、联合公安部有关单位成立的《中图法·公安科学文献分类表》编辑组研制成的《中图法》专业系列版本。中间经历了课题论证、立项、编制、试标引、修改、专家审定等过程,于1995年由中国人民公安大学出版社出版。

该表是在遵循《中图法》编制原则、类目体系和标记制度的基础上,通过增设、扩展类目、编制专类复分表、加强仿分等技术手段,来加强组配能力,提高类目深度,增强类分资料的能力。

全表由编制说明、大纲、简表、主表、辅助表几部分构成。主表包括公安科学理论、世界警察、中国公安、各国警察、犯罪学、刑事侦查学和法医学7个部分。在类目设置上,为兼顾中国公安与世界各国警察文献的分类需要,突出扩充加细中国公安科学、公安事业和世界各国警察等类目。

该表既可以独立使用,又可以把表的任何一部分抽出镶嵌在《中图法》的综合类表中,它是一部专业分类法与综合性分类法兼容较好的类表,它的出版不仅能满足公安科学专业文献分类需要,而且也为专业分类法的编制模式提供了更多的经验。

4.《中图法·农业专业分类表》

《中图法·农业专业分类表》是在《中图法》编委会指导下,由中国农业科学院科技文献信息中心主持,联合国内各农业大学图书馆、南京农业大学信息管理系等8个单位专家学者组成编辑组,在《中图法》第四版"S农业科学"大类和"F3农业经济"原有类目的基础上,进行扩充修订,并经《中图法》编委会终审定稿的一部专业分类法,于1999年10月由北京图书馆出版社出版。

《中图法·农业专业分类表》在编制体例、体系结构、配号制度乃至类目设置等方面与《中图法》第三版基本保持一致,同时,重点对原农业大类(含农业经济)进行全面的扩充和修订,并通过增设一般性问题类目、专用复分表、通用复分表以及仿分和扩大组配编号使用范围等方法进行初步的分面改造,类目总数达到7000余条,以满足农业文献详细分类标引的需要。

《中图法·农业专业分类表》包括农业分类表和轮排索引两部分。对农业文献有序组织、规范农业系统文献的族性检索具有重要作用,为农业文献信息的分类标引提供了基本工具和科学的依据。

5.《中图法·医学专业分类表》

《中图法·医学专业分类表》是在《中图法》编委会主持下,由中国医学科学院信息研究所图书馆组织全国十所有代表性的医学专业图书信息单位的专家、学者,在《中图法》第四版"R医药卫生"类目基础上修订、扩充而成的一部专业分类法,于1999年10月由北京图书馆出版社出版。

《中图法·医学专业分类表》严格按照《中图法》编制的科学理论,保持其基本体系和标记制度,共有类目5040个。类目设置充分考虑到医学模式的改变和新兴学科的发展以及相关文献发展趋势,在交叉学科的处理、综合性学科与专门分支学科的处理、扩展"R730.26 肿瘤病理类型"等方面采取了一些有特点的处理方法,并在康复医学类下增加和扩充了近 40 个类目,对药学部分类目作了必要的改动。

《中图法·医学专业分类表》是目前我国唯一的一部既适用于综合性医学图书信息单位,又适用于医学专科及基层文献单位的工具书。它作为我国医学文献资源共享网络书目数据库的分类标准文档,将带动医学主题分类对应标准文档的研制。

6.《中图法·体育专业分类表》

《中图法·体育专业分类表》是在《中图法》编委会指导下,国家体育总局《体育专业分类法》课题组的主持下,在《中图法》第四版"G8 体育"原有类目的基础上,进行扩充修订,并经《中图法》编委会终审定稿的一部专业分类法,于 2000 年 6 月编制完成。

《中图法·体育专业分类表》由基本大类、简表、详表、通用复分表 4 个部分组成,结构组成与《中图法》相同,主表共设类目 464 个,类目扩展主要是 G80 体育理论、G804 体育基础科学(运动人体科学)、G807 体育教育和 G808 运动训练、运动竞赛等类目范畴。

《中图法·体育专业分类法》为满足体育学科门类的发展需要,体育专业文献分类的标准化和规范化,提供了基本工具和科学的依据。

7.《中图法·劳动科学专业分类表》

《中图法·劳动科学专业分类表》是在《中图法》编委会指导下,由中国劳动保障科学研究院、首都经济贸易大学、中国社会科学院法学研究所等有关人员组成课题组,在《中图法》第四版"C97 劳动科学"原有类目的基础上进行扩充修订,并经《中图法》编委会终审定稿的一部专业分类法,于 2000 年 10 月由北京图书馆出版社出版。

《中图法·劳动科学专业分类表》的体系结构和标记符号制度与《中图法》保持一致,由编制说明、基本类目、简表、主表、通用复分表、索引表 6 个部分组成。主表将 10 个分支学科分为 1000 多个类目。《中图法·劳动科学专业分类表》在解决分类体系中的交叉关系、集中与分散、与《中图法》兼容等问题上采取了较好的措施。

《中图法·劳动科学专业分类表》填补了国内劳动科学分类法领域的空白,为实现我国劳动科学文献分类检索体系规范化、标准化,为全国劳动文献资源共享和建立全国劳动文献数据库,提供了一部中国劳动文献情报部门通用的、具有权威性的文献标引与检索的基本工具。

8.《中图法·地震科学专业分类表》

《中图法·地震科学专业分类表》是在《中图法》编委会指导下,由中国地震台网中心等有关人员组成课题组,在《中图法》第五版"P31 固体地球物理学"原有类目的基础上,进行增补修订,经《中图法》编委会终审定稿与《中图法》第五版同步出版的一部专业分类法,于 2010 年 1 月由海洋出版社出版。

《中图法·地震科学专业分类表》的体系结构和标记符号制度与《中图法》保持一致,由编制说明、简表、主表、通用复分表、地震科技文献分类标引规则等部分组成。类表重点对"P315 地震学"类目体系修订完善,客观地反映了防震减灾与地震科学的新发展和新主题,通过设置交替类解决地震科学专业文献的集中与分散问题,为地震科技文献标引与检索提供了基本工具。该项目曾于 2010 年 9 月荣获中国地震台网中心防震减灾优秀成果二等奖。

九、《中国图书馆分类法》使用手册

为了各图书情报单位深入学习、掌握和使用《中图法》,在文献分类工作中做到认识统一、归类准确、避免分歧,提高分类标引的质量,《中图法》编委会在每一新版本出版后,都编制了相应的使用手册。其中第一、二版称《中国图书馆图书分类法使用说明》,编制的较为简略;第三版更名为《中国图书馆图书分类法、中国图书资料分类法使用手册》,增加了《中图法》编制理论的说明、版本介绍和有关的附录;第四版更名为《中国图书馆分类法使用手册》,编写的内容比以往各版本更加充实,增加了新版修订要点、机读数据标引等新内容。第五版使用手册内容与第四版相同,只是针对各章问题、分类规则修订补充和明确。

该手册是对《中图法》编制理论、结构体系和使用方法的权威说明,也是使用《中图法》最重要的工具书。它不仅对一般分类方法进行了阐述,还对各大类的分类要点作了较详细的说明,对分类法本身没有说明的分类规则、细分方法进行了解释。

十、《中国分类主题词表》手册

《中国分类主题词表》手册,是为各图书情报单位学习、掌握和使用《中国分类主题词表》,提高文献主题标引和文献分类标引质量,由《中图法》编委会组织编写的工具书。初版于1998年,2006年根据《中国分类主题词表》修订和电子版研制情况,重新编写,更名为《〈中国分类主题词表〉(第二版)及其电子版手册》,由国家图书馆出版社出版。

该手册包括信息组织工具的理论技术、《中国分类主题词表》的编制理论、修订原则、修订方法,修订技术和规范,修订的重点,《中国分类主题词表》管理系统和电子版的研制理论、技术和使用方法以及利用《中国分类主题词表》对各种类型主题、各种类型文献信息、各学科文献信息进行分类主题一体化标引的方法。

该手册是《中图法使用手册》的姊妹篇,但其阐述的重点是利用机读格式进行分类主题一体化的标引。该手册附有大量的标引实例,对正确进行主题分析、主题标引很有帮助。

十一、《通用汉语著者号码表》

《通用汉语著者号码表》是以刘湘生为主编,全国情报文献标准化技术委员会第五分会、《中图法》编委会、中国图书馆学会学术委员会分类主题研究分会共同负责编制而成的一部以著者名称为同类书排列依据的号码表,于1992年由海洋出版社出版。

著者号码表是编制著者号的工具,但在1992年以前还没有一部全国统一标准化的著者号码表。该表就是为了适应在中文图书分类的基础上,为同类书的排列编制汉语拼音著者号这种需要而编制的。

《通用汉语著者号码表》采用查号法编制,要求"区分性强,重号少;规律性强,一致性好;便于取号,方便检索;容量大;篇幅和号码长度适中"。以汉字的字顺为排列规则,依汉语拼音音节及声调排序,同声调的字再依笔画笔顺排,与《汉字属性字典》中汉语拼音索引的顺序取得一致。该表著者号码的标记符号采用的是由一个汉语拼音首字母和三位阿拉伯数字组成的混合号码。号码的分配原则是以汉字在著者名称首字中出现的频率为依据,频率高的汉字多配号,频率低的汉字少配号,每个汉字至少有一个号码。

"著者号码表"是由主表和著者复分表两部分构成。主表共收汉字2867个,对需要分

配多个号码的汉字编制了著者复分表。主表所收汉字是以个人著者的姓、团体著者首字、部分图书题名首字以及《中图法》类目下规定按名称排列的名称首字及其相关的常用复合词为范围，罕用字和《汉字属性字典》中未收的字一般不收。另外，还收录了少量地区名称和机关团体名称。地区名称收录范围为国名、省名、直辖市名、计划单列市名和省会市名等，机关团体名称的收录范围为主要的党政机关、高等院校、科研和文化部门的名称。

附 录

一、《中国古籍善本书目》分类表与《中图法》(第五版)类目对照表

《中国古籍善本书目》类目	《中图法》类号	《中图法》类名
经部		
总类	Z126	旧经籍
易类	B221	先秦诸子前哲学
书类	K221.04	古代史籍(三代)
诗类	I222.2	诗经
礼类		
周礼	K224.06	西周史料
仪礼		
礼记	K892.9	古代礼制
三礼总义		
通礼	K892.96	通礼
杂礼书	K892.98	专类礼制
乐类	J612.1	中国乐律学
春秋类		
丛编		
左传		
公羊传	K225.04	古代史籍(春秋)
谷梁传		
春秋总义		
孝经类	B823.1	家庭道德
四书类		
论语		
孟子		
大学	B222.1	四书
中庸		
四书总义		
群经总义类	Z126.2	群经总义
小学类	H1	汉语
训诂	H13	语义、语用、词汇、词义(训诂学)

《中国古籍善本书目》类目	《中图法》类号	《中图法》类名
字书	H12	文字学
韵书	H11	语音
史部		
纪传类	K2	中国纪传体通史和断代史史籍有关类
丛编		
通代	K204.1；K204.2	中国纪传体通史史籍有关类
断代	K220.41/260.41；K220.42/260.42	中国纪传体断代史史籍有关类
编年类	K2	中国编年类通史和断代史史籍有关类
通代	K204.3	中国编年类通史古代史籍有关类
断代	K220.43/270.43	中国编年类断代史史籍有关类
纪事本末类	K204.4；K220.44/270.44	中国纪事本末类通史和断代史史籍有关类
杂史类	K204.5；K210.45/270.45	中国杂史类通史和断代史史籍有关类
诏令奏议类	K206.5；K220.65/270.65	中国通史和断代史史料中"诏令奏议"类
诏令		
奏议		
传记类	K82	中国人物传记有关类
总传		
别传		
年谱		
日记		
家传		
宗谱		
氏姓		
贡举	K825.46	中国教育人物传记
职官录	K827/828	中国社会政治、各界人物传记有关类
史抄类	K2	中国通史和各代史有关类
时令类	P193	季节、时令
	K892.18	岁时节令
地理类	K92	中国地理
总志	K92	中国地理有关类
杂志	K92	中国地理有关类

续表

《中国古籍善本书目》类目	《中图法》类号	《中图法》类名
专志	K928	中国专类地理
古迹	K928.7	中国名胜古迹
宫殿	K928.74	中国宫殿、楼阁
寺观	K928.75	中国寺庙、祠堂、古塔
祠庙		
陵墓	K928.76	中国陵墓
园林	K928.73	中国苑囿、园林
书院	G649.299	中国书院
山水志	K928	中国专类地理
山志	K928.3	山
水志（附水利）	K928.4	水
	TV	水利工程
	S27	农田水利
游记	K928.9	中国旅游地理、游记
外纪	K93/97	各国地理
方志	K29	中国地方史志
职官类	D691.4	人事制度（职官）
官制	D691.42	官制
官箴		
政书类	D691.5	政书
通制	D691.2	政治制度、国家行政管理
典礼	K892.97	礼制通考
邦计	F129	中国经济史
赋役全书	F812.9	中国财政史
	F129	中国经济史
钱谷	F329	中国农业经济史
	F822.9	中国货币史
税务	F812.9	中国财政史
	F129	中国经济史
漕运	F552.9	中国水路交通史
钱法	F129	中国经济史
盐政		
荒政		

《中国古籍善本书目》类目	《中图法》类号	《中图法》类名
军政	E29	中国军事史
法令	D929	中国法制史
考工	T	工业技术有关类
	U	交通
公牍	K206.3；	中国通史和各代史的公牍、档案类
档册	K220.63/270.63	
目录类	Z8	图书报刊目录、文摘、索引
公藏	Z822	中国图书馆藏书目录
	Z812.3/.6	中国各时代总目录
家藏	Z842	中国私家藏书目录
地方	Z812.2	中国地方目录
其他	Z8	图书报刊目录有关类
书影	G256.29	书影
金石类	K87	中国文物考古
总类		
金类	K876.4	金属器
石类	K876.2	石器
陶类	K876.3	陶、瓷、砖瓦
钱币	K875.6	钱币
玺印	K877.6	玺印、封泥
史评类	K2	中国通史和各代史有关类
子部		
总类	B；C；N；Z 等	哲学、社会科学、自然科学、综合性图书有关类
儒家类	B222	儒家
兵家类	E892	中国古代兵法
法家类	B226	法家
农家类(附兽医)	S	农业科学
	B229.9	中国先秦哲学
	F329	中国农业经济史
	S8	畜牧、动物医学、狩猎、蚕、蜂
医家类	R2	中国医学
丛编	R2-51	丛书、丛刊、丛刻

续表

《中国古籍善本书目》类目	《中图法》类号	《中图法》类名
医经	R221;R221.9	内经、难经
本草	R281	本草
诊法	R241	中医诊断学
方论	R289	方剂学
医案医话	R249	医案、医话（临床经验）
史传、内科	K826.2	中国医学卫生人物传
	R-092	中国医学史
	R25	中国内科学
	R289.51	内科验方与单方
外科	R26	中国外科学
	R289.52	外科验方与单方
眼科	R276.7	中医眼科学
	R289.58	五官科验方与单方
妇科	R271	中国妇产科学
	R289.53	妇产科验方与单方
儿科	R272	中医儿科学
	R289.54	小儿科验方与单方
针灸	R245	针灸学、针灸疗法
养生	R212	中医养生
杂录	R2	中国医学有关类
天文算法类	P;O	天文、数学有关类
天文	P1	天文学
历法	P194	历法
算书	O112	中国古典数学
	O119	中国数学
术数类	B992	中国术数、迷信
数学	O112	中国古典数学
	O119	中国数学
占候	B992.2	占卜
占卜	B992.2	占卜
阴阳五行	B992.1	阴阳五行说
命书相书	B992.3	命相
相宅相墓	B992.4	堪舆（风水）

续表

《中国古籍善本书目》类目	《中图法》类号	《中图法》类名
艺术类	J	艺术
书画	J2	绘画
书画	J29	书法、篆刻
画谱	J221.9	绘画范本、画谱
篆刻	J292.4	篆刻、治印及作品
乐谱	J613.2	读谱法、记谱法
乐谱	J642.7	中国古代歌曲
棋谱	G891	棋类
杂技	J828	杂技艺术
谱录类		
丛编	Z1	丛书
饮食	TS971	饮食科学
饮食	TS972	饮食烹饪技术及设备
器物	TS	轻工业、手工业、生活服务业有关类
器物	K87	中国文物考古
花草树木	Q94	植物有关类
鸟兽虫鱼	Q95	动物有关类
杂家类	B229	杂家
杂家类	Z429	杂著
杂学杂说	B229	杂家
杂考	Z4	论集、杂著
杂记	Z429	杂著
杂品	Z429	杂著
杂纂	Z429	杂著
小说家类	I242	古代至近代小说
杂事	I242.1	笔记小说
异闻	I242.1	笔记小说
琐语	I242.1	笔记小说
谐谑	I242.1	笔记小说
类书类	Z22	中国百科全书、类书
释家类	B94	佛教
大藏	B941	大藏经
译经	B94	佛教

续表

《中国古籍善本书目》类目	《中图法》类号	《中图法》类名
撰疏	B94	佛教
注疏	B94	佛教
撰述		
语录		
纂集		
史传	B949.9	佛教传记
目录音义等	B94	佛教
其他宗教	B98	其他宗教
道家类	B223	道家
集部		
楚辞类	I222.3	楚辞
汉魏六朝别集类	I213	秦、汉至南北朝时期文学作品集
唐五代别集类	I214	隋、唐至清前期文学作品集
宋别集类	I214.4	宋代文学作品集
金别集类	I214.6	金代文学作品集
元别集类	I214.7	元代文学作品集
明别集类	I214.8	明代文学作品集
清别集类	I214.9;I215.2	清代文学作品集
总集类	I211	文学作品综合集
地方艺文	I218	地方作品综合集
家集	I211/219	各种作品集的有关类
丛编	I211-5	文学作品综合集丛书
通代	I211	文学作品综合集
断代	I212/217	各时代作品集
诗文评类	I207.2	诗歌、韵文评论与研究
小说类(从子部移到集部)	I242	古代至近代小说
短篇	I242.7	短篇小说
长篇	I242.4	章回小说
词类		
丛编	I222.8-5	中国文学词作品丛书
总集	I222.8	中国文学词作品
别集		

《中国古籍善本书目》类目	《中图法》类号	《中图法》类名
词话	I207.23	词评论和研究
词谱		
词韵		
曲类		
诸宫调	I239.5	曲词(诸宫调等)
杂剧	I237.1	杂剧
传奇	I237.2	传奇
散曲	I222.9	散曲
曲选	I222.9	散曲
弹词	I239.1	弹词
宝卷	I276.6	变文、宝卷
杂曲	I222.9	散曲
曲谱	J642.7	古代歌曲
曲韵	I204.24	散曲
曲评/曲话	I207.37	古代戏曲
曲目	I222.9	散曲
丛部	Z12	中国丛书
汇编丛书	Z121	普通丛书
地方丛书	Z122	地方丛书
家集丛书	Z123	族姓丛书
自著丛书	Z124	自著丛书

二、《杜威十进制分类法(DDC)》(第22版)与《中图法》(第5版)对照表

DDC 类号及类名		《中图法》类号
000	计算机科学、信息科学与总类	C;N;G;TP;Z
001	知识	G302
002	书籍	G256.1
003	系统	N94
004	计算机科学	TP3
005	程序设计、程序、数据	TP31
006	专门领域计算机技术应用方法	TP18;TP37;TP39
010	书目	G257;Z8

续表

DDC 类号及类名		《中图法》类号
011	各种目录	G254.92;Z8
012	个人书目和目录	Z86
014	匿名及笔名的著作书目和目录	Z86
015	特定地区的书目	Z83
016	特定主题的书目	Z88
017	综合性主题目录	Z8
018	按著者、主要款目、日期、登录号等编排的目录	Z8
019	字典式目录	Z8
020	图书馆学和信息科学	G25
021	图书馆、档案馆、信息中心关系	G251
022	图书馆建筑及设备管理	G258.9
023	人事管理(人力资源管理)	G251
025	图书馆、档案馆、信息中心工作	G251/255;G271/275
026	专业图书馆、档案馆、信息中心	G258;G278;或各类加总论复分号 -289
027	综合性图书馆、档案馆、信息中心	G258;G278
028	阅读、其他信息媒介的使用	G252;G255
030	综合性百科全书	Z2
031	美国英语综合性百科全书	Z271.2
032	英语综合性百科全书	Z2(191.1);Z256
033	其他日耳曼语综合性百科全书	Z2(191.3);Z253;Z256
034	法语、普鲁旺斯语(欧西坦语)、加泰隆语综合性百科全书	Z2(191.2);Z256
035	意大利语、罗马尼亚语、雷蒂亚语、萨丁尼亚语、科西嘉语综合性百科全书	Z254;Z252.2;Z256.5
036	西班牙语、葡萄牙语综合性百科全书	Z2(191.4);Z2(191.5);Z255.1;Z255.2
037	斯拉夫语言综合性百科全书	Z2(191.6);Z251;Z254
038	斯堪的那维亚语言综合性百科全书	Z253
039	意大利语族、希腊语族、其他语言综合性百科全书	Z23/27
050	一般连续性出版物	Z6
051	美国英语期刊	Z671.2
052	英语期刊	Z6(191.1);Z656
053	其他日耳曼语期刊	Z6(191.3);Z653;Z656
054	法语、普鲁旺斯语(欧西坦语)、加泰隆语期刊	Z619.12;Z656;Z654

	DDC 类号及类名	《中图法》类号
055	意大利语、达尔马提亚语、罗马尼亚语、雷蒂亚语、萨丁尼亚语、科西嘉语期刊	Z654；Z652.2；Z656.5
056	西班牙语、葡萄牙语期刊	Z691.4；Z691.5；Z655.1；Z655.2
057	斯拉夫语言期刊	Z6(191.6)；Z651；Z654
058	斯堪的那维亚语言期刊	Z653
059	意大利语族、希腊语族、其他语言期刊	Z63/67
060	综合性组织与博物馆学	C2；N2；T-2；G321.2；G26
061	北美组织	C2(71)；N2(71)；T-2(71)；G327.2
062	不列颠群岛；英格兰组织	C2(56)；N2(56)；T-2(56)；G32(56)；C2(561)；N2(561)；T-2(561)；G32(561)
063	中欧；德国组织	C2(51)；N2(51)；T-2(51)；G32(51)；C2(516)；N2(516)；T-2(516)；G32(516)
064	法国及摩纳哥组织	C2(565)；N2(565)；T-2(565)；G32(565)；C2(566)；N2(566)；T-2(566)；G32(566)
065	意大利及其毗邻岛屿组织	C2(546)；N2(546)；T-2(546)；G32(546)；C2(54)；N2(54)；T-2(54)；G32(54)
066	伊比利亚半岛及其毗邻岛屿组织	C2(54)；N2(54)；T-2(54)；G32(54)
067	东欧及俄罗斯组织	C2(51)；N2(51)；T-2(51)；G32(51)；C2(512)；N2(512)；T-2(512)；G32(512)
068	其他地区组织	C23/27；N23/27；T-23/-27；G323/327
069	博物馆科学	G26
070	纪录片媒体、教育媒体、新闻媒体；新闻业；出版业	J952；J953；G4-43；G4-79；G21；G23
071	北美新闻媒体与报纸	G219.71；G229.71
072	不列颠群岛；英格兰新闻媒体与报纸	G219.56；G229.56；G219.561；G229.561
073	中欧；德国新闻媒体与报纸	G219.51；G229.51；G219.516；G229.516
074	法国及摩纳哥；法国新闻媒体与报纸	G219.565；G229.565；G219.566；G229.566
075	意大利及其毗邻岛屿；意大利新闻媒体与报纸	G219.546；G229.546；G219.54；G229.54

续表

DDC 类号及类名		《中图法》类号
076	伊比利亚半岛及其毗邻岛屿;西班牙新闻媒体与报纸	G219.54;G229.54;G219.551; G229.551
077	东欧;俄罗斯新闻媒体与报纸	G219.51;G229.51;G219.512; G229.512
078	斯堪的那维亚新闻媒体与报纸	G219.53;G229.53
079	其他地区新闻媒体与报纸	G219.3/.7;G229.3/.7
080	综合性文集	Z4
081	美式英语综合性文集	Z419.11;Z47
082	英语综合性文集	Z419.11;Z456
083	其他日耳曼语综合性文集	Z419.13;Z453;Z456
084	法语、欧西坦语、加泰隆语综合性文集	Z419.12;Z456;Z454
085	意大利语、罗马尼亚语、雷蒂亚语、萨丁尼亚语、科西嘉语综合性文集	Z454;Z452.2;Z456
086	西班牙语、葡萄牙语综合性文集	Z419.14;Z419.15;Z455.1;Z455.2
087	斯拉夫语言综合性文集	Z419.16;Z454
088	斯堪的那维亚语综合性文集	Z453
089	意大利语族、希腊语族、其他语言综合性文集	Z454;Z419.84;Z43/47
090	手稿、善本、其他珍贵印刷资料	G255;G256
091	手稿	G255.9;G256.2
092	木刻本	G256.2
093	古版本	G256.2
094	印刷本	G256.2
095	因装订闻名的图书	G256.2
096	因插图和资料闻名的图书	G256.2
097	因收藏者或来源而闻名的图书	G256.2
098	禁书、伪书、欺骗书籍	G256.2
099	以开本闻名的图书	G256.2
100	哲学、超心理学和神秘主义、心理学	B0/7;B84;B99
101	哲学理论	B0
102	哲学杂论	B-539
103	哲学辞典、百科全书、词汇索引	B-61;Z89:B
105	哲学连续出版物	B-55
106	哲学组织和管理	B-2;B-3
107	哲学教育、研究及相关论题	B-4;B-3

DDC 类号及类名		《中图法》类号
108	各类哲学人物的历史和论述	B08;B1/7
109	哲学历史的和人群的论述	B1;B2/7
110	形而上学	B081.1;B019.12
111	本体论	B016
113	宇宙论(自然哲学)	B016.8
114	空间	B016.9
115	时间	B016.9
116	变化	B081.1;B021.2;B021.4;B024
117	结构	B081.1;B025
118	力与能	B081.1;B025.9
119	数与量	B081.1;B024.7
120	认识论、因果论、人类	B017;B025.5;B089.3
121	认识论(知识理论)	B017
122	因果论	B017;B025.5
123	决定论与非决定论	B017.8;B025.9
124	目的论	B017;B025.9
126	自我	B017.9;B022
127	无意识与潜意识	B016.98;B022
128	人类	B089.3
129	灵魂起源及命运	B921
130	超心理学和神秘主义	B846;B083
131	达成安康、幸福、成功的超心理学和神秘主义方法	B846;B083
133	超心理学及神秘主义具体论题	B846;B99;B083;B503.3
135	梦及奥秘事物	B84-056;B845.1;B99;B992.2
137	占卜笔迹学	B99;B992.2
138	面相学	B99;B992.3
139	骨相学	B99;B992.2
140	特殊哲学流派和观点	B08;B2/7
141	唯心论及相关系统和学说	B015;B081
142	批判哲学	B516.31;B81-06
143	柏格森主义与直觉主义	B565.51
144	人文主义及相关系统和学说	B503.91
145	感觉论	B017;B089

续表

	DDC 类号及类名	《中图法》类号
146	自然主义及相关系统和学说	B019.1；B087；B089
147	泛神论及相关系统和学说	B921；B089
148	教条主义、折中主义、自由主义、融合主义、传统主义	B081；B502.42；B089
149	其他哲学系统	B08
150	心理学	B84
152	感官知觉、运动、情绪、生理内驱力	B842.2；B842.6；B845
153	有意识的精神过程和智力	B842.1/.5
154	潜意识及变化状态和过程	B842.7
155	差异心理学及发展心理学	B848；C955；B845.6；B844
156	比较心理学	B843.1
158	应用心理学	B849
160	逻辑学	B81
161	归纳	B812.3
162	演绎	B812.23
165	谬误及错误的起源	B812.5
166	三段论	B812.23
167	假说	B812.3
168	论证及说服	B812.4
169	类比	B812.3
170	伦理学（道德哲学）	B82
171	伦理系统	B82-06
172	政治伦理学	B82-051
173	家庭关系伦理学	B823
174	经济及职业伦理学	B822.9
175	娱乐及休闲伦理学	B829
176	性及生育伦理学	B823.4
177	社会关系伦理学	B824；B82-052
178	消费伦理学	B829
179	其他伦理规范	B829
180	古代、中世纪、东方哲学	B12；B13；B3
181	东方哲学	B3
182	前苏格拉底希腊哲学	B502.1；B502.21
183	诡辩哲学、苏格拉底哲学和相关希腊哲学	B502.22；B502.231；B502.24/.26

DDC 类号及类名		《中图法》类号
184	柏拉图哲学	B502.232
185	亚里士多德哲学	B502.233
186	怀疑论及新柏拉图哲学	B502.33；B502.44
187	伊壁鸠鲁哲学	B502.31
188	斯多葛哲学	B502.32
189	中世纪西方哲学	B503
190	现代西方哲学和其他非东方哲学	B505；B6；B7
191	美国及加拿大	B711；B712
192	大不列颠群岛	B561
193	德国及奥地利	B516；B521
194	法国	B565
195	意大利	B546
196	西班牙及葡萄牙	B551；B552
197	前苏联	B512
198	斯堪的纳维亚和芬兰	B53；B531
199	其他地区	B5；B6；B7
200	宗教	B9
201	宗教神话、宗教类别、宗教间关系与态度、社会神学	B932；B920；B911
202	教义	B963；B972.1；B98
203	公众礼拜及其他实践	B923
204	宗教经验、生活、实践	B923
205	宗教伦理学	B82-055
206	领导者与组织	B922
207	仟务及宗教教育	B922
208	起源	B920
209	宗派及改革运动	B922
210	宗教哲学与理论	B920
211	神的概念	B921
212	神的存在、认识神的方法、神的属性	B921
213	创世论	B921
214	神义论	B921
215	科学与宗教	B913
218	人类	B921

续表

DDC 类号及类名		《中图法》类号
220	圣经	B971
221	旧约圣经(希伯来圣经)	B971.1
222	旧约历史书	B971.1
223	旧约诗歌书	B971.1
224	旧约先知书	B971.1
225	新约圣经	B971.2
226	福音及使徒行传	B971.2
227	使徒书	B971.2
228	启示录	B971.2
229	次经、伪经、两约之间的作品	B971
230	基督教、基督教神学	B97;B972
231	上帝	B972.2
232	耶稣基督及其家庭;基督论	B972.3
233	人类	B972
234	救世论及恩赐	B972.5
235	灵体	B972.7
236	末世论	B972.6
238	信条、信仰宣誓、盟约及教义问答	B972;B972.1
239	护教学及辩证神学	B972
240	基督教道德和信仰神学	B82-055;B972
241	基督教伦理学	B97
242	灵修文学	I106.99;I199.5
243	个人和家庭传道作品	B975.2
246	基督教中艺术的应用	J196.5
247	教堂摆设及相关物品	B977;TS664;TS973.5
248	基督徒体验、活动、生活	B975.1
249	家庭生活中的基督教仪式	B975.1
250	地方教会和宗教职务	B977
251	讲道(讲道术)	B975
252	讲章	B975
253	教牧工作(教牧神学)	B975.2
254	教区行政	B977
255	宗教集会及教制	B977

DDC 类号及类名		《中图法》类号
259	家庭、个人教牧辅导	B975.2
260	基督教社会神学及教会神学	B972
261	社会神学及宗教间关系和态度	B972
262	教会学	B977
263	宗教节日的日期、时间和地点	B975.1
264	公众礼拜	B975.1
265	圣礼、其他仪式及行动	B975.1
266	布道团	B975.2
267	宗教工作协会	B977
268	宗教教育	B977
269	灵命更新	B975.1
270	基督教历史、地理和人物论述；教会历史	B977-09；B979
271	教会史上的宗教集会和修道院	B977-09；B979
272	教会史上的迫害	B977-09；B979
273	教会史上的教义争论和异端邪说	B977-09；B979
274	欧洲基督教；基督教会	B979.5
275	亚洲基督教；基督教会	B979.3
276	非洲基督教；基督教会	B979.4
277	北美洲基督教；基督教会	B979.71
278	南美洲基督教；基督教会	B979.77
279	其他地区基督教；基督教会	B979.3/.7
280	基督教派及分支	B976
281	早期基督教及东正教会	B976.2
282	罗马天主教会	B976.1
283	圣公会	B976.3
284	起源于欧洲大陆的新教	B976.3
285	长老教会、改革宗、公理会	B976.3
286	浸信会、基督会、基督复临安息日会	B976.3
287	卫理宗及相关教会	B976.3
289	其他教派及分支	B976
290	其他宗教	B93/96；B98
291	比较宗教	
292	古典(希腊与罗马)宗教	B986

续表

	DDC 类号及类名	《中图法》类号
293	日耳曼宗教	B989.1
294	发源于印度的宗教	B982；B94
295	祆教(拜火教)	B983
296	犹太教	B985
297	伊斯兰教、巴布教、巴哈伊信仰	B96；B989.3
299	其他宗教	B98
300	社会科学	C
301	社会学与人类学	C91；C912.4；C958；Q98
302	社会互动	C912.6
303	社会过程	K02；[C911]
304	影响社会行为的因素	C912.68；Q988；C92
305	社会群体	C912.2
306	文化及机构	C913
307	社区	C912.8
310	综合统计	C8
314	欧洲综合统计	C835
315	亚洲综合统计	C833
316	非洲综合统计	C834
317	北美洲综合统计	C837.1
318	南美洲综合统计	C837.7
319	其他地区；太平洋岛屿综合统计	C833/837
320	政治学(政治与政府)	D0
321	政府制度及国家	D035.1；D034
322	政府和组织团体及其成员的关系	D03；D05
323	公民权利及政治权利	D08；D034.5
324	政治过程	D05；D1；D4
325	国际移民及殖民	D523.8；D06
326	奴隶制度及解放	D023；D033.1
327	国际关系	D8
328	立法程序	D901
330	经济学	F
331	劳动经济学	F24
332	金融经济学	F83；F82

	DDC 类号及类名	《中图法》类号
333	土地与能源经济学	F061.6；F301；F407.2
334	合作社	F276.2；F279.2/.7
335	社会主义及相关体系	F04；F112.5
336	公共财政	F81
337	国际经济学	F11−0
338	生产	F014.1
339	宏观经济学及相关论题	F015
340	法律	D9；DF
341	国际法	D99；DF9
342	宪法及行政法	D911；DF2；D912.1；DF3
343	军事、国防、国有资产、公共财政、税收、商业（贸易）、工业法	E126；D912.12；DF32；D922.291；DF411；D912.2；DF432；D912.29；DF414；D922.295；D996.1；DF412
344	劳动、社会、教育、文化法	D922.5；DF47；D912.1；D922.1；DF93/97；DF3
345	刑法	D914；DF6
346	私法	D913；D913.99；DF5
347	民事诉讼及法庭	D915.2；DF72；D916；DF8
348	法律、法规、案例	D910.1/.9；DF1
349	具体司法管辖区、地区、社会经济区域、区域性政府间的法律	D92/97；DF2（3/7）/75（3/7）；D916；DF83/87
350	公共行政管理和军事科学	D035；E
351	公共行政管理	D035.1；D523；D63；D73/77
352	公共行政管理一般性论述	D771.23
353	具体领域的公共行政管理	D771.23
354	经济与环境行政管理	F2；X3
355	军事科学	E
356	步兵与作战	E151；E2/8
357	骑兵与作战	E151；E2/8
358	空军和其他特种兵种与其作战；工程及相关服务	E154/156；E2/8
360	社会问题与社会服务；协会	C913；C912.2；C23；C26
361	一般社会问题与社会福利	C913；C913.7
362	社会福利问题及服务	C913.7；D5/7
363	其他社会问题及服务	C913.9

续表

DDC 类号及类名		《中图法》类号
364	犯罪学	D917;DF792
365	刑罚及相关机构	D914;DF6
366	秘密社团和协会	D6/7;K3/7
367	一般俱乐部	C2;G8 有关类
368	保险	F84
369	各种社团	C23
370	教育	G4
371	学校与活动;特殊教育	G47;G76
372	初等教育	G62
373	中等教育	G63
374	成人教育	G72
375	课程	G423
378	高等教育	G64
379	教育中的公共政策问题	G510;G46;G47
380	贸易、通讯、运输	F7;F6;F5
381	商业(国内贸易)	F71
382	国际贸易	F74
383	邮政通信	F6
384	通信;电信	F60;F62
385	铁路运输	F53
386	内河水运及渡船运输	F550.71;[F550.82]
387	水运、空运、太空运输	F55;F56
388	运输;陆地运输	F54
389	计量学及标准化	TB9;T-65
390	风俗、礼仪、民俗学	K89
391	服饰及个人仪表	K89
392	人生习俗及家庭生活习俗	K89
393	葬礼习俗	K89
394	一般习俗	K89
395	礼仪(风度)	K89
398	民俗学	K890
399	战争及外交习俗	K89;D802.2
400	语言	H

续表

DDC 类号及类名		《中图法》类号
401	哲学与理论	H0
402	杂著	H −539
403	辞典、百科全书、词汇索引	H −61;Z89∶H
404	专门论题	H0
405	连续出版物	H −55
406	组织与管理	H −2
407	教育、研究、相关论题	H −4
408	各类人物论述	K815.5
409	地区及人物论述	H004;K815.5
410	语言学	H0
411	标准语言形式书写系统	H02
412	标准语言形式语源学	H0;H039
413	标准语言形式辞典	H06
414	标准语言形式音韵学和语音学	H01
415	标准语言形式语法	H04
417	方言学与历史语言学	H07;H0
418	标准用法(规定语言学)	H002;H039;H08
419	手语	H026.3
420	英语与古英语(盎格鲁—撒克逊)	H31
421	标准英语书写系统、音韵学和语音学	H312;H311
422	标准英语语源学	H310.9;H313.9
423	标准英语辞典	H316
425	标准英语语法	H314
427	历史、地理因素英语变体,现代非地理因素英语变体	H310.9
428	标准英语用法(规定语言学)	H31
429	古英语(盎格鲁—撒克逊语)	H310.9
430	日耳曼语言;德语	H76;H33
431	标准德语书写系统、音韵学和语音学	H332;H331
432	标准德语语源学	H330.9;H333.9
433	标准德语辞典	H336
435	标准德语语法	H334
437	历史、地理因素德语变体,现代非地理因素德语变体	H330.9
438	标准德语用法(规定语言学)	H33

续表

DDC 类号及类名		《中图法》类号
439	其他日耳曼语言	H76
440	罗曼语族;法语	H77;H32
441	标准法语书写系统、音韵学和语音学	H322;H321
442	标准法语语源学	H320.9;H323.9
443	标准法语辞典	H326
445	标准法语语法	H324
447	历史、地理因素法语变体,现代非地理因素法语变体	H320.9
448	标准法语用法(规定语言学)	H32
449	欧西坦语、加泰隆语、法国普罗旺斯语	H779;H774
450	意大利语、达尔马提亚语、罗马尼亚语、雷蒂亚语、萨丁尼亚语、科西嘉语	H772;H776;H779
451	标准意大利语书写系统、音韵学和语音学	H772.2;H772.1
452	标准意大利语语源学	H772
453	标准意大利语辞典	H772.6
455	标准意大利语语法	H772.4
457	历史、地理因素意大利语变体,现代非地理因素意大利语变体	H772
458	标准意大利语用法(规定语言学)	H772
459	罗马尼亚语、雷蒂亚语、萨丁尼亚语、科西嘉语	H776;H779
460	西班牙语和葡萄牙语	H34;H773
461	标准西班牙语书写系统、音韵学和语音学	H342;H341
462	标准西班牙语源学	H340.9;H343.9
463	标准西班牙辞典	H346
465	标准西班牙语法	H344
467	历史、地理因素意大利语变体,现代非地理因素意大利语变体	H340.9
468	标准西语用法(规定语言学)	H34
469	葡萄牙语	H773
470	意大利语族;拉丁语	H77;H771
471	古典拉丁语书写系统、音韵学和语音学	H771.2;H771.1
472	古典拉丁语语源学	H771
473	古典拉丁语辞典	H771.6
475	古典拉丁语语法	H771.4
477	古拉丁语、后古典拉丁语、通俗拉丁语	H771

续表

DDC 类号及类名		《中图法》类号
478	古典拉丁语用法（规定语言学）	H771
479	其他意大利语族语言	H77
480	希腊语族；古典希腊语	H791.1
481	古典希腊语书写系统、音韵学和语音学	H791.12；H791.11
482	古典希腊语语源学	H791.1
483	古典希腊语辞典	H791.16
485	古典希腊语语法	H791.14
487	前古典希腊语及后古典希腊语	H791
488	古典希腊语用法（规定语言学）	H791.1
489	其他希腊语言	H791.2
490	其他语言	H1/9
491	东部印欧语言及凯尔特语	H71；H78
492	亚非语系；闪米特语族	H67
493	非闪米特语族的亚非语系诸语言	H67
494	阿尔泰语、乌拉尔语、古西伯利亚语言、德拉维达语系	H5；H66；H62
495	东亚及东南亚诸语言；汉藏语系	H4；H1；H36
496	非洲语言	H81
497	北美洲原住民语言	H83
498	南美洲原住民语言	H83
499	大洋洲非南岛语、南岛语、其他语言	H1/9
500	自然科学及数学	N；O1
501	哲学及理论	N02
502	杂著	N5
503	辞典、百科全书、词汇索引	N61；Z89：N
505	连续出版物	N55
506	组织及管理	N2；N36
507	教育、研究及相关论题	N4；N1
508	自然史	N91
509	历史、地理、人物论述	N09；K816.1
510	数学	O1
511	数学的一般原理	O1-0
512	代数	O15
513	算术	O121

续表

DDC 类号及类名		《中图法》类号
514	拓扑学	O18
515	数学分析	O17
516	几何学	O18；O123
518	数值分析	O241
519	概率及应用数学	O21；O29
520	天文学及其相关学科	P1
521	天体力学	P13
522	技术、程序、仪器、设备、材料	P11
523	特殊天体及现象	P14；P148；P15
525	地球（天文地理学）	P183
526	数理地理学	P91
527	天体导航	V249.3；P228.4
528	星历表	P197.5
529	年代学	P19；P127.1
530	物理学	O4；O3
531	经典力学；固体力学	O31；O34
532	流体力学；液体力学	O35
533	气体力学	O354；V211
534	声及相关振动	O42；O32
535	光及偏光现象	O43
536	热	O55
537	电及电子学	O441.1；TN
538	磁学	O441.2
539	现代物理学	O41；O56；O57
540	化学及相关科学	O6；O7
541	物理化学	O64
542	技术、程序、仪器、设备、材料	O6-3
543	分析化学	O65
544	定性分析	O654
545	定量分析	O655
546	无机化学	O61
547	有机化学	O62
548	晶体学	O7

DDC 类号及类名		《中图法》类号
549	矿物学	P57
550	地球科学	P;P3
551	地质学、水文学、气象学	P5;P33;P4
552	岩石学	P58
553	经济地质学	P57;P61
554	欧洲地球科学	P;P565;P945
555	亚洲地球科学	P;P563;P562;P943;P942
556	非洲地球科学	P;P564;P944
557	北美洲地球科学	P;P567.1;P947.1
558	南美洲地球科学	P;P567.7;P947.7
559	其他地区及地球外世界的地球科学;太平洋群岛的地球科学	P;P563/7;P943/947
560	古生物学;古动物学	Q91;Q915
561	古植物学;微生物化石	Q914;Q913
562	无脊椎动物化石	Q915.81
563	海洋和海滨无脊椎动物化石	Q915.81
564	软体动物及类软体动物化石	Q915.817
565	节肢动物化石	Q915.819
566	脊椎动物化石	Q915.86
567	冷血脊椎动物化石;鱼形总纲(鱼)化石	Q915.86
568	鸟类(鸟)化石	Q915.865
569	哺乳动物化石	Q915.87
570	生命科学;生物学	Q1-0;Q
571	生理学及相关论题	Q4
572	生物化学	Q5
573	动物的特定生理系统,动物局部组织学和生理学	Q4;Q954
574	植物的特定部分与生理系统	Q944;Q945
576	遗传与进化	Q3;Q11
577	生态学	Q14
578	有机体的自然史及相关论题	Q10;Q11
579	微生物学、真菌类、藻类	Q93;Q949.32;Q949.2
580	植物(植物学)	Q94
581	植物自然史中的特定论题	Q941

续表

DDC 类号及类名		《中图法》类号
582	以特性及花卉为特征的植物	Q949.4
583	木兰纲(双子叶植物)	Q949.72
584	百合纲(单子叶植物纲)	Q949.71
585	松柏门(裸子植物);松柏目(松类)	Q949.6;Q949.66
586	隐花植物(无籽植物)	Q949.1
587	蕨类植物门	Q949.36
588	苔藓植物门	Q949.35
590	动物学	Q95
591	动物自然史中的特定主题	Q951
592	无脊椎动物	Q959.1
593	其他海洋和海滨无脊椎动物	Q959.12;Q959.13/.14;Q959.21;Q959.26
594	软体动物及类软体动物	Q959.21
595	节肢动物门	Q959.22
596	脊椎动物门	Q959.3
597	冷血脊椎动物、鱼形总纲(鱼)	Q959.39/.6
598	鸟类(鸟)	Q959.7
599	哺乳纲(哺乳动物)	Q959.8
600	技术(应用科学)	T
601	哲学及理论	T-0
602	杂著	T-539
603	辞典、百科全书、词汇索引	T-61;Z89:T
604	技术图纸、危险物质技术、各类人物的历史和描述	T-64;TB23;TH126;X327;X5
605	连续出版物	T-55
606	组织	T-2
607	教育、研究及相关论题	T-4
608	发明及专利	T-18;T-19
609	历史、地理、人物论述	T-09;K816.1;K826.1;K833/837
610	医学与健康	R
611	人体解剖学、细胞学、组织学	R322;R329.2;R329
612	人体生理学	R33
613	个人健康及安全	R1
614	法医学;伤害、疾病的发生率;公共预防医学	D919;R18

	DDC 类号及类名	《中图法》类号
615	药理学及治疗学	R9;R96;R45
616	疾病	R5/78
617	外科学、区域医学、牙科学、眼科学、耳科学、听力学	R6;R78;R77;R76
618	其他医学分支、妇科学及产科学	R71;R72;R592
619	实验医学	R −33
620	工程及相关作业	T;TB
621	应用物理学	O59
622	采矿业及相关作业	TD
623	军事工程及航海工程	E95;U66
624	土木工程	TU
625	铁路与道路工程	U2;U4
627	水利工程	TV
628	公共卫生及市政工程;环境保护工程	TU99
629	其他工程分支	U;V2;V4;TP1;TP2
630	农业及相关技术	S
631	特殊技术、仪器、设备、材料	S2
632	植物伤害、病害、虫害	S4
633	大田作物	S5
634	果园、水果、森林	S66;S7
635	园艺作物(园艺学)	S6
636	畜牧业	S8
637	乳制品加工及相关产品	TS252
638	昆虫培殖	S88;S89
639	狩猎、渔业、资源保护及相关技术	S86;S9;Q16
640	家及家庭管理	F063.4;TS976.15;TS97
641	食品及饮料	TS972;TS27;R15
642	进餐及餐饮服务	TS205;TS251;TS972
643	住宅及家用设施	TU8;F293.3;TS975;J525.1
644	家庭设施	TU8
645	家具陈设	TU767;TS664;TS665;TS666;TS956.2
646	缝纫、服装、个人和家庭生活管理	TS973;TS974;TS976
647	公共家政管理(机构家政管理)	TS976.7

续表

DDC 类号及类名		《中图法》类号
648	家政	TS97
649	育儿;残疾人和病人家庭照顾	TS976.31;R174;R153.2;TS976.39;TS976.34
650	管理及辅助服务	C93
651	办公服务	C931.4
652	书面交流过程	H05;J29;C931.46;TN918
653	速记	H026.1
657	会计	F23
658	一般管理	C93;F27
659	广告及公共关系	F713.8;J524.3;C912.3
660	化学工程及相关技术	TQ
661	工业化学技术	TQ
662	爆炸物、燃料及相关产品技术	TQ56;TQ51
663	饮料工艺	TS27;TS262
664	食品工艺	TS2
665	工业用油、油脂、蜡、气体技术	TE626;TQ64;TQ116
666	陶瓷及相关技术	TQ174
667	清洗、印染、颜料、涂层及相关技术	TS973.1;TS19;TQ62;TQ63
668	其他有机产品工艺	TQ
669	冶金学	TF
670	制造业	TF;TG;TQ;TS
671	金属加工过程及金属制品	TG;TS91
672	铁、钢、其他铁合金	TF4/7
673	非铁金属	TF79/8
674	木材加工、木制品、软木	TS6
675	皮革及毛皮加工	TS5
676	纸浆及造纸技术	TS7
677	纺织	TS1
678	合成橡胶及其制品	TQ33
679	其他特定材料制品	TS4;TS959.1;TS959.2;TS959.9
680	特殊用途制造业	TG;TH;TS
681	精密仪器及其他设备	TH
682	小型锻铸	TG2

DDC 类号及类名		《中图法》类号
683	五金制品及家用设施	TS91;TM925
684	室内装饰及家庭工场	TS664;TS6;TS106.7
685	皮毛制品及相关产品	TS5
686	印刷及相关活动	TS8
687	服装及配件	TS94
688	其他最终产品及包装技术	TS959.9;TS09
690	建筑	TU
691	建筑材料	TU5
692	辅助施工工作	TU20
693	特殊类型材料及用途的建筑	TU5
694	木建筑;木工	TU759
695	屋面围护	TU231
696	公共设施	TU81;TU82
697	采暖、通风、空调工程	TU83
698	装修	TU767
700	艺术;美术与装饰艺术	J
701	美术与装饰艺术的哲学与理论	J0
702	美术与装饰艺术的杂著	J-539
703	美术与装饰艺术的辞典、百科全书、词汇索引	J-61;Z89:J
704	美术与装饰艺术的专门论题	J
705	美术与装饰艺术的连续出版物	J-55
706	美术与装饰艺术的组织与管理	J-2;J-36
707	美术与装饰艺术的教育、研究、相关论题	J-4
708	美术与装饰艺术的美术馆、博物馆和私人藏品馆	J-28;G26;G268.8
709	历史、地区、人物论述	J110.9;J03;K815.7
710	城市及景观艺术	TU-8;TU98;S73
711	地区规划(城市艺术)	TU98;TU982
712	景观设计	TU985/986
713	交通干线的景观设计	TU985.18
714	景观设计中的水景	TU986.43
715	景观设计中的木本植物	S68
716	景观设计中的草本植物	S68
717	景观设计中的结构	TU986

续表

DDC 类号及类名		《中图法》类号
718	墓地景观设计	TU986.5
719	自然景观	TU985.13；S731.3；P901
720	建筑	TU
721	建筑结构	TU3
722	公元 300 年以前的建筑	TU -86；TU -091.2
723	自公元 300 年至 1399 年的建筑	TU -86；TU -091.3
724	公元 1400 年以后的建筑	TU -86；TU -091.4/.5
725	公共建筑	TU242
726	宗教建筑	TU252
727	教育及研究用的建筑	TU244
728	住宅及相关建筑	TU241
729	结构设计与装饰、配件	TU767
730	造型艺术；雕塑	J3
731	雕塑的过程、形式、主题	J306
732	公元 500 年以前的雕塑；无文字人类的雕塑	J309
733	古希腊、伊特鲁里亚、古罗马雕塑	J309
734	公元 500 年至 1399 年的雕塑	J309
735	公元 1400 年以来的雕塑	J309
736	雕刻及雕刻品	J31/33
737	钱币及印章学	J526.6；J526；J292.4
738	陶瓷艺术	J527
739	金属工艺美术	J526
740	绘画及装饰艺术	J2；J524；TU238
741	绘画及其作品	J21/23
742	绘画中的透视法	J206.2
743	各种主题的绘画及其作品	J211.2
745	装饰艺术	J524；TU238
746	纺织艺术	J523
747	室内装饰	J525
748	玻璃	J527.3
749	家具及配件	J525.3；TS664.01
750	油画及其作品	J213；J223；J233
751	技术、程序、仪器、设备、材料、形式	J213

DDC 类号及类名		《中图法》类号
752	色彩	J213.063
753	象征主义、寓意、神话、传说	J213.29;J223;J233
754	风俗画	J213.24;J223;J233
755	宗教	J213.29;J223;J233
757	人物画像	J211.25;J213;J223;J233
758	自然、建筑主题和都市风景、其他主题	J211.29;J223;J233
759	历史、地区、人物论述	J213.09;J213.03
760	平面艺术;版画及印刷	TS8;J217
761	凸版工艺(雕版印刷)	TS81
763	平版印刷工艺	TS82
764	彩色平版印刷及丝网印刷	TS82;TS871
765	金属雕版	TS81/83
766	网线铜版雕刻、凹铜版腐蚀制版及相关过程	TS81/83
767	蚀刻及针刻版	TS81/83
769	印刷品	TS89
770	摄影、照片、计算机艺术	J4;TB8;TP391.41
771	技术、程序、仪器、设备、材料	TB8
772	金属盐处理	TB812
773	彩色洗印工艺	TB88
774	全息摄影	TB877
775	数字摄影	TB879
776	计算机艺术(数字艺术)	TP391.41
778	各种领域及类型的摄影;电影摄影和录像	J404;J41;J93
779	摄影作品	J42/43
780	音乐	J6
781	乐理及音乐形式	J60
782	声乐	J616
783	单声部音乐;声部	J613
784	乐器和乐器合奏及其音乐	J62;J627;J63
785	单一乐器分部的合奏	J627.0
786	键盘乐器、机械乐器、电声乐器、打击乐器	J624;J625
787	弦乐器;拉弦乐器	J622;J632.2
788	管乐器	J621

续表

DDC 类号及类名		《中图法》类号
790	娱乐和表演艺术	G89；J7/9
791	公众表演	J7/9
792	舞台表演	J7/8
793	室内游戏及娱乐	G89
794	室内技巧游戏	G89
795	冒险游戏	G89
796	体育运动、户外运动及游戏	G8
797	水上运动及空中运动	G86；G875；G874
798	马术及动物竞赛	G882；G899
799	钓鱼、狩猎、射击	G897；G871
800	文学(纯文学)与修辞学	I；H05
801	哲学及理论	I0
802	杂著	I -539
803	辞典、百科全书、词汇索引	I -61；Z89：I
805	连续出版物	I -55
806	组织	I -2；I -36
807	教育、研究及相关论题	I -4
808	两部以上作品的修辞及文学全集	H05；I11
809	两部以上作品的历史及文学评论	I06；I109
810	美洲英语文学	I7
811	美洲英语诗歌	I702
812	美洲英语戏剧	I703
813	美洲英语小说	I704
814	美洲英语散文	I706
815	美洲英语演讲	I706
816	美洲英语书信	I706
817	美洲英语讽刺文学及幽默文学	I706
818	美洲英语杂文	I706
820	英语及古英语(盎格鲁-撒克逊语)文学	I11(191.1)；I561
821	英语诗歌	I11(191.1)；I561.2
822	英语戏剧	I11(191.1)；I561.3
823	英语小说	I11(191.1)；I561.4
824	英语散文	I11(191.1)；I561.6

DDC 类号及类名		《中图法》类号
825	英语演讲	I11(191.1);I561.6
826	英语书信	I11(191.1);I561.6
827	英语讽刺文学及幽默文学	I11(191.1);I561.6
828	英语杂文	I11(191.1);I561.6
829	古英语(盎格鲁-撒克逊语)文学	I11(191.1);I561.6
830	日耳曼语言文学	I516;I563;I532/535;I11(191.3)
831	德语诗歌	I516.2;I12(191.3)
832	德语戏剧	I516.3;I13(191.3)
833	德语小说	I516.4;I14(191.3)
834	德语散文	I516.6;I16(191.3)
835	德语演讲	I516.6;I16(191.3)
836	德语书信	I516.6;I16(191.3)
837	德语讽刺文学及幽默文学	I516.6;I16(191.3)
838	德语杂文	I516.6;I16(191.3)
839	其他日耳曼语言文学	I563;I532/535
840	罗曼语言文学;法语文学	I565;I546;I551;I11(191.2)
841	法语诗歌	I565.2;I12(191.2)
842	法语戏剧	I565.3;I13(191.2)
843	法语小说	I565.4;I14(191.2)
844	法语散文	I565.6;I16(191.2)
845	法语演讲	I565.6;I16(191.2)
846	法语书信	I565.6;I16(191.2)
847	法语讽刺文学及幽默文学	I565.6;I16(191.2)
848	法语杂文	I565.6;I16(191.2)
849	欧西坦语、加泰隆语、法国普罗旺斯语文学	I565;I546;I551
850	意大利语、达尔马提亚语、罗马尼亚语、雷蒂亚语、萨丁尼亚语、科西嘉语文学	I546;I543;I542;I522;I565
851	意大利语诗歌	I546.2
852	意大利语戏剧	I546.3
853	意大利语小说	I546.4
854	意大利语散文	I546.6
855	意大利语演讲	I546.6
856	意大利语书信	I546.6
857	意大利语讽刺文学及幽默文学	I546.6

续表

	DDC 类号及类名	《中图法》类号
858	意大利语杂文	I546.6
859	罗马尼亚语、雷蒂亚语、萨丁尼亚语、科西嘉语文学	I542;I522;I546;I565
860	西班牙和葡萄牙语文学;西班牙语文学	I551;I11(191.4);I552;I11(191.5)
861	西班牙语诗歌	I551.2:I12(191.4)
862	西班牙语戏剧	I551.3:I13(191.4)
863	西班牙语小说	I551.4:I14(191.4)
864	西班牙语散文	I551.6:I16(191.4)
865	西班牙语演讲	I551.6:I16(191.4)
866	西班牙语书信	I551.6:I16(191.4)
867	西班牙语讽刺文学及幽默文学	I551.6:I16(191.4)
868	西班牙语杂文	I551.6:I16(191.4)
869	葡萄牙语文学	I552:I11(191.5)
870	意大利语族文学;拉丁语文学	I546;I547;I11(198.5)
871	拉丁语诗歌	I547.2;I12(198.5)
872	拉丁语戏曲及戏剧	I547.3;I13(198.5)
873	拉丁语史诗及小说	I547.4;I14(198.5)
874	拉丁语抒情诗	I547.6;I16(198.5)
875	拉丁语演说	I547.6;I16(198.5)
876	拉丁语书信	I547.6;I16(198.5)
877	拉丁语讽刺文学及幽默文学	I547.6;I16(198.5)
878	拉丁语杂文	I547.6;I16(198.5)
879	其他意大利语族文学	I546
880	希腊语族文学;古典希腊语文学	I545;I11(198.4)
881	古典希腊语诗歌	I545.2;I12(198.4)
882	古典希腊语戏曲及戏剧	I545.3;I13(198.4)
883	古典希腊语史诗及小说	I545.4;I14(198.4)
884	古典希腊语抒情诗	I545.6;I16(198.4)
885	古典希腊语演讲	I545.6;I16(198.4)
886	古典希腊语书信	I545.6;I16(198.4)
887	古典希腊语讽刺文学及幽默文学	I545.6;I16(198.4)
888	古典希腊语杂文	I545.6;I16(198.4)
889	现代希腊语文学	I545

DDC 类号及类名		《中图法》类号
890	其他语言文学	I3/7
891	东部印欧语言及凯尔特语文学	I51；I54；I56；I35/37
892	非亚语系文学；闪米特语族文学	I37；I41
893	非闪米特语族的亚非语系诸语言文学	I41
894	阿尔泰语、乌拉尔语、古西伯利亚语言、德拉维达语系文学	I53；I51；I36；I37
895	东亚及东南亚诸语言文学；汉藏语系文学	I31；I33
896	非洲诸语言文学	I4
897	北美洲原住民语言文学	I71；I710.9
898	南美洲原住民语言文学	I77；I770.9
899	大洋洲非南岛语、南岛语、其他语言文学	I3/7
900	历史、地理及相关学科	K
901	历史的哲学与理论	K01
902	历史的杂著	K −539
903	历史的辞典、百科全书、词汇索引	K −61；Z89：K
904	大事记	K108
905	历史的连续出版物	K −55
906	历史的组织与管理	K −2；K −36
907	历史的教育、研究、相关论题	K −4
908	各类人物的历史	K815.8
909	世界史	K1
910	地理及旅游	K9
911	历史地理学	K901.9
912	地球表面和地球外世界的图形表示	K99
913	古代世界地理和旅游	K916
914	欧洲地理和旅游	K95
915	亚洲地理和旅游	K93
916	非洲地理和旅游	K94
917	北美洲地理和旅游	K971
918	南美洲地理和旅游	K977
919	其他地区的地理和旅游	K93/97
920	传记、系谱学、标志	K81
929	系谱学、姓名、标志	K819

续表

DDC 类号及类名		《中图法》类号
930	古代世界史(公元 499 年以前)	K11/12
931	中国(公元 420 年以前)	K21/22
932	埃及(公元 640 年以前)	K411.1/.2
933	巴勒斯坦(公元 70 年以前)	K381.1/.2
934	印度(公元 647 年以前)	K351.1/.2
935	美索不达米亚及伊朗高原(公元 637 年以前)	K377.1/.2;K373.1/.2
936	欧洲北部及意大利半岛以西(公元 499 年以前)	K530.1/.2;K540.1/.2;K560.1/.2
937	意大利半岛及临近地区(公元 476 年以前)	K546.1
938	希腊(公元 323 年以前)	K545.1/.3
939	古代世界其他地区(公元 640 年以前)	K3/7
940	欧洲通史;西欧	K500
941	不列颠群岛	K561.0
942	英格兰及威尔士	K561.0
943	中欧;德国	K510.0;K516.0
944	法国及摩纳哥	K565.0;K566.0
945	意大利半岛、圣马力诺、梵蒂冈、马耳他	K546.0;K548.0;K547.0;K549.0
946	伊壁利半岛及相邻岛屿;西班牙	K540.0;K551.0
947	东欧;苏联	K510;K512.0
948	斯堪的那维亚	K530.0
949	欧洲其他地区	K500
950	亚洲通史;东方;远东	K30;K310.0;K330.0
951	中国及相邻地区	K20
952	日本	K313.0
953	阿拉伯半岛及相邻地区	K370.0
954	南亚;印度	K350.0;K351.0
955	伊朗	K373.0
956	中东(近东)	K370.0
957	西伯利亚(俄罗斯亚洲部分)	K512.0
958	中亚	K360.0
959	东南亚	K330.0
960	非洲通史	K400
961	突尼斯及利比亚	K414.0;K413.0
962	埃及与苏丹	K411.0;K412.0

DDC 类号及类名		《中图法》类号
963	埃塞俄比亚与厄立特里亚	K421.0;K421.90
964	西北非海岸及离岛;摩洛哥	K432.0;K416.0
965	阿尔及利亚	K415.0
966	西非洲及离岛	K430.0
967	中非洲及离岛	K460.0
968	南部非洲;南非共和国	K470.0
969	南印度洋群岛	K330.0
970	北美洲通史	K710.0
971	加拿大	K711.0
972	中美洲;墨西哥	K730.0;K731.0
973	美国	K712.0
974	美国东北部(新英格兰与美国中部诸州)	K712.0
975	美国东南部(大西洋沿岸各州)	K712.0
976	美国南中部;墨西哥湾沿岸各州	K712.0
977	美国北中部;密歇根州	K712.0
978	美国西部	K712.0
979	北美大盆地及太平洋斜坡地区	K712.0
980	南美洲通史	K770.0
981	巴西	K777.0
982	阿根廷	K783.0
983	智利	K784.0
984	玻利维亚	K779.0
985	秘鲁	K778.0
986	哥伦比亚及厄瓜多尔	K775.0;K776.0
987	委内瑞拉	K774.0
988	圭亚那	K771.0
989	巴拉圭及乌拉圭	K781.0;K782.0
990	其他地区及地球外世界的通史;太平洋群岛的历史	K3/7;K1(182)
993	新西兰	K612.0
994	澳大利亚	K611.0
995	美拉尼西亚;新几内亚	K660;K613.0
996	太平洋其他地区;波利尼西亚	K63
997	大西洋群岛	K1(185)
998	北极群岛及南极洲	K1(187);K1(166.1)
999	地球外的世界	P18-09